U0599289

[美] 大卫·奎曼
David Quammen

著

吴晓真 译

纠缠的树

一部全新生命史

THE
TANGLED
TREE

湖南科学技术出版社 博集天卷
CS-BOOKY

Chinese Simplified Translation copyright © 2023 by
China South Booky Culture Media Co.,LTD.
THE TANGLED TREE: A Radical New History of Life
Original English Language edition Copyright © 2018 by David Quammen
All Rights Reserved.
Published by arrangement with the original publisher, Simon & Schuster, Inc.

著作权合同登记号：图字 18-2022-190

图书在版编目（CIP）数据

纠缠的树 /（美）大卫·奎曼著；吴晓真译 . —长沙：湖南科学技术出版社，2023.7
ISBN 978-7-5710-2236-5

Ⅰ.①纠… Ⅱ.①大… ②吴… Ⅲ.①生物学家—生平事迹—世界 Ⅳ.① K816.15

中国国家版本馆 CIP 数据核字（2023）第 086554 号

上架建议：畅销·科普

JIUCHAN DE SHU
纠缠的树

著　　者：[美]大卫·奎曼
译　　者：吴晓真
出 版 人：潘晓山
责任编辑：刘　竞
监　　制：吴文娟
策划编辑：姚涵之　曾雅婧
特约编辑：罗雪莹
版权支持：王媛媛　姚珊珊
营销编辑：傅　丽
封面设计：仙　境
版式设计：潘雪琴
出　　版：湖南科学技术出版社
　　　　　（湖南省长沙市芙蓉中路 416 号　邮编：410008）
网　　址：www.hnstp.com
印　　刷：北京天宇万达印刷有限公司
经　　销：新华书店
开　　本：680 mm × 955 mm　1/16
字　　数：392 千字
印　　张：27.5
版　　次：2023 年 7 月第 1 版
印　　次：2023 年 7 月第 1 次印刷
书　　号：ISBN 978-7-5710-2236-5
定　　价：68.00 元

若有质量问题，请致电质量监督电话：010-59096394
团购电话：010-59320018

献给丹尼斯·哈钦森和大卫·罗

我的心灵守护者

目 录

三个令人惊讶的发现

据我们所知，宇宙中的生命是一种仅限于地球的奇特现象，无论我们的想象力有多生动也改变不了这一点。与之相反的猜测或脑洞大开的想法倒是不少，但无人能证明其真实性。从数学概率和化学环境来看，别的地方确实有可能存在其他生命，然而其具体情况（如果这种生命真的存在的话）我们迄今仍无法考察。这只是一种猜测，而地球上的生命却是一个事实。明天、明年或者在我们辞世许久之后，人类或许会发现某些令人震惊的外星生命，推翻地球生命独一无二的这种印象。不过现在，事实就是这样：生命的故事只在这里展开，在这个中等星系的不起眼的角落里，一个相对较小且布满岩石的星球上。这个故事，据我们所知，只展开过一次。

因此，这个故事的发展过程，无论是大体轮廓还是精妙细节，都饶有意趣。

在大约40亿年的时间里，究竟发生了什么，生命才从最初的样子演变成我们今天看到的琳琅满目、错综复杂的形态？它又是如何演变的？怎样的偶发事件和必然事件导致了一系列的连锁反应，造就了人类这样神奇的生物，同时造就了蓝鲸、霸王龙和巨杉？我们知道进化史上有过关键的转变,有过因缘际会、山穷水尽、大规模灭绝的时刻,有过大事件和后果重大的小事件——包括一些在化石记录和生物世界中留下蛛丝马迹的重大偶发事件。我们可以来一场头脑风暴,想象一下,假如其中几个偶发事件有变,现今的一切都会不同。我们人类不会存在,动植物也不会存在。为什么生命如此进化,而不是朝着另外的方向进化?各种宗教对此均有解读。但对科学来说,答案不可来自神启,必须从求索中来,必须有实证支持。

我将在本书中介绍一种讲述和推演进化史的新方法,以及通过运用这种新方法,人们由此发现的某些令人意想不到的真相。这种方法叫作分子系统发生学,如果你愿意的话,你可以对这个花哨词语皱起鼻子,而我也会摆出同样的表情。事实上,这个词的意思相当简单:从现今生物体内某些长分子的组成单位的序列中,读出生命的深层历史和关联性来。此处涉及的分子主要是DNA(脱氧核糖核酸)、RNA(核糖核酸)和几种特定的蛋白质。组成单位指的是核苷酸和氨基酸,我会在后文中给出它们的定义。这些令人意想不到的发现从根本上重塑了我们对生命史的认识,也让我们重新理解了包括人类在内的生物的性能。具体而言,在我们(我们这种多细胞动物,更确切地说,我们人类)是谁、我们是什么、地球上的生命如何进化这三个问题上,科学界有三个令人惊讶的发现。

在这三个发现之中,第一个发现涉及一种异常的生命形式,一种全新的生物类别,它们以前寂寂无闻,现在被称为古菌。(作为一个正式的分类学范畴时,它们的拉丁语名称需要首字母大写:Archaea。)第二个发现是一种从前不甚起眼的遗传模式,现在得名水平基因转移。第三个发现揭示了我们最悠远的起源,或者说提供了一种极有可能的理论:人类也许来自一些若干年前还不为人知的生物。

长期以来,古菌都被误认为是细菌的亚群,而对古菌的发现和鉴定过程,表明现今的微生物并非科学界认定的样子,生命早期的历史也必须重写。在人们意识到水平基因转移(在专家们的缩略词表里,它被简称为

HGT）是一种普遍现象之后，"基因只能在亲代和子代之间垂直传递，不能跨物种边界水平交换"的定论就被推翻了。关于古菌的最新认知是，所有的动物、植物、真菌，以及所有细胞核内有DNA的复杂生物，都是这些奇特且古老的微生物的后代，就连我们人类也是其后代之一。也许是这样吧，这就像是惊闻你的曾曾曾祖父并非原籍立陶宛，而是来自火星。

这三个令人意想不到的发现合在一起，让我们产生了新的疑惑，还对人类的身份认同、个体性和健康状况造成了重大影响。我们不完全是我们原先自认为的样子。相反，我们是复合生物，而我们的祖先似乎是一群来自生物界黑暗地带的生物。就在几十年前，科学界还对它们一无所知。进化之路比我们原先所认为的要棘手复杂得多，生命之树的枝干也比我们所预想的样子更为纠缠。基因不仅能垂直传递，还能水平跨越物种的边界，跨越更宽阔的鸿沟，甚至在不同的界之间水平传递。有些基因会从我们之前未曾预料到的非灵长类谱系水平进入我们的谱系，即灵长类谱系。这相当于遗传意义上的输血，或者说一种改变了人类的身份认同的感染（有些科学家喜欢这个比喻），这便是"感染性遗传"。我将在后文里对此进行详细说明。

说到感染，水平基因转移还导致了抗生素耐药菌的大量出现，它们给全球医疗带来了挑战。这场危机看似平静，但注定会咆哮奔腾。诸如耐甲氧西林金黄色葡萄球菌（即MRSA，每年在美国造成约1.1万人死亡，在全世界范围内造成的死亡人数更多）这样的危险病菌可以通过水平基因转移从种类完全不同的细菌中迅速获得全套耐药基因，这就是多重耐药性超级细菌（也就是无法杀死的细菌）如此迅速地在全世界蔓延的原因。上述的三个发现既实际又深刻，我们因此面临挑战，需要调整对人类是谁、什么造就了我们、生物世界如何运作这三个问题的基本理解。

这些发现颠覆了我们在生物学领域的基础认知，它们的起源各异，时间与地点均不相同。其中有一件事也许最为关键，值得在此提及。1977年秋天，在美国伊利诺伊州厄巴纳市，一个名叫卡尔·乌斯的人坐在一块写满注解和数字的黑板前，把双脚架在办公桌上，为《纽约时报》的摄影师摆出自信满满的姿势。1977年11月3日，《纽约时报》刊登出这张照片，同时宣布乌斯和他的同事们发现了"一种独立的生命形式"，游离于公认的两种生命形式之外，这便是"第三域"。这篇报道作为头版新闻出现在首页，与《女继承人帕蒂·赫斯特遭到绑架》和《针对南非种族隔离政权的武器禁运》等新闻并列。换句话说，这是个重大新闻，至于《纽约时报》的普通读者是否能从如此精练的讲述中领悟其真正含义，我们就不得而知了。这篇报道标志着乌斯声誉的巅峰时刻，即他的安迪·沃霍尔[1]时刻：在镁光灯下呆15分钟，然后他重返实验室。乌斯从根本上改变了生物学这一领域和我们对生命的认知，然而，在分子生物学曲高和寡的走廊之外，大多数人仍对他一无所知。

卡尔·乌斯是一个复杂的人。他极其敬业，非常内向；他认真研究某些深奥的问题，并且发明了一些巧妙的技术，用以更好地探究这些问题；他藐视过某些科学界的社交规则，得罪过人，无视过礼节，心口如一；他执着地专注于自己的研究计划，对除此之外的大多数问题熟视无睹；他至少有一两个发现撼动了生物学思想的支柱。对他的好友来说，他平易近人、风趣诙谐、苛刻且擅长嘲讽。除此之外，他还热爱爵士乐，喜欢喝啤酒和苏格兰威士忌，钢琴演奏水平马马虎虎。对他的大多数研究生、博士后以及实验室助理来说，他是一个好老板，一个鼓舞人心的导师，他慷慨、睿智并且贴心，虽然并非一直如此。

但对本科生来说，作为一名狭义的教师——伊利诺伊大学的微生物学教授，乌斯几乎不存在。他没有站在一大堆殷切但摸不着头脑的学生面

1　美国艺术家，曾提出一个著名的观点："在未来社会，每个人都能出名15分钟。"——编者注（本书脚注如无特别说明，均为编者注。）

前，耐心地向他们解释细菌的基本知识。讲课不是他的强项，也不是他的兴趣所在。即便是在学术会议上发表研究报告时，他也称不上雄辩。他不喜欢开会，不喜欢旅行，他并没有像许多资深科学家那样，在实验室里营造出一种欢乐的氛围，举办研讨会和圣诞晚会并与同事们合影留念。他有精挑细选的年轻朋友，其中的一些人还记得在离大学校园一箭之地的乌斯家举行的啤酒烧烤会，记得与他共度的美好时光与欢声笑语。但这些年轻朋友寥寥无几，他们靠着魅力、运气或者不明原因穿透了他的防御。

晚年的乌斯更加声名远扬，荣膺除诺贝尔奖以外的各种荣誉，但他似乎变得愤愤不平，认为自己被排挤在外。他60岁才入选美国国家科学院院士，这种拖沓让他恼火。根据一些报道，他跟家人（妻子和两个孩子）都疏远了，很少在科研著述中提及他们。他是个才华横溢的怪人，他的研究触发了对生物学的基本概念之一的颠覆性修正，这个概念便是生命之树，它是描绘生物之间关联与区别的伟大树状图。正因如此，1977年11月3日，乌斯在厄巴纳的胜利时刻对本书至关重要。

除此之外，还有一些科学家和生物学发现与乌斯和他的生命之树有关。例如，20世纪20年代中期，一位鲜为人知的英国医生弗雷德·格里菲思在为卫生部研究肺炎时，注意到了细菌之间令人意想不到的转变：一种菌株突然转变为另一种菌株，从无害细菌急速转化为致命细菌。他的发现在公共卫生领域很重要（细菌性肺炎在当时是一种主要的致死原因），但即便格里菲思本人也没有意识到，这个发现还是一条线索，指向纯科学中更深层次的真理。

格里菲思发现的这种转变令人困惑，其内部原理也一直晦涩难解。直到1944年，一名研究人员才识别出导致一种细菌突然转化为另一种细菌的物质，即"转变原理"。他名叫奥斯瓦尔德·埃弗里，供职于纽约的洛克菲勒医学研究所，是个沉默寡言、细致严谨的人，而他发现的这种物质就是脱氧核糖核酸，即DNA。在不到10年之后，约书亚·莱德伯格和他的同事们证明，这种被重新命名为"感染性遗传"的转变对细菌来说是一种常见且重要的行为。后续研究显示，这种行为不局限于细菌。就在同一时期，玉米遗传学家芭芭拉·麦克林托克在她最喜欢的植物的染色体上发现了从一个点跳跃到另一个点的基因。在她职业生涯的黄金时期，芭芭拉获得的支持和认可很少，但她在81岁时荣获了诺贝尔生理学或医学奖。

微生物学家林恩·马古利斯在芝加哥接受教育，是一名特立独行的女性。她和麦克林托克至少有一点相似：她们被一些同事当作古怪执拗的女人，因此备感挫折。马古利斯之所以被人误解，是因为她积极推广一个长期以来被视为妄谈的概念，这个概念便是"内共生"。大致而言，她用这个词来指代一种生物与其内部生物之间的合作关系。也就是说，在一种生物的肚子或鼻子里生存的小型生物，在一个细胞内生存的另一个细胞，都被囊括在这一概念中。更具体地说，马古利斯认为，构成人类、动物、植物、真菌等复杂生物的细胞都是嵌合体。被俘获的细菌栖息在原始细胞内部，经过漫长的时间，这些特殊的细菌便转变为细胞器。想象一下，一枚牡蛎被移植到一头奶牛身上，随后变成了一个具有机能的牛肾。1967年，马古利斯提出的这个概念听起来有些疯狂。但她的看法大致是正确的。

在这一连串事件中，弗雷德里克·桑格、弗朗西斯·克里克、莱纳斯·鲍林、渡边力等科学家也发挥了关键作用，他们的科学才华和人格力量都至关重要。在更久远的过去，做出贡献的既包括一些默默无闻的人物，如费迪南德·科恩、爱德华·希契科克和奥古斯丁·奥吉耶，也包括一些更著名的人物，如恩斯特·海克尔、奥古斯特·魏斯曼和卡尔·林奈。让-巴蒂斯特·拉马克的鬼魂再次复活，在进化论思想的阴影中宿命般地潜行。

这些人参与了一场科学剧变，而他们的研究同各自人生的关联更是饶有趣味。这些人让我们明白，无论科学多么精确客观，它都是一项发源于人类的事业。科学既需要好奇心和想象力，也需要探本溯源，做出判断。

它是一个过程，而不是事实或定律的集合。它就像音乐、诗歌、棒球，以及国际象棋大师布下的棋局。它是某种壮丽但不完美的人类事业，我们生而为人的污浊指纹随处可见。

在这本书中，人类并不是唯一的主角，许多生物也占据相当重要的位置。它们的历史和缺陷十分独特，用于阐明我的观点恰到好处。它们当中有许多是微生物——我提到过的那些细菌、古菌，以及其他小家伙。请不要因为它们体积小就不以为意，它们造成的影响和冲击是巨大的。也请不要被它们冗长且让人舌头打结的拉丁语名吓倒，例如*Bacillus subtilis*（枯草杆菌）、*Salmonella typhimurium*（鼠伤寒沙门菌）和*Methanobacterium ruminantium*（反刍甲烷杆菌）。我之所以用这些名字来称呼它们，并不是因为我喜欢玄妙的语言，而是因为没有其他可用的学名。微生物属于不被重视的物种，没有南方长颈鹿、橄榄鹟、君主斑蝶或科莫多龙之类的俗名或常用名。如果弗莱明鼻痒菌能够准确指代流感嗜血杆菌，我向你保证我会这么做。

在这里，我还应该向你介绍一个人。他是一位留着大胡子的美国微生物学家，隐居在加拿大新斯科舍省的一所大学里，对哲学思辨情有独钟。这个人把卡尔·乌斯、林恩·马古利斯以及分子系统发生学中的许多新研究结合起来，对生物学的核心观点发起了尖锐的冲击。他名叫福特·杜利特尔，个子高大且举止羞涩，不过他在思想上要大胆得多，还喜欢温和地挑战权威。在千年之交，杜利特尔发表了一篇题为《将生命之树连根拔起》的随笔，随即激起千层浪。这篇随笔和他的相关著述，尤其是那些讨论水平基因转移及其影响的文章，让我注意到他。"水平……什么东西？"这是我最初的念头。后来我前往哈利法克斯朝圣，在他的办公室里借住了好几天。那时杜利特尔已经半退休了，仍在指导研究生，某个著名的研究基金组织向他提供的资金依然充沛，但他不再在实验室里培养放射性细菌，以便从胸部X射线胶片中推断细菌的基因组位数（即它们的全部

DNA）。他也不再像开拓时期那样，用凝胶电泳处理分子片段。他读书，他思考，他写作，他画画。（他还拍摄艺术照，主要是为了自娱自乐。他偶尔也会在画廊举办展览，但那完全是另外一门事业了。）事实上，福特·杜利特尔的影响力如此深远的部分原因是他不仅在生物学方面颇有建树，而且文笔要比大多数科学家好很多。此外，他画技娴熟，能把宏大的概念具象化为优美的卡通形状。杜利特尔的父亲是一位画家兼艺术系教授。杜利特尔年轻时考虑过从事艺术工作，尽管他的父亲称之为"一种糟糕的谋生方式"。接着，在他15岁的时候，也就是1957年，苏联人把第一颗人造卫星送上了太空。杜利特尔和许多美国人一样深受震撼，认定理工科才是更迫切、更有用的追求。他前往哈佛大学读本科，专业是生物化学。艺术的冲动从未离开过他。如今，为了阐明他的颠覆性思维与他和风细雨般的质疑，他画起了有别于通常意义的树。

乌斯、杜利特尔、马古利斯、莱德伯格、埃弗里、格里菲思……这些人会在故事中依次登场。然而，要想弄清楚整件事的来龙去脉，我得从更久之前讲起：在1837年的伦敦，一位科学家面临着一段不寻常的际遇。

第一部分

达尔文的草图

1

从1837年7月开始，查尔斯·达尔文一有脑洞大开的念头，就会在一个标号为"B"的小笔记本上把它写下来。这个笔记本非常私密，他在其中记录了一些匪夷所思的想法。笔记本用棕色皮革装订，有一个活舌和一个金属搭扣，内有280页米色纸张，紧凑得可以放进他的外套口袋里。它轻巧便携，但不像便利贴那样随用随扔。它的材质和构造反映出达尔文丰厚的财力。这位以博物学家的身份在伦敦独居的年轻人在九个月前刚刚乘坐"小猎犬号"返回英国。

那次旅行花去了他将近5年的时间。其间他海陆兼程，主要沿着南美海岸线航行，时而上岸深入内陆的平原和山地。在返程的迂回路线上，他还在某些地点短暂停留过。这是他安逸无忧、享有特权的一生中仅有的长途旅行经历，但是已经足够。他的心灵由此被唤醒，脑内萌生出一些值得深入探索的宏大想法。而他本人也仿佛脱胎换骨，因为他看到了一个亟须解释的惊人现象。在一封从澳大利亚悉尼写给剑桥大学生物学教授兼好友约翰·史蒂文斯·亨斯洛的信中，达尔文提到，在观察了科隆群岛上的嘲鸫（不是燕雀）之后，他百思不得其解。科隆群岛是位于太平洋中部的一组火山丘陵。这些长喙的灰鸟分布在不同的岛屿上，外形有所不同，但差异又是那么微妙，似乎都是从一个种群中分化出来的。三种嘲鸫？分化？几个岛上的嘲鸫略有不同？是的，它们看起来不一样，但又很相似，这表明了它们在某种程度上的亲缘关系。达尔文对亨斯洛坦白了自己在智识上的反叛：如果他的观察属实，那么"这个事实会破坏物种稳定性"。

在当时，物种稳定性是自然历史的基石。神职人员、虔诚的世俗人士和科学家都将其视为理所当然的重要信条。他们认为，地球上所有形态各异的生物都由上帝创造，这种特殊的创世行为只此一次，因而物种不可改变。对达尔文时代的圣公会科学建制来说，这是一种信仰。上述信条被称为"特殊创造假说"，但在当时，与其说它是一种假说，不如说它是一个通识。它已经得到了著名的博物学家和哲学家的支持，达尔文在剑桥大学求学时就受到了这种科学文化的熏陶。五年前，年轻气盛的达尔文不顾父亲的反对，跻身粗鲁的英国水手之间，踏上一段莽撞之旅。现在，他回家了。这段经历改变了他，不过不是他父亲害怕看到的那种改变。他没有变成一个酒鬼或者浪荡子，也没有学会像水手长一样骂人。外在的流浪癖得到满足之后，达尔文转而来到思想的疆域里驰骋。他打算小心谨慎地研究一个或许可以替代科学正统的理论：生物并非恒定地保持着上帝创世之时的面貌，而是随着时间的推移，通过某种达尔文尚不理解的机制，从一种形式转变为另一种形式。

这个想法风险很大，不过他才27岁，而且沿途的所见所闻让他耳目一新。他性情沉静，但他胆识过人。

于是达尔文在伦敦这个大城市里安顿下来，住在大马尔伯勒街，可以非常方便地前往大英博物馆，他的住所离他哥哥伊拉斯谟的住所也只有几门之隔。他加入了科学俱乐部、地质学会、动物学学会，没有工作，也不需要工作。那位起初不赞成"小猎犬号"航程的父亲，伦敦以北什鲁斯伯里镇上富有的罗伯特·达尔文医生，现在由衷地为自己的第二个儿子、在英国科学界颇有声望的年轻的博物学家感到骄傲。达尔文医生脾气暴躁，内心却很慷慨，早已为两个儿子做好了财务上的安排。而且，查尔斯·达尔文是个单身汉。他在伦敦悠游度日，加工旅途中收集的标本，把小猎犬号航海日记改写成游记，还在非常隐秘地思考特殊创造假说的激进替代方案。他博览群书，在各种笔记本上抄写事实和短语。标号为"A"的笔记本专门研习地质学，标号为"B"的笔记本从一本发展到一系列，只给他自己看，专门用于探索他所称的"演变"。你一定猜得到这是什么意思：达尔文开始思考进化论了。

1837年7月，他在B笔记本上写下了第一条笔记，其中有片言只语提到了一本名为《动物法则：或有机生命法则》（*Zoonomia; or the Laws of Organic Life*，以下简称为《动物法则》）的书。该书在几十年前由他的祖父、另一位伊拉斯谟·达尔文发表。《动物法则》是一本医学专著（伊拉斯谟是一名医生），但书中一些发人深思的语句隐约带有进化论的意味。根据《动物法则》，所有温血动物"都来自一根活的丝"，它们拥有"持续改进的能力"，并且这种变化可以世代相传。"一个没有尽头的世界！"持续改进？贯穿世界史的可遗传变化？这与特殊创造假说相悖，但老伊拉斯谟是一个性欲强烈的自由思想者，他患有痛风，还时不时诗兴大发，因此提出这一观点也不算令人意外。达尔文在学生时代读过《动物法则》，并没有对祖父的大胆想法流露出些许肯定的迹象。但现在，他重温此书，把书中的观点作为自己思考的出发点。在B笔记本的第一页第一条，达尔文写下了他祖父的著作《动物法则》的书名，他的读书笔记紧随其后。

话又说回来，伊拉斯谟·达尔文那些脑洞大开的念头太虎头蛇尾了。他并没有详述"持续改进的能力"背后的实质性机制，而实质性机制正是年轻的查尔斯想要了解的内容，尽管他当时可能还没有完全意识到这一点。正因如此，我们可以在B笔记本中看到，查尔斯·达尔文从祖父的作品转向其他读物，阅读他人的猜测和疑问，边读边用寥寥几笔写下不完整的思考，笔记本中的语法错误和标点错误层出不穷。他不是为了出版而写作，他写的东西都是给自己看的。

"生命为什么短暂"，他问道，匆忙中省略了问号。为什么繁衍如此重要？为什么某个种类的动物在一国境内的形态往往是恒定的，但在不同的岛屿上却至少略有不同？他想起了科隆群岛上的巨龟。他只在那里逗留了35天，但他的思想却在这短短的时间内发生了天翻地覆的变化。他还想起了那些嘲鸫。还有，为什么他在阿根廷的潘帕斯草原上看到了两种截然不同的"鸵鸟"（他这么称呼如今名为"美洲鸵"的不会飞的大型鸟类），一种生活在内格罗河以北，一种生活在内格罗河以南？生物被相互隔离之后，是否会在某些地方变得不同？把一对猫放在一个岛上，让它们在那里世代繁衍、近亲繁殖，再加上一点来自敌人的压力，"谁也不敢说结果会如何"，达尔文如此写道。不过，他其实敢于下定论。后代的猫会变得和其他猫不一样，不是吗？他想知道背后的原因。

另一个重要问题："每个物种都会改变，但它是否会进化？"猫能否变成更好的猫，或者至少变成更适合在特定的岛屿上捕食的猫？如果答案是肯定的，那么这种进化需要多长时间？进化幅度有多大？如果"每一代动物都在进化的过程中产生分支"，并且生成"不同类型的组织模式"，新的生命形式诞生，旧的生命形式消亡，那么理论上的进化极限是什么？

"分支"这个词意味深长：朝着固定的方向增长，出现分歧，一张树状图逐渐诞生。达尔文提出的这些问题不仅适用于猫和鸵鸟，还适用于阿根廷的犰狳和树懒、澳大利亚的有袋类动物、巨大的加拉帕戈斯象龟，以及像狼一样的福克兰狐。它们都在某些方面很奇特，都只生活在某个与世隔绝的地方，但与它们在其他地方的对应生物（其他猫、龟和狐狸等）之间的相似性一目了然。这样的场景达尔文见到了很多。他是一个目光敏锐、长于反思的年轻人，觉得自己看到了规律而不仅是细节。似乎有一种"适应法则"在起作用，他如此写道。

　　这些问题与更多的事实和猜测一起，被密密麻麻地记在B笔记本的前21页上。这部分内容大多不曾标注日期，所以我们无从得知他花了几天或者几周才从第一个念头写到第21页的页末。总而言之，他还没有形成自己的理论。宏大的想法像俯冲的猫头鹰一样向他袭来，他既需要一团乱麻般的诱人线索，也需要拥有抽丝剥茧的能力。也许他需要一个隐喻。于是，在第21页的页末，达尔文写道："有序的生物就像一棵树。"

2

我们无从得知，达尔文写完这句话后是否往椅背上一靠，深深地吸了一口气，觉得神志一片清明。也许吧，毕竟他有资格这么做。

接着，他又龙飞凤舞地写了下去。这棵树"分权不规则"，他对B笔记本倾诉道，"有些枝条的分权多得多"。每个枝条分成更小的枝条，这些枝条再分成小枝，"以此为属"——比物种高一级的范畴。物种则是小枝之上的嫩枝或顶芽，他这样写道。有些芽没有进一步生长就死亡了——物种灭绝，一个种系走到尽头，而一些新芽则不知何故爆出。虽然博物学家和哲学家们不接受灭绝的概念，认为这种现象不可能发生，或者他们会以上帝的特殊创造无法收回为由将其摒弃，但达尔文认识到，"物种的死亡"不比"个体的死亡"奇怪。事实上，灭绝不仅是自然的，而且是必要的，老物种的消亡为新物种腾出空间。"我们也许应该将生命之树称为生命之珊瑚，因为枝条的基部已经凋亡。"他如此写道。生物的祖先形态已经消失。达尔文对珊瑚有所了解，乘坐"小猎犬号"航行期间，他曾在东印度洋的基林环礁和其他地方看到过珊瑚礁，它们让他着迷。他炮制了一个关于珊瑚礁如何形成的理论，1842年，亦即写下这条笔记5年后，他出版了一本以珊瑚礁为主题的著作。将生命之树比作生命之珊瑚时，他心里想的是分权珊瑚，而不是脑珊瑚或伞形珊瑚。这个比喻似乎很贴切，因为柔软的珊瑚虫像所有的现存物种一样向上推进，珊瑚的下肢和基部则逐渐失去生命，变成钙质骨架，犹如古代生物的灭绝形态残留。但他似乎也察觉到"生命之珊瑚"是一种流于平淡的说法。他在B笔记本的第26页敷衍了事地画了一幅钢笔草图，画的是有三个分枝的生命珊瑚，用点线描绘无生命的下半部分。然后，他放弃了珊瑚这个比喻。

生命之树更好。它在1837年已经是一个备受尊崇的概念，达尔文可以改编它以符合进化论的需要，这比重新发明一个比喻来得容易。当然，达尔文的改编彻头彻尾地改变了它的意义，不过没关系，他迈出了这一步。笔记本往后再翻10页，他用粗略的笔画勾勒出了一个更生动、更复杂的图形。（如图2.1）树干向上生长，衍生出四个主要枝干和若干个次要枝干，每个主要枝干分权成几簇枝条。他从每簇枝条里各取一条，分别标记为A、B、C、D。枝条B和枝条C是树梢上的近邻，它们所在的簇群紧挨着，说明这些枝条所代表的生物拥有较为接近的亲缘关系。枝条A离带标记的其他枝干很远，与树冠的生长方向相反，说明它所代表的生物与其他生物

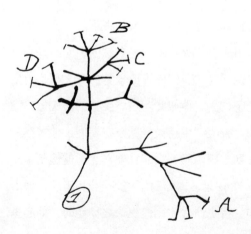

图2.1　达尔文创作于1837年的草图
（由帕特丽夏·J.魏恩重新绘制）

的亲缘关系较远——但仍然有亲缘关系。这些字母是占位符，用于代表生物物种或者生物属，例如猫属、犬属、狐属、大猩猩属。我们不太清楚他的想法，也许他没有什么特别的意思。总之，这是一个振聋发聩的观点，抽象但又传神。如今，你可以看着这幅小小的草图，一边观察主要枝干、次要枝干和四个分布在不同位置的带标记的枝条，一边想象所有生命从一个共同的祖先开始分化的过程。

就在草图的上方，达尔文写下了"我认为"这三个字，犹如窘迫不安地朝着画的方向比画了一下。

3

"生命之树"这个短语不是达尔文发明的。他也不是其标志性用法的开创者，尽管他在自己的理论中挪用了这个短语。像许多嵌入我们思维深处的隐喻一样，生命之树的标志性用法依稀传承自亚里士多德和《圣经》，屡经修正和重申。（为什么这些短语总是源自亚里士多德？嗯，之所以如此他才是亚里士多德呀。）在《圣经》里，生命之树是一个宏大的压轴母题，出现在《创世记》第3章亚当和夏娃被赶出伊甸园之时，继而在《启示录》的结尾，英王钦定本的最后一页再次出现，这是发射进入西方文化的绝佳点火位置。在《启示录》第22章1—2节，主笔的先知描述了他在心醉神迷之时看到的生命之水异象，后者像一条纯净的河流从神的宝座中流出来。河边长着生命之树，每月都结果子，树上的叶子乃是为了"医治万民"。这棵树可能代表向世人传递叶繁果丰之祝福的基督，也可能代表教会或者神的慈悲。这段文字含糊不清，翻译上的差异（一棵树还是很多棵树？）使意思更加扑朔难辨。不过我在这里只强调一点，生命之树是一个古老且诗意的形象，是黄钟大吕，有各种不同的解释，在西方思想中长期存在。

在亚里士多德创作于公元前4世纪的《动物志》里，生命之树还不是一棵树，而是更像一架从自然界生发的阶梯。后来这个名称从希腊语转译成拉丁语里的scala naturae，即"自然阶梯"。根据亚里士多德的说法，自然界从只有土、火等无生命的东西"一点一点地进化"到出现动物等有生命的生物，其多样性也日益丰富。这种进展过于缓慢，我们无法在两种生命形态之间画出绝对的分界线。自然阶梯的概念在整个中世纪及以后一直很重要，在16世纪的木刻画中出现了"存在巨链"和"智力的上升及下降阶梯"等形象，这种阶梯通常从石头或水等无生命的物质一步步上升到植物、野兽、人类和天使，最后是神。彼时它就是一条"通往天堂的阶梯"，比"齐柏林飞艇"乐队的同名作品早了近5个世纪。

瑞士博物学家查尔斯·博内直到1745年还在使用这种阶梯式的线性模型，而其他启蒙运动时期的思想家和艺术家已经开始用枝干和枝条来表现自然界的多样性。博内当年出版的昆虫专著中有一张阐释他的"自然界生物谱序理念"的插页，从火、空气、水开始垂直排列，上一层是土和各种矿物，向上是蘑菇和地衣等植物，然后是海葵，接着是绦虫、蜗牛和蛞蝓，再向上是鱼，然后是单列出来的飞鱼，接着是鸟类，其上是蝙蝠和飞鼠，然后是四足哺乳动物、猴子、猿类，最后是人。看出他的逻辑了吗？飞鱼优于其他鱼类，因为它们会飞；蝙蝠和飞鼠比鸟类的层次高，因为它们是哺乳动物；猩猩和人类是哺乳动物中的佼佼者，而人类比谁都优秀。博内靠当律师为生，但他更喜欢研究昆虫和植物。他是日内瓦共和国的终身公民，他的法国祖先因宗教迫害被赶出法国，所以他的梯形图最终以人而非神为顶点，也许并不是偶然之举。

除了上帝，博内的自然界生物谱序还有另一个引人注目的缺失，那就是微生物。他无视微生物。早在大约70年前，荷兰的先锋显微镜学家安东尼·范·列文虎克就发现了细菌、原生动物和其他"微小动物"的存在。我们都在高中时读过保罗·德·克鲁伊夫的《微生物猎人传》（这是一本充斥着编造的对话和虚假细节的烂书，但它也是一本有影响力的微生物入门读物）或其他的科学史故事，并且从中得知了列文虎克这个人，但我们可能不记得列文虎克是荷兰代尔夫特市的一位布商。为了更好地检查纺织品的支数，他动手自制了放大镜。然后，纯粹出于好奇，他把放大镜转向其他材料，并发现了惊人的现象：在湖水、雨水、落水管中，甚至在他自己的牙垢中，有着形形色色的微小生物。

列文虎克对微生物的观察具有启示性的意义。这一结果被刊登在英国皇家学会的期刊上，闻名于整个欧洲科学界，但查尔斯·博内对这些"非常小的动物"不感兴趣，没有将它们放入他那自下而上的谱序中——虽说它们可以被放逐到石棉和松露之间的某个位置。他的这种省略预示着，把微生物放在自然阶梯上，会给人带来逡巡不去的不适感。若是将它们的不同形态排列在生命之树上，人们心中的不适感只会更加强烈——我之后会再次提及此种感受，因为它在1977年变成痛感。

尽管查尔斯·博内提出了自然界生物谱序的理念，但这种描述生命多样性的线性方法还是被淘汰了，更复杂、更多维的方法应运而生，这就是生命之树。到了18世纪末19世纪初，自然哲学家们（我将在下文中称他们为科学家，但当时还没有这个词）试图对生物进行分类，他们将所有生物排列成不同的群和亚群，以此反映它们的相似性和差异性，并且展现出某种纲目结构。按所谓崇高程度将生物依序排列，从最卑微的生物一直排到最靠近上帝的生物，这种线性的排序方法变得不如人意。从伟大的航海探险时代开始，欧洲出现了知识爆炸——人们对世界各地的动物、植物和其他生物的了解骤增。学者们希望将这些海量且丰富的新知识分层和分类，以便查阅和使用。

这不是进化思维，这只是数据管理。新增的知识汗牛充栋（光是德国博物学家亚历山大·冯·洪堡发表的南美游记就有30卷），人们迫切需要某种一望而知的综述，某种一目了然的组织原则，即一份图解。不过，绘制这份图解的画家需要画出两个而非一个维度，于是梯子变成了树干，树干长出了枝干，枝干又分杈成枝条。这就为排列丰富的已知生物提供了更多的空间，可以水平排列，也可以上下有序。

当时，生命之树已经是一个古老的符号、一个古老的词语，它的历史至少可以追溯到《创世记》和《启示录》。人们的家族史也以树的形式体现，例如某位德国公爵的家谱或血统谱系。现在，脱离宗教意义的树成了生物学领域的有效工具。法国人奥古斯丁·奥吉耶是率先采纳树状图的人之一。他在1801年写道，就他最关心的植物多样性而言，"类似家谱的图形似乎是领悟其秩序和渐变性的最恰当方法"。

奥吉耶是法兰西共和国内的一位默默无闻的公民，他住在里昂，兼职从事植物学研究。他的正职不为人知，他的生平细节失传，甚至连100年后一位为里昂籍的植物学家们写传记的历史学家也对此毫无头绪。奥吉耶本人湮没在历史的长河中，但他留下了一本书，一个小小的八开本。他在书中提出了一种新的植物分类法：将所有植物"根据自然界似乎遵循的顺序排列"。也就是说，分类的依据是一种"自然秩序"，而不是仅仅因为人的一时兴起或者图方便而采用的人为分类系统。书里有一张该分类系统的图解，这便是他的"植物学之树"。（如图3.1）它的树干和枝干就像犹太教的烛台一样有序而呆板，但它的侧枝和繁茂的叶子暗示了植物形态的丰富多样性。

同样地，奥吉耶的植物学之树并未蕴含与物种起源有关的异端思想。他不是跑在时代前头的进化论者，他所说的自然秩序并不意味着所有植物都由一个共同的祖先经过某种实质性的转化过程演变而来。上帝是它们的创造者，每种植物的不同形态都由上帝单独塑造。"我们可以看出，造物主在创造有花植物的不同部位时，遵循了一定的比例和递进关系，每个部位的数量各不相同。这一点可以说是不容置疑的。"奥吉耶认为自己的贡献是发现了这些比例和递进关系，遵从了上帝对秩序青眼有加的设计原则，并在造物完成后将植物学知识组织成一个整齐的系统。

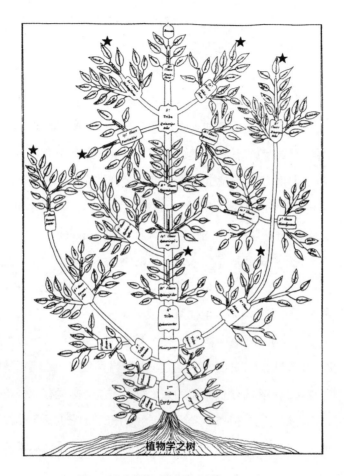

图3.1　奥吉耶的"植物学之树"（1801）

　　奥吉耶不是第一个渴望为丰富多彩的自然界找到秩序的博物学家。亚里士多德曾将动物分为"无血"和"有血"两种。公元1世纪，一位为罗马军队效力的希腊医生收集了500多种植物的相关信息，主要根据制药、食用和制香这三种用途把它们编入了一本纲要。这位医生名叫迪奥斯科里季斯。该书经过多次重印和翻译，在接下来的1500年中一直被视为值得信赖的植物学专著。文艺复兴前后，这本书经历了最后一次印刷。随着人们游历范围的扩大以及对自然界实证细节的日益关注，迪奥斯科里季斯的纲要让位给较新的草本图解。从本质上来讲，这些新图解是植物学的野外指南，插图因绘画和木刻技艺的改进而更加精美，但这些图解的编排依然只是为了方便人们使用，并未依照自然界的秩序。到了16世纪，莱昂哈特·富克斯（Leonhart Fuchs）出版了其中的一本图解。这是一本收录了数百种植物的植物志，图文并茂，其内容按字母顺序排列。两个世纪后，伟大的分类学家卡尔·林奈在描述一种开紫红色花的植物属时，为了纪念莱昂哈特·富克斯，将其命名为"倒挂金钟属"（即*Fuchsia*，这个词也因此有了"紫红色"的含义）。林奈是瑞典人，年轻时去过许多地方，后来在乌普萨拉大学当教授，将上述的草本图解发扬光大。

林奈在1735年首次发表的《自然系统》（*Systema Naturae*）既独一无二又稀奇古怪：大对开本，只有十几页，就像一本用来装饰咖啡桌的地图集。在这本书中，他给他心中的自然界三大界（植物界、动物界和矿物界）的所有成员勾勒了一个分类系统。尽管矿物跻身其间，但对我们来说，重要的是林奈对植物界和动物界的看法。

他在对开的两页上将动物界分成六列，每列顶端都标注着他对这个类别的命名：四足纲、鸟纲、两栖纲、鱼纲、昆虫纲、蠕虫纲。四足纲又被细分为几个目，包括人形目（主要是灵长类）和猛兽目（除熊外，还包括狼、狐等犬形亚目和狮、豹等猫形亚目）等。他的两栖纲包括爬行动物以及两栖动物，而他的蠕虫纲包罗万象，不仅有蠕虫、蛭类和吸虫，还包括蛞蝓、海参、海星、藤壶和其他海洋动物。他又将每个目进一步划分为属（其中有一些耳熟能详的名称，如狮属、熊属、河马属和人属），每一个属又分为种。在六大纲之外，林奈还用半栏的篇幅介绍了所谓"奇异动物"。这是一个包容性很强的集合，由神话中的怪物和令人困惑但又真实存在的生物组成，包括独角兽、半人半羊、凤凰、龙，以及某种变成蟾蜍后体形大大缩水的巨大蝌蚪（现代名称为*Pseudis paradoxa*，即"奇异多指节蟾"）。整张图表的顶端写着一行大字：卡尔·林奈的动物王国。《自然系统》是时代的产物，林奈试图用当时的知识和信念来阐释动物多样性。他的图表范围宏大，自成一体，但不是特别有原创性。再说了，动物并不是林奈的专长。

植物才是他的专长。他对植物界的分类更有创新性、更全面、更有序。后世称这个分类系统为"性别系统"，因为林奈认识到有花植物是有性构造。他用花的雄性器官和雌性器官来区分植物，就是说，它们的雄蕊和雌蕊，即从花朵中探身出来传播和承接花粉的那些精致小茎。根据雄蕊的数量、大小和排列方式，有花植物被分为23纲。然后，他又根据雌蕊的不同，把每一纲分成若干目。他将这些纲分别命名为单雄蕊纲、二雄蕊纲和三雄蕊纲（一个丈夫、两个丈夫、三个丈夫），又将每一纲依序命名为单雌蕊目、二雌蕊目和三雌蕊目（没错，妻子的数量），唤起形形色色的一夫多妻制和一妻多夫制联想。此等做法一定招致过他的同时代人的猥琐嘲笑和怒目相向。举例来说，四雄蕊纲中的单雌蕊植物，就是有四个丈夫的妻子。林奈本人似乎也很喜欢这种带有性色彩的潜台词，这并不妨碍他的植物学纲目结构成为整个欧洲公认的植物分类体系。

半个世纪后，画出植物学之树的奥古斯丁·奥吉耶似乎将自己视作林奈那过于整齐的性别系统的挑战者。奥吉耶承认"雄蕊的数量是一个引人注目的特征"，但这个特征"在研究植物时不适用"。也就是说，这套系统有模棱两可之处，因此以其为基础对纷繁复杂的植物界分门别类并不可靠。他向林奈致敬，也向法国植物学家约瑟夫·皮顿·德·图内福尔学习，后者根据花朵、果实和植物的其他部位将植物分为大约700个属。奥吉耶自创了一套层级体系，用不同字符来标注不同层次的分类，消除模棱两可之处，厘清渐变次序。"这个图像，我称之为植物学之树，我们可以从中看出，不同的植物虽然从树干上分离出来，但仍保有相似性。这棵树就像家谱树那样，显示了同一家族的不同分枝从同一起源也即树干分离出来的顺序。"一切都藕断丝连，都是同一棵树的血脉。

但在奥吉耶心目中，植物之间并未通过共同的祖先产生关联。尽管他在谈及家谱树的时候给了自己暗示——所有的分枝都从"同一起源也即树干分离出来"，但在他的文字或树状图中，没有任何证据表明他想到过，遑论接受过进化这个观念。

4

❧ ❧

进化的观念很快就会萌生。在此之后，生命之树的意义也将发生改变。对许多亲身经历的人来说，这是一场堪称震撼灵魂的剧变，因为新观点对人们的信仰发起了挑战，并且遭遇了强烈的抵制。从两位科学家的著作和图表中，我们最能看出在达尔文发表进化论之前的几十年间，生命之树的概念是如何发生转变的。这两人分别是法国伟大的早期进化论者让-巴蒂斯特·拉马克，以及自诩为"基督教地质学家"的美国人爱德华·希契科克。

拉马克是一个多才多艺的人，他从一个出身于军人小贵族家庭的士兵摇身一变成了植物学家。1793年，在法国的"恐怖统治时期[1]"前夕，他被任命为巴黎国家自然历史博物馆的动物学教授，负责研究"昆虫、蠕虫和微小动物"。他从未研究过这三类生命，但他适应得很快，甚至发明了"无脊椎动物"这个词来囊括它们。他放弃植物，研究起无脊椎动物，度过了法国大革命中最灰暗的那段岁月，虽然收入微薄，但至少保住了脑袋。而其他科学家，例如安托万-洛朗·拉瓦锡，则上了断头台。早在

---

1 法国大革命中的一段充满暴力的时期（1793—1794年）。

1790年受雇于当时的皇家花园时,拉马克便敦促该机构去掉皇家标签,改称巴黎植物园,或许这一举动赢得了革命者的好感。显然,他有敏锐的政治本能。直到1797年,他都一直认同传统的物种观念——物种永恒不变,由上帝创造。后来他的观点发生变化,可能是因为他在研究化石和活体软体动物的过程中发现了渐进转变的规律。1800年5月11日,他在当年的无脊椎动物课程的第一讲中以进化论者的身份首次出场。此后,他发表了三本进化动物学方面的重要著作,其中最具影响力的是他在1809年发表的《动物哲学》(*Philosophie Zoologique*)。

拉马克比四位妻子和七个孩子中的三个都活得长,安然度过了法国大革命时期、拿破仑时代,以及波旁王朝复辟时期的大部分时间。他是个英俊的男人,嘴角下垂,发际线随着时光的流逝缓缓向后退去。在生命的最后10年,他双目失明,他忠实的女儿科妮莉亚终身照料他,为他朗读法国小说。他于85岁去世,若弗鲁瓦·圣伊莱尔等重要的科学家为他讴歌,但之后发生的事情就不那么美妙了。他的遗体没有落葬于永久的个人墓地,而是安放在一个公共槽位里。由于这种公共槽位定期循环利用,所以他的遗骨可能和成千上万的贫民、其他被忽视的人的遗骨掺杂在一起,散落于巴黎的地下墓穴中。蒙帕尔纳斯公墓里没有拉马克的墓地供人凭吊。根据一位传记作者的说法,拉马克很快就"被遗忘,从此寂寂无闻"。许久以后,他会再一次声名大噪,但这样的结局对世界上第一个认真的进化论者来说相当凄凉。

如今,提到拉马克,人们往往会联想到拉马克主义,它被用于描述后天获得的性状的遗传现象,是一个简单但并不准确的概念。许多人都大致听说过拉马克的名字,将他看作达尔文的前辈。他被视为先驱,但他的理论却大胆而不正确,被后来的证据驳倒,因为它和达尔文的理论不一样,建立在后天获得的性状可以遗传的虚幻概念之上。(事实并没有那么简单。例如,达尔文本人就把后天获得的性状的遗传列为进化力量之一,归入"用进废退"的标签之下。）拉马克以长颈鹿为例来说明后天获得的性状的遗传现象，这也是他在这一话题内最广为人知的说法。非洲干旱平原上的原始长颈鹿为了够到高处的树叶而竭力伸长脖子，久而久之（根据他的推测）它的脖子和前腿就变长了，因此（还是根据他的推测）它的后代生来就有更长的脖子和前腿。这种卡通漫画式的拉马克主义一直不招人待见，但生命力顽强。

到了19世纪末，拉马克主义再次流行。当时，广义的进化论思想已经被大众接受，但达尔文的特定理论里的关键细节，也即"自然选择是进化的主要机制"这一观点，大受抨击。"自然选择"的说法似乎过于机械，过于刻板和随机，许多进化论者认为它不可取。世人接受达尔文的进化论思想，但不接受他对进化论如何发生的解释，这种情况持续了几十年，虽然现在只有历史学家还记得这一点。相比之下，变身为新拉马克主义的拉马克主义似乎是一种不那么虚无主义的选择。直至今日，拉马克主义依然是一个暧昧但无法根除的概念，通过"后天获得的性状可以遗传"这一信条，它始终若隐若现，时不时地翻起浪花，重新回归人们的视野。

然而，这个信条从来不是拉马克的全部思想。他还有其他的想法，有些想法甚至更糟糕。他相信自然发生说[1]；他不相信物种灭绝，至少不相信灭绝是一种自然进程；他认为在生物体内涌动着一种"难以捉摸的体液"，在它的推波助澜之下，生物得以改变自己并适应环境。

在拉马克早期尚未转向动物研究、尚未顿悟进化论之前，他写过一部植物学专著，按照他所说的"真正的分级顺序"排列植物：从最不完美、最不完整的植物沿着老式的自然阶梯上升到最完美的植物。接着，他把动物排列在一个上升的阶梯上，与植物阶梯"对应"：从蠕虫到昆虫，再到鱼、两栖动物和鸟，最后到哺乳动物。这两个阶梯并未暗示各种生物均从

1　关于生命起源的一种假说，认为生命是由非生命物质在日常条件下自然产生的。

共同的祖先分化或转变而来，但在1809年出版的《动物哲学》一书中，他添加了一幅微妙而富有戏剧性的示意图，用来描绘动物的多样性。（如图4.1）那是一幅分支图，沿着页面向下延伸，主要的动物群体之间用虚线连接，就像印在煎饼屋餐厅的纸餐垫上，给孩子们玩的那种连点成画游戏——把所有的点连起来，一个隐匿的形状就会浮现，那图案是……一架飞机！或者……一头大象！或者……乔治·华盛顿的头像！在拉马克的虚线图里，隐匿的图案是一棵树。

鸟类从爬行类中分化出来，昆虫先于软体动物从树干上独立出来。沿着树干继续往下，我们可以看到图中有一条虚线的分支通向鲸，第二个分支通向有蹄哺乳动物，最后这条虚线通向除此之外的所有哺乳动物。尽管这幅图有很多细节上的错误，而且上下颠倒，但它标志着科学思想的一个重要转变——学者们认为这是最早的进化之树。

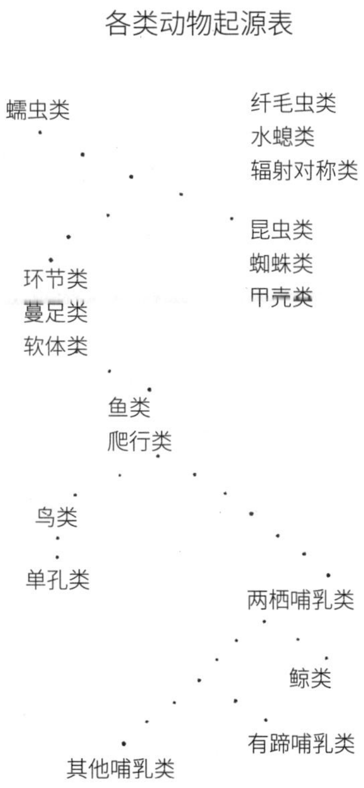

各类动物起源表

蠕虫类

纤毛虫类
水螅类
辐射对称类

昆虫类
蜘蛛类
甲壳类

环节类
蔓足类
软体类

鱼类
爬行类

鸟类

单孔类

两栖哺乳类

鲸类

有蹄哺乳类

其他哺乳类

图4.1 拉马克的虚线图（1809）

5

爱德华·希契科克与拉马克互为对位。拉马克画出了第一棵生命之树，希契科克则画出了在达尔文颠覆一切之前的最后一棵生命之树。事实上，在1840年出版的《基础地质学》（*Elementary Geology*）一书中，希契科克画了两棵相互独立的生命之树，一棵是动物生命之树，另一棵是植物生命之树。这本书在19世纪中叶大卖，多次被重印。在那些不仅近距离观察生物，还深入研究化石的早期科学家之中，希契科克的生命之树颇为新颖。他把他的图解称为"古生物图"，该图按地质时期展现了从寒武纪（从大约5.4亿年前开始）到当代的动物界和植物界的变化。（如图5.1）

希契科克绘制的树不是经典的树形，不像枫树或橡树那样向外伸展形成树冠。他的动物生命之树也好，植物生命之树也罢，看起来更像是公路两旁密密麻麻种下的钻天杨防风林。防风林的底部是一根粗壮结实的树干，细长的树管从中升起，叶子也随之蓬生，但向上生长的过程中分枝并不多。不管是垂直来看，还是水平来看，甲壳动物、蠕虫动物、双壳动物和脊椎动物似乎都相互独立。脊椎动物的树管倒是分出了若干树枝，其中一根树枝通向现代哺乳动物，这根树枝的最高处写着"人"字，字上面画着一个饰有十字架的皇冠。

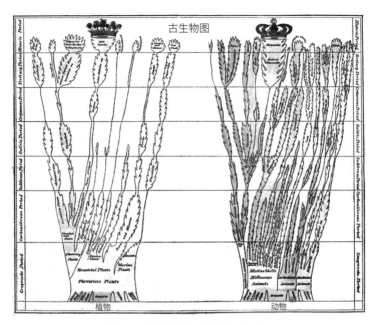

图5.1　希契科克的古生物图（1857）

　　顶着皇冠的"人"，连同皇冠上的十字架，指引我们理解希契科克的自然界等级观。他的地质学理论牢牢地建立在传统的自然神学的基础上。根据自然神学的观点，科学旨在阐明上帝作为万物创造者的力量和智慧，而人类则是上帝这种神圣创造力的顶点。希契科克是一个虔诚的、受信念驱动的新英格兰扬基佬，他的古生物图既反映了他将人类视作上帝造物之巅峰的看法，也反映了他在地质学方面的发现。

　　希契科克出生于马萨诸塞州迪尔菲尔德镇的一个贫困家庭。他的父亲是一名参加过美国独立战争的老兵，以制帽为生，身负债务，还得养育三个儿子。他挣到的钱只够让儿子们上完小学，他们在当地中学的学业只能半途而废。在这之后，正如希契科克所回忆的那样，"我的余生只能从事体力劳动"。他不愿意做父亲或其他工匠的学徒，宁可去农场工作，那是一片租来的土地，由他的一个兄弟耕种。这份工他做了很久，或者说他感觉做了很久，以至于后来他声称不记得自己究竟务了多少年农。在他闲暇时，特别是下雨天和晚上，青年时期的希契科克开始学习科学和古典文学。他雄心勃勃、如饥似渴，认为自己在为上哈佛大学做准备。在一位叔叔的影响下，他开始学习天文学。接着，1811年大彗星来了。在希契科克18岁那年的秋天，这颗天空过客在北半球的夜空达到最大亮度。他从迪尔菲尔德学院借来一些仪器，夜夜观测它的轨迹。"我太投入，结果身体垮了。"他后来写道。

这场健康危机导致希契科克的宗教信仰发生改变。他曾经认同上帝一位论[1]，后来逐渐回归他父亲所在的公理会，这被认为是爱德华·希契科克人生中一次彻底的反思。他没能去哈佛大学读书，而是回到迪尔菲尔德学院，不知何故在23岁时受聘担任校长。后来，他学习神学，接受任命，成为马萨诸塞州康韦镇内一座公理会教堂的牧师。该教堂跟迪尔菲尔德学院就在同一条路上，距离很近。希契科克在余生中一直以病弱者自居，为自己的柔弱百般纠结，喋喋不休地抱怨自己行将就木，但他其实一直活到了70岁。有一位学者研究过希契科克的生平和著述，称他为"一流的臆想症患者"。

1825年秋，他被"解除"康韦教堂的牧师职务。根据他自己忧心忡忡的判断，如果他继续承担布道、巡回教区和主持复兴会等活动，他将会健康受损，甚至可能迎来死亡的结局。这倒是为他的科学事业大开方便之门。新近成立的阿默斯特学院聘请他讲授化学和自然史，在这之后他就一直留在这所学院。后来他当上了自然神学和地质学方面的教授，与此同时连续9年担任该校校长。希契科克刚到阿默斯特学院的那几年，查尔斯·莱尔在英国出版了三卷本的《地质学原理》（*Principles of Geology*）。这本激进的著作挑战了基于《圣经》的地质记录阐述，甚至包括希契科克的论

1　此派别强调上帝只有一位，是唯一的真神。

述在内。

　　传统的思想流派，即所谓灾变论，认为地球的历史由一系列灾难性的动荡组成，造物主如同投下雷电般将这些危机向地球砸来。《创世记》中记载的大洪水就是其中之一，洪水自天而降，连降整整40个昼夜。人们通常认为这些灾难具有某种意义，它们为人类指明了方向。这是上帝的安排，他借机清除地球上的某些生物（滚开吧，恐龙）并增添新生物（崛起吧，哺乳动物）。莱尔提出另一种观点，即均变论，认为以往塑造地球的进程和事件是客观存在的，例如侵蚀、沉积和偶尔的火山爆发——这些事件在现世发生的频率与在过去发生的频率大致相同。上述事件造成了包括物种灭绝在内的一连串影响。莱尔认为，无论上帝认为哪些动植物可以在地球上存活，都与这些客观存在的事件毫无关联。

　　莱尔的《地质学原理》共三卷，发表于1830—1833年间。希契科克立即拜读，读后感觉极度不适。他不是年轻地球创造论者，他承认火山作用和侵蚀作用是持续的过程，但他担心莱尔对地球的看法会"把上帝排除在他的造物和辖制范围之外"。在一篇关于大洪水的文章中，希契科克对比了《圣经》和地质记录，不无恶意地写道："我们对莱尔先生的宗教信仰一无所知。但是他对《圣经》相关主题的暧昧态度让人想起异教徒的诡诈和口是心非。"莱尔是一位尽职尽责的英国圣公会教徒，并不是什么异教徒，至少他在撰写《地质学原理》的时候还不是，但希契科克似乎比莱尔本人更清楚地感觉到他的作品会把一些读者推向无神论思想和唯物论思想。

　　查尔斯·达尔文就是被莱尔推向这两种思想的读者之一。他在"小猎犬号"上读了三卷本的《地质学原理》，受其影响，不仅认同地质学方面的均变论，还终将走向进化论（因为莱尔在书中提到了拉马克主义，虽然他本人并不赞同）。因此，尽管希契科克对莱尔"诡诈且口是心非"的看法并不正确，但他对《地质学原理》把读者（至少是那么一位关键的读者）拐入下坡路的看法却一点不错。

1840年，也即莱尔著作的第三卷问世7年后，希契科克出版了《基础地质学》。在这本书中，他以手绘折页图的形式收录了他画的类似钻天杨防风林的"古生物图"，他的两棵与进化论无关的生命之树从此为人所知。这张图按地质时期的先后顺序呈现了地球上的动植物界变化，某些植物群体或动物群体的多样性和丰富性此消彼长，但这两棵生命之树的分枝并不多。希契科克在书中声称，这些变化体现了上帝的意志。上帝在进行一个长期工程，增加新生物，减少原有生物，不断改进和完善这个世界。依照这个略显曲折的图解，主要的动植物群体一直存在，但随着时间的推移，体现"更高级的组织结构"的新物种不断出现，直到地球终于为迎接"更完美"的生物种类，即"以人类为首的普遍完美的生物"做好准备。"更高级物种"的逐渐引入，他写道，"完全可以用地球环境的改变来解释。为了同神圣智慧有意引入的更完美的物种匹配，地球在不断调适"。这些更完美的物种都是上帝在地球环境改变之后特意创造的。然而，上帝并没有将地球上已有的动植物抹去后重新创造，只是对原有的物种进行调整，让调整后的新物种适合新出现的生态位。如果你觉得这话毫无道理，别怪查尔斯·莱尔，也别怪我。

希契科克的《基础地质学》成了热门读物。从1840年到19世纪50年代末，它先后经历了30次改版，每次都由希契科克对书中的文字和数据进行小修小改。在所有版本中，除了颜色方面的调整，两张生命之树的图片一直没有变化。后来，某件事发生之后，1860年付印的第31版《基础地质学》做了一个重大调整——删掉了生命之树的图片。如果不是因为发生了这件事，那么这张图的消失实在太巧了。

这件事就是查尔斯·达尔文于1859年发表了《物种起源》。他在书里也画了一棵树，但这棵树不同凡响。

图5.2　自诩为"基督教地质学家"的爱德华·希契科克（他在19世纪40年代和50年代绘制了早于达尔文的、与进化论无关的生命之树）

6

〜 〜

到目前为止，达尔文已经私底下酝酿进化论达半生之久。他于1837年在B笔记本上画下那幅小树的草图，接着马不停蹄地阅读、收集事实、思考各种进化模式、试用各种短语。继B笔记本之后，他又在一系列标号为"C""D""E"的笔记本上脑力激荡了16个月，如同反复拼凑在桌上摊开的拼图块。然后，根据E笔记本的记录，1838年11月，他的思路豁然贯通，物种进化的这幅拼图完成了。他把脑海中的三大片拼图块拼到一起，找到了一个解释进化的机制。

第一片拼图块是遗传的连续性。后代往往与其父母、祖父母相似，这种类似性自始至终保持稳定。第二片拼图块是变异，它与第一片拼图块的发展方向正好相反。后代与父母并不完全相似，每个人的眼珠颜色或棕或蓝，个子有高有矮，发色或鼻形有别。每只蝴蝶翅膀上的花纹、每个鸟喙的大小、每只长颈鹿脖子的长短都各不相同。生殖并不是完全不走样的复制，同样地，兄弟姐妹之间，父母和后代之间，都存在差异。达尔文发现，遗传和变异这两片拼图块既比肩而立，又有点剑拔弩张的意味。

至于第三片拼图块，他思考的时间比较短，是他在博采众长的阅读过程中想到的，那就是人口的增长速度总是超过可用生活资料的增长速度。

地球上的生命总是太多。一只母猫可以生5只小猫；一只兔子可以生8只小兔；一条鲑鱼可以产1000个卵。如果这些后代都能存活下来，而且相继繁衍的话，那么地球上很快就会有许许多多的猫、兔子和鲑鱼。所有生物，包括人类在内，无论它们一次能产下几个后代，无论它们一生中能繁殖多少次，都倾向于按指数增长而非线性增长的速度繁殖——也就是说，它们的代际递增序列更接近于2、4、8、16，而不是2、3、4、5。与此同时，即使地球上的生活空间和食物供应在逐渐增加，其增速依然跟不上生物繁殖的速度。栖息地不能自我复制，空间变得拥挤不堪，生物会挨饿，它们苦苦寻求生存之道。这就导致了竞争、匮乏和不幸，既有赢家也有输家，繁衍后代的努力遭到打击，运气不太好的个体则英年早逝。蒙召的生物很多，被选中的生物很少。让达尔文认识到这一现实的著作是《人口论》，其作者是托马斯·马尔萨斯，一位逻辑严密的牧师兼学者。

马尔萨斯的这部沉郁之作于1798年首次发表。在接下来的30年里，它一共经历了6次改版，还影响了英国的福利政策。（马尔萨斯在书中认为，当时的《济贫法》太过仁慈，于是相关部门迅速对其进行了修订。）达尔文于1838年初秋读到这本书，他后来回忆说，读这本书"权当消遣"，但其他消遣活动的成效跟这项活动没法比。他消化吸收了书中有关人口的论点，把它和另外两片拼图块结合起来，并在D笔记本上草草记下了"从马尔萨斯的书里推导出的物种大战"。是的，达尔文意识到，这种"大战"不仅适用于人类，也适用于其他生物。竞争是激烈的，而机会是有限的。"可以说，有一种力量就像10万个楔子同时在起作用。"达尔文写道。这种力量"竭力把各种自适应结构塞进"自然界的空隙里。"这些楔子的终极目的，"他补充说，"一定是找到相宜的结构，并使之适应变化。"他所说的"终极目的"，其实是指终极结果：物种大战产生了适应性良好的生命形式。这就是他的理论要点，虽然这个理论还不完整，阐述得还很粗略。

D笔记本写满后，达尔文似乎把马尔萨斯抛在了脑后，但他在下一个笔记本的开头又提到了马尔萨斯。他从1838年10月开始使用这个标号为E的笔记本，它由锈褐色皮革装订而成，还配有一个金属搭扣。这是生物学史上货真价实的文物之一。达尔文在起初几页上记下了他对"人口大崩塌"的进一步思考，并且再三提到"我的理论"。他对这个理论的信心越来越足，思路越来越清晰。接着，在11月27日当天或者随后数日，他无视语法和拼写规则写下了：

三大原则，将会解释一切

1. 孙辈，像，祖辈

2. 变化幅度不大……尤其是生理变化

3. 父母支持力度越大，生育能力越强

遗传、变异、人口过多，他看出了三者之间的契合。把它们拼在一起，然后转动曲柄：基于某种原因，物种的存活概率不等。到底是什么原因呢？答案是，哪些变异的结果最有利，这些变异得到遗传的概率就最高。于是，通过一个选择性淘汰的过程，可遗传的生命形式逐渐演变并适应环境。最终，他给曲柄起了一个名字：自然选择。

然后，20年过去了。没人知道达尔文在E笔记本上写过什么文字，世人仍旧对自然选择一无所知。

7

这是一次令人费解的漫长延误。从达尔文在私密的E笔记本上写下这四行字,到达尔文理论的首次公开,斗转星移之间,20年过去了。又过了一年,达尔文理论才正式登场——《物种起源》于1859年11月问世。这次延误既有科学上的原因,也有个人的原因,既有焦虑作祟,也有策略考量,其他著作(包括我的一些书)对此有详细研究。我们在此可以跳过其他原因,只关注其中一点:达尔文之所以最终公开他的理论,是因为一位年轻的博物学家提出了同样的想法,迫使他出手。

阿尔弗雷德·拉塞尔·华莱士先后在亚马孙地区和马来群岛进行了各4年的实地考察,其间萌生了自然选择的想法(他有自己的说辞,并不称之为"自然选择"),还为此撰写了一篇简短的论文。华莱士在很久以后回忆说,当时他为了收集生物标本穿越摩鹿加群岛北部,途中因为发烧(也许是得了疟疾)不得不在当地滞留,结果他灵光一现,萌生了这个非凡的见解。过度繁殖加上变异,扣除不成功的变异,就会产生可遗传的适应性。后来,华莱士烧退了,汗干了,趁着这场头脑风暴暂未消退,他完成了手稿,此后试图寻找伯乐。

然而,他是穷人家的孩子,靠售卖装饰性标本——鸟的毛皮、蝴蝶、漂亮的甲虫——筹集热带旅行所需的费用，他不是像达尔文那样乘坐"小猎犬号"优哉游哉环游各地的绅士旅行家。华莱士不曾受过良好教育，人脉也不广。他几乎不认识英国或欧洲科学界上层圈子里的人，而那些圈子里的人也几乎不认识他——至少他们没有跟他面对面交流过，也没把他当作同行。他有偿收集生物标本，是一个热衷于自然史的小生意人。当时的科学界同维多利亚时代英国社会的其他部分一样，存在阶级分化。但华莱士早先在一本受人尊敬的杂志上发表过几篇论文，其中一篇获得了伟大的地质学家查尔斯·莱尔的好评。哦，华莱士还认识一位名人，他俩的交往仅限于笔友身份，对方曾在一封信中对他大加赞誉。此人就是查尔斯·达尔文。

转眼到了1858年2月。当时，几乎没有人认识到达尔文的真面目——一个秘密的进化论者，只有少数人例外，而莱尔作为达尔文的密友与知己就是其中之一。阿尔弗雷德·拉塞尔·华莱士显然不在此列，对他来说，查尔斯·达尔文只是一位传统意义上的著名博物学家，《小猎犬号航海记》和其他循规蹈矩的图书的作者，例如关于藤壶分类学的那些图书。但一艘荷兰邮船即将停靠在摩鹿加群岛之中的特尔纳特岛的港口，而华莱士已经抵达此处。他为自己的发现兴奋不已，如果这真是一个大发现就好了。他渴望与科学界分享这个危险的假说。于是，他把自己的论文和一封附信打包寄给了达尔文，希望获得达尔文的首肯。在此基础上，或许达尔文会把它分享给莱尔，后者可能会帮助他找到发表论文的途径。

1858年6月18日前后，达尔文收到这个包裹，感觉就像被一头奔腾的牛撞倒。牛蹄从他身上踩过去，碾碎了他的心，夺走了他的命。但与此同时，出于道义，他必须答应华莱士的请求，把这篇论文传给必要人士，促成它的发表。达尔文知道，这将意味着让这个年轻人拿走他自己孵化了20年，但还没有准备好发表的划时代的想法的所有功劳。尽管如此，达尔文还是把华莱士的论文寄给了莱尔，并且把自己的痛苦呐喊也一并传达给了他。莱尔不仅接纳了这篇论文，还看懂了达尔文字里行间的苦闷心情。他与达尔文的另一位亲密的科学盟友，即植物学家约瑟夫·胡克一起，把达尔文拉出绝望的深渊，建议他摆出理智公平的姿态，不要光顾着克己复礼，并促成双方各让一步，共享荣誉。妥协的结果是，1858年夏天，华莱士的论文同达尔文尚未出版的著作摘录被草草地拼凑到一起，在英国的一家名为林奈学会的科学俱乐部里以口头报告的形式发表。报告开始之前，莱尔和胡克做了介绍性说明。两位作者均未到场，他们的代理人负责宣读论文。（达尔文在家里，他的小儿子刚死于猩红热；华莱士还在马来群岛的原野上。）这次联合报告几乎没有给任何人留下印象，甚至连在场的几十名林奈学会的成员也没有被打动，因为当晚天气炎热，而两人的报告措辞晦涩、逻辑含糊、主旨未能横空出世。

17个月后，达尔文出版了《物种起源》。这本1859年问世的著作，而不是1858年宣读的论文或摘录，标志着达尔文主义革命的开始。多年以来，达尔文一直在写这份关于自然选择的长而乏味的书稿，而《物种起源》只是原本书稿的紧急删减版。不过，它出版的时机和形式正好。在书中，进化论不是光秃秃的三段论，而是"长篇论证"，附带大量数据，尽管脚注不多。达尔文的语言朴实，但凡识字的人都能读懂。《物种起源》成了一本畅销书，并多次经历再版，令一代科学家信奉进化论的理念（虽然这本书没能让他们相信自然选择是进化的主要机制）。它还被翻译成其他语言，在其他国家受到追捧，德国尤甚。这就是为什么达尔文至今仍然是历史上最受尊敬的生物学家，而阿尔弗雷德·拉塞尔·华莱士虽寂寂无闻却引人同情，在那些为数不多的了解华莱士的人看来，他的重要性被严重低估了。

"长篇论证"的核心是《物种起源》的第4章，章节名为《自然选择》。达尔文在其中描述了他的理论的核心机制，也即他20年前在笔记本里潦草写下的那三个原则的组合，外加转动起来的曲柄。"自然选择，"

他在书中写道，"引起性状分歧，导致改良程度不足和改良程度适中的生命体大量灭绝。"他表示，随着时间的推移，生物的谱系会发生变化，我们可以从化石记录中看到这一点。不同的生物适应不同的生态位、不同的生活方式，从而分化为不同的形式，表现出不同的行为。过渡阶段就这样消失了。接着他又写道："同一纲中的所有生物的亲缘关系有时会用一棵大树来表示，我相信这种比拟在很大程度上表达了真实情况。"

8

在《物种起源》第4章结尾处，达尔文用一个长段探讨了生命之树这一比拟。他写道："绿色的生芽小枝可以代表现存的物种。"随后，他从生芽的小枝开始倒推：光秃秃的小枝和较细的大枝是最近灭绝的物种；枝条之间为空间和光照而竞争；巨枝分为大枝，再逐步分为小枝；所有的枝条都沿着一个巨大的树干向上、向各个方向分枝。"芽由于生长而生出新芽。"达尔文写道。芽长成小枝，小枝又长成大枝，有的健壮，有的赢弱，有的欣欣向荣，有的奄奄一息。"所以我相信，这棵伟大的生命之树世世代代都是如此，它用那些枯落的枝条填充了地壳，又用那些分生不息（ramifications）的美丽枝条遮盖了地面。"达尔文写道。"分生不息"一词用得妙。

结合上下文来看，"分生不息"用在这里格外好，因为它的词源为拉丁语单词ramus，字面定义为"分支形成的结构"，而更松散的定义是"影响"。达尔文的生命之树当然影响重大。

此外，他的书和爱德华·希契科克的著作一样，也附有一幅树状图。（如图8.1）这是《物种起源》第一版中仅有的插图，唯一的图像。伴随着对物种如何随着时间推移而转变的讨论，它出现在第116页和117页之间。

跟希契科克书中的插图一样，它是一张折页插图，但只有黑白二色。这幅
树状图只作示意用，笔触并不精妙，甚至不如达尔文很久以前在笔记本上
画的那张草图生动。达尔文将这幅图称为图表。它解析了同一个大属中的
不同物种向上伸展并分权的变异过程，用垂直上升与斜向分支的虚线来表
示。达尔文不是画家，但即使他缺乏绘画天赋，他也能借助铅笔和尺子绘
制出这幅图来，他寄给平版印刷商的草图很可能就是这么画出来的。无论
如何，这幅图表明了树形进化的观点。

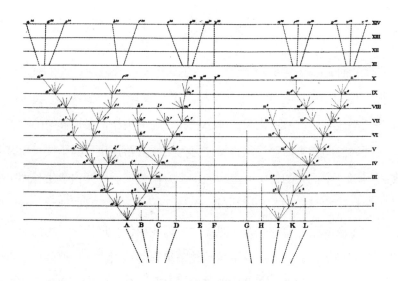

图8.1　达尔文在《物种起源》中绘制的物种变异图表（1859）

　　达尔文解释说，图中每两条横线之间的垂直距离都代表着1000代的传
承过程。时间不可谓不深邃。自下而上，发源自同一个属的11个主要物种
沿着虚线变异，其中有8个物种走到了死胡同，也就是说，它们灭绝了。
三叶虫、菊石、鱼龙和蛇颈龙都遭遇了这样的结局，没有留下任何形式的
后代。有一个物种在漫长的岁月中完全没有产生分支，而是像豆茎一样笔
直上升，这就意味着它一如既往地持续存在。在4.5亿年的时间里，被称为

活化石的鲨就这样相对不变地生存着（至少从化石来看，它的外形保持不变）。图表中占主导地位的两个物种则在垂直上升的过程中频频分枝，这种行为代表了新进化的形式对自然界生态位的探索。所以，一图胜千言：进化和多样性的起源一目了然。

远在马萨诸塞州的爱德华·希契科克读了达尔文的著作，他再也忍不下去了。这不是他第一次接触物种演变的理论（他知道拉马克的研究和其他的大胆推测），但《物种起源》是这一理论的最新陈述，它最为具体，最富有逻辑性，也因此最危言耸听。他像其他虔诚的科学家一样，宁愿在化石记录中寻找上帝之手直接作用的痕迹——这些科学家包括哈佛大学的路易斯·阿加西、日内瓦的弗朗索瓦·朱尔斯·皮克泰，以及曾在剑桥大学担任达尔文地质学导师的亚当·塞奇威克。总而言之，希契科克大为恼火。

在1860年再版的《基础地质学》中，希契科克插入了对达尔文著作的反驳，主要的论点是科学权威们的看法。他指出，皮克泰在鱼类化石中并没有看到物种演变的迹象。阿加西说过，动物之间的相似性来自——哪里？——造物主的心意。"当这么多以达尔文为首的人都倾向于采用物种逐渐转变的学说时，"希契科克写道，"我们真正应当正视的是这些科学大师的意见。"

他的批评温和而坚定，类似于某种不屑一顾的耸肩。从今往后，希契科克将漠视查尔斯·达尔文的理论，还鼓励他的读者也这样做。他的另一个反应更能说明问题，也更具有防御性：他删除了自己书里的生命之树插图。"古生物图"消失了，《基础地质学》的后续版本中再也不见它的踪影。

这样一来，生命之树的图像就为达尔文和他的追随者们所有。此后，它一直都是绝佳的图示，用以阐述生命的历史、历经岁月的进化过程、多样性和适应性的起源。直到20世纪后期，一小群科学家突然发现：哎呀，不对，这种理论是错的。

第二部分

一种独立的生命形式

9

分子系统发生学，即以分子为证据研究进化过程中的亲缘关系的学科，始于1958年弗朗西斯·克里克在一篇讨论其他课题的重要论文中顺便提到的一个建议。这就是克里克的特点——他相当聪明，而且想象力丰富，有时候仅仅用胳膊肘一推就影响了生物学的进程。

我们久闻克里克的大名是因为他一生中最大的成就：1953年，他与年轻的美国合作伙伴詹姆斯·沃森共同发现了DNA分子的结构，为此他和沃森以及另外一位科学家共同荣获1962年的诺贝尔生理学或医学奖。1958年，克里克并没有虚度光阴，没有沉湎于有朝一日去斯德哥尔摩领奖的荣光之梦。他仍然对DNA感兴趣，但他的研究重心已经从纯粹的结构问题转移到其他的大问题上。他带着惯有的快乐玩耍的感觉，把心思集中在破译基因密码这一挑战上。

这组密码大众已经听说过很多次，但我也许还需要稍做提醒。密码由四个字母组成，每个字母代表DNA双螺旋结构的一个成分——用化学术语来说，就是每个字母代表一个碱基。这四个字母是：A（腺嘌呤）、C（胞嘧啶）、G（鸟嘌呤）、T（胸腺嘧啶）。当然了，DNA的全称是脱氧核糖核酸。我们有必要了解一下这个名称的来源。双螺旋结构中的两条螺旋链彼此平行地缠绕在一个虚拟的中心轴上，由核苷酸组成，两条螺旋链之间靠氢键连接。每个核苷酸含有一个碱基（即A、C、G、T之一）、一个糖分子（即脱氧核糖）和一个磷酸（即酸性部分）。位于一个核苷酸外侧的糖分子与位于下一个核苷酸外侧的磷酸键合，就这样形成两条长长的螺旋链。我刚才描述它们相互平行，但更准确地说，这两条链是相互反平行的，糖分子与磷酸的键合使这两条链具有方向性，即一条链的前端与另一条链的后端对齐。通过氢键交叉连接的碱基将两条螺旋链连接在一起。在四个碱基中，A与T配对，C与G配对，形成一个稳定的结构，就像螺旋楼梯的台阶。这就是沃森和克里克推导出的巧妙排列方式。

不过，DNA的特点不仅是稳定而已。它还是一个奇妙且高效的结构，能够存储、复制和应用可遗传数据。当两条链被分开时，其中一条链（模板链）上的碱基序列代表了准备就绪的、等待被复制或使用的遗传信息。1953年，沃森和克里克在共同发表的论文中细致且含蓄地指出了DNA的这种能力。这篇论文的措辞优雅精准，只有一页长，它被发表在《自然》周刊上，还配有一张简图。在论文接近结尾处，在他们提出双螺旋结构和A配T、C配G的碱基固定搭配之后，他们写道："我们注意到，我们推测的这种特定配对可能是一种潜在的、针对遗传物质的复制机制。"

然而，为了遗传而连续性复制这些成分是一回事，将其转化为生物是另一回事。如何转化？DNA中的信息通过什么步骤才能变成有血有肉的生命体？

为了解开这个谜团，我们首先需要了解蛋白质。对生物而言，四种分子至关重要——糖类、脂类、核酸和蛋白质——它们通常被统称为生物大分子。蛋白质可能是其中最全能的一种，具有构造细胞骨架、催化生物化学反应、运输代谢物质和细胞信号等多种功能。如何逐个合成蛋白质，如何利用蛋白质维持细胞外形，如何让具备其他功能的蛋白质投入使用……这些信息都被编码在DNA中。每个蛋白质都由一条线性的氨基酸链组成，这个氨基酸链再折叠成一个复杂的二级结构。虽然化学上已知的氨基酸约有500种，但作为生命基本成分的氨基酸只有20种，几乎所有蛋白质都由这20种氨基酸组合而成。可是，DNA的四种碱基如何排列，才能决定哪些氨基酸应该被加到一条氨基酸链上？什么样的碱基组合产生了亮氨酸？半胱氨酸呢？A、C、G、T如何排列才能合成谷氨酰胺？酪氨酸呢？这个基本的问题，也即碱基如何标定氨基酸的问题，被称为"编码问题"。20世纪50年代末，弗朗西斯·克里克着手解答这个问题，而他给出的答案是帮助我们了解生物如何生长、生活和复制的关键一步。

待解的谜团一个套着一个。碱基是否组合起来发挥作用？如果是的话，多少个碱基组合在一起？如果两个碱基形成一个碱基簇，那么从4个碱基中选择2个，并且区分前后顺序（CT、CG、AA等），总共只能形成16种碱基组合，不足以编码20个氨基酸。或许是3个或3个以上的碱基形成碱基簇？如果答案是3个（例如CTC、CGA、AAA），那么这些三联体是相互重叠、垒成一摞呢，还是像用逗号划分的三字母单词一样分别发挥作用？如果有逗号，是否也有句号？用4个碱基排列组合，一共可以形成64种可能的三联体。这64种三联体都用上了吗？如果答案是肯定的，那就意味着会有一些冗余，也就是说，不同的三联体将会编码同一个氨基酸。碱基序列中是否包含某种叫停机制？如果没有，一个基因应该在哪里结束，另一个基因又该从哪里开始？克里克和其他人都很想知道这些问题的答案。

思考这些问题时，克里克还想到了另一个更为深远的问题，即蛋白质如何从编码信息中组装出来，一个个氨基酸如何有序地排列在氨基酸链上。模板链如何找到或吸引氨基酸？这些氨基酸之间如何连接？他不仅想了解生命的语言——它的字母、单词和语法，还想了解这种语言怎样诉之于口，找到肺、喉、嘴唇和舌头的对应物。

在美国逗留一段时间后，克里克于20世纪50年代中期回到英国，再次来到剑桥大学的卡文迪许实验室，他曾与吉姆·沃森一起工作的地方。他与英国医学研究委员会签订了一份合同。该委员会作为政府机构，有资格进行基础研究和医学研究。发现DNA的结构虽然让克里克和沃森在科学界声名鹊起，并最终为他们赢得诺贝尔奖，但却不能立即纾解克里克的财务困境。自从他和妻子奥迪尔的第三个孩子出生后，克里克一家的经济状况愈发拮据。他不得不打工挣钱：从英国医学研究委员会领取微薄的薪水，偶尔参加电台节目或者发表科普文章挣点外快。此次重返剑桥大学，他不是与沃森，而是与另一位科学家悉尼·布伦纳共用一间办公室。两人会同去小酒馆吃午餐，一起高谈阔论，在黑板上写写画画。结识克里克后，卡文迪许实验室的一位同事得出结论："克里克的工作方法是没完没了地大声说话。"要是他没在说话，也没在听布伦纳说话，那他就是在阅读科学论文，重新思考其他研究人员的成果，在这些知识体系中寻找那些让他入迷的奥秘，以及解开奥秘的线索。他不是实验主义者，不通过实验生成数据。他是一个理论家，或许是20世纪生物科学领域最优秀的、直觉最敏锐的理论家。

　　1957年，克里克整理了他的观点和他对"DNA如何合成蛋白质"这一问题的分析。当年9月，在伦敦大学学院内，他在实验生物学学会的年会上发表演讲。据一位历史学家说，他的演讲"在会议上万众瞩目"，并且"永久地改变了生物学的逻辑"。一年后，这场演讲的文字版本在该学会的期刊上登出，标题很简单：《论蛋白质的合成》。在为克里克撰写的短篇传记中，另一位历史学家马特·里德利认为，上述论文"可能是克里克最了不起的论文"，能够与牛顿的《自然哲学的数学原理》和路德维希·维特根斯坦的《逻辑哲学论》媲美。在这篇论文中，克里克介绍了他对蛋白质如何根据DNA的指令进行构建的看法，令人印象深刻。克里克还提出了一个重要但仍然含糊的假设：存在于DNA的阴影下的另一种核酸，即RNA，也许同样以某种方式参与其中。RNA是否在合成蛋白质的过程中发挥作用？它是否帮忙传达了氨基酸的排列顺序（该顺序由DNA决定）这一信息？在这样的反复思考中，克里克抛出了另一个可谓顺便想到的见解：啊，对了，这些长分子也可以为生命之树提供证据。

他在论文中写道："生物学家应该认识到，不久之后，我们就会有一个名为'蛋白质分类学'的课题了。也就是说，研究生物体内的蛋白质的氨基酸序列，并对它们进行物种间比较的课题。"

他没有使用"分子系统发生学"这个词，但这就是他要表达的意思：根据长分子推断进化史。通过比较在两种生物中发现的本质相同的蛋白质（例如血红蛋白，它负责在脊椎动物的血液中运输氧气），我们便能推断出这两种生物之间的亲缘关系。这种做法建立在一种假设之上，即若干血红蛋白的变体由一个共同的分子演化而来，随着时间的推移，在不同的变异谱系中，血红蛋白的氨基酸序列会出现微小的差异。这些差异要么是意外，要么是自然选择后留下的优势。血红蛋白之间的差异程度应该与谱系的变异距今的时长相关。克里克认为，基于这些数据，我们便能画出系统发生树。人类有一种变异的血红蛋白，马有另一种变异的血红蛋白，两者之间的区别有多大？我们和马曾经拥有同一个祖先，从什么时候开始各表一枝？克里克补充说，若要判断生物的身份，蛋白质的氨基酸序列是一份最精确直观的记录，"大量的进化信息可能就隐藏在其中"。

抛出这个想象力丰富的建议后，克里克在论文的余下部分回到了正题：如何在细胞中制造蛋白质。这就是他的作风。一闪而过的念头，却能发挥至关重要的作用。基本上他的意思是：听着，蛋白质分类学这活我不干，但应该有人去干。

10

这活确实有人干了，但还要再等一段时间。在克里克提出蛋白质分类学的概念后，七年过去了。在这段时间里，有几位科学家各自探索了一阵，结果殊途同归。莱纳斯·鲍林和埃米尔·扎克坎德是其中的两位。他们给这项事业起了一个花哨的名字——"化学古遗传学"，两人截然不同的科研轨迹合二为一。

扎克坎德出生于维也纳，是一位年轻的生物学家。当年，他和家人辗转于巴黎和阿尔及尔，逃离纳粹阴影笼罩下的欧洲。他来到美国，在伊利诺伊大学取得硕士学位（比卡尔·乌斯早多了）。二战结束后，他回到巴黎攻读博士学位，后来在法国西海岸的一个海洋实验室找到工作，研究螃蟹的蜕皮周期，其中涉及一种类似于血红蛋白的分子。他的兴趣从甲壳纲动物生理学逐渐转移到分子层面的问题，而且他渴望重返美国。1957年，扎克坎德玩弄了一些手段，成功见到了鲍林。当时鲍林已经是一位著名的化学家和诺贝尔化学奖得主，此后他还将荣获诺贝尔和平奖。诺贝尔化学奖赋予了鲍林一定的研究自主权，让他可以把目光从加州理工学院的实验室扩展到更广阔的世界，同时还在他关注的研究领域内赋予了他一定的影响力。他对两个领域特别感兴趣，一是镰状细胞贫血等遗传疾病，二是热核武器带来的威胁，例如实验过程中产生的放射性沉降物。20世纪50年代末，鲍林大声疾呼，发起了一份反对大气层核试验的请愿书，超过1.1万名科学家在上面签名。他和同样是诺贝尔奖得主且极具煽动性的英国哲学家伯特兰·罗素一样，成了一个令人敬畏的和平主义者。

与扎克坎德初次相遇时，鲍林正处于对遗传学、进化和突变很感兴趣的阶段，尤其对武器试验释放的辐射可能引起的突变感兴趣。他的疾病研究也朝同一个方向推进，因为镰状细胞贫血源自血红蛋白的一个基因突变。鲍林对扎克坎德的观感不错，于是给这个年轻人提供了一份加州理工学院化学方向的博士后奖学金。当扎克坎德来到帕萨迪纳，打算继续研究与螃蟹蜕皮相关的分子时，鲍林出言阻止了扎克坎德。他说："你来研究血红蛋白怎么样？"

鲍林进一步建议扎克坎德采用一种新发明的技术，即借助电泳（利用电荷将分子按其大小分离）和其他方法来为这些蛋白质"采集分子指纹"，将一个变体与另一个变体区分开来。这种技术还很原始，但很有前途。鲍林认为，用这种方式比较蛋白质分子，可能有助于研究人员得出一些进化方面的结论。于是，扎克坎德动手学习这项技术，并将其应用于血红蛋白变体的研究。没过多久，他就看出人类的血红蛋白与黑猩猩的血红蛋白极其相似，与猩猩的血红蛋白则不太相似。此外，只要观察分子指纹，他就能将猪和鲨鱼区分开来。当然，还有更简单的方法来分辨猪和鲨鱼，不过重点不在于此。这种比较分子的方法虽然没有他期望的那么精确，但至少开了个好头。

在接下来的六七年时间里，扎克坎德的研究蒸蒸日上，还与鲍林联合发表了一系列论文。其中的一些论文是应邀投稿，发表在为纪念杰出科学家退休或庆祝他们的整数生日等大事而推出的纪念文集上。这样的邀约往往是看中了鲍林本人的显赫地位，而他找来扎克坎德当共同作者，令其负责构思论文并承担大部分写作任务。在此期间，鲍林第二次戴上诺贝尔奖的桂冠。这一次，他因为大力反对核武器扩散及相关试验而获得诺贝尔和平奖。这次获奖并没有增加他的科学声誉（事实上，他辞去了加州理工学院的教授职位，因为大学的管理人员和董事会成员不赞成他的和平行动主义），但显然有助于扩大他在舆论界的影响力。他忙得不可开交，请他演讲、访问、为纪念文集撰写科学论文的邀约络绎不绝。这类论文一般不需要通过同行评审，所以可以比一般的期刊文章更大胆、更天马行空。其中一篇论文写于1963年，是为了纪念一位俄罗斯科学家的70岁生日而写的，题目为《作为进化史文献的分子》。两年后，该论文被重新发表在《理论生物学杂志》上，读者面扩大了，影响力也随即提升。鲍林和扎克坎德蹚入了弗朗西斯·克里克当年涉足过的同一个池塘。

在这篇写于1963年的论文中，他们区分了携带遗传信息的分子（如DNA或其编码的蛋白质）和那些在生物体内循环之后被排出体外的分子（如维生素）。携带遗传信息的分子拥有可推导的进化史，这些分子的祖先演化出若干种变体，在不同生物的体内生存。扎克坎德和鲍林写道，仔细研究这些分子，我们便能明白三件事情：自物种间产生分歧以来过去了多久；始祖分子应该是什么样子；进化谱系该怎么画。第一件事后来导致了分子钟的诞生，尽管扎克坎德和鲍林当时还没有给它命名。第三件事则意味着树形谱系即将出现。

扎克坎德不断改进和发展这些观点，而鲍林一直是他的共同作者和赞助人。1964年9月，扎克坎德在罗格斯大学内一个名人云集、辩论热烈的研讨会上宣读了一份长篇论文，也即他俩共同观点的最终版本。尽管这篇论文多半由扎克坎德写就，但它被称为"鲍林后期职业生涯中最具影响力的一篇论文"。两位作者在文中提出了一个令人难忘的比喻，他们说，如果分子的变体之间的差异程度与分歧后流逝的时间成比例，那么就存在"一个与进化有关的分子钟"。

这是一个试探性的比喻，一个假说。它在罗格斯大学的研讨会上引发的争议在后续几年里持续发酵，吸引了人们的注意，集中了人们的思想。如果这个假说是正确的，那么人类将获得一种全新的测量进化史的方法。此后，分子钟被称为"进化论领域简单且强大的概念之一"，也是"极具争议的概念之一"。克里克本人后来判断说，它是"一个非常重要的想法"，事实证明它"比当时人们以为的要更接近真相"。

在这期间，埃米尔·扎克坎德搬回了法国。他和鲍林以及其他人合作，启动了一项新的科学事业。1971年，《分子进化杂志》诞生，扎克坎德担任第一任主编。他的名字不像鲍林的名字那样在圈外依旧如雷贯耳，但如果你对当今的某位分子生物学家提及"扎克坎德和鲍林"，这位科学家一定会想到"分子钟"。这样的联想很贴切，但它忽略了另一个重要的概念、另一个隐喻，而后者就蕴含于扎克坎德在罗格斯大学宣读的那份长篇论文里。"分子系统发生树的分枝，原则上应当仅用分子信息来定义。"扎克坎德在论文中如此写道。这是一种全新的勾画生命之树的方式。分子钟滴答走，就在同时，这些树的枝条也在不断上升和蔓延。

图10.1 诺贝尔奖得主、化学家莱纳斯·鲍林（1965年，他与埃米尔·扎克坎德在重新发表的论文提出这一观点：我们可以从长分子包含的信息中辨别生命之树的分枝）

11

1964年，也就是扎克坎德在罗格斯大学宣读论文的这一年，卡尔·乌斯来到伊利诺伊大学厄巴纳分校任职。这一时期，分子系统发生学开始引起人们的关注，尽管当时这个名词还未出现，该学科也仍在以其他名称传扬，如克里克的蛋白质分类学、鲍林和扎克坎德的化学古遗传学。乌斯比任何人都清楚地看到了这一学科最深层的可能性。他意识到，分子的序列信息可以用于解读进化史。

乌斯时年36岁，受聘后立即获得终身教职，这给了他一定的自由度，可以从事费时费力的高风险研究项目，而不必急着发表论著。他在微生物学系担任教授，虽然他攻读的学科是生物物理学而非微生物学，而且他几乎从未借助显微镜观察过细菌和其他微小生物。他对当时仍处于萌芽期的分子生物学更感兴趣。这是一个令人兴奋的新科学分支，它的研究方法刚刚被发明出来，它的基本原理刚刚成形，而乌斯想成为其中的一员。但他想研究的并不是分子钟，分子系统发生树的前景还没能吸引他。他关注的是遗传密码，而且不仅限于他所称的密码学问题，即哪些碱基怎样组合以指定哪些氨基酸来构建蛋白质。他想追古溯今，上下求索，了解遗传密码的演变过程。

乌斯很清楚，弗朗西斯·克里克和其他人，包括不拘一格的俄国物理学家乔治·伽莫夫，一直把遗传密码学作为一个理论问题来研究，把它当作一个抽象的智力游戏。1958年克里克的论文发表后，人们对RNA的作用有了新的认识，知道它是一种信使分子，以某种方式将DNA的指令传递到细胞中构建蛋白质的位置。遗传密码学的研究有所进展，但谜底没有完全被揭开。RNA的结构是怎样的？它又如何发挥信使作用？伽莫夫和其他人感到困惑不解。对他们而言，这个谜团是一场振奋人心的挑战。他们甚至成立了一个半开玩笑的小型精英俱乐部，其成员只有20人，因为作为生命基本成分的氨基酸只有20种。他们会在俱乐部里交流关于编码和蛋白质合成的想法，还将其命名为RNA领带俱乐部。之所以起这么个名字，是因为RNA这种中介成分的神秘面纱仍未被揭开，而领带这种颈部装饰象征着校友之间的情谊，是俱乐部成员微妙的自嘲。加入俱乐部的科学家都有一根相似的刺绣领带，而他们的领带夹各不相同，分别代表一种不同的氨基酸。他们诙谐地接受了各自的氨基酸身份：丝氨酸、赖氨酸、精氨酸等，真是可爱的做法。乌斯不是俱乐部的成员。

伽莫夫、克里克等人都很感兴趣的遗传密码学谜题是，DNA的4个碱基（由A、C、G、T这4个大写字母表示）如何形成3个或3个碱基以上的组合，以产生20种不同的氨基酸？字母和字母之间有没有逗号？乌斯单枪匹马地着手研究这个问题。他知道美国国家卫生院里年轻的生物化学家马歇尔·尼伦伯格领导着一个团队。不同于RNA领带俱乐部的学院派理论阐述，该团队用实验的方法取得了更有效的进展。乌斯想更深入地研究这个问题。

"我和所有人都不一样，"乌斯在几十年后写道，"我认为密码的性质与解码机制的性质和起源不可分割。"解码机制？他指的是将DNA信息转化为蛋白质的部件或分子。解码机制的起源？对当时的乌斯来说，这是生物学的核心问题。他不仅想知道解码机制如何工作，还想知道它是如何在大约40亿年前出现的。他比其他任何人都清楚地认识到，如果没有一个将蕴藏在DNA中的信息加以运用的转化系统，生命的发展就会止步于最简单最原始的形态。

没有哪句话比上述句子的开头更能说明乌斯的性格和自我认知："我和所有人都不一样……"他性格孤僻且特立独行，将自己看作一个爱抱怨、爱发脾气、不合群的科学家。他不在俱乐部里，他没有RNA领带。他在《自然》周刊上发表过几篇关于编码问题的论文，在《科学》周刊上发表过一篇对他人论文的评论文章。这篇文章由他独力完成，提出建议的同时批评了别人的做法。在1967年出版的《遗传密码》（*The Genetic Code*）一书中，他完整地提出了自己的观点，即进化论的观点。该书高瞻远瞩、雄心勃勃、推理严密，书中的观点大多数是错误的。但在科学的进程中，错误并不意味着无用。为了想象遗传密码的起源，乌斯几乎是不情不愿地转向了生命之树。

乌斯意识到，他需要一些像生命之树这样的通用图表，以便更好地理解翻译机制的进化历程。所谓翻译机制，也就是将DNA中的编码信息转化为蛋白质的机制，它是生命体内最核心的部分。深奥的生物学需要深邃的历史来映照，这个难题被扬·萨普很好地表达了出来。他是一位植物遗传学家，后来成为生物史学家，并且同乌斯很熟。"因此，一棵通用的树将保有它自身存在的秘密。"萨普这样写道。历史照亮了生物学，反之亦然，毕竟，进化生物学本身就是一段历史。但是乌斯的计划有一个问题。对微生物（即细菌和其他单细胞生物）来说，生命之树并不存在。已知的生命之树对微生物的接纳度不足，或者说对微生物多样性的描述并未达到令人满意的程度。我们可以根据动物的外表和行为对其进行比较，林奈和达尔文已经这样做过，植物和真菌同理，我们可以分析它们与同类生物的区别。从上述这些清晰的、外部可见的证据中，我们可以推断出生物之间的亲疏关系，并且以此为依据将它们排列在生命之树上。但对微生物来说，这是不可能的，因为即使在高倍显微镜下，许多微生物看起来仍然极其相似。

人们曾用一些基本的形状（球状、杆状、丝状、螺旋状）来定义细菌的主要种类，这种做法有时可靠，有时则不然。但在更精细的层次上，即我们所说的物种层次上，将细菌分门别类地区分开来，形成一个足以显示进化关系的自然体系，这是一件非常困难甚至不可能完成的事情。有些专家已经放弃了这一做法。通过外观和行为对细菌进行分类不可行，按照生理学特征（在微生物界等同于行为）为其分类也不可行。除非有人发明一种新方法，否则我们根本无法给细菌分类。

"我的研究计划需要稍做调整。"乌斯后来回忆说。他语带揶揄，因为说这话的时候，他口中的"稍做调整"已经持续20年之久。

12

1969年6月24日，身处厄巴纳的乌斯给剑桥大学的弗朗西斯·克里克写了一封发人深省的信。他在大约8年前就与克里克结识了，当时乌斯还待在纽约州的斯克内克塔迪市，是通用电气研究实验室内一名默默无闻的青年生物学家，而克里克早已因为发现DNA结构而闻名于世。两人的交往始于邮件，态度客气但交浅言未深——乌斯请克里克寄给他一份编码方面的论文的复印件，克里克照办了。到了1969年，他们的关系已经相当友好，乌斯写信的语气变得更亲密，他请求克里克帮他一个大忙。"亲爱的弗朗西斯，"他写道，"我即将做出一个对我来说非常重要、几乎不可逆转的决定。"紧接着，他补充说，如果克里克有什么想法，或是愿意给他一些精神支持，他将不胜感激。

乌斯坦言，他希望"追本溯源"，找到最简单的细胞的起源。这种细胞在当时被微生物学家们称为原核细胞，其实是指细菌。真核生物构成了另一个大类、另一个领域。所有形式的细胞生命（也就是说，不包括病毒）都被归为这两者之中的一种。原核生物（英语名为prokaryote，其中pro在希腊语里意为"以前"，karyon则是希腊语中的"坚果"或"内核"）是没有细胞核的生物。真核生物（英语名为eukaryote，其中eu在希腊语里意为"真")指比较复杂的生物，包括动物、植物、真菌，以及某些单细胞但复杂的生物，如变形虫。真核生物的细胞中含有细胞核（这也是其名为"真核"的原因）。原核生物（即"细胞核出现之前"的生物）似乎早于真核生物出现在地球上。虽然细菌如今依然存在，并且依然非常成功地主宰着地球上的许多地方，但它们在1969年被认为是最接近早期生命形式的生物。乌斯告诉克里克，要想对细菌追本溯源，他们就必须沿着当时对进化的理解"回溯10亿年左右"。在那个时候，细胞这种生命形式刚刚从某种别的东西、某种未知的早于细胞的东西中脱胎而出。

哦，只需要回溯10亿年吗？乌斯的想法向来大胆。"利用细胞的'内部化石记录'，"乌斯告诉克里克，"也许，仅仅是也许，我们能成功地探查到细胞在10亿年前的样子。"他所说的"内部化石记录"其实就是长分子这一证据，即DNA、RNA和蛋白质的线性序列。对不同生物中同一分子的变体进行比较，乌斯便能推断出两个谱系中的同缘分子是从怎样的"祖先序列"中分化出来的。乌斯希望从这样的推论和这样的祖先形式中窥见远古生物的进化方式。他在信中探讨的就是分子系统发生学，尽管他还是没有用这个术语。他希望这种技术能够帮助他探查到至少30亿年前的信息。

但哪些分子最能说明问题？哪种分子能代表最好的内部化石记录？谦逊但有远见的英国生物化学家弗雷德里克·桑格曾对牛胰岛素的氨基酸进行测序。胰岛素是动物和其他真核生物体内的一种相当古老的分子，但它们的历史并没有乌斯渴望的那么悠久。其他科学家对一种名为细胞色素c的蛋白质测过序，这种蛋白质在许多生物的细胞内生化反应中也有很关键的作用。但它们都不能满足乌斯的要求。他想要某种更基本、更普遍的东西，某种可以一路追溯到生命的起点，或者说接近起点的东西。

"理想的候选分子显然是构成转化装置的分子，"他告诉克里克，"还有什么比它们更古老的谱系呢？"乌斯提到的"转化装置"是指解码机制，即把DNA信息转化为蛋白质的机制。这也是克里克在1958年发表的《论蛋白质的合成》这篇论文中呼之欲出的机制。对转化装置的研究将会让乌斯回到他的出发点：遗传密码本身如何进化？他渴望着得知这一问题的答案。乌斯写这封信的时候，克里克发表上述的蛋白质论文已经是11年前的事了，如今科学界对转化装置有了更好的理解。

乌斯想要了解的这种成分，是所有形式的细胞生物都广泛含有的小分子细胞器，它被称为核糖体。几乎每个细胞都含有大量的核糖体，它们就像炖肉里的胡椒粉，一直忙于执行将遗传信息转化为蛋白质的任务。就以血红蛋白，那个至关重要的负责运输氧气的蛋白质来说吧。构建血红蛋白分子的指令被编写在DNA中，但血红蛋白实际上是在哪里生成的呢？在核糖体里，核糖体正是乌斯所说的转化装置的核心成分。

克里克并没有在他的论文里使用"转化装置"这个词，他甚至没有使用核糖体这个词，但他隐约提到了核糖体的曾用名"微粒体粒子"。当时，这种粒子刚被发现（1956年，一位罗马尼亚的细胞生物学家在电子显微镜下发现了它）。起初，没有人知道它的作用。后来，人们认识到它是构建蛋白质的场所，但大家心中还有一个大大的问号：如何构建？一些研究人员怀疑核糖体可能包含蛋白质的配方，通过一种几乎自主的过程将蛋白质挤出。1960年，克里克的杰出同事悉尼·布伦纳在剑桥大学内一次气氛热烈的会议上灵光一闪，几乎是以一针见血的方式否定了上述理论。马特·里德利在他为克里克所著的传记中描述了这一时刻：

接着，布伦纳突然大叫一声，开起了连珠炮。克里克的回话速度也一样快。房间里的其他人都惊奇地看着他们。布伦纳已经看到了答案，而克里克飞快地理解了他。核糖体并不包含蛋白质配方，它是一个读带机。只要给它输入正确的"信使"RNA磁带，它就可以制造任意一种蛋白质。

那时候数字录音设备还没被发明出来，人们用磁带记录声音，不知道你对此是否还有印象。布伦纳用"磁带"喻指一种特殊的RNA：mRNA（即信使RNA，RNA的几种形式之一，每种形式各有其功能），它负责将细胞内的DNA信息传递给核糖体。一个核糖体由两个亚单位组成，这两个亚单位一大一小，组装在一起，功能互补。小的那个亚单位负责读取mRNA信息，大的那个亚单位利用该信息将适当的氨基酸连接成一条链，构成蛋白质。核糖体和mRNA，再加上其他的一些成分，组成了乌斯所说的转化装置。（如图12.1）到了1969年，当乌斯写信给克里克时，转化装置的关键作用得到了肯定。

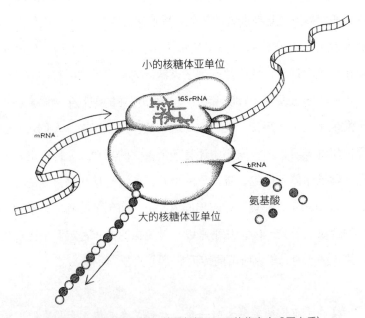

图12.1 核糖体结构（其功能是根据mRNA的信息合成蛋白质）

每一个活体细胞，包括活体的细菌、人体细胞、植物和真菌的细胞，以及其他细胞生物的细胞，都含有许多核糖体。它们是负责组装的细胞器，接收遗传信息以及氨基酸形式的原材料，生产那些较大的产品：蛋白质。用更直白的话来说：核糖体把基因变成了实体。它们生产的蛋白质会折叠成三维结构，所以与布伦纳的读带机相比，今天的我们拥有一个更形象的喻体：核糖体是一台三维打印机。

核糖体是细胞内部的一种极小的可识别结构，它们在体积上的不足通过数量和重要性得到了弥补。一个哺乳动物细胞可能含有1000万个核糖体，大肠杆菌的单个细胞可能只需要数万个核糖体就能存活。每一个核糖体都有能力以每分钟200个氨基酸的速度制造蛋白质，在细胞内把建设活动搞得红红火火。这种建设活动是所有生命的基础，据推测已经持续了将近40亿年。1969年，很少有人比卡尔·乌斯更敏锐地注意到这一点：核糖体这种古老而普遍的建设活动意义重大。他认为这些小小的核糖体（或者说其中的一些分子）可能包含了生命从诞生那一刻起如何运作、如何走向多样化的证据。

在这一时期，乌斯的另外一个真知灼见让他关注核糖体的一个特殊部分：它的rRNA（即核糖体RNA）。我们通常认为RNA扮演着上述的角色，即一种携带信息的分子。与DNA的双螺旋结构不同，RNA是单链结构，负责将编码的遗传指令提供给核糖体使用。从空间上来说，它行色匆匆地穿行在细胞中，从时间上来看，它的存在转瞬即逝，使用之后就被废弃。但这只是其中一种RNA（即mRNA）发挥的作用，RNA还有其他的类型。除了传递信息，RNA还可以充当构件。例如，核糖体是由rRNA和蛋白质组成的，就像一台意式咖啡机由塑料和钢铁这两种材料制成。"我认为，"乌斯在信中向克里克坦言，"研究核糖体的RNA成分比研究它的（占比更大的）蛋白质成分更有希望。"他推测这些RNA成分对于挖掘深层的历史更有帮助，因为它们相当古老，历经沧海桑田却几乎一成不变。

乌斯发现了一个隐秘的真相，那就是RNA确实比它的著名同行DNA更有趣、更有活力。它并非只包含一种分子，而是一个由多功能的、复杂的、未被重视的分子们组成的家族。自此，RNA家族隆重登场，它将进入我们的故事，并且逐渐靠近舞台中心。乌斯决定将rRNA视为终极的内部化石记录。

"按照我的定义，我打算做的事情算不上优雅的科学。"他对克里克坦言道。科学的优雅在于使用最低限度的数据来解答问题，而他的方法更像是一份苦工。他需要一个大型实验室来读取至少一部分rRNA。这在当时是一个艰巨的任务。（如今，对DNA、RNA和蛋白质这些极长分子的测序已经实现自动化，操作起来轻而易举，我们很难想象乌斯面临的挑战。20世纪70年代初，他和他的实验室成员殚精竭虑几个月才能完成的工作，现在由一名聪明的本科生利用昂贵的机器花一个下午的时间就能搞定。）乌斯在1969年无法为一个完整的长分子测序，更不用说为一个完整的基因组测序了。他只盼着管中窥豹，从rRNA分子的片段中读出些许启示。即便如此，这项工程也举步维艰、粗陋笨拙、耗时耗力。他打算竭尽所能地对两种生物的rRNA进行测序，然后通过比较的方式逆向推断出生命最早的形式和动态。rRNA将是他通往进化之初的兔子洞。

实验室的到位是第一步。他向克里克承认，鉴于他的行政管理水平不高，这一步已经很难了。但是在实验室设备、资金和行政管理之外，乌斯意识到还有另一个必要条件。"在这方面我特别需要你的建议和帮助。"他告诉克里克。他希望能够争取到"弗雷德里克·桑格实验室出产的一些精力充沛的'年轻产品'，他们的科学能力要同我的能力互补"。乌斯的意思是：为了这项伟大的测序工程，他需要一位懂得如何测序的助手。

13

弗雷德里克·桑格的创举成了当时RNA测序的标准。在早期研究人员的想法的基础上，桑格开发出这种技术：将长分子切割成较短的片段，然后通过电泳分离这些片段，在凝胶柱中把它们分开。对大小不同的片段来说，凝胶柱就像是一条赛道。在通电情况下，每个片段都会被吸引到凝胶柱的一端，这些分子的大小和电荷不同，因此它们在凝胶中移动的速度不等。由于它们的速度不同，片段们会在凝胶柱中分散开来，在胶片上显示为一个个各具特色的二维椭圆形斑点。经过进一步的切割和撕扯，每个椭圆形斑点都可以当作一串短小的密码来读。鲍林曾经建议扎克坎德通过"采集分子指纹"的方式来辨别分子变体，桑格的方法更先进，但原理相通。

弗雷德里克·桑格与莱纳斯·鲍林有两个共同点：都是化学家，都曾两次摘得诺贝尔奖的桂冠，但除此之外两人或许相去甚远。桑格沉静、朴实，出身于英格兰中部地区的一个贵格会[1]教徒家庭，两次摘得的诺贝尔奖都源自他和鲍林共同的科学分支——化学。他是唯一一位两度荣膺诺贝尔

1　基督教新教的一个派别。

化学奖的科学家。1958年，时年40岁的桑格因为确定了一种蛋白质（即牛胰岛素）的分子结构首度获得诺贝尔奖。为了确定这个结构，桑格巧妙地改进了其他研究者的一些相对原始的方法，成功测定出了胰岛素分子的两个长分支的氨基酸序列。这项成就之所以能获得诺贝尔奖，是因为它不仅揭示了奶牛的血糖调节方式，还增进了我们对蛋白质这一大类的理解：它们并非无定形的东西，每种蛋白质都有确定的化学成分。成功为蛋白质测序后，桑格转而对RNA测序，接着他又为DNA测序。1980年，桑格凭借着登峰造极的DNA测序手法而第二次获得诺贝尔奖。其后不久，他在65岁时从科学界退休，把精力转向园艺。他在剑桥附近的一个村子里有个漂亮的小家。

"我的研究工作算是到顶了。"他后来说。他不屑于转去做行政管理人员。他还婉拒了爵位，因为他不想被朋友和陌生人称为"弗雷德爵士"。"爵士头衔让你变得与众不同，不是吗？"他说，"我不想变得与众不同。"他好比古罗马共和国时期的执政官辛辛纳特斯，在权力的巅峰时刻退隐务农。但对1969年给克里克写信，梦想能招募到桑格的门徒来助他一臂之力的卡尔·乌斯来说，他离功成身退还早着呢。

事实上，桑格的一个研究生已经来到厄巴纳，在与乌斯同系的另一位科学家的实验室里当博士后。那位博士后名叫戴维·毕晓普，被请来协助索尔·施皮格尔曼为RNA病毒测序。1964年，施皮格尔曼将乌斯从通用电气研究实验室招到伊利诺伊大学，把他默默无闻中解救出来。毕晓普到任一年后，施皮格尔曼离开伊利诺伊州，回到他事业的发源地——坐落于纽约的哥伦比亚大学。后来，毕晓普追随他去了纽约。这样一来，乌斯很有可能同桑格的技术失之交臂。在施皮格尔曼已经离开，但毕晓普还在的那几个月里，乌斯找了一位名叫米切尔·索金的前途无量的博士生，指派索金在毕晓普离开之前向他学习，能学多少就学多少。当时，分子生物学尚处于形成阶段，虽然实验结果可以在期刊论文中公布，但实验方法的具体细节往往通过口授心传，就像上古时代的人类把石制工具或者火种当作礼物赠送那样。

米切尔·索金是个天资聪颖的孩子，他来自芝加哥，拿着游泳奖学金南下到伊利诺伊大学读本科，打算毕业后申请医学院。后来他放弃了游泳，对医学也失去了兴趣，但他没离开伊利诺伊大学，而是在农学院的食品科学系获得了工业微生物学的硕士学位。他研究细菌，特别是细菌孢子的发芽过程，这对食品工业有一定的实际意义，因为这一过程会影响人类的健康。卡尔·乌斯在伊利诺伊大学的另一个院系供职，两人可谓生活在两个不同的宇宙。但乌斯碰巧在职业生涯初期研究过孢子的发芽过程，对其余兴犹存。因为这个微不足道的原因，有人让年轻的索金去见乌斯。他们一拍即合。

"于是我就跑去跟他讲话，"近50年后，米切尔·索金告诉我，"我喜欢他。"

我们交谈时，索金已经70岁了。他看上去依然年轻，却顶着一头浓密的白发。他戴着眼镜，笑容腼腆，恍若歌手保罗·西蒙摇身一变当起了教授。我们坐在他位于马萨诸塞州伍兹霍尔市水街的一栋老式红砖楼内的三楼办公室里。这里是备受尊崇的海洋生物学实验室的总部，索金在此担任高级科学家兼比较分子生物学与进化中心的主任。在我的请求下，他回忆起1968年同卡尔·乌斯结识的经历。他似乎有些茫然：怎么自己到头来会跑到伍兹霍尔，研究海洋微生物群落、人类肠道微生物群落，以及潜入前往火星的空间飞行器的微生物呢？

在那个充满不确定性的历史时刻，索金发现，按照年龄和地域，他在当地征兵局的名单上名列前茅。他还没有被征召，但这一使命似乎迫在眉睫，而且那时候征兵尚未采取抽签制，谁入伍谁不入伍在很大程度上由征兵局说了算。"我不得不当机立断，在继续上学和去越南之间做出选择。"战争正处于最凶险的时期，当年2月的"新年攻势"给许多美国年轻男性（包括米切尔·索金和我）当头浇下一盆凉水。攻读研究生学位者可以延期入伍，虽然这并不公平。"我决定留在学校，"索金告诉我，"这很简单。"他开始在乌斯的指导下攻读博士学位，研究课题是rRNA。

在他们早期的交往中，乌斯注意到米切尔·索金的一些特点：这孩子不仅聪明，而且能熟练操作各种设备。他灵巧、精确且有耐心，具备机械天赋、些许水管工的潜质和些许电工的禀赋。这几种才能的组合让他不仅擅长实验工作，而且擅长创造这种工作所需的工具。索尔·施皮格尔曼曾经订购过一批用于桑格法RNA测序的仪器，钱已经付了，但他去了哥伦比亚大学，没带走这些仪器。

"于是卡尔继承了那些设备，但他的团队里没有人知道该怎么用。"也就是说，在索金加入他的实验室之前，没有人知道该怎么用。"我基本上负责引进所有的技术。"索金说。他负责从施皮格尔曼实验室和其他来源引进新技术，将其提供给乌斯的团队。在毕晓普去纽约之前，索金从毕晓普那里尽可能多地学习了弗雷德里克·桑格的技术，然后他身兼乌斯的博士生和万能杂工二职，负责组装和维护各种各样的硬件，使rRNA测序成为可能。

乌斯本人不是实验主义者，他跟弗朗西斯·克里克一样，是理论家和思想家。"乌斯从来没有使用过自己实验室里的任何设备。"索金说。确实，这些设备乌斯一样都没有用过——除非算上读片用的灯箱。索金动手打造了这些荧光灯箱，在灯箱上面可以查看由放射性磷投射到大型X射线胶片上的RNA片段的图像。他用半透明的塑料布和许多荧光灯泡把一整面墙的书架改造成了一个公告牌般的垂直大灯箱，他们将其称为光板。把一张张胶片放在灯箱上或者粘在光板上，一个个深色的椭圆形斑点就会在胶片上浮现，犹如一群巨大的变形虫在明亮的平原上奔跑。这就是RNA的分子指纹。当时的实验室成员回忆了卡尔·乌斯一小时接着一小时凝视这些分子指纹的情景，这样的情景在一些老照片中也有体现。

　　"这是常规工作，枯燥无味，但必须全神贯注。"乌斯本人后来回忆说。每一个椭圆形斑点都代表着一小串碱基，通常情况下至少有3个字母，但不超过20个字母。每一张胶片，每一个分子指纹，都代表着来自一个不同生物的rRNA。卡尔·乌斯在脑海中汇总这些斑点，形成生命之树的新草图。

14

在米切尔·索金供职于乌斯实验室的这段时间和后续10年中的多数时间里，RNA测序既复杂又费力，还有点诡异。这项工作涉及爆炸性液体、高电压、放射性磷、至少一种致病菌，还有一套松散的、东拼西凑之后总结出来的安全程序，堪称每个男孩的梦想。勇敢且年轻的研究生、博士后和技术员们在一个有魄力的领导者的带领下，将他们的科学推向前无古人的地方，连弗雷德里克·桑格和莱纳斯·鲍林都不曾在此驻足。那时美国职业安全与保健管理局刚成立不久，但这一部门并不了解情况。

乌斯的根本目标是在多种早期生物的细胞中寻找同一分子的变体，对这些变体分子排序并进行比较，以此推断出自始至今的进化史。乌斯已经锁定了细胞解剖学中的一个常见细胞器，即核糖体，它负责将遗传信息转化为蛋白质。但乌斯还有一个关键的决定要做：他应该研究哪个核糖体分子？我之前提到过，核糖体由两个亚单位组成——一个较小的亚单位依偎在一个较大的亚单位旁边，就像心脏的心耳和心室。这两个亚单位都由RNA和蛋白质构成，RNA部分包括几个不同长度的分子。起初，乌斯将目标锁定在较大的亚单位里的一个短RNA分子上，即所谓5S。原因晦涩难懂，请允许我暂时按下不表。在这里，你只需要记住5就可以了，这是一个很小的数字。5S这个分子不如人意，因为它太短了，包含的信息量有限。组成RNA的四种碱基与组成DNA的四种碱基略有不同，前者是A、C、G、U（尿嘧啶），U代替T（胸腺嘧啶）。在短短的5S序列中，没有足够的A、C、G、U来区分不同的生物。于是乌斯把目光转向较小亚单位里的一个长RNA分子。我要冒着让你翻白眼的风险提到它的名字。为什么呢？因为它非常重要，一旦你搞懂了，你就再也不会忘记。16S rRNA，这就是它的名字，不算太拗口。

在英语里，我们把它读作"16-S-rRNA"。地球上的每一个细菌中都含有这种RNA分子，而细菌是乌斯最初的研究对象。

在动物、植物和真菌等复杂生物的核糖体中，有一个近似16S rRNA的变体，名叫18S rRNA。因此，这个16S分子和作为它的变体的18S分子可以用于推断所有细胞生物之间的分化程度和亲缘关系，是一种出色的参考标准，一条伟大的线索。不管从分子角度还是其他角度来看，它都是绘制生命之树的最可靠的证据。这一发现从未登上《纽约时报》的头版，但它却是卡尔·乌斯在20世纪和21世纪对生物学的最大贡献。

20世纪70年代初，乌斯的短期目标是从不同的生物中提取rRNA，尽可能多地了解每一种rRNA的遗传序列，并通过比较来衡量其关联度。他之所以选择提取细菌中的rRNA，是因为许多种类的细菌很容易在实验室里生长，而且它们的历史都非常古老。对众多种类的细菌进行观察之后，即使是16S rRNA这样一个进化缓慢的分子也可以用来横向对比。乌斯和他的团队从细菌细胞中提取rRNA，纯化每个细胞中的16S分子样本，并用酶将这些分子切割成不同大小的片段。然后，他们将浸泡过的纸或凝胶作为赛道，通过电泳来分离这些片段。

在电泳过程中，他们将混合片段的溶液加到赛道上，然后接通电源。电动力拉动小片段的速度比拉动大片段的速度快，致使大小不同的片段们沿着赛道分离，呈现出若干个边界鲜明的带状或椭圆形的图案。经过乌斯的努力，每一个片段都仅由少数A、C、G、U组成——每个片段中的碱基也许有3个，也许有5个，也许有8个，也许有20个之多，但始终都是一个完整分子的极小部分。通过施加横向电动力，这些小片段可以再次被撕扯开来。由于A、C、G、U之间存在化学差异和电学差异，它们的确切序列会逐渐变得清晰。你可以想象到，AAG比AAUUUUUCAUUCG更容易辨别。

测序工作分为几个阶段。第一次通电将这些片段相互分离。第二次通电能够在横向的维度上揭示更多关于每个片段的信息，因为这些片段不仅在赛道上奔跑，还横穿赛道，从而变得越来越清晰可辨。由于这些片段含有放射性成分，它们在X射线胶片上呈椭圆形。像乌斯这样的专家能读懂散落着许多椭圆形斑点的胶片，并从中推断出序列来。也就是说，他可以对A、C、G、U分类，并确定它们在每个片段中的顺序。以这种方式解读之后，每个片段就不再像朦朦胧胧的变形虫，而是更像一个单词，各有各的拼写方式。这个单词、这个片段怎么拼？那个呢？是CAAG或CAUG，还是再长一点的、完全不一样的拼法？或许是CUAUGG？乌斯必须找出对应的答案。这些单词会组成段落，而他需要由此推断出它们所属的生物之间的亲缘关系。

如果这些片段较长，第二次通电后的序列往往就会模糊不清，这时就需要第三次通电，用其他酶进一步切割这些序列。有时候研究人员还需要第四次通电，但这种做法很少见，通常不切实际（也没有必要），因为注入这些细菌的放射性磷的半衰期很短，也就是说辐射很快就会消退，两周后这些片段就无法在胶片上留影了。乌斯渐渐积攒了经验，切割碎片时得心应手，最多通电三次足矣。

米切尔·索金和他的继任者们负责培养微生物，提取RNA，切割RNA，对RNA进行电泳分离。他们对电泳的方法进行了改进——选择不同的切割用酶，修改电泳的流程。1973年，乌斯实验室成为世界上最早使用桑格的RNA测序技术的实验室。研究生和技术人员忙着采集分子指纹，乌斯则把时间花在琢磨那些椭圆形斑点上。他们的辛勤工作带来了深远的影响，但实际的操作过程是否枯燥乏味？答案是肯定的。"有时候，"乌斯后来写道，"下班后走路回家时，我会对自己说：'乌斯，你今天又虚置了你的头脑。'"对他来说，1968—1977年是一段孤独而漫长的岁月。如今为RNA测序不费吹灰之力，但乌斯当年走在时代前列，他刻苦地采集数据，如同一个人手脚并用地爬过沙漠砾石。如果没有强烈的使命感，他不可能做到这一点。

当乌斯的助手或学生也需要一定的毅力。米切尔·索金描述过接收放射性磷的情景。这是一种名为P-32的同位素，其半衰期为14天。1972年，每隔一周就会有一批相当数量的磷运抵，且固定是在周一送到。P-32以液体形式装在名为"猪"的铅罐里。这种运输容器能保护托运人，但不能保护打开容器的人。索金会取出一定体积的液体，将其注入他接下来打算处理的细菌培养物中。"我用P-32培养东西，真是太疯狂了，"索金随口回忆道，"我不知道自己是怎么活到今天的。"磷是细菌生长所需的重要营养物质，索金在缺乏其他磷的生长培养基中培养细菌，所以它们会狂热地攫取P-32，并将其融入自己的分子中。接着，索金提取并纯化rRNA，"与此同时切忌污染实验室"。无论如何，他希望不会造成污染。为了把16S分子和其他核糖体片段分离开来，他使用"自制的电泳单元"，即丙烯酰胺凝胶柱，不同的分子片段会在凝胶柱里以不同的速度迁移。（丙烯酰胺是一种水溶性增稠剂，在工业和科研中都会用到。）然后，他冷冻凝胶，试图像切腊肠一样用非常精确的刀将其切片。这一步骤很难：切片会在不该脱落的时候脱落，他必须在适宜的温度下处理材料，而且"这是放射性很强的东西"。接下来，索金用一种酶将16S分子切割成片段。这些片段会自行赛跑，不过不是穿越凝胶柱，而是把特殊的吸水纸当作赛道。

长长的吸水纸的一端连着被称为桑格罐（由弗雷德里克·桑格发明）

的容器，容器里盛有缓冲液。纸带的另一端也连着一个桑格罐。两个桑格罐之间有一个支撑纸带的架子。一个提供电动力的装置连通两个罐子。罐子最下层装着高压铂电极，上面覆盖着3英寸[1]高的缓冲液，然后是至少15英寸高的烃类溶剂。这种溶剂与油漆稀释剂类似，被用于冷却纸带。"烃类溶剂既易挥发又易爆炸。"索金说。而电源电压约为3500伏，电流强度"足以杀死一个人"。此外，烃类溶剂里只要溅入一个火花，也足以把人炸死。

这一整套危险而复杂的机械装置都被安放在一个屏蔽罩里。所谓屏蔽罩，就是两扇从地板到天花板的大推拉门，可以合拢锁上，位于主实验室的一个角落里。这个角落被称为电泳室。索金的工作就是设置系统后关门并送电，然后尽量往好处想。"我那时傻到什么也不怕，"索金对我说，"我太天真、太年轻了，以为自己有金刚不坏之身。"他确实很幸运，谁都没受伤。

索金即将完成博士学业并准备离开之际，乌斯雇用了一位名叫琳达·博能的年轻女性。她从大学的另一栋楼里跑来找工作，结果受命承担了一些技术任务。她在安大略省的农村长大，拥有伊利诺伊大学的生物物理学硕士学位。乌斯亲自培训她从事这项崭新的实验室工作——如何将RNA切成片段，如何在两个维度上运行电泳，如何准备胶片。他甚至还稍微指点了一下该如何解读胶片，如何推断胶片上的哪一个点代表哪一个片段或者说哪一小串字母。是UCUCG，还是UUUCG？很难分辨。但旁边的片段是GAAGU，显然与上一个片段不同。乌斯耐心地指导她完成任务，向她详细地解释这项任务的意义。

40年后，我去渥太华大学拜访博能。她在这所大学里担任生物学教授，如今已经白发苍苍。她深谙分子遗传学，举止如同中小学教师般温文尔

1　1英寸约合2.54厘米。

雅。她回忆说："乌斯很乐意引我入门。"她还说："我们的最终产品是某一微生物的'目录'。"她所说的目录，是指在这种微生物的16S rRNA分子中发现的不同片段的集合。如果这些片段类似于单词，那么目录就是段落。按照一个非常精确的标准，将一个目录与另一个目录进行比较，我们便可以看出这两个生物之间的相似程度，而相异之处越多，两个生物在进化时间上就相距越远。树干在哪里分出巨枝，巨枝又在哪里分出大枝？为什么在那些地方、那些时间点分枝，分枝后又衍生了什么生物？这些都是乌斯希望通过单调的数据收集来解答的问题。

我问博能，作为老板和老师，乌斯是个什么样的人？

"嗯，他从来没有表现得像个老板，"她说，"他的语气非常温和，性格很安静、很矜持。我相信你已经……"她犹豫了一下，"你认识他吗？见过他吗？"

我从未见过他。我没有向她解释原因，但原因其实很简单：乌斯在2012年年底去世了。在我开始寻踪之前，这位老人便已被胰腺癌以迅雷不及掩耳之势打倒了。

"对大家来说，他是卡尔，"她说，"他不是老板。"

博能给我看了一张照片，是她个人相册中的一张：年轻的卡尔·乌斯站在他的实验室里，沐浴在黄绿色的灯光下，他的下巴方正坚毅，双眼凝视着一个由深色的椭圆形斑点组成的图案。他留着棕色短发，身穿条纹运动衫，英俊潇洒，同"海滩男孩"乐队一起站在舞台上也不会逊色。她带着些许歉意说："我只有这么一张像样的照片。"照片中的乌斯跟我的预期完全不同。我心目中的乌斯是后来的卡尔·乌斯博士：性格腼腆，思想天马行空，举止威严。

他很腼腆，是的，博能说，但用"威严"形容他？不，不对，她绝不会用这个词……说到这里，她的声音微不可闻。后来她补充说："我只认识他很短的一段时间。"

15

琳达·博能在乌斯实验室工作了一段时间就离开了。不久后，肯·卢尔森加入乌斯实验室，他的过往经历跟她不太一样。当时肯在伊利诺伊大学念本科，第一次见到乌斯时，乌斯是他选修的发育生物学讨论课的导师之一。发育生物学其实并非乌斯的专长。卢尔森认为，大学的排课表之所以乱点鸳鸯谱，是因为"其他教授都想听卡尔的观点，好把他的一些想法融入自己的研究中"。乌斯出了名地聪明，满脑子都是想法，但他只愿意把心思用在刀刃上。"毫无疑问，卡尔找到了一个不必花太多力气就能完成教学任务的机会。"卢尔森说。在讨论课上，学生们会被指派发言，阐释这篇或那篇期刊论文，而乌斯可以轻松地主持讨论。他讨厌那种更为殚精竭虑的课堂教学——要备课之后才能讲的那种，上帝保佑别给他安排那种课，因为"他觉得那种教学工作让他远离了他真正热爱的事业：理解生命的起源和进化"。

在讨论课上结识乌斯后，卢尔森去找这位令人敬畏的大师，请求对方指导他做一个荣誉项目。乌斯不仅同意了他的请求，还把他安置在自己的办公室里，这让卢尔森相当惊讶。那是一个很小的房间，里面有两张堆满了乱七八糟的文件的办公桌。乌斯或认真或戏谑地说，这是为了方便盯着卢尔森，后者对此一头雾水。他真的能用这个办公室吗？要是他在的时候电话铃响了，他要不要回避一下，好让乌斯独自接电话？后来他发现，乌斯很少用那个办公室，大部分时间都泡在实验室里，"在光板前解读16S rRNA的分子指纹"，这时他才放下心来。（如图15.1）

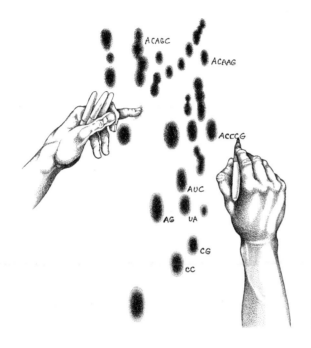

图15.1 在X射线胶片上对RNA的分子指纹做注解

　　乌斯去世后，肯·卢尔森写了一篇简短的挽词，描述乌斯的工作、性情以及他俩很久以前的互动，与其他挽词一起刊登在一份学刊上。当我在加利福尼亚州硅谷边缘的圣卡洛斯约他见面时，回忆再次涌上他的心头。此时的他事业有成，是高级科学家和生物技术发明家，在一个办公园区内的一家有玻璃门的小公司里担任顾问。他拥有许多关于抗体和其他分子产品的生物技术专利。他舒适的小家坐落在旧金山半岛对面，一块古老的、被称为半月湾的反主流文化飞地[1]上。从那里通勤去硅谷很方便，他只在

────────────

1　在本国境内且隶属于另一国的领土。

想工作的时候才工作。在这家公司里，他是头发斑白的长者，身边坐着的都是聪明又年轻的同事。对这些同事来说，"乌斯"顶多是一个模糊可辨的名字，就像"达尔文"或者"斐波那契"一样。高高瘦瘦、留着山羊胡子、轻松又有点风趣的卢尔森建议我跟他逃到市中心去吃寿司，之后我们聊了大半个下午。

"当时我可能在读大三，"他谈起与乌斯的初识，"那时我什么都不懂。"尽管如此，这位伟人还是在无知的卢尔森身上投入了一些精力。对乌斯来说，一对一辅导比在一排排冷漠的脸孔面前讲课讨喜一点。"他向我解释了他在做什么，我大概听懂了四分之一。"卢尔森说。但这个年轻人很专心，学得很快。"我想他看出我对他的研究课题感兴趣，而且我相当努力。"

1974年，卢尔森作为本科生助理加入乌斯实验室，与一名研究生共同执行一项艰巨的任务：从细菌培养物中提取具有放射性的rRNA。他们把10毫克（这是相当大的剂量）的P-32注入各个培养物中，给其中的细菌一夜的时间吸收P-32，然后在离心机中旋转混合物，把热细菌凝聚成一个小颗粒。此后，他们把这个小颗粒放进缓冲液中溶解，再用类似法式咖啡压滤壶的实验设备对其进行粉碎。这样一来，细胞壁就会被撕开，细胞内部的物质没了束缚。接着，卢尔森和他的搭档通过化学提取法将rRNA抽取出来，随后他们用米切尔·索金自制的丙烯酰胺凝胶柱分离出rRNA中的不同成分——16S分子与其他分子，包括那个较短的被称为5S的分子。除了丙烯酰胺（如今它被看作一种可能的致癌物），他们还使用苯酚、氯仿、乙醇和放射性磷。"乱得不得了！盖革计数器一直在尖叫。"卢尔森在挽词中写道。

产气荚膜梭菌是他负责培养和粉碎的细菌之一。这种微生物会导致气性坏疽，一种惨不忍睹的创伤后肌肉组织坏死症，常见于战场上受伤士兵的开放性创口处。卢尔森在获悉其风险后有所抱怨，但乌斯"只是呵呵笑着说别担心"，反正他们身上没有开放性创口。乌斯说他上过"两年零两天"医学院，可以向卢尔森保证，产气荚膜梭菌不太可能让他得气性坏疽。卢尔森把这段插曲当作教训，告诫自己不要盲目相信乌斯，而要更多地依靠自己的洞察力。他从未探究过乌斯为什么在医学院三年级去儿科实习时轮转了两天就退学了。

1975年从伊利诺伊大学毕业后，肯·卢尔森投入乌斯门下攻读博士学位。乌斯恰好在这时稍微调整了一下实验室的研究重点。如果没有这次调整，乌斯就不会得出他最惊人的发现。到那时为止，他们把分子分析的目标锁定在普通细菌和酵母菌等单细胞生物上，这些生物很容易获得，也容易在实验室里生长。但这只是他们改进研究方法的初步努力。"他想观察不同寻常的细菌。"卢尔森告诉我。乌斯希望借此"深入地探究进化史"，寻找上述的两个大型生命分支之间"源远流长的分化点"。于是他与微生物学系的同事拉尔夫·沃尔夫合作。沃尔夫是培养产甲烷菌的世界级顶尖专家之一。

产甲烷菌的名字源于这种细菌在生物化学方面的一个奇特之处：在缺氧环境中代谢氢气和二氧化碳时，产甲烷菌会产生甲烷作为副产品。说得更通俗一点，这些细菌在泥泞的湿地里会产生沼气，然后沼气会冒泡。牛肚里也会产生类似的气体，由牛通过打嗝和放屁排出。某些产甲烷菌也在格陵兰冰盖下、海洋深处和其他极端环境（如炎热的沙漠土壤）中繁衍生息。拉尔夫·沃尔夫告诉乌斯，尽管所有产甲烷菌都具备这些新陈代谢特征，但它们的形状并不一致——有些是球菌，有些是杆菌。由于球菌和杆菌被认为是两种不同的细菌，微生物学家们一直困惑于如何对产甲烷菌进行分类——按代谢方式将它们并为一类，还是按形状将它们分为两类？这个难题引起了乌斯的兴趣。

上述消息都是肯·卢尔森跟我聊天的时候告诉我的。他送了我一些临别礼物，其中一件是他在20世纪70年代中期拍摄的一张黑白快照。（如图

15.2）照片中的乌斯站在光板前，望着一组暗色斑点沉吟，他的手里握着好几支编码用的彩色毡尖笔，右耳后面还别着一支登记数据用的铅笔。卢尔森送我的另一件礼物是一张发黄的纸，不是复印件而是原件，来自他本人当年使用的笔记本。这是某个生物的目录，一串串四种碱基的不同组合整齐地记录在两栏里。UCUCG、CAAG、GGGAAU……这样的数据共有几十串。纸张的最上面有一行手写的字母缩写，是这个生物当时的名称：反刍甲烷杆菌。后来我意识到，尽管这个生物的名字里有"菌"字，但它不是细菌。卢尔森送给我的这份记录，与另一种独立的生命形式有关。

图15.2　卡尔·乌斯在光板前解读RNA的分子指纹
这是一桩枯燥乏味的苦差事，但启示意义极大。在长年累月的埋头苦干之余，他有时会自言自语："乌斯，你今天又虚置了你的头脑。"

16

如何给产甲烷菌分类？它们在生命之树的哪个位置更合适？它们跟哪些菌株的亲缘关系最近？20世纪70年代中期，乌斯和他的同事们开始积极寻找相应的答案。这些问题属于一门名字干巴巴的重要学科，即细菌分类学的研究范畴。该学科为细菌设计了一个嵌套式的架构：种、属、科，诸如此类。这种细菌被命名为反刍甲烷杆菌，那么它该被放到这一架构的哪个部分呢？

也许这听起来像是一种玄学练习，一种可笑的鸡毛蒜皮式的活动。与之相比，集邮简直像是一项冒险运动。细菌是微小的、相对简单的、肉眼不可见的，但如果看不见的东西就不重要的话，那么重力和微波也将变得不重要。要知道，地球上的大多数生命形式都是微生物，它们决定了其余生物的生存条件。就连人类体内也包含了至少和人体细胞一样多的微生物细胞（这些小小的过客生活在你的肠胃里、皮肤上、睫毛毛囊里，以及别的地方）。你所处的环境里也处处有微生物，你的食物和你呼吸的空气里都有它们的身影。微生物掌管着这个世界，而这些微生物大部分是细菌。有些细菌是良性的，它们是人类的益友；有些细菌则掠夺成性，随时准备败坏你的血液，侵占你的肺部，甚至杀死你本人。所以说，区分细菌并非小事。

科学家们一度认为，只要依赖显微镜下获得的可视性证据，我们就能对细菌进行分类。他们甚至认为，适用于动物、植物和真菌的物种概念，亦可套用在细菌身上。这种简化方法在他们所处的时代是有用的——类似于在爱因斯坦出手修正之前，牛顿物理学对物理世界的简化。但那个时代已经过去很久了。

细菌分类领域的早期英雄是一位名叫费迪南德·科恩的植物学家暨微生物学家，他在19世纪末供职于布雷斯劳大学（布雷斯劳位于波兰，现用名是弗罗茨瓦夫）。我对科恩这个人很感兴趣，部分原因在于，他的重要贡献被那些同时代更有名的人的成就所掩盖。路易·巴斯德、罗伯特·科赫和约瑟夫·利斯特致力于研究疾病、农业和葡萄酒，他们的成就更实用也更有戏剧性。科恩的主要工作是对微生物进行描述和分类，没有人拍关于细菌分类学家的好莱坞电影。

研究者区分不同种类的细菌，试图将整个菌群放在生命之树的适当位置上。科恩并非这个领域的第一人，但他比其他人更坚定、更有洞察力。自从列文虎克等人通过简单的显微镜注意到这些小生物后，一层迷雾就笼罩在细菌学之外。一个多世纪之后，科恩吹散了这层迷雾。在时人对细菌的认识有所加深，研究方法也有所调整的大环境下，科恩的研究取得了进展。当时的显微镜有所改进，有了更好的透镜和承载它们的精密仪器。在实验室里，科恩采用煮熟的土豆片等固体培养基来培养细菌，而不是遵循传统的做法，在营养液中培养细菌。这样一来，科恩得以选择、培养和研究不同的菌株。他还认识到，除了结构特征，他还可以依据生理特征和行为特征来给细菌分类：这些细菌在不同培养基中的生长情况如何？它们怎样运动？此时的科恩已经认同达尔文的进化论，所以他认为，随着时间的推移，细菌菌株可能会发生改变，适应新的培养基。这是一种渐进式的变化，与一些科学家想象的那种彻底转化——细菌突然变成另一种形态——

截然不同。科恩并不相信转化的说法，他认为细菌的性状基本稳定。最后，他发表了他的分类系统，把细菌分为四个族：球状、杆状、丝状和螺旋状，每一族都有一个威风凛凛的拉丁语衍生名。在每一族中，他又将细菌进一步划分为属和种。

并非该领域的所有人都接受科恩的分类系统，也不是每个人都认同他对细菌性状稳定的信念。在接下来的10多年里，细菌会变形的想法一直在人们脑内挥之不去。后世的科学史学家们可以将眼光放长远，所以他们对科恩的为人及科学品质评价颇佳。他们赞扬他的矜持，说他低调、谦逊、讲课时雄辩动人，并且成功地"驾驭了当时最有挑战性的研究课题，快刀斩乱麻地从大量混乱的说辞中提取了几乎所有正确且重要的东西"。除了论证细菌物种存在的真实性，并为其设计出一套分类系统，科恩还和巴斯德一起做了很多工作，以打消新的生命形式自然诞生这种长盛不衰的错觉。他用事实证明，新的生命形式不会自然诞生。如果细菌貌似凭空出现，那是因为它们来自别处：从污染物中诞生、随着空气飘浮而来、休眠的孢子被激活。该领域的一位权威编年史家在1938年这样写道："（科恩的研究）在性质和表达方式上完全是现代的，阅读科恩的文字就像是从古代穿越到现代。"不过，在1938年看起来很现代的理论，现在当然已经风光不再了。

费迪南德·科恩是一名虔诚的经验主义者，但他竟然也犯过错误。其一：虽然他潜心研究多年，但他仍然和许多同事一样，相信细菌属于植物界。这样一来，按照后世的标准，他的生命之树大错特错。其二：事实证明，一种细菌彻底转变为另一种细菌的前提，比他想象的要复杂得多。

17

在1774年出版的《自然系统》中，伟大的分类学家林奈把列文虎克发现的细菌和其他小生物归在"混乱"名下。这种分类方式被持续使用了很久。即使到了20世纪，在费迪南德·科恩辞世几十年之后，专家们还在就此争论：细菌分类学究竟是一项有意义的事业，还是一片无可救药的混乱？

从1923年开始，一本厚厚的汇编成为鉴定细菌的标准依据，这便是由细菌学家戴维·亨德里克斯·伯杰编辑的《伯杰细菌鉴定手册》（*Bergey's Manual of Determinative Bacteriology*）。然而，随着微生物学持续发展，伯杰的细菌分类系统的缺点日渐变得明显。这个系统过于含糊，前后矛盾，而且有一些基本原理并不准确。该书没有提供细菌生命之树，只是一本名称高大上的图鉴。然而，研究人员发现，批判这本书比改进这本书要容易得多。为细菌分类是一项太艰巨的任务，其先祖的化石记录几乎荡然无存。即便把它们放在高倍显微镜下，我们还是观察不到足够的外部形状和内部解剖学差异，无法做出精细的区分。生理特征也可能让人误入歧途，因为相同的生理特征不一定代表它们源自同一谱系，还可能代表它们在某一环境下产生了同样的适应性特征。那么，分类学家还有什么可倚仗的依据呢？（提示：卡尔·乌斯有解，但要等到1977年。）这个难题在1962年达到了顶峰。这一年，两位世界顶尖的微生物学家均绝望地举手认输，这两人便是C. B. 范尼尔和罗杰·斯塔尼尔。

范尼尔是荷兰人，在代尔夫特上学，1928年，他前往加州，在斯坦福大学下辖的一个海洋生物站任教。他对细菌生理学和细菌分类学特别感兴趣。罗杰·斯塔尼尔是加拿大人，比范尼尔年轻，他一开始是范尼尔的学生，然后成为令范尼尔青眼有加的门徒，接着又成为范尼尔的合作者。1941年，范尼尔与年仅25岁的斯塔尼尔共同撰写了一篇关于细菌分类的重要论文。

这篇论文在一代人心中具有权威性的地位——直到两位作者双双反悔。斯塔尼尔后来承认他对此感到尴尬，更何况他曾经借着师生情谊，勉强让范尼尔答应以共同作者的身份署名，尽管论文主要是斯塔尼尔写的。两人在论文中对《伯杰细菌鉴定手册》提出了尖锐的批评，还提出了一个对细菌进行分类的全新建议——他们并非提供了一份清单或一本图鉴，而是提供了一个反映细菌间进化关系的"自然"系统。该系统将人们熟悉的细菌分为四大类群（跟费迪南德·科恩一样），认为它们隶属于简单生物界，该界在细菌之外只包含一个类群：蓝藻。

藻类？是的，时称蓝藻的类群长期以来一直不好归类，因为它们兼具细菌和植物的特性。（这也是科恩认为所有细菌都是植物的部分原因——蓝藻的边界模糊不清。）藻类是一个总括性的松散术语，涵盖所有能进行光合作用的生物，其中就包括这些微小的蓝绿色生物，但这并不意味着所有藻类都有共同的祖先。难道说它们真有共同祖先？斯塔尼尔和范尼尔均表示反对。根据他们的新定义，蓝藻同细菌的相似程度远超蓝藻与其他藻类的相似程度，所以蓝藻与细菌应该自成一界，与其他生物分开。最终，他们给这种细胞贴上了原核（procaryotic，意为"细胞核出现之前"，我之前提到过）细胞的标签，与构成其他生物的真核（eucaryotic）细胞双足并立。（"原核"与"真核"这两个词的英语名后来有过变化，从更准确的希腊语词根的转写变成了prokaryotic和eukaryotic。）细菌没有细胞核，当时被称为蓝藻的生物也没有细胞核（现在它被称为蓝细菌）。二战结束后，包括电子显微镜在内的显微镜学方面的进步使得微生物学家们对上述两种生物的区别有了更好的认识。他们另起炉灶，分析什么是细菌以及什么不是细菌。斯塔尼尔和范尼尔在1962年发表了一篇题为《细菌的概念》的论文，提出一种关于原核生物的类别的全新观点。按他们的说法，微生物学家们此前从未厘清这一概念，堪称"细菌学界根深蒂固的智力丑闻"。什么是细菌？嗯，很难说。

他们试图拨乱反正，于是将细菌和蓝藻归为原核生物，让它们与真核生物对立，后者包括细菌和蓝藻之外的所有细胞生物。根据斯塔尼尔和范尼尔的观点，原核生物的主要特征是：（1）没有细胞核；（2）细胞分裂方式为简单的裂变，而非包含复杂的染色体配对过程的有丝分裂；（3）细胞壁由某种网格状的分子加固，这种分子的名字很花哨，叫肽聚糖（peptidoglycan）。我知道，它像是《侏罗纪世界》里一种会飞的爬行动物的绰号。现在请暂时忘掉它吧，当肽聚糖作为重要的线索归来时，它会帮助我们了解生命之树最深层的结构，以及我们人类是从哪个巨枝上分杈出的哪个大枝上长出的哪个小枝上萌发出来的。到时候我会提醒你的。

原核生物和真核生物，无细胞核生物和有细胞核生物，相对简单的生物和相对复杂的生物，生物之间的这些二分法成为生物学的基本组织原则。斯塔尼尔和他的两位教科书合著者后来说，二分法"或许代表了现今生物界中最大的单一进化非连续性"。这也是对人类的一则善意的提示，让我们谨记人类与其他生物，包括一些非常卑微的生物之间不可摆脱的联系。在最基本的分类层面上，我们是真核生物。变形虫、酵母菌、水母、海参、杜鹃花和引起疟疾的小寄生虫，它们也是真核生物。对普通人来说，变形虫和细菌之间的差距甚微（部分原因在于，大多数人从来没有用显微镜观察过这两种生物，至少在上完高中生物课之后就再也没有观察过了），但原核生物与真核生物的区别揭示了两者之间巨大的差异。你可以把生物界分为原核生物和真核生物两大界别——从斯塔尼尔和范尼尔发表于1962年的论文开始，生物学家们确实是这么分类的。

除了提出划分原核生物与真核生物的二分法，《细菌的概念》这篇论文另一个出名的地方在于，斯塔尼尔和范尼尔流露出放弃细菌分类学之战的念头。关于这一点，他们非常坦率，把论文写成了毫不掩饰的自白书。自列文虎克以来，微生物学家们一直在寻找对细菌进行分类的最佳方法。自达尔文以来，他们一直在争论细菌之间的关系。够了，够了。"任何一位优秀的生物学家都会发现，把自己的一生用于研究这个无法轻易且圆满地界定的群体，是一种智识上的痛苦。"C. B. 范尼尔已经为此奉献了40年的光阴。他和斯塔尼尔在论文中暗示道，他们在1941年"精心设计的分类系统"，如今他们"都不屑于再为之辩护"。不必再为这种事情牵肠挂肚了。他们已经"对这类正式系统的价值"和为研究这些系统所花费的努力"产生了怀疑"。不过，他们仍然肯定一点，那就是弄清细菌的本质很重要。

这种怀疑，这种分类学家的绝望，已经在范尼尔的内心深处潜藏了很久。20年前，即将在两人首次合著的分类学论文上落笔署名之际，他写信向斯塔尼尔坦白了他的悲观情绪。"许多年前，我四处奔波，心中带着一种我们（或者说我）的所有努力不过是徒劳无功的悲哀之感。在（位于代尔夫特的）实验室里谈论、思考微生物的名称和关系让我感到恶心。"他能把这种分类当真吗？把细菌放进贴有标签的盒子里有什么价值吗？"那时候，我在实验室工作了一天之后回到家，满心希望自己能在某个高中当老师。"他意识到自己之所以有这种想法，并不是因为他喜欢教书，而是因为"这种工作能给我一些保证，让我知道我所做的事情有价值"。如今，我们可能会将范尼尔的这种念头视为双相障碍的信号，但他也许只是看透了细菌分类学。

在原核生物和真核生物的英语名分别被改为prokaryote和eukaryote之后，它们成为最基本的生物类别，被一代人奉若神明。真核生物有细胞核，原核生物没有。正如斯塔尼尔与他的两位教科书合著者所写的那样，这种二元对立似乎代表了生物世界中最大的单一进化鸿沟。世界上有两种基本的生物，原核生物和真核生物，不存在第三种生物。

我们有必要了解这种观点，因为卡尔·乌斯证明了它的错误。

18

截至1976年年初，在肯·卢尔森和其他人的帮助下，乌斯对来自大约30个物种的样本进行了独特的目录分析，利用rRNA分子的差异来衡量它们的亲缘关系。他分析的大多数是原核生物，但他同时观察了一些包括酵母菌在内的真核生物（它们的核糖体携带的分子略有不同，是18S rRNA，而不是16S rRNA），以便进行粗略比较。他只需察看胶片上的斑点，就能分辨出这种生物是原核生物还是真核生物。他盼望看到那些"不寻常的细菌"，即拉尔夫·沃尔夫曾经提醒他注意的产甲烷菌。

产甲烷菌的棘手之处在于，它们暴露在氧气下会中毒，所以很难在实验室里生长。但沃尔夫的实验室团队中有一个聪明的博士生解决了这个问题。这个博士生名叫比尔·鲍尔奇，他设计了一种方法——在带黑色橡胶塞子的加压铝管中培养产甲烷菌，然后用注射器将各种成分注入或吸出。鲍尔奇为产甲烷菌创造了一个充满氢气和二氧化碳但没有氧气的环境，再为它们加上液体培养基，这样一来它们就能茁壮成长了。乌斯门下有一个名叫乔治·福克斯的博士后，他又高又瘦还很年轻，是化学工程系的毕业生。乌斯派他同鲍尔奇一起培养产甲烷菌，并且用放射性磷标记它们。然后，福克斯、肯·卢尔森和乌斯实验室里的其他人合力完成其余的流程：提取放射性RNA，纯化以得到16S分子和5S分子的浓聚物，将这些分子切成片段，再用电泳将这些片段分离开来，让斑点在胶片上显影。他们研究的第一个产甲烷菌的正式名称很长（*Methanobacterium thermoautotrophicum*，即嗜热自养甲烷杆菌），连乌斯本人都嫌弃这个名字，称之为"14个音节的怪物"。他更喜欢用一个简短的标签来表示这个特殊的实验室菌株：delta H。在光板前审视该菌株第一次测序后的分子指纹时，乌斯注意到一个奇特之处。

此时的乌斯已经有足够的分子指纹解读经验，一眼就能识别出所有细菌都有的、简直是在"大声宣布"它们的原核生物身份的某一对小片段。他在delta H第一次测序后生成的胶片上寻找它们的踪迹，但却没找到。他按捺住好奇心，静候第二次测序，届时分子片段被横向撕扯后会显示出更多细节。几天后，他从技术员那里拿到了第二次测序后的分子指纹。1976年6月11日，他把第一次测序的胶片再次贴在光板上，然后把第二次测序的胶片放在他面前的光台上，开始尝试解读。他打算像往常一样，以第二次测序的胶片为指引，推断出第一次测序的胶片中分子片段的基本序列。除了他的光板和光台，整个房间里一片漆黑。我们可以想象当时的场景，他的脸上反射着一种诡异的光芒。他很快就注意到了更多的奇特之处。

他在第一次测序的胶片中没找到的那两个片段现在还是找不到，但怪事不止这一处。乌斯转向图案的另一部分，以为会看到另一个熟悉的片段——所有原核生物都有的"标志"序列，但他没看到。相反，他发现了一个奇怪的片段，一个根本不应该出现的长长的序列。"怎么回事？"他后来回忆说，自己当时纳闷不已，"感觉"这个产甲烷菌的rRNA不属于原核细胞。而且经他测序的片段越多，他就越觉得这个产甲烷菌不属于原核生物。彼时的他深谙细菌中rRNA的序列，因此他对分子的"感觉"就是一个有说服力的常态标准。而delta H这种特殊生物体内的某些东西并非细菌的常态。一些细菌片段出现在预期的地方，这没错，但还有一些细菌片段类似于真核生物，暗示着一种完全不同的生命形式。它是一种酵母菌，还是一种原生动物？它究竟是什么？另外的细菌片段更是怪异。他想知道这个RNA的具体序列，想知道它代表了什么形式的生物。它不可能来自原核生物，但它也不可能来自真核生物。它并非来自火星，因为它包含了太多乌斯熟悉的RNA片段。"后来我恍然大悟。"他写道。在原核生物和真核生物之外，在地球丰沛的生态系统中，还存在着"某种别的东西"。第三种独立的生命形式。

乌斯异想天开地称之为他的"外生物经历"，这将是他科学生涯中的分水岭。

19

乌斯于2012年12月去世。他的科学书信、手稿、期刊文章和其他材料被送入伊利诺伊大学档案馆，由馆内人员进行编目、策展及保管。这些材料被存放在几个不同的地点，档案研究中心便是其中之一，它位于大学南边的果园街上，一栋老式的、谷仓般的红砖楼的附属建筑内。门前的一块牌子将这里标记为园艺研究实验室，虽然令人困惑，但历史上这个实验室的确存在过。建筑入口处种着一排紫杉，还有许多色彩缤纷的玉簪花。门内整整齐齐地摆放着34个盒子，里面装着可供申请借阅的卡尔·乌斯的文件。一个炎热的7月下午，我坐在那里的一张桌子旁边通读乌斯留下的信件，寻找这位特立独行的科学家身上具有人性的一面，就在这时，身穿深色T恤、头戴棒球帽的约翰·弗兰奇走了过来。他是在乌斯的葬礼结束后被派去清理乌斯实验室的助理档案员，因此他比任何人都了解在那里发现的材料。他听说了我的兴趣，想给我看点东西。

他把我领到建筑背面屋顶高高拱起的地方，打开一扇门。他告诉我，当年的果园街因为园艺研究实验室得名，而这里曾经是储存水果（尤其是苹果）的"果窖"之一。这栋建筑背后一度生长过125个不同品种的苹果树。一箱箱苹果被运进"果窖"里存放，它们要么被榨成苹果汁，要么被酿成苹果醋。进门后是一个有空调的房间，现在里面已经不再存放苹果了，左侧沿墙放着一排高大的金属架子，右侧排列着一张张桌子。架子上放着数百个黄色的大盒子——柯达医用X射线胶片的原始包装。这就是乌斯的RNA测序分子指纹库。每个盒子的边缘都贴上了日期标签，并标明其片段属于哪种生物。

房间另一侧的桌面上摊着一些胶片，弗兰奇正在为它们归档。他给我看了三张精心拼在一起的大胶片，好似一幅三联画。我盯着那些深色斑点组成的图案——在平原上奔跑的变形虫。我看不出内中乾坤。但对乌斯来说，它们生动地表现了身份、进化和亲缘关系。如果有什么奇特之处，他一定能发现。

"这就是delta H。"弗兰奇说。

20

顿悟之后，乌斯立即向乔治·福克斯一吐为快。福克斯就是那个被乌斯派去同比尔·鲍尔奇合作培养产甲烷菌的博士后。据福克斯后来回忆，乌斯"突然闯进我在实验室隔壁的房间"，宣布他有了独特的新发现。随后，他穿过整个实验室，向他年轻的学生和助手们"宣布他发现了一种新的生命形式"。"紧接着他又补充说，"福克斯依然记得乌斯那既尖刻又忍俊不禁的腔调，"这当然取决于我没有搞砸16S rRNA的分离。"为谨慎起见，他们重复了对delta H的完整测序过程，得到了相同的结果。所以，福克斯没有搞砸。

"乔治一直对这个发现持怀疑态度。"乌斯本人后来这样写道，并补充说他赞赏这种反应，因为不盲目的习性体现了良好的科学本能。身为化学工程系博士的福克斯同乌斯正好互补。他能用谨慎的实证来对抗顿悟性的思想，哪怕是他老板的顿悟也不例外。事实上，他们对这样一个惊人的结果均持怀疑态度，这种共同的反应也是两人合作得如此愉快的原因之一。不过，福克斯也被分子指纹中的异常现象说服了。根据他的描述，它们似乎"跃然纸上"。他同意，这些差异指向第三种非常独特的生命形式。

　　然而，乌斯和福克斯都知道，要让其他科学家相信这样一个划时代的发现，是一件非常困难的事情。他们需要更多的数据。于是乌斯实验室又开始工作，运用鲍尔奇首创的方法对另一种产甲烷菌进行培养并提取分子指纹。鲍尔奇本人也参与其中。乌斯和他的同事们埋头苦干，暂时没有声张这个发现。到了1976年年底，他们又从另外五种产甲烷菌身上提取了五份目录。这五种微生物之间的差异很大，但它们与其他已知生物之间的差异更大、更深远。

21

细菌功能众多、种类驳杂，这是一种过于低调的说法。细菌分布广泛，这又是一种过于低调的说法。就连斯塔尼尔和范尼尔到头来也承认，细菌很难被归类、很难被识别，也很难被纳入相应的组别。它们几乎无处不在，遍布地球大部分区域，自然环境和人造环境中都有它们的身影。它们飘浮在空气里，附着在各种表面上，充斥于海洋中，甚至存在于地下深处的岩石内部。它们遍布你的皮肤，也占据了你的肠胃。人类体内的细菌数量跟人类自身的细胞数量之比可达三比一。除此之外，细菌还生活在泥潭、温泉、水坑和沙漠中，生活在山巅、矿井和洞穴深处，生活在你最喜欢的饭店的餐桌上，生活在你和你的爱犬的嘴巴里。

弗吉尼亚州东部地下近2英里[1]处，埋藏着至少有1.4亿年历史的三叠纪粉砂岩。利用从这种粉砂岩中钻取出的芯样，科学家们培养出了名为"地狱芽孢杆菌"的物种。太平洋的马里亚纳海沟之下35 755英尺[2]深的地方也有能够出产活菌的沉积物。南极洲有一片名为惠兰斯湖的冰下湖，其水体

1　1英里约合1.61公里。
2　1英尺约合30.48厘米。

被半英里厚的冰层所覆盖，水温因此低至0摄氏度以下。这片水域中也有一个强大的细菌群落，它们以碎石里的硫铁化合物为食，在黑暗和寒冷中生机蓬勃。

此外，有的生物耐高温，它们被称为嗜热生物。最著名的嗜热菌叫水生嗜热菌，最早是由微生物学家托马斯·布罗克和他的学生赫德森·弗里兹培养出来的。培养这种细菌时，他们使用的是1966年在黄石国家公园采集的样本。黄石国家公园的诺里斯间歇泉盆地里有一个热气腾腾的五彩池，名为蘑菇泉，水温约为69摄氏度。布罗克和弗里兹就是在蘑菇泉中发现了水生嗜热菌。为了在这样的高温下生存，水生嗜热菌体内会产生一种专门复制DNA的酶。这种酶在高温下表现良好，后来成为扩增DNA的聚合酶链反应的关键要素。该技术在遗传研究和生物技术工程的许多方面都有广泛的用途，它的主要开发者（而不是托马斯·布罗克）获得了诺贝尔化学奖。

我们可以在海底热泉[1]周围找到其他的嗜热菌。它们是当地食物链的"定海神针"，吸收随热泉喷出的已溶化的硫化合物，产生有机物，以此喂养小小的甲壳动物和其他动物。海底热泉周围有很多艳丽的红色生物，它们在水中不停地摇摆，其中有一种巨大的管状蠕虫，它们没有嘴也没有消化道，从其体内的细菌中获取营养。

根据估计，细菌的总质量超过了地球上所有动植物的总质量。它们以多种多样的形式存在了至少35亿年，强烈地影响着大多数生物进化所需的生化条件。我们看不到细菌，只是因为我们的眼睛没有校准到合适的尺度。一盎司[2]土壤中可能有超过10亿个细菌细胞，一茶匙淡水中可能有500万个细菌细胞，但我们听不到它们的噼啪声或咝咝声。一种名为聚球藻菌

1　从海底的岩石裂隙中喷涌出的热水泉。

2　1盎司约合28.35克。

的海洋细菌也许是地球上数目最多的生物，它可以在热带海洋中自由漂流，还能像植物一样进行光合作用。相关资料显示，它的常年总数量为3乘以1000的9次方，也即3 000 000 000 000 000 000 000 000 000。

细菌的形状和大小各不相同——形状千奇百怪，大小天差地别。平均而言，一个细菌细胞的大小约为动物细胞大小的十分之一。最大的细菌是纳米比亚嗜硫珠菌。这是一种在纳米比亚附近的海床上发现的奇怪生物，它的细胞直径膨胀到四分之三毫米，里面塞满了珍珠状的硫黄球。最小的细菌是人型支原体。它是一种微小的细菌，基因组很少，没有细胞壁，但它却能入侵人体细胞，引起泌尿生殖系统感染。

我之前提到过，细菌的形状包括球状、杆状、丝状和螺旋状。在某些情况下，细菌形状的变异代表了它们在运动或穿透方面的适应性。事实证明，尽管费迪南德·科恩煞费苦心地将细菌按这四种形状分为四类，并对这一理论深信不疑，但几何形状并非系统发生学的可靠指南。细菌的形状有适应性，但这种适应性既可能是在某一环境中逐渐产生的，也可能是祖传的。球状可以防范脱水，杆状或丝状似乎有助于游泳，而鞭毛绝对有这个作用。近期在南非的铂金矿深处，相关人员在一种名为"矿泥"的奇妙物质中发现了横截面呈星形的丝状细菌。在养分匮乏的环境中，这种细菌或许会因其超大的表面积而获益，它们的吸收能力得到了明显增强。引起梅毒和莱姆病的螺旋体显然是因为施展了扭转运动才得以穿过其他细菌无法轻易穿越的障碍，如人体器官内膜、黏膜，以及我们的循环系统和中枢神经系统之间的屏障。一旦它们跨越这些屏障，我们便将命悬一线。即使是那些形状比较安分的细菌，如短棒状的杆菌、圆球状的球菌，以及像逗号一样略微弯曲的杆菌，也足以成为一长串疾病的罪魁祸首：炭疽、肺炎、霍乱、细菌性痢疾、血红蛋白尿、睑缘炎、脓毒性咽喉炎、猩红热、痤疮等。

许多细菌以单细胞的形式生活，独立地满足各自的需求，与此同时，其他细菌则聚集成对、簇、团、链和菌落。引起淋病的淋病奈瑟球菌两两结成对，形成类似咖啡豆的二裂片单位。葡萄球菌属的拉丁语名*Staphylococcus*来自希腊语的kókkos（球体）和staphylè（一串葡萄），这是因为葡萄球菌喜欢聚集成串。葡萄球菌共有40种，其中大多数是无害的，但金黄色葡萄球菌可引起皮肤感染、鼻窦感染、伤口感染、血液感染、脑膜炎、中毒休克综合征和其他的严重状况。如果你不幸沾染上了少许对抗生素有耐药性的葡萄球菌，例如耐甲氧西林金黄色葡萄球菌，你可能会受到极大的伤害。它是水平基因转移（我已经提到过这个概念，还会在后文中详细介绍它）导致的可怕结果之一。链球菌属的细胞，包括那些导致脓疱病和风湿热的细胞，都像一条链上的珠子那样粘在一起。

　　细菌也可以在某些表面形成顽固的、复杂的薄膜，例如在海床的岩石上，在水族箱的玻璃壁上，以及在崭新的人造髋关节的金属球上。在这些地方，不同的细菌可能会合作，渗出一种黏稠的细胞外物质，帮助这些细菌共同成长。这种膜可以维持它们所在的小环境的稳定，协助它们相互交流，甚至还可以保护它们免受抗生素的伤害。这些活性膜被称为生物膜，它们可以比纸巾还薄，也可以像雪堆一样厚，其中可能包含多种细菌。鲍曼不动杆菌之所以臭名昭著，正是因为它能在医院内干燥且看似干净的表面上形成持久的生物膜。

　　蓝细菌（包括数量庞大的聚球藻菌）将光转化为能量，并以副产品的形式为地球贡献了大部分的大气层自由氧。紫细菌也会进行光合作用，但它们吸收的是硫或氢而不是水，而且它们不生成氧气。无机营养菌（即食岩菌）从铁、硫和其他无机化合物中获取能量，它们的奇巧变种之多超乎你的想象。日本研究人员最近发现了一种能分解塑料的新细菌——大阪堺菌。某些魄力十足的海洋细菌（如盐海杆菌）奋起接受挑战，负责降解2010年墨西哥湾漏油事故中产生的碳氢化合物。其他细菌在有氧或无氧的情况下大快朵颐，降解垃圾、污水、无机化合物、植物、真菌，以及包括人体在内的动物组织。杆状或球状的乳酸菌在奶制品中现身，忙于发酵糖类的任务，并对糖类产生的乳酸有抵抗力。许多乳酸菌还喜欢啤酒。

1977年，审视最初的几个产甲烷菌的分子指纹时，卡尔·乌斯并不了解上述详情，但他肯定知道细菌规模庞大、无处不在、多种多样。拉尔夫·沃尔夫对细菌学更是了如指掌，因为他曾在范尼尔等人的门下接受过指导。乌斯一定觉得自己的研究结果太不同凡响、太骇人听闻，因为他不仅同乔治·福克斯和自己实验室的成员分享了这一结果，而且在重新对他们研究的第一个产甲烷菌delta H的rRNA进行分析之后，立刻将结果告知了沃尔夫。"卡尔的声音里充满怀疑，"沃尔夫在回忆录中写道，"他说：'沃尔夫，这些东西根本不是细菌。'"

22

～～

39年后，我去厄巴纳拜访拉尔夫·沃尔夫。他告诉我同样的故事，还详细描述了一番。那时，他已经是93岁高龄的微生物学荣休教授，身材瘦弱，风度翩翩，微笑连连。他还没有退掉在大学的办公室，依旧会来上班，好似退休不是一个完全令他满意的选择。他办公桌后面的墙上挂着意大利物理学家亚历山德罗·伏特发明的"手枪"的复制品。这是伏特在18世纪70年代末发明的一种枪状装置，用于测试包括甲烷在内的沼气的易燃性。他的办公桌上摆放着文件、书和一台电脑。

当年的乌斯实验室位于南古德温大道的莫勒尔楼内，沃尔夫实验室则在旁边的一栋楼里，两栋楼之间有一条连通的过道，乌斯时不时就会为了某些事务拖着沉重的步子走过来。"那天他走进这栋楼，正好看到我，"沃尔夫回忆道，"他对我说：'沃尔夫，这些东西根本不是细菌。'"沃尔夫轻轻一笑，继续为我讲述当年的场景。

"我回答说：'它们当然是细菌，卡尔。'"沃尔夫还对乌斯说，它们在显微镜下看起来也像细菌。但乌斯根本没有用显微镜看过它们，他看的是rRNA的分子指纹。

"哎呀，它们和我见过的任何东西都没有关联。"沃尔夫最后对乌斯说道。接着，沃尔夫从回忆中走出，返回现实。"那是改变一切的关键陈述。"他对我说。

23

～～～

"我们随即进入迅速发展模式。"乌斯在回忆这些事件的时候说。到了1976年年底，他的团队已经为另外五种产甲烷菌提取了分子指纹、编制了目录，并且计划继续对它们开展研究。果不其然，乌斯写道，这五种生物没有一个是原核生物，它们不符合当时通行的对原核生物的定义——细菌，只能是细菌。这些生物同样不是真核生物，但"它们是同一类东西！"——第三类东西，别的东西，某种异常的东西，某种迄今无人知晓的存在。乌斯琢磨着是不是应该宣布它们属于一个全新的"界"，也许他应该创造一个新的名称，发明一个巨大的新类别，承认它们的独特性，将这五种生物收纳于其范畴之内。当然，它们并非来自一个刚诞生不久的界。这种刚被发现的生命形式一直都存在于自然界中，只是人们长期以来都不曾对其投以目光。根据科学界的命名规则，它可以被称为一个"界"、一个"原界"或者一个"域"。

乌斯相信，这个尚未公开的发现提供了"一个难得的机会，让我们可以通过进化论来推测生物的进化过程"。他指的是达尔文的进化论，而非其他形式的进化论。该理论认为，长期看来，遗传具有连续性，并且还会出现一定程度的随机变异。这种变异能够提升生物的适应性和多样性，主要通过自然选择完成。乌斯意识到，如果他的新发现是正确的，那么这个事实就可以作为一种指引，用来预测哪些进一步的数据和发现即将登场。根据他的推断，如果16S rRNA代表一个速度非常慢的分子钟，那么在变异尽可能少的前提下，这个新发现的界就一定意味着进化史上具有一个非常古老的分歧，它起源于细胞生命刚出现的时候，大概是在35亿年前。接下来，乌斯将会试着勾勒出这个界的边界和特征。他带领团队将更多的微生物纳入这个界——更多的产甲烷菌，也许还有其他微生物，每一种生物都由它的RNA目录作为标志。乌斯预测了两件事：这个未命名的界一方面与另外两个生物界大相径庭，另一方面其内部仍然会有很明显的多样性。

"从那一刻起，检验这两个重大的进化预测是否正确，"他写道，"成了我们的工作动力。"

1977年8月，乌斯团队在《分子进化杂志》上发表了一篇措辞含蓄的论文，为后续石破天惊的发言做了一个小小的预告，当时埃米尔·扎克坎德仍未卸任该杂志的主编这一职务。乌斯的论文在这本杂志上发表再合适不过了，因为扎克坎德早在担任莱纳斯·鲍林的助手时就明确表示过谱系的分支"原则上应当仅用分子信息来定义"，这也正是卡尔·乌斯即将拉开的大戏的前提。乌斯打算使用的分子信息就是他的团队已经定性的前两种产甲烷菌的rRNA序列。在这两种产甲烷菌中，一种是从瘤胃液（在奶牛的胃中取得）中分离出来的瘤胃甲烷短杆菌，这份瘤胃液是由伊利诺伊大学乳品科学系的一位熟人捐赠的；另一种是delta H，这个绰号朗朗上口，用以指代那14个音节的怪物"嗜热自养甲烷杆菌"，它能在高温下生活并代谢氢气。我问拉尔夫·沃尔夫，他们从哪里取得了delta H这个特立独行的怪物的第一份样本？

"就在这里，我们从污水里提取出来的。"更确切地说，是从污水消化池里分离出来的。

"就在厄巴纳？"

“是啊。”

沃尔夫的研究生比尔·鲍尔奇当上了这篇措辞谨慎的论文的第一作者，因为是他开发出了用密封的加压铝管培养并标记产甲烷菌的技术。“多亏了这种技术，”沃尔夫对我说，“我们才能和卡尔一起做这些实验。现在所有东西都在密封的铝管里，我们可以放心地把P–32注入培养物中。”还记得吗？P–32是放射性磷。“要是按以前的做法，我们必须不断地打开塞子，用水把培养物冲出来。那简直是一个带着放射性的噩梦。”如今他们可以使用鲍尔奇开发的新技术，将注射器扎进黑色的橡胶塞子里，为培养物注入P–32。鲍尔奇培养微生物，乔治·福克斯提取RNA，而乌斯当时信任的实验室技术员，一位名叫琳达·麦格鲁姆的年轻女性（她接替了早先的琳达·博能），则为乌斯准备供其分析的胶片。他们三个人，再加上拉尔夫·沃尔夫和乌斯，构成了该论文的共同作者。作为资深作者，乌斯的名字排在最后。除了描述研究方法，这篇论文还干巴巴地指出，上述两种产甲烷菌看起来不太像“典型细菌”。他们在论文中声称，这种分歧可能代表着“迄今为止已发现的最古老的系统发生事件”。这个说法口气很大，但含含糊糊，几乎没有人注意到它的重要性。

同年10月，该团队在影响力更大的《美国国家科学院院刊》上发表了第二篇论文，乔治·福克斯为第一作者。在这篇论文中，他们对10种产甲烷菌展开分析，评估了每种产甲烷菌同其余9种产甲烷菌以及3种细菌之间的相似性。一如既往地，他们将这3种细菌慎重地称为“典型细菌”。福克斯创建了一个简单的测量系统，将一种微生物的目录与另一种微生物的目录进行比较，得出一个十进制数字，即一个代表相似性的系数。经过比较之后，我们就能全面了解这13种微生物之间的相似程度了。这些数据可以排列在一个长方形的表格中，微生物的名称在表格左侧空白处自上而下列出，然后在表格上方自左而右再次列出，每个交叉点上都有数字，就像一张显示各个城市之间里程距离的表格一样，只不过每个交叉点上的数字不是里程，而是相似性系数。基于相似性能够反映亲缘关系的前提，福克斯用这些数字生成了一张谱系树图，也即一张显示主要谱系之间的分歧节点的树状图，每一种生物都用一个枝条表示。虽然这篇论文中的树状图像美国大学生篮球联赛的对阵图那样水平打印，而非垂直打印，但它确实是一棵树：卡尔·乌斯时代的第一棵全新的生命之树。在此之后，乌斯还会创造出更多的生命之树。

"典型细菌"在图中占据一个巨枝，而10种产甲烷菌都从第二个巨枝中独立出来。"这些生物，"他们在论文中写道，"似乎只是典型细菌的远亲。"同第一篇论文一样，这些作者还是过于含蓄了。"典型细菌"这个词是一种圆滑的临时用语，很快就会消失无踪。

图23.1　乌斯实验室里又高又瘦的博士后乔治·福克斯1977年，他与乌斯共同发表论文，宣布自然界存在第三种生命形式。

一个月后，最大胆也最引人注目的第三篇论文出现在《美国国家科学院院刊》上，这一次，论文的作者只有乌斯和福克斯两人。论文标题拐弯抹角地暗示了他们的意图——重建生命的"初始界别"。他们再次利用福克斯的相似性系数，在论文中对不同种类的产甲烷菌进行比较，对产甲烷菌与"典型细菌"进行比较，还将上述的这些生物同两种真核生物（一种植物和一种真菌）进行比较。论文的结论惊人：生命之树上有三个巨枝，而不是两个。斯塔尼尔和范尼尔提出的二分法，整个生物学界普遍接受的原核生物与真核生物的二分法，是无效的。"第三域真实存在。"乌斯和福克斯如此写道。第三域包括产甲烷菌，但可能不限于此。他们解释说，产甲烷菌既不是细菌，也不是真核生物，它是一种独立的生命形式。

两位作者为他们发现的新生物界起了一个暂定名：Archaebacteria（古细菌），"archae-"意为"远古的"。这个前缀似乎很贴切，因为产甲烷菌的身世极其久远，它们的新陈代谢能够适应大约40亿年前的地球早期环境，那时富氧大气层尚未形成。乌斯在接受《华盛顿邮报》采访时特意提到了这个观点。"这些生物喜欢富含氢气和二氧化碳的大气，"他说（至少报道里是这么表述的），"而我们一般认为，原始的地球大气层就是那样的，没有氧气，非常暖和。"然而，古细菌名称的后半部分，即意为"细菌"的"bacteria"，往往模糊了这个发现的核心。正如乌斯向沃尔夫宣布的那样，这些生命根本不是细菌，它们和细菌完全不同。沃尔夫亲口告诉乌斯，"古细菌"这个名字起得太烂了。如果它们不是细菌，为什么还要在名字里提到"细菌"？这个暂定名被沿用了十几年之后才被改得卓尔不群：古菌。

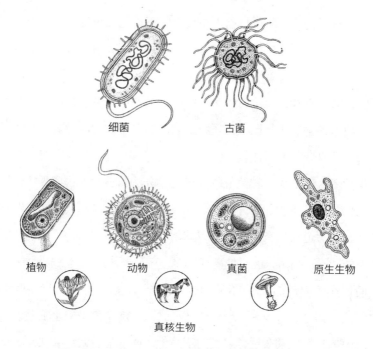

图23.2　生命三域、真核生物的四界和四种细胞类型

24

在一次卡尔·乌斯纪念研讨会的开幕式结束后，我和乔治·福克斯来
到厄巴纳分校附近一家不起眼的比萨店，享用不起眼的小比萨。如今的他
已经不再是一个又高又瘦的年轻人了。福克斯喜欢简单朴素的食物，我为
自己点了一份添加意大利香肠和蘑菇的比萨，他明显对此感到不安。69
岁的他在实验室和教室里度过了一生。他的身躯已然丰满，双下巴若隐若
现，他用金属框眼镜取代了他在20世纪70年代的照片中佩戴的深色角框眼
镜，他的棕色头发已经鬓角发白。然而，回忆起和乌斯共度的岁月时，他
的眼中仍然闪动着明亮的蓝光。福克斯目前在休斯敦大学担任教授一职，
此次他专程飞来厄巴纳，参加由卡尔·R. 乌斯基因组生物学研究所（这一
名称说明了乌斯在伊利诺伊大学备受尊崇的地位）主办的卡尔·乌斯纪念
研讨会。福克斯受邀在会上发言。

福克斯的学术生涯与三所院校有关：在雪城大学攻读本科和博士学
位；在伊利诺伊大学当乌斯的博士后；随后在休斯敦大学任教将近30年。
福克斯来到厄巴纳纯属偶然，他和乌斯的缘分要从乌斯本人也在雪城长大
说起。在雪城大学就读时，福克斯加入了名为"西塔·套"的工科专业联
谊会，卡尔·乌斯的父亲（也叫卡尔·乌斯）是该联谊会的创始人之一，

所以福克斯肯定对乌斯的名字很熟悉。当福克斯的兴趣从化学工程转向理论生物学时，他注意到并迷上了小卡尔·乌斯的一些早期研究，尤其是一篇发表于1970年的论文。该论文主要介绍了核糖体用以生成蛋白质的"棘轮"机制——一个冒进的提议，一个疯狂而有趣的想法（后来其细节被证明是错误的）。于是福克斯写信给这个提出棘轮机制的家伙，申请博士后奖学金，而乌斯似乎认为有个来自雪城的学生是一种命中注定的际遇。在那个动手能力很强的研究生米切尔·索金离开后，乌斯的研究室里正好出现了一个空缺的岗位，于是他把福克斯招到麾下。

"我们没有讨论过薪水问题，"福克斯在吃比萨和喝可乐的间隙说道，"他从来没有给我发过工作邀请信，只有口头许诺。"就在这样的保证下，福克斯结了婚，并在那年秋天和妻子一起来到了厄巴纳。他没有打招呼就跑到乌斯实验室，在门口遇到一个其貌不扬的男人，这个人穿着牛仔裤和邋遢的衬衫，钥匙链上挂着一大串钥匙。"他看起来像个门卫。"福克斯回忆道。福克斯自报家门，做好花费口舌才能进门的思想准备。"不会吧?! 欢迎！"这个人就是乌斯。

"他让我坐进他的办公室，然后……"福克斯犹豫了一下，"你有纸吗？"我从拍纸簿上撕下一张黄纸，他开始勾画实验室的布局。他画了一个长长的矩形，然后一一分区。他解释说，实验室里有三个主要房间，中间的房间放着一张光台，卡尔通常在这里工作。琳达·麦格鲁姆和肯·卢尔森在左边的房间，右边的房间是乌斯的小办公室兼电泳室。放射室和暗室在走廊对面，旁边是储藏室，三个比壁橱大不了多少的空间。乌斯在小办公室里给福克斯安置了一张桌子，还让福克斯一直开着门，"这样他就能看到我"——跟卢尔森当年的待遇一样，或许更甚。作为一个博士后，福克斯处于试用期。

一开始，乌斯指派他组装rRNA分子中最短且信息量最小的5S rRNA序列，希望他能借此快速跟上实验室的步调。该项目产生了一些令人意想不到的结果，促使乌斯尝试着把福克斯培养成一个专精于实验的人。这不是福克斯的强项，他本人也知道这一点。他想像乌斯一样，做那种"理论上的东西"，对分子数据进行深入的进化分析，也即现在所称的生物信息学——解读密码，对30亿年前发生过什么下结论，诸如此类。然而，乌斯希望他去收集数据。"我压力很大。"福克斯回忆道，这份压力来自乌斯对他的期望与他个人的兴趣和技能之间的矛盾。"我必须每隔一天提出一个新奇的见解，这样他才会允许我继续从事比较RNA序列的项目。"然而，他无法达到这个不可能完成的标准，于是被放逐回实验室，接受乌斯的安排，培养嗜热细胞并提取它们的rRNA。尽管如此，福克斯仍然时不时地向乌斯展示他那些想法的价值。渐渐地，他证明自己不仅足以从事比较RNA序列的工作，而且足以成为乌斯信任的合作伙伴，成为1977年那篇登峰造极的、宣布生命第三域存在的论文的唯一合著者。

25

和乔治·福克斯一起吃比萨的几个月前，我问过拉尔夫·沃尔夫，当时的科学界对这篇论文的反响如何。"那是一场灾难。"沃尔夫温和地说。乌斯宣布生命第三域存在之后，不管是这个主张的实质，还是乌斯提出该主张的方式，都令他的许多同行感到极度不适。作为乌斯的朋友，沃尔夫不无同情地为我解释了原因。问题的关键是一份新闻稿。

乌斯实验室得到了美国国家科学基金会和美国国家航空和航天局的资助，后者将这笔经费列于地外生物学项目（万一这世上真的有地外生物存在呢！）的名目下，大概是因为其管理层认为乌斯对早期进化的研究有助于人类分辨其他星球上是否存在生命。就在《美国国家科学院院刊》11月刊即将刊登"产甲烷菌不是细菌"系列论文的第一篇之际，乌斯接受了上述联邦机构的建议，允许该机构在华盛顿公开宣布研究结果。在那个年代，科研成果一般都不会借政府的东风，在学刊上发表足矣。虽然拉尔夫·沃尔夫深度参与了此项研究，但他完全被蒙在鼓里。直到有一天，他和乌斯都认识的一位熟人向他透露说明天会发新闻稿。"什么新闻稿？"沃尔夫问。

这位熟人说漏嘴了，好尴尬。"几分钟之后，"沃尔夫告诉我，"卡尔就来我办公室里解释。"

回忆这件事的时候，拉尔夫没有表现出任何的沮丧情绪。人间的喜剧花样百出，并非每一场都能让人笑得出来。乌斯的失误只是朋友之间沟通不足，外加他信任的这位熟人不小心说破了真相。要想知道究竟是哪里出了问题，我们就必须了解乌斯在多年前遭受过的一个奇耻大辱。"他在巴黎宣读过一篇论文。"沃尔夫说。那是一篇关于棘轮机制的论文，就是后来引起乔治·福克斯的兴趣的那篇机巧但不正确的论文。乌斯脑洞大开，构想了核糖体制造蛋白质的概念结构，并称之为往复棘轮机制。RNA在核糖体之中穿梭，不断将氨基酸添加到蛋白质链上。棘轮每向前移动一格，就会有一个氨基酸被添加到蛋白质链上，随后棘轮再向前移动一格，重复上述的加工过程。棘轮永远都不会回退。

"他没有提供任何证据，"沃尔夫说，"他只是把这种机制作为一个概念提出来。"这场会议在巴黎举办，在场的听众可能包括一些名人，如乌斯比较熟悉的雅克·莫诺、弗朗索瓦·雅各布和弗朗西斯·克里克。"卡尔是午餐前最后一个发言的人，"沃尔夫说，"他宣读完论文之后，没有人向他提问。听众们站起来，纷纷离开去吃午饭。这件事让卡尔很受伤，算得上致命打击。这些科学家的行为太无礼了。卡尔告诉我：'我下定决心，再也不让他们无视我。'这便是他同意发布新闻稿的理由。"

新闻稿从华盛顿发出，或许还规定了只能在《美国国家科学院院刊》11月刊上市当天发布。1977年11月2日，第三域成为热门话题。由于人们对这个话题的关注度极高，《纽约时报》的一位资深记者在乌斯的办公室里对他进行了三个小时的采访。第二天，这份报道被刊登在报纸头版上。报道上方的配图是我在前文中提到过的那张照片——乌斯把穿着阿迪达斯运动鞋的脚架在一张凌乱的桌子上。夹在报道和配图中间的标题则强调了远古这个主题：《科学家们发现了一种早于高级生物的生命形式》。这位记者名叫理查德·D.莱昂斯。报道是这样开头的：

今天，研究原始生命进化历程的科学家们报告说，他们发现了一种在自然界中很难找到的独立的生命形式。他们将其称为生命的"第三域"，它由厌氧、吸收二氧化碳并生产甲烷的远古细胞们组成。

与其他新闻媒体的报道相比，这段话确实更准确一些。《华盛顿邮报》的报道就逊色很多，它声称乌斯发现了"地球上的第一种生命形式"，像是在说，40亿年前以某种方式自我构建成功的一种初始生物，也即最早的生物，一直存活至今，还在20世纪占领了厄巴纳的污水系统。这种观点显然是错误的。《芝加哥论坛报》的报道更为离谱，提出嗜热自养甲烷杆菌（他们还写错了这种细菌的名字，我在此处纠正过来）之所以没有留下化石记录，是因为它在岩石形成前"完成进化并躲了起来"。哪些岩石？"这纯粹是胡说八道。"沃尔夫说。《芝加哥论坛报》的报道标题也很糟糕：《火星生物般的细菌可能是最古老的生命》。此后，新闻一波波地向外扩散，通过美国合众国际新闻社和其他新闻媒体蔓延到小城镇的报纸上，如宾夕法尼亚州的《黎巴嫩每日新闻报》。这些报纸用类似的标题兜售"最古老的生命形式"而非产甲烷菌和所有"典型"细菌之间的区别。无论如何，这些不实报道没有抓住乌斯和福克斯提出的一个重要观点。如果把标题改为《最奇特的生命形式》，或许会好一点。

拉尔夫·沃尔夫认为，这篇论文之所以掀起轩然大波，一方面是因为用新闻稿的形式发布科学成果不妥，另一方面是因为卡尔·乌斯不善言辞，无法很好地跟他人解释自己的观点。他从来都不是一个优秀的演讲者。要是他难得站在听众面前，他会想很久，搜寻恰当的字眼，讲讲停停，这样的态度往往无法鼓舞人心，也很难让人信服。突然间，到了1977年11月，有那么几天，他吸引了全世界的注意力。

"当记者给他打电话请教时，"沃尔夫告诉我，"他没办法跟他们沟通，因为他们听不懂他选用的词语。最后，他只好说：'这是第三种形式的生命。'好吧，哇！火箭起飞了，他们写出了你能想象到的最不科学的荒诞之词。"发布新闻稿的效果事与愿违，那篇刊登在《美国国家科学院院刊》上的措辞严谨的论文，如今被笼罩在大众新闻报道投下的阴影之中。沃尔夫说，许多不认识乌斯的科学家得出结论说"他是个疯子"。

沃尔夫也立即听到了同行的抨击。在他于1977年11月3日上午接到的众多电话中，"最文明的、不带一个脏字的"批评来自萨尔瓦多·卢里亚。他是分子生物学的早期巨擘之一，在1969年获得了诺贝尔生理学或医学奖。沃尔夫刚开始在伊利诺伊大学任教时，他也是该校的教授之一。总而言之，卢里亚从麻省理工学院打来电话，说："拉尔夫，你必须远离这些无稽之谈，否则你会毁了自己的事业。"此时，卢里亚只看了报纸上的报道，还没有读过《美国国家科学院院刊》上的论文及其数据。拉尔夫请他先读一读再下结论，他再也没有打回来。这些批评给沃尔夫带来了深切的打击。他在回忆录中写道，在卢里亚和其他人打来电话之后，"我想爬到什么东西底下躲起来"。

沃尔夫对我说："我们接到许许多多的电话，全是负面的评价，人们对这种无稽之谈感到愤怒，科学界也拒绝接受它。这个概念至少倒退了10年或15年。"沃尔夫自觉受到这些事件的严重伤害，他的专业声誉岌岌可危。整个科学界发自肺腑地反对用新闻稿宣传科研成果的这种行为，他们建起一堵抵制之墙，拒绝承认古菌是一种独立的生命形式。"当然，卡尔在整个20世纪80年代和90年代的很长一段时间里都不服气，"沃尔夫说，"他不服科学界摒弃他的第三种生命形式、他的系统发生学和分类学。"正如多年前的斯塔尼尔和范尼尔，以及更早的费迪南德·科恩所经历的那样，如今细菌分类学又成了一个热点话题。这一次的证据来自分子层面，更深层次的背景则是最宏大的进化观逐渐登场。

26

　　在1977年之后的10年里，卡尔·乌斯究竟受到了怎样的怀疑、否定和嘲笑，我们无法确切知晓，因此也很容易过分高估。否定之词当然有，尤其是在美国。然而，在另一篇论文发表之后，科学界对他那不同凡响的断言的抵制有所缓和。这篇论文还是由卡尔·乌斯、拉尔夫·沃尔夫和比尔·鲍尔奇合著，他们提供了多种证据，以期证明产甲烷菌是一种独立的生命形式。另一方面，在德国，乌斯提出的生命第三域的观点受到热烈欢迎。

　　德国的研究人员在同一时期发表过类似的论述，其中有三位研究人员特别突出。第一位是来自慕尼黑的植物学家兼微生物学家奥托·坎德勒，专门从事细胞壁研究。1977年，在乌斯等人的论文发表之前，坎德勒恰好访问过厄巴纳，并通过拉尔夫·沃尔夫的介绍认识了乌斯。"拉尔夫直接把他带到我的办公室，让他亲耳听我和乔治的官方说法，"乌斯这样回忆同坎德勒的会面，"我想他是笑了。"不管坎德勒笑没笑，他都轻松接受了产甲烷菌具有深刻的独特性这个前提，因为他自己也曾想过这一点。他在自己的研究中看到了一些连乌斯和沃尔夫都不知道的东西——至少一种产甲烷菌的细胞壁具有明显异常，也就是说，其中不含肽聚糖。还记得肽聚糖吗？它是一种网格状的分子，起到加固细胞壁的作用，被斯塔尼尔和范尼尔视为所有原核生物的典型特征。在坎德勒研究的某种产甲烷菌的细胞壁中，它不见踪影，完全不存在。此外，他告诉乌斯，某些生活在高浓度盐之中的非典型细菌的细胞壁也不含肽聚糖。这些细菌被称为嗜盐菌，它们是盐的爱好者。

坎德勒关于异常细胞壁的提示让乔治·福克斯想到，多年前在某节微生物学的课堂上，他学过这个知识：所有细菌的细胞壁里都有肽聚糖，嗜盐菌除外。于是被德国人提醒的福克斯去图书馆查证。在此过程中，他发现了另一个线索，也即这个生命第三域的典型特征应该是什么。接下来我们又要对付技术性的东西了，不过我会尽量简化：奇特的脂类。

脂类是一类分子的总称，包括脂肪、脂肪酸、蜡、某些维生素、胆固醇和其他对生物有用的物质。脂类储存能量，传递生化信号，担当膜的结构基础。福克斯在图书馆里翻书后了解到，嗜盐菌含有不同于其他细菌的脂类，这些脂类的结构和化学键均与其他脂类不同。卡尔·乌斯再次灵光一现。天哪，这些盐的爱好者含有奇特的脂类，跟我们的产甲烷菌一样。早在十几年前就有其他研究者报告过嗜盐菌含有这种奇特脂类的事实，福克斯在图书馆翻书时就翻到了，但这些研究者没有得出任何结论。这只是一个小小的异常，可是正在酝酿重大发现的乌斯正好可以将它拼入一幅更大的拼图中。"在此前的职业生涯中，我从未关注过脂类，而现在我们都对脂类如痴如狂！"

令福克斯着迷的不仅是在嗜盐菌里发现的脂类。他在翻书过程中还觉察到，另外两种热爱极端环境的细菌也含有同样奇特的脂类。这两种细菌的属名分别为"热原体属"和"硫化叶菌属"，它们偏好很热很酸的环境，比如火山活动地区的温泉。用行话来说，它们嗜热嗜酸。按我们的标准来看，它们是乖张的小怪物。这两种细菌都是最近才被分离出来的，一种来自煤矸石[1]堆，另一种来自黄石国家公园的一眼间歇泉，并在水生嗜热菌的共同发现者托马斯·布罗克的实验室里接受鉴定。在福克斯的提醒下，乌斯注意到这些细菌同奇特脂类之间的联系，拿到样本后就开始尝试着培养它们，并且为它们编制目录。

在此之后，乌斯突然变得非常热衷于提取嗜盐菌的分子指纹。他推测说："如果不同寻常的细胞壁有意义，那么嗜盐菌或许会成为我们新发现的'远古'群体的成员。"彼时乔治·福克斯已经去了休斯敦大学，实验室里的其他人本来就忙得不可开交。乌斯等不及另一个学生或合作者的到来，于是决定自己动手。幸运的是，培养嗜盐菌相对容易。"我穿上我那件被酸性物质腐蚀的实验服（它已经在我办公室的门后挂了10多年），回到工作台。"他在同事送来的样品的基础上大量培养嗜盐菌，用P-32为它们做标记，然后把它们交给肯·卢尔森，由后者进行风险更高的下一步工作：提取并纯化带有放射性的RNA。随后，卢尔森再把这些RNA转交给琳达·麦格鲁姆——乌斯称她为"我们可靠的琳达"，由她做电泳分离并在胶片上成像。几个月后，他们有了第一个嗜盐菌目录。"它没有让人失望。"乌斯写道。嗜盐菌是一种奇特的东西：归根结底，它不是细菌，而是古菌的一员。

嗜盐菌的研究告一段落之后，乌斯又转向了嗜热嗜酸菌。在他的团队成功鉴定了从煤矸石中分离出来的细菌的分子指纹后，乌斯向《自然》周刊投稿，介绍他们新编制的rRNA目录，并提出嗜盐菌也属于古菌的理由。《自然》周刊拒发这篇论文，拒稿理由简单来说就一句话："谁在乎这些？"

1　煤炭生产过程中产生的岩石的总称。

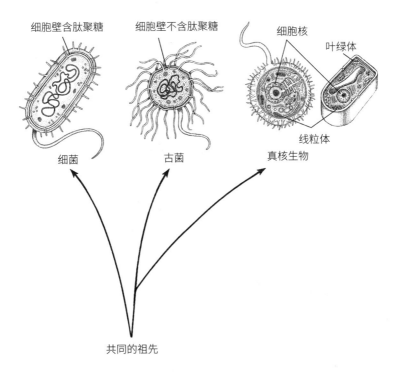

图26.1 生命三域：细菌、古菌、真核生物

27

三位德国人非常在乎乌斯的观点。除了已经成为乌斯好友的奥托·坎德勒，还有在慕尼黑担任马克斯·普朗克生物化学研究所所长的著名生物学家沃尔弗拉姆·齐利希，以及他年轻的助手、坎德勒以前的学生卡尔·斯泰特尔。坎德勒见到了乌斯，亲耳聆听了他提出的证据和他激进的想法，随后，坎德勒把消息带回了慕尼黑，告诉了当时还是初级研究员的斯泰特尔。彼时斯泰特尔身兼两职，既在慕尼黑大学内坎德勒就任的研究所里教书，又在齐利希的手下管理一个实验室，每天往返于两地之间。他把坎德勒从美国带回来的消息传到城市的另一端，在马克斯·普朗克生物化学研究所内，一个周五的讨论会上，他公布了他的第三手资料。沃尔弗拉姆·齐利希最初对此反应冷淡。1925年出生的齐利希在纳粹当政的二战期间正值兵龄，他对这段历史记忆犹新。几十年后，卡尔·斯泰特尔向扬·萨普回忆说，1977年，听闻坎德勒带回的乌斯的生命第三域理论后，齐利希大为不悦。"第三帝国？"他厉声道，"我们受够了第三帝国！"

然而，几个月后，齐利希听说乌斯手中的两项数据能够完美地相互呼应：一是能证明嗜盐菌的独特性的数据，二是能证明产甲烷菌的独特性的数据。他的反感消失了。齐利希和斯泰特尔随即调整他们的研究工作，转而专注于对RNA聚合酶的研究（这种酶能够帮助细胞根据DNA制造出mRNA）。他们想知道，在嗜盐菌、嗜热嗜酸菌和产甲烷菌这三种"细菌"中，RNA聚合酶的异常（能够将它们与典型细菌区别开来的异常）是否与乌斯发现的重大异常旗鼓相当。他们得到了肯定的结果。所以，或许这些微生物根本不是细菌。

乌斯在美国遭到嘲笑，充其量是个争议人物，但他在德国却成为科学雄狮，至少德国那些研究微生物分子生物学的博学之士对他极为推崇。1978年，坎德勒邀请他参加一个在慕尼黑举行的重量级的微生物学家大会，乌斯婉拒了。他回了一封措辞礼貌但字里行间流露出怨气的信。他抱怨说，美国国家科学基金会和美国国家航空和航天局在享受他的研究带来的可观宣传效果的同时，对他的资助吝啬至极。差旅一事，不仅费用难以筹措，还会打断他的研究，后者让他颇为厌烦。他是一个发奋图强的人——追求结果，而非友谊。然而，第二年，坎德勒再次相邀，乌斯接受了。他的东道主为他支付旅费。他们对他很好，只要求他在另一个微生物会议上做一个主题演讲，然后去齐利希就任的研究所参加一个研讨会。会议期间，主办方在慕尼黑大学的一个大礼堂里举办了盛大的晚宴。坎德勒请来当地一个合唱团的铜管乐队，以一段热烈的号角声向乌斯致敬。没有几个分子系统发生学家能得到如此奔放的赞赏，乌斯的心都化了。

两年后，他的德国朋友们又在慕尼黑组织了一次会议。这次的会议是国际会议，不过他们为了强调不拘礼节、精诚合作的精神，称之为研讨会，而且只讨论古菌。这是一场具有开创性的会议，生命第三域的地位从此上了一个台阶。与会人数相对较少，大约有60人。除了古菌研究轰轰烈烈的德意志联邦共和国，与会代表还分别来自日本、美国、加拿大、英国、荷兰和瑞士，议程涵盖的主题和研究方法也极其广泛。拉尔夫·沃尔夫来了，福特·杜利特尔、乔治·福克斯和比尔·鲍尔奇也来了。乌斯不仅再次来到慕尼黑，还发表了欢迎词——欢迎词本来是仪式性的问候，却被他变成了一场有实质内容的演讲，其内容丰富大胆，发人深省。

"我们即将开始一场具有历史意义的科学会议。"他对这群人说（引自会后由奥托·坎德勒编辑的会议记录）。这群科学家有一个共同点，他们认同古菌的概念，而这个概念"4年前尚不存在"。他们在各自的实验室里研究着"直觉上感到很奇特的生物"——产甲烷菌、嗜盐菌、嗜热嗜酸菌。这些东西貌似特殊，貌似互不相关。乌斯说，我们之所以迟迟没有认识到它们之间的联系和一致性，是因为现行的细菌分类学框架在整体上有谬误，在细节上又大错特错。

"一代又一代人的失败，让微生物学家对发现细菌之间真正的关系这件事望而却步。"他说的几代人包括费迪南德·科恩、C. B. 范尼尔和罗杰·斯塔尼尔。他补充说："大多数微生物学家满足于对细菌进行盖棺论定的分类，仅有少数微生物学家提出了全新的见解。"他的矛头直指被业内奉为圭臬的《伯杰细菌鉴定手册》和60年来不断修订并再版这本书的谨小慎微的专家们。乌斯抱怨说，这种做法的问题在于，他们将细菌看作静态的实体，因为这样方便归类。"细菌的进化问题仅供茶余饭后小猜怡情。"乌斯说。微生物学和当下的分子生物学都错失了一个东西——进化。

乌斯这么说等于是对这些人下了战书：他的朋友弗朗西斯·克里克，克里克的同事詹姆斯·沃森，诺贝尔生理学或医学奖得主弗朗索瓦·雅各布、雅克·莫诺、马克斯·德尔布吕克，以及曾经劝说拉尔夫·沃尔夫同乌斯保持距离的萨尔瓦多·卢里亚。在20世纪晚期的生物学界，这些人都是极为杰出且富有影响力的人物，而乌斯相当于是在说，他们是肤浅且思维僵化的思考者，对生命的历史没有丝毫好奇心。他们只不过是密码破译者、解谜人和工程师。乌斯认为，发现古菌的存在之后，一些疑问和答案就会随之而来，这种局面应该会大大振兴进化论思维，并且"有望在某种程度上使生物学远离目前的技术冒险主义路线"。他生造了"技术冒险主义"这个词，不仅以此暗讽一味追求高科技而不考虑进化问题的分子生物学，似乎还剑指逐渐登场的基因操纵问题。这番发表于1981年的激烈谴责具有极强的杀伤力和先见之明，像是预见了基因专利、生物技术产业的发展、基因编辑疗法、人类胚胎的植入前遗传学筛查，以及全面的人类种系工程。乌斯把"技术冒险主义"与"分子进化生物学"对立起来，后者是一个他所憧憬但无人提及的词语，当时的人们可能会认为它具有自我矛盾的嫌疑。

在卡尔·乌斯于1981年在慕尼黑发表的演讲中，我们可以看到一个值得注意的要点，那就是乌斯深入挖掘生命本质的冲动。他是一个打破砂锅问到底的人。他做这项工作，他打开这扇门，他踏上这段旅程，不仅是为了探索古菌和第三域，也是为了探索其他两域的起源和历史。它们如何产生和分化？这三域之间的亲缘关系如何？哪一域最先出现？为什么这三个谱系中只有一个继续发展成肉眼可见的多细胞生物——所有的动物、植物和真菌，而另外的两个谱系虽然数量众多、形式多样、重要性突出，但依旧是微小的单细胞生物？在上述这些生物出现之前，地球上有过什么样的生物、过程或环境？生命之树的根在哪里？

乌斯不只对这个他偶然发现的、独立的生命形式感兴趣，还对全盘的来龙去脉感兴趣。

研讨会圆满成功，与会者意识到古菌这个概念势不可挡。会议一结束，坎德勒就打着实地考察的幌子，偕同妻子带着乌斯和沃尔夫出去玩。他们从慕尼黑驱车南下，进入巴伐利亚的阿尔卑斯山区，沿着一条坡度渐升的小路，爬上了不起眼但风景如画的霍赫西斯山。"乌斯的身体状况并不理想，我的体力更糟，但我们还是哼哧哼哧地爬到了山顶。"拉尔夫·沃尔夫回忆道，他的语气中有自嘲的味道。坎德勒的妻子在山顶给这三个人拍了一张合影。（如图27.1）他们沐浴在晴空艳阳下，一脸满足的表情。沃尔夫和坎德勒是略微谢顶的中年科学家，看上去和蔼可亲，正在品味难得的户外一日。乌斯坐在他们右侧，有着络腮胡子和雄狮鬃毛般的头发，他把一件毛衣活泼地系在脖子上，左手拿着一杯香槟，满脸胜利的笑容。这一年，他52岁，正处于权力和名望的巅峰时期，拿下诺贝尔奖指日可待。

图27.1　在一次里程碑式的古菌研讨会结束之后，乌斯、沃尔夫和坎德勒来到巴伐利亚的阿尔卑斯山区，登上霍赫西斯山的山顶庆贺

第三部分

融合与获取

28

就在卡尔·乌斯寂寂无闻、默默耕耘之时，林恩·马古利斯突然大张旗鼓地登场了。马古利斯是一位来自芝加哥的年轻有为的女性，在微生物学史上扮演了很重要的角色，因为她号召人们关注一个非常奇特的旧观念，还增强了它的可信度：远古时期的其他生命形式悄然存活至今，并且在人体细胞内发挥作用。马古利斯借用一个早前存在的术语，将这个观点称为"内共生"。这是第一个被公认的水平基因转移理论。该理论认为，生物体内的整个基因组（不仅是单个或小簇的基因，而是整个基因组）有可能发生水平转移，并且留存在其他生物体内。这种情况虽然罕见，但意义重大。

1967年3月，马古利斯首次亮相，在《理论生物学杂志》上发表了一篇长论文。该杂志曾在1965年刊登过扎克坎德和鲍林那篇有关分子钟的论文，在当时一石激起千层浪。马古利斯的论文和上述的论文不一样，她不是鲍林那样的知名科学家，而且她的观点至少可谓独特。更直白地说，她的观点很激进、很惊世骇俗、很野心勃勃：她提出要重写20亿年的进化史。她在论文中配了一些卡通式的插图，用铅笔勾勒出稀奇古怪的细胞形状，但几乎没有给出任何定量数据。据说在一位大胆的编辑接受这篇稿件之前，她已经收到了"15封左右"的期刊拒稿信。然而，这篇论文一经发表就引起了强烈的反响，重印的请求纷至沓来（我们可以由此看出，这篇论文引起了相当广泛的兴趣。在那个步调缓慢的时代，科学家们无法在网上查阅期刊，只能互相邮寄论文）。这篇论文的标题是《论有丝分裂细胞的起源》。

相比于论文宏大的主题，这个标题实在不怎么出众。不过，它与达尔文的《论物种起源》遥相呼应，暗示了论文作者的雄心壮志。马古利斯从不缺乏自信。时年29岁的她担任波士顿大学的兼职助理教授，同时独自养育两名幼子。她在十几岁时就嫁给了一位高调且年轻的天文学家，在论文发表时还保留着他的姓氏，署名林恩·萨根。后来，她渐渐出名（也就是说，她被一些人称赞，被另一些人否定和贬低，后者包括卡尔·乌斯），冠上了第二任丈夫托马斯·N. 马古利斯的姓氏。但许多认识她的人一向亲切地叫她林恩。

有丝分裂细胞是真核细胞的别名，即具有细胞核和其他复杂的内部结构的细胞，所有动物、植物和真菌（以及一些因为体量微小而少为人知的复杂生物）均由这种细胞构成。有丝分裂是真核细胞复制过程中的一个阶段。在这个阶段，细胞核的染色体发生复制，然后分裂成两束，各自占据一个新生成的细胞核。此后，一个细胞才会分裂成两个完整的新细胞，每个新细胞都有一套相同的染色体。美国的高中生物课上教过这个知识，就在学生们解剖完那只可怜的青蛙之后不久。老师会把有丝分裂和减数分裂放在一起教，两者的关系如同阴和阳。有丝分裂发生于普通的细胞分裂过程中，而减数分裂是"还原分裂"，产生专门的性细胞，即配子（动物的卵子和精子，有花植物的卵和花粉）。动物的减数分裂会产生四个新细胞，而不是两个，因为染色体在复制之后要进行两次分裂，而不是一次。每个新细胞的染色体份额减少到之前的一半。其后，精子会和卵子结合，结合成功后的细胞就会拥有足量的染色体。我承认，要记住这些术语以及它们分别指代什么有点难，我是这样来记的：与有丝分裂（mitosis）相比，减数分裂（meiosis）的英语名缺少了字母"t"，所以这个单词意味着染色体数量的减少。这种记忆法有用吗？当然有用。然而，与有丝分裂相比，减数分裂的英语名还多了一个字母"e"，这就不太方便记忆了。所以，无视这种说法吧，至少它对我来说很有效果。

通过有丝分裂，一个受精卵长成多细胞的胚胎，然后长大成人。同样地，通过有丝分裂，新生的细胞取代老旧的细胞，例如你的皮肤细胞、伤口愈合时的瘢痕细胞、结肠内壁的陈旧细胞。有丝分裂在身体各处都会发生，相比之下，减数分裂只发生于性腺中。不过，林恩·萨根论文的重点并不是有丝分裂这个持续的过程，她论文标题中的关键词是起源。

她对真核细胞的早期历史感兴趣，想要追本溯源。她引用罗杰·斯塔尼尔和他的两位教科书合著者的说法，宣称原核细胞与真核细胞的区别"或许代表了现今生物界中最大的单一进化非连续性"。这是生命史上最大的飞跃，堪比奥运会级别的跳远、跳高和反手扣篮，而细菌和复杂生物之间的差异正是这一飞跃留下的永恒印记。她试图解释这种飞跃是如何发生的。

"我将在这篇论文中提出一个理论，"萨根写道，"即真核细胞是远古的共生进化的结果。"共生指的是两个不同的生物在一起生活。她给这个理论取了个更具体的名字——内共生，意思是一个生物在另一个生物的细胞内部安营扎寨，代代演变后成为后者必不可少的组成部分。"单细胞生物进入其他单细胞生物体内，就像食物进入胃部或者病毒进入宿主体内。在机缘巧合和利益重叠的情况下，至少有几对这样的组合实现了持久的兼容。"这些两两嵌套的合作伙伴相互依赖，以复合个体的形式存在并互通有无。它们进行过复制——既有独立复制也有联合复制，把复合个体作为一种遗传条件代代相传。直至最后，它们超越了合作伙伴的关系，变成一个独立的新生命，一种新的细胞。

在1967年，谁也不知道这种重大的结合在生命早期究竟发生过多少次，但次数想必不多，所以结合后的产物才能长期存活下来。后人会找到办法揭晓答案。萨根的观察研究主要靠显微镜，但显微镜爱莫能助。她没能找到答案。

她认为，这些存活于细胞内部的小部件最初是细菌，后来变成细胞器。它们是一个全新的复合个体的重要成分，类似于人体内的肝脏或脾脏。这些细胞器的功能独特，名字也很花哨：线粒体、叶绿体、中心粒。线粒体很小，形状和规格不一，但我们在所有复杂细胞中都能找到它。它利用氧气和营养物质生产能量包（即被称为三磷酸腺苷或ATP的分子），为新陈代谢提供能量。ATP是可用能量的载体，就像可充电的5号电池；当ATP分解成更小的碎片时，这些能量就会被释放出来，供细胞使用。线粒体是制造ATP（或为ATP分解之后的碎片"充电"）的工厂。为了推动ATP的生产，线粒体像好氧细菌一样呼吸。叶绿体是绿色、棕色或红色的小颗粒，位于植物细胞和一部分藻类细胞中。它们像蓝细菌一样进行光合作用，吸收太阳能并制造糖类。中心粒也非常关键，但此处恕我不赘述原因。萨根在论文中写道，上述成分与细菌相似并非巧合，而是事出有因：它们由细菌进化而来。

在复合个体中，较小的细胞生活在较大的细胞体内，后者也一度是细菌（它也可能是古菌，在萨根发表论文时，微生物学界尚未区分细菌和古菌）。较大的细胞是这个共生体的宿主，它吞下了较小的细胞，或者说经受了较小的细胞的侵染，它包容了后者，允许后者在其内部栖息。较小的细胞没有被消化或吞噬掉，而是在这里定居下来，为较大的细胞尽绵薄之力，由此产生的复合个体就是真核细胞。

请别介意"复合个体"这个自相矛盾的说法。萨根对整个过程的描述读起来也像个悖论——似是而非、违反直觉，尽管她在论文里提供了详尽的论证。

悖论是诱人的，但它是真相吗？它正确吗？这位兼职助理教授是否不仅呈现了一连串惊人的可能性，还提供了一个有说服力的新观点，让我们得以了解所有复杂生物的起源？从论文刚发表到此后若干年间，科学界对此均持否定的态度。在当时的业内人士看来，不久后就会改名为林恩·马古利斯的林恩·萨根聪明、博学、执着、有魅力，但执迷不悟。

29

林恩·亚历山大在芝加哥出生并长大，是莫里斯·亚历山大和莱昂内·亚历山大的长女。她的父亲是一名律师，也是一家油漆公司的老板；她的母亲负责料理家务，同时还经营着一家旅行社——两人都是多才多艺的上进人士。林恩·亚历山大是个早熟的孩子，但按她自己的说法，她是个"坏学生"，至少在学校表现欠佳，经常被罚去站墙角。（这句话让人感慨不已。在以后的人生中，她经常主动且傲然地站在科学界的偏远角落。）聪明而急躁的她转过好几次学，磕磕绊绊地度过了叛逆的青春期。十几岁的时候，出类拔萃的她被芝加哥大学提前录取。她喜欢芝加哥大学，本科时代过得尤其愉快，因为这个阶段是通识教育的天堂，其教学体系由具有远见卓识的罗伯特·梅纳德·哈钦斯塑造。入门课程"自然科学 2"让她感觉如鱼得水，对她而言，她读的不是教科书，而是杰出的科学家们所写的颇具开创性的著作，这些科学家包括达尔文、魏斯曼、格雷戈尔·孟德尔、J. B. S. 霍尔丹等人。大一的一天，她大步跨上数学楼的台阶，结果撞到了19岁的物理系研究生卡尔·萨根。他高大英俊、口齿伶俐、彬彬有礼，已然是校园里的公众人物。"我对科学一窍不通，"她后来回忆说，"卡尔让我着迷，他的口才尤甚。"三年后，她本科毕业刚满一周就嫁给了他，改名林恩·萨根。在婚礼照片上，她是一个小巧漂亮的年轻女子，身穿露肩白色礼服，佩戴珍珠项链，笑容灿烂。

她陪同卡尔·萨根去了威斯康星州。他在一个天文台继续他的研究生工作，而她则开始在威斯康星大学攻读硕士学位。在这里，她遇到了动物学系的汉斯·里斯教授，并向他学习显微镜学。

里斯是"一位优秀的老师——我人生中遇到的最好的老师"，她后来写道。她大约是在1959年上了他的细胞生物学课，当时她怀着第一个儿子（多里昂·萨根，他长大后成了作家）。除了显微镜学，里斯似乎还为她提供了更多的东西：从鲜为人知的早期资料和他自己的研究及思考通向她的内共生理论的一条路径。在林恩·萨根发表于1967年的论文的参考文献中，里斯对她的影响清晰可见，就像嵌在尘土飞扬的峡谷岩石里的化石碎片。她在参考文献中列出了里斯几年前与人合写的一篇论文，除此之外，她还列出了20世纪初两位非传统的科学家合写的一篇论文。这两位科学家一个是俄罗斯人，名为康斯坦丁·梅列施柯夫斯基（里斯也曾引用过他的论著）；另一个是美国人，名为伊万·E.沃林。他们萌生了一些全新的想法，这些想法后来由林恩·马古利斯加以融会贯通，再后来，它们得到了分子证据的肯定，从根本上改变了人们对复杂生物的起源的看法。

汉斯·里斯出生于瑞士，是一位细胞生物学家和生物化学家。1949年，他来到威斯康星大学，摇身一变成为电子显微镜专家。20世纪60年代初，他与植物学系的同事沃尔特·普劳特一起，利用显微镜和生物化学方法研究叶绿体。这是一种位于植物细胞和某些藻类细胞中的微小细胞器，通过光合作用收集太阳能。这些叶绿体的本质是什么？它们有什么来历？里斯和普劳特想找出这两个问题的答案。两人仔细观察了某种绿藻的叶绿体。通过生化染色，他们在电子显微镜下发现了叶绿体中的DNA。

这是一项重要的发现，因为它证明基因不仅存在于细胞核中，还可能存在于细胞质中（细胞质是真核细胞内的液体和固体混合物，包括除细胞核之外的一切）。除了几位早期的研究者，此前业内人士一致认为，细胞质中不太可能存在基因，甚至是绝无可能存在基因。他们认为染色体在细胞核里，受核膜保护。如果真有细胞质遗传，那它就是备受信赖的孟德尔遗传定律的一个例外。在杂交豌豆的过程中，来自摩拉维亚[1]的孟德尔神父发现了这一定律。根据孟德尔遗传定律，父母双方对后代基因的贡献相等，它们各自拿出一个性细胞，在受精时合并到一起。细胞质遗传（也叫母系遗传）是一个与之大不相同的命题。如果真有细胞质遗传，它不会像孟德尔遗传那样整齐划一，父母双方的贡献也不会相等。如果基因漂浮于细胞质中，那么对任何通过有性生殖产生的子代来说，其基因都会向母本倾斜，因为卵子携带了大量的细胞质，而精子或花粉携带的细胞质很少。

然而，这不是重点。里斯和普劳特在绿藻细胞质内的叶绿体中检测到的DNA，不但挑战了孟德尔遗传定律，还有更为深远的影响。这些影响指向内共生，一种对复杂生物之起源的颠覆正统的看法。

里斯和普劳特在电子显微镜下发现，藻类的叶绿体与某些细菌非常相似，都具有DNA纤维、双膜和其他结构特征。具体来说，这些叶绿体似乎与即将改名为蓝细菌的微生物具有相吻合的特征。这表明叶绿体在某种意义上是细菌，至少它们曾经是细菌。同时，这表明蓝细菌曾经在久远的过去被吞食或以其他方式被内化，其中的一些或至少一个俘虏成功逃脱被消化或被排出的命运，在宿主细胞内不断增殖，而这些复制物通过藻类细胞的繁殖传承下去，并且逐渐从未消化的猎物、具有传染性的细菌或中性的乘客转变成藻类的细胞器。按照达尔文的自然选择理论，这些蓝细菌之所以能够在藻类细胞的内部生存和增殖，是因为它们发挥了一种功能：帮助藻类从阳光中获取能量。作为细胞器，它们的职责是进行光合作用。里斯和普劳特指出，这些事实与康斯坦丁·梅列施柯夫斯基在1905年提出的一

1　位于如今的捷克的东南半部。

个古老的假说相吻合。同时代的人认为梅列施柯夫斯基有点疯疯癫癫的。（事实上，在他的同时代人看来，他的状态比疯癫更为不堪，我会在后文中详细说明。）但此时此刻，里斯和普劳特写道："我们必须再度认真地考虑内共生这个说法，将其视为复杂细胞的起源，一种颇具可能的进化方式。"

里斯和普劳特的论文发表于1962年，此时年轻的林恩·萨根刚刚离开威斯康星州，前往别处学习和生活。她注意到并且阅读了这篇论文，在她与里斯的相处过程中，她大概也预见了这篇论文的问世。据说，汉斯·里斯本人早就直接向她介绍过这些激进的观念。1959年，她选修了里斯的细胞生物学课程，她的一位同班同学记得，里斯在课上对内共生进行过非常全面的论述，并且从少有人知的德国和俄罗斯的资料中收集了各种支持该观念的文献。这位同学名叫乔纳森·格雷塞尔，现在是以色列的魏茨曼科学研究所里的一名植物遗传学荣休教授。他说："这个理论完全是里斯的想法，他在课程中有过完整的相关阐述。萨根在传播这个理论方面功劳很大。"格雷塞尔当时与林恩·萨根交好。他回忆起她"好不容易才够到显微镜"的情景。当时她正身怀六甲，她的第一个孩子多里昂即将出生，所以她虽然对这个理论兴趣浓厚，但她的动作有点笨拙。后来，格雷塞尔"惊愕"地发现，虽然里斯是系统性阐述内共生理论的第一人，但萨根对他的贡献轻描淡写。

从威斯康星大学获得硕士学位后，林恩·萨根随同卡尔·萨根来到加州大学伯克利分校，因为他获得了那里的博士后奖学金。他们的第二个儿子杰里米出生于1960年。她丈夫研究地外生物学（这个学科很快就会更名为外空生物学，卡尔·乌斯也得到过美国国家航空和航天局地外生物学项目的资助），而她则一边带孩子一边马不停蹄地攻读遗传学的博士学位。"我对进化论很感兴趣，"她后来写道，"我一直认为遗传学是深入研究进化论的正确道路。"她希望探索有悖于孟德尔遗传定律的现象，也就是她从里斯和威斯康星大学的其他人那里了解到的细胞质遗传。她被它的重大意义所吸引：基因漂浮在复杂细胞的细胞质中，而不仅被束缚在细胞核内的染色体中，这些基因可能与细胞核基因大不相同。如果这种差异确实存在，细胞质中的基因究竟来自何处呢？

然而，她的导师不赞成她将细胞质遗传作为博士论文的研究课题。他的反对体现了不同科学学科之间的知识脱节，这在当时是一个很常见的现象。她为此感到恼火。"在伯克利分校，"她回忆说，"研究进化论的古生物学系和几乎不提进化论的遗传学系之间完全没有人际往来。"她将这种现象称为"学术隔离"。她身边的那些遗传学家大多来自化学专业，进入生物学的领域之后也只研究细菌和病毒，对她颇感兴趣的"真核生物的细胞质遗传"知之甚少，甚至一无所知。伯克利分校的遗传学家们太傲慢了，"他们甚至没有意识到自己的无知"。而她，一位23岁的女性，只有一个硕士学位，带着两个年幼的儿子，自信满满地同他们对峙。林恩·萨根知道她需要博士学位，所以她没有深入研究进化遗传学，而是写了一篇话题更安全、篇幅更短的博士论文，研究一种名叫裸藻并且生活在池塘中的微生物。如果我说出这篇论文的标题，你的眼睛会像卡卡圈坊的甜甜圈一样闪闪发亮。

对这位坚定的年轻女性来说，这只是暂时的挫折。1962年，里斯和普劳特发表论文，提供了绿藻的叶绿体中含有DNA的证据，与此同时，林恩·萨根还在伯克利分校忙碌着。叶绿体中含有DNA意味着细胞质遗传确实存在——基因可以独立于父系或染色体，通过真核细胞（也就是说，通过复杂生物）代代相传。她不顾导师的劝诫，对细胞质遗传的迷恋与日俱增。她深入阅读有关这个话题的论著，包括细胞生物学家E. B. 威尔逊的经典论著，1925年版的《细胞的发育和遗传》（*The Cell in Development and Heredity*）。威尔逊在书中提到了梅列施柯夫斯基和沃林早先的研究成果，这两位科学家均提出线粒体和叶绿体等细胞器是被俘获的细菌进化后的残留物。威尔逊将梅列施柯夫斯基的说法称作"一种有趣的幻想",对沃林的驳斥则稍微温和一些。他在这个问题上持谨慎态度,但他也承认:"对许多人来说,这样的猜测无疑过于奇异,不适合在目前的生物学界提及。或许有一天,我们需要更认真地思考这个问题。"林恩·萨根认为这一天已经到来。

与此同时,她与卡尔·萨根的婚姻摇摇欲坠。后来,她称萨根"以自我为中心到令人难以置信的程度"。他疏于人父之责,沉醉于他人的崇拜,让她难以忍受。她说,这段婚姻就像"跟孩子们一起经受酷刑"。她带着孩子们出走,搬到伯克利北部与另一位年轻母亲同住。然而,1963年,在卡尔·萨根接受哈佛大学的助理教授职位之后,她同意带着孩子们和他一起住到剑桥西边的一个公寓里。他似乎希望此举能够挽救两人的婚姻,但对她来说,这只是"方便之举",她有自己的打算。她还没拿到博士学位,但她可以远程完成学业。她受够了加州,也不愿意再回芝加哥,或许马萨诸塞州会是她的福地。这里的确是她的福地,但她跟卡尔·萨根的关系走到了尽头。

两人于1964年离婚。在这段艰难的时期,她在一家教育公司做职员,还在布兰戴斯大学当讲师,以此养育两个孩子。她的父亲为她提供了一点资助,这让她有时间大量收集关于内共生的事实、想法和参考资料。她撰写了这一主题的长篇论文,向期刊投稿,收到了"15封左右"的期刊拒稿信,直到《理论生物学杂志》最终接受这篇论文。她再婚了,嫁给结晶学家托马斯·N. 马古利斯(他的中间名是尼克),并且改随他的姓氏。她被波士顿大学聘为兼职助理教授。

1969年,林恩·马古利斯怀上了第三个孩子(也是个男孩,名叫扎卡里),不得不长时间待在家里,这时她又研究起了内共生。她后来写道:"强制在家休假让我得以不间断地思考。"她的两个大一点的儿子已经开始上学了。在1967年的论文中,她认为复杂细胞起源于数种生命形式的融合，如今她的这一观点"发芽并茁壮成长，终于被修剪成一本书那么厚的手稿"。不包括索引在内，这本书出版时一共329页。我们可以从"修剪"这个说法中看出，她写起东西来从不缩手缩脚，而是胸有成竹、洋洋洒洒。她与纽约的学术出版社签订了合同。"很多个晚上，我熬夜打字，下定决心要赶在最后期限前完稿。"终于，她把手稿和委托他人绘制的许多插图装进箱子里，一股脑寄给出版社。对任何作家来说，这都是一个胜利时刻，意味着他们要怀着紧张并期待的心情开始等待。她等啊等，五个月后，那个箱子被退回来了。箱子是按印刷品以廉价邮费退回来的，里面没有附上任何解释。同行们对这份手稿的评议结果很糟糕，但学术出版社起初并没有礼节性地告知她这些事实。最后，她收到了一封千篇一律的拒稿信。

马古利斯开始返工，修改手稿，并向别处投稿。这一次，她的稿件被耶鲁大学出版社看中，那里的编辑眼光很独到。1970年，这份手稿以《真核细胞的起源》为题出版。手稿的原标题为《论真核细胞的起源》，而她发表于1967年的论文的标题是《论有丝分裂细胞的起源》。出书时她删去了标题中的"论"字。这是一个明智而谦逊的举动，让书名听上去不那么同达尔文的《论物种起源》遥相呼应。不过，她的书即使不是经典之作，也是一座里程碑。在许多对细胞生物学和深层进化史感兴趣的科学家眼中，《真核细胞的起源》让他们第一次听说内共生思想和林恩·马古利斯这个人。他们当中的一部分人认为她是疯子，另一部分人则不这么想。

30

꧁ ꧂

林恩·马古利斯不是提出这些非正统想法的第一人,汉斯·里斯也不是。最迟在阅读E. B. 威尔逊的旧作时,她应该已经瞥见端倪:在将近一个世纪前,有些先辈就推测过被吞噬的细菌是细胞器的祖先,所有复杂细胞都来自较简单的生物的结合。不过,这些先辈未必来自"你好我也好的生物学圈子"。在这些人之中,有一个俄国人并没有最先发声,也没有一路高歌,但他的音色别具一格。威尔逊提到过他,里斯也引用过他的论著,他的名字就是康斯坦丁·谢尔盖耶维奇·梅列施柯夫斯基。

1855年,梅列施柯夫斯基出生于罗曼诺夫王朝统治下的华沙。他的父亲是一位宫廷官员,也是一位顽固的保守派。作为九个兄弟姐妹中的长子,梅列施柯夫斯基或许最先撞上了父母对孩子过高的期盼,并且因此备受打击。求学时他一度持激进立场,同情反对沙皇的俄罗斯革命者(他们将在1881年刺杀沙皇),更没有遵照父亲务实的观念走上法律道路,而是选择攻读自然科学。在圣彼得堡大学读书期间,梅列施柯夫斯基参加了一次前往白海的夏季考察活动,从此对包括水螅和海绵动物等无定形生物在内的海洋无脊椎动物产生了兴趣。22岁时,他发表了一篇关于原生动物(一组定义松散的单细胞真核生物,包括变形虫在内)的论文。随后他又多次进行实地考察，最远到过那不勒斯湾，这让他有更多的机会去研究那些鲜有人关注的原生质团。有一次他认为自己发现了一个新的海绵物种，很难想象他远在华沙的执拗父亲会对此感到兴奋。不管怎样，梅列施柯夫斯基错了，他眼中全新的海绵物种其实是另一种体形更大的原生动物。

1880年大学毕业后，他在德国和法国旅行了几年，然后回到圣彼得堡大学，取得了编外讲师的资格。他和一个名叫奥尔加的女人结了婚，两人三年后逃往克里米亚，那里当时也处在罗曼诺夫王朝的统治之下。在克里米亚半岛南岸的山脉南面，他当上了监督果园的果树学家，也可以说是果园巡视员。这些事实来自扬·萨普和另外两名学者组成的团队所做的传记研究；但连萨普和他的同事们也没有说明梅列施柯夫斯基是从哪里学到了栽培果树的技能。不过，他们的确提到"1880—1902年，梅列施柯夫斯基的职业生涯极不稳定"。换句话说，从25岁到47岁，他漫游四方，研究这个那个，天知道他哪来的钱付账单。他研究过葡萄，还研究过儿童的身体发育，对一位无脊椎动物学家来说，这真是离题万里。他还描述过一种测量儿童身体的方法。他的初衷或许无害，但从后续事件来看令人毛骨悚然。1898年，他突然离开抛下奥尔加和两人的儿子鲍里斯离开克里米亚，或许还是化名逃亡的，因为当地人怒火滔天。他被指控猥亵儿童。

梅列施柯夫斯基的下一个落脚点是加州。他在护照上用的是假名"威廉·阿德勒"。他说英语时想必带着浓重的俄罗斯口音（虽然从他在伦敦发表的那篇关于他发现海绵新物种的论文来看，他的书面英语不错），因此威廉·阿德勒这个名字想必太假，但在镀金时代[1]的加州，他不是唯一一个改头换面的朝圣者。潜逃期间，他写了一部副书名散漫而冗长的奇幻小说：《人间天堂：冬夜的梦、27世纪的童话和一个乌托邦》。后来此书作为消遣读物出了德语版本。我应当在此声明，这些情节不是我瞎编的，

1　美国历史上一个经济繁荣但社会弊病日趋严重的时期。

扬·萨普也没有杜撰或者产生幻觉，他的合著者米哈伊尔·佐洛托诺索夫研究过70份俄罗斯报纸上对梅列施柯夫斯基后来的恋童癖案件的报道，也研究过警方的秘密档案。

19世纪末20世纪初，梅列施柯夫斯基在洛杉矶南部海岸的一个研究站待了一段时间，随后他搬去伯克利，不写奇幻小说的时候就继续研究海洋生物。彼时他的研究重点是硅藻，一种单细胞藻类，每个细胞都被封闭在一个类似贝壳的硅壁中。硅藻是一种令人惊奇的存在，照理来说，这么微不足道的生物不应该显得如此复杂，如此具有几何美。许多硅藻都含有叶绿体，这意味着它们和植物一样靠光合作用生存。虽然硅藻的外壁极为多样化、样式漂亮且便于分类，但梅列施柯夫斯基决定根据硅藻的内部结构（包括叶绿体在内）重新给它们分类。叶绿体在显微镜下很像细菌。可能就是在琢磨叶绿体的时候，他的脑内冒出了他一生中最重大的想法：在进行光合作用的藻类和植物里，被内化的细菌已经变成了叶绿体。最终他将这一现象命名为"共生起源"，即"两个或几个进入共生状态的生物组合或联合，形成新的生物"。

相较于"共生起源"，"共生"一词更简单，其历史也更悠久。它最初指的是人类共同体，在生物学上的使用可以追溯到德国生物学家安东·德·巴里。1879年，他用"共生"来表示两种或两种以上的不同生物以任何形式合并或紧密共栖。该术语的涵盖范围从寄生关系到临时伙伴关系（有时一方获益，有时双方获益），再到梅列施柯夫斯基后来提出的那种亲密且可遗传的融合关系。举例来说，巴里认识到，地衣不是一种生物，而是至少两种生物共生的结果：一种是真菌，另一种是生活在真菌中的藻类或蓝细菌。穿行于海葵刺人的触手之间，无忧无虑地吞食寄生虫的小丑鱼，便是共生关系中的一员。与共生相比，共生起源的观点更上一层楼：一个生物可以永久地存在于另一个生物的细胞内，随着后者的自我复制而自我复制，从而形成一个复合的、可遗传的新身份。

　　19世纪末的几位研究者曾经考虑过叶绿体与共生起源的关系，其中包括巴里的学生安德烈亚斯·申佩尔。他出身于著名的科学家家庭，是一位富有冒险精神的德国植物学家，早年曾赴西印度群岛、南美洲、非洲和印度洋进行实地考察。申佩尔在法国边境城市斯特拉斯堡长大，在那里，莱茵河把德国和阿尔萨斯[1]划分开来。在现存的一张照片上，他的面容年轻且诚挚，两眼睁得大大的，浓密的八字胡就像是为了参加学校演出而贴上的假须。19世纪80年代中期，还不到30岁的他发表了两篇令人难忘的论文。在其中一篇论文中，他创造了"叶绿体"一词，并且认为，如果这些东西在植物细胞内自我复制，而非从植物细胞的细胞质中生成，那么这种复合体"会有点让人联想到共生"。这只是一个类比，一句题外话。申佩尔没有进一步研究，可能是因为这个想法太奇怪了，不能当真，也可能是因为他在前往喀麦隆的疟疾疫区考察后患病，45岁就英年早逝。

　　据梅列施柯夫斯基说，他在阅读申佩尔的一篇论文时"灵光一现"，萌生了共生起源的想法。1902年，他回到俄国，但没有去克里米亚，因为那里的人或许还记得他那些虚虚实实的卑鄙行为。他们不一定会欢迎他，甚至可能还没取消对他的通缉令。他在喀山大学谋得一个职位，再次成为编外讲师，该大学位于伏尔加河河畔，莫斯科以东500英里处。三年后，他发表了一篇德语论文。这篇论文和申佩尔的论文一样，与植物细胞内叶绿体的起源有关。在这篇发表于1905年的著名论文中，他阐述了共生理论，还将蓝细菌（他称它们为蓝藻）称为来了就不走的陌生人。此后的15年间，他发表了一系列论文，对这一理论进行拓展并为其命名（共生起源），还声称这是他的独创理论。至于可怜的申佩尔？逝者不必再提。事实上，根据扬·萨普等人的说法，在林恩·马古利斯崛起前，梅列施柯夫斯基对这个尚不完整的理论的宣传力度超过所有人。这一理论便是：叶绿

1　法国东北部的一个狭长地区，斯特拉斯堡是其首府。

体是被俘获的细菌,在被称为植物的复合体内生存。

梅列施柯夫斯基在发表于1905年的论文中带着些许嘲讽的口吻写道,当时通行的植物发育理论认为叶绿体是每个细胞与生俱来的细胞器,从原本无色的细胞质中"逐渐分化"出来。这便是内生理论:叶绿体是由植物细胞内部的细胞质形成的。梅列施柯夫斯基认为事实并非如此。叶绿体不是土生土长的细胞器,而是上古时期侵入动物细胞的细胞质,与之共生的"异物或外来生物"。根据他的这一理论,植物细胞只不过是添加了光合细菌的动物细胞。通过共生起源,植物界从动物界中脱胎而出。他认为这样的事件已经发生了好多次,可能有15次之多,事件与事件之间相互独立。也就是说,植物界有多达15个互不关联的起源。至于动物界的起源,那是另外一回事了,他通常不予考虑。

经过10页纸的严密论证,梅列施柯夫斯基以一段令人回味无穷的话结束了这篇论文。对那些研读过细胞起源方面的文字资料的人来说,这段话赫赫有名,但其他人要么从未听说过这段话,要么即使听说过也无法理解:

> 让我们想象一棵棕榈树,它安然地生长在泉边。再想象一头狮子,它躲在附近的灌木丛中,全身肌肉紧绷,双眼嗜血,正准备扑向一头羚羊,将其勒死。共生理论,唯有共生理论,才能揭示这一场景的深层奥秘,为我们披露并阐明产生棕榈树和狮子这两个完全不同的实体的基本原理。

共生理论怎么解释棕榈树和狮子的关系呢?棕榈树表现得很平和,因为它体内有许许多多性情温和的小工人——驯良的"绿色奴隶",即叶绿体,它们为棕榈树从阳光中汲取养分。狮子得吃肉,所以它杀戮。但是,打住,梅列施柯夫斯基建议道,想象一下,狮子体内的每个细胞都充满了叶绿体，它们把太阳能转化为狮子所需的养料。一旦有了这样的装备，"我毫不怀疑狮子马上就会安然地躺倒在棕榈树旁边，一派餍足，最多需要再喝一些含有矿物盐的水"。

对他想象中的绿色狮子来说，这两样就够了：日光浴和佳得乐[1]。

他的想法挺美好，但他错了。当代的几位警惕性比较强的生物化学家已经指出，狮子的表面积比同等质量的植物的表面积要小得多（想想那些平展的棕榈叶或橡树的树冠），所以即使狮子在自己的表皮上涂满叶绿体，就像钢琴家李伯拉斯穿上一身带黄绿色亮片的套装，这些叶绿体还是无法捕捉到足够的阳光，为强壮的狮子提供能量。狮子的能量摄入将会不足。它会萎靡不振，瘫倒不动，发出阵阵呻吟声。它会变得虚弱，就像劲量电池的广告画风一变，那只气力十足、蹦蹦跳跳的兔子突然耗尽了电量一样。

这些关于共生起源的论文既没有给梅列施柯夫斯基带来科学上的荣耀，也没有给他带来平静的生活。他是一头既没有肉吃也没有叶绿素的狮子，饥肠辘辘，脾气暴躁。他的政治立场从左倾转向右倾。驻留喀山期间，他充当沙皇治下压迫民众、排斥犹太人的秘密警察的线人。他告发了一位晋升在即的犹太同事，他似乎还在继续"测量"儿童。1914年，他背负着强奸26名小女孩的指控，第二次从俄国潜逃，这些女孩当中至少有一名女孩是他的学生。喀山警方和圣彼得堡警方都决定对他立案调查。他从未被审判，所以这些指控无法作为罪名存在，但想来有一定的事实依据。他去了法国，在那里继续写作，不但写共生起源方面的论文，还写了一本令人眼花缭乱的哲学书。该书披着科幻的外衣，以"七维振荡宇宙"、唯灵论、无神论、优生论和宇宙进化论为主题。在人生的最后一年，他写了一篇短文，题为《我的门徒须知》，并且在文中把自己塑造成救世主。他

1　百事公司旗下的一种非碳酸性功能饮料。

就像是科幻小说家L. 罗恩·哈伯德，疯狂而自大，但他的自我营销不太成功，因此也没有粉丝捧场。至于被梅列施柯夫斯基抛下的妻子奥尔加和儿子鲍里斯，就连扬·萨普的俄罗斯合著者，考据狂人米哈伊尔·佐洛托诺索夫也不知道他们过得怎么样。1920年，梅列施柯夫斯基用法语发表了他的最后一篇科学文章，题为《作为共生复合体的植物》。他已山穷水尽。

那时他已经搬到日内瓦，幽居于一家风景如画的旅馆中。他试图在大学里举办一些关于共生起源理论的讲座，却遭到一位教授暨植物学家的阻挠，这位教授大概把他看作恶棍或者怪人，很可能两者兼而有之。一战刚结束的那段时间，很多人都不好过，这位背景不光彩、理论不正统、有着自大妄想的俄罗斯生物学家更是处境维艰。梅列施柯夫斯基把自己的破产归咎于战争。此时，他似乎只看清了两点：一是叶绿体，二是他本人的末日就要来临。

萨普和他的合著者在1921年1月11日的日内瓦报纸《瑞士报》上找到了梅列施柯夫斯基的讣告，其中的细节不同寻常。两天前，酒店行李员发现梅列施柯夫斯基从他所住的58号房的门缝里递出来一封信，并在读过这封信之后报了警。梅列施柯夫斯基在信里警告说："不要进入我的房间，里面的空气有毒。接下来的几个小时内，进入我的房间都会有生命危险。"警察老老实实地等了两个小时才破门而入，发现梅列施柯夫斯基已经精心安排了自己的死亡。

他把氯仿和几种酸混合在一起，倒进一个容器内，再把容器像输液的吊瓶一样安装在床头的墙上。他没有往手臂上扎针，而是用一个面罩捂住了自己的脸。在这之前，他先把房间密封起来，躺下，把自己绑在床上，只留下一只胳膊能活动。怎样才能把自己绑在床上？梅列施柯夫斯基很有魄力。怎样炮制出这样的死亡秘方？梅列施柯夫斯基是个科学家。萨普和他的同事们认为这是某种仪式性的自杀，同梅列施柯夫斯基妄想性质的形而上学有关。也许吧。据《瑞士报》报道，到场的当地法官发现了一

张钉在绳子上的字条，上面用拉丁语写着铭文。这可能是某种晦涩难懂的
呓语，也可能只是用煞有介事的言语掩饰的临终前的绝望呐喊。后来，日
内瓦警方留存的梅列施柯夫斯基的档案被销毁，那张拉丁语字条也不知所
终。无论这是不是仪式性的自杀，他都认真计划了这件事。他把面具戴在
脸上，打开一个阀门。

　　一段奇特的人生画上了一个骇人的句号。然而，康斯坦丁·梅列施柯
夫斯基的故事中最奇特的一点在于，在植物细胞内叶绿体的起源问题上，
他的观点是正确的。这正是他的共生起源理论的支柱。54年后，这个想法
将会被分子数据证实，卡尔·乌斯发明了证明的方法。

31

在共生起源这一领域，另一位值得一提的先锋理论家是美国人伊万·E. 沃林。他父母是瑞典移民，他本人则是个典型的美国中西部人，出生在艾奥瓦州，最终成为科罗拉多大学安舒茨医学分校的解剖学家。沃林发表于20世纪20年代的论著同在他之前的梅列施柯夫斯基的论著一样小有名气，林恩·马古利斯在早期作品中提到过他们的观点，不过并未对其展开讨论。

沃林提出的内共生理论有别于梅列施柯夫斯基的版本，但又是对后者的补充。沃林认为，就像植物和藻类中的叶绿体一样，所有复杂生物内部的线粒体都是被俘获的细菌的后裔。你还记得吗？线粒体是细胞内燃烧营养物质和氧气的小颗粒，将能量包装在ATP（能量载体分子）中，为细胞提供燃料。线粒体还有一些别的功能，不过沃林和其他人对此尚不了解。沃林更关心线粒体的起源。他不是第一位在显微镜下观察线粒体后发现它与细菌有着惊人的相似性的生物学家，但只有他将其视为自己的研究计划的关键。他开始用详尽的实验来证明这种相似不仅是巧合。

大约从20世纪20年代开始，他开始对"线粒体是被内化的细菌的后代"这一观点感兴趣。至少有一位前辈研究者提到过这个观点，但无人得出具有说服力的完整理论。他着手展开实验研究。他的工具很朴素，只有简单的显微镜和微生物培养器材。他没有研究经费，只有某位有钱的赞助人"时不时"提供的一点资金。他没有合作者，没有研究生，只有两位技术助手，其中一位跟他一样名叫伊万。他住在偏远的科罗拉多州，与东海岸那些先进的细胞研究中心不通声气，而且他显然也没有利用邮件跟同事们保持密切的关系（许多科学家都这样做过，包括达尔文），以缓解他与世隔绝的状态。沃林是一名全职的解剖学教授，他的实验室是医学院教室后面的一间小棚屋。他着手研究，并在1922—1927年之间发表了九篇论文，随后还出版了一部著作。他不仅提出线粒体由共生体中的细菌演变而来的观点，还认为这种合作关系一再改变了生命史的进程。

沃林认为，自然界中存在着一种相当常见的现象，而线粒体由细菌演化而来的过程便是这一现象的重要例证。他将自己对这种现象的研究成果命名为"共生理论"，也就是说，他研究的是生物之间亲密且"绝对"的共生关系。一种生物居住在另一种生物的细胞内，而这种内部伙伴毫不例外地均为细菌。这与梅列施柯夫斯基所说的共生起源本质上是一回事，但沃林想要贴上他自己的标签。他对创造新术语的嗜好，以及他对自己想法的重要性的大吹大擂，导致当时的同行们对他不屑一顾，后辈们也只在论著的脚注里才会提到他的名字。1927年，就在这一系列论文发表之后，他把他的实验成果和理论汇编成一本书来出版，书名为《共生理论与物种起源》（*Symbionticism and the Origin of Species*）。读到这里，你肯定能意识到他的书名跟什么相呼应了。他是在暗示，正如马古利斯在1967年的论文标题中暗示的那样，他正沿着达尔文的足迹前行。他的意思还不止于此。他更想表达的是，他的理论解释了地球上多样性、复杂性和适应性的起源，比达尔文的理论还要出色。

沃林宣称，共生是"控制物种起源的基本原则"。达尔文在1859年提出的自然选择是次要的，它只在物种出现后发挥作用，决定物种的保留或毁灭。还有第三种力量，一个"未知的原则"，用于解释为什么物种继续进化出更好更复杂的形式。共生创造了剧烈分歧点，导致新物种的出现。自然选择淘汰了这些创新中最差、最没有前途的物种。至于那个未知的原则究竟是什么，沃林没有说。

他热衷于实证，但有时也对此缺乏兴致。1927年1月，《共生理论与物种起源》上市。这本书承载着他的宏伟论断，如同一枚火箭般蓄势待发，结果由于种种原因，火箭发出一声闷响，哑火了。

"沃林博士的论述激起了很多读者的兴趣，但很少有人认同他的看法。"这个评价算得上友善了。《自然》周刊上刊登了一篇显眼的评论，我们可以从中得知，在伦敦学术界看来，这本书不过是一份来自科罗拉多州的胡言乱语。评论者声称，伊万·E. 沃林"要求他们相信"线粒体是细菌，而且他还认为"物种起源的主要原因是这些含有细菌的共生体的活动"。评论者讥讽道："这个过程被称为'共生理论'，一个可怕的新词。"多重打击之下，沃林的研究热情似乎灰飞烟灭。在接下来的24年里，他一心扑在解剖教学上，直至退休。

到了20世纪60年代中期，沃林、梅列施柯夫斯基和其他内共生先驱的观点已经名声扫地，被人遗忘。如果你那时刚走上生物学道路，你可能从来没有听说过这些名字，也没有接触过这些狂热的观念，除非你碰巧在威斯康星大学选修汉斯·里斯的课程。当时有一位科学家为了证明自己的观点，从故纸堆里翻出与内共生相关的理论，称它们"肯定早已过时了"。一年后，林恩·马古利斯（那时候她还姓萨根）用论文宣布了它们的复出。

马古利斯知道，沃林最早提出"线粒体是被俘获的细菌"这一观点。她还知道，梅列施柯夫斯基最早提出"叶绿体是被俘获的细菌"这一观点。她在发表于1967年的论文中补充指出，真核细胞的某些特征也可能源于内共生。她认为相关的特征有三个：一是裸藻（她的博士论文主题）等微小且会游泳的真核生物的鞭毛；二是几乎每个真核细胞（包括构成你身体的细胞）都具备的向外伸出的纤毛；三是我先前提到过的中心粒，细胞中的微小结构。鞭毛呈线形，来回摆动，像鱼的尾巴一样推动单细胞生物穿过液体。纤毛（它的拉丁语名为cilium，该词的原意是"睫毛"）为包括哺乳动物在内的大型真核生物发挥各种重要作用，例如把黏液和不受欢迎的废弃物的碎片沿着"气管"排出去。中心粒呈圆柱形，帮助细胞在分裂过程中组织和分配染色体。

鞭毛、纤毛和中心粒具有某些相似之处，与此同时，它们同某一类名为螺旋体的细菌也有相似之处，后者往往很长，呈螺旋状，看上去很像开瓶器，能够通过扭转不断前行。你看出马古利斯的思路了吗？许多螺旋体是寄生虫，入侵其他生物，导致人类罹患梅毒、雅司病、钩端螺旋体病和莱姆病等疾病。马古利斯颇具创新性的想法在于，除了叶绿体和线粒体，真核细胞中的这三种关键细胞器（即鞭毛、纤毛和中心粒）也是被俘获的细菌的后裔。她认为，这些被俘获的细菌或许是一些蠕动的、会移动的东西，比如螺旋体。

根据她的假设，一种古老的类似变形虫的生物，或者说一种早期的真核生物，吞下了这种蠕动的东西，将其占为己有。当然，这种蠕动的东西也有可能附着在真核细胞外部。在至少一个重大案例中，它没有被消化掉（如果它在真核细胞内部），没有对真核细胞造成伤害，也没有被甩掉（如果它附着在真核细胞外部），相反，它被驯化了。它被困在这里，它留下来，然后它被同化了。它的一些基因，包括马古利斯注意到的那些负责编码特定结构特征的基因，以某种方式被纳入真核细胞的编码序列中。这些基因有三种用途：构建鞭毛、纤毛和中心粒。这些活动都能为真核生物的谱系带来全新且辉煌的可能性。

螺旋体名声不好，通常被视为讨厌的病原体。选中它担当复杂生物崛起过程中的伙伴有些违反直觉，但这一事实并没有让林恩·马古利斯灰心丧气。她认为结构上的证据很有说服力。除此之外，这个想法还有一个优点：它出人意料到离谱的程度。

如果这个想法是正确的，那它的影响注定重大。某些细菌有简单的鞭毛，它们在鞭毛的推动下穿行于液体环境中，笨拙地接近吸引它们的东西，或者远离它们排斥的东西。真核细胞的鞭毛（和纤毛）与那些细菌的鞭毛完全不同。它们使用不同的动力产生不同的运动——速度更快，方向更准。通过吞下螺旋体（如果真是这样的话），真核细胞外部出现了鞭毛和纤毛，这可能是真核细胞首次向更高水平的机动性和复杂性迈出的一大步。此外，纤毛还促进了多细胞生物的胞外液体流动。马古利斯认为，通过某种方式，中心粒从这些螺旋体中衍生出来。在这之后，真核细胞便发展出了两种全新的能力：有丝分裂和减数分裂，也即染色体系统性的复制和分裂。"发展出减数分裂"听起来可能很无趣，所以我在此重新表述一下：这意味着性的诞生。

我在上文中提到，这三种细胞器在结构上很相似，这方面的证据成功说服了马古利斯，她由此相信它们不仅相互关联，还与名为螺旋体的内共生细菌有关联。这三种细胞器的结构特征非常简单。想象一条粗大的电缆，一条供电干线。你用工业钢锯切割它（切之前要先关闭电源），然后查看它的横截面。你会看到九根较小电缆的切口排列成一个整齐的环。这正是马古利斯在电子显微镜下观察到的情形：鞭毛、纤毛和中心粒都有相同的九个小管，在横截面上一目了然，这些小管像时钟上的数字一样呈圆环状排列。据她推断，真核细胞在俘获螺旋体之后纷纷继承了这种排列特征，后来这些螺旋体分别演变成了鞭毛、纤毛和中心粒。也许这一切都只是机缘巧合？不，不是的。这三种细胞器的横截面上都有九个小管，只有九个，排列成一圈，没有其他合理的理由能解释这种相似性。这是它们无法消除的该隐的记号。此外，真核细胞的鞭毛和纤毛均在九个小管形成的整齐圆环内多出两个小管，她称之为"9+2"结构。中心粒没有这一对圆环中的小管，其结构为"9+0"。马古利斯觉得它们的结构还算近似，仍旧具有说服力。她认为这种外圈九个小管的排列方式可能直接源自螺旋体，或者更早时从这三种细胞器与螺旋体的共同祖先那里进化而来。此外，细菌的鞭毛和真核生物的鞭毛有显著的根本性差异，她决定给后者起一个不同的名字。她重新启用了一个旧名。从1980年起，她把真核生物的鞭毛和纤毛合称为"波动足"（undulipodia），它的英语名来自拉丁语单词undula和希腊语单词podos，意为"波动的小脚"。

你几乎可以想象到，这些真核生物在向我们挥舞它们小小的波动足，让我们注意这些波动足之间的亲缘关系。

这段故事里还有两件事值得注意，要是你不知道前情提要，你可能会觉得这两件事很怪异。第一，林恩·马古利斯是一位细胞生物学家，也是一位老派的微生物学家，信奉传统方法。也就是说，她主要收集并研究生物的完整外部图像：在实验室里培养细菌，从野外收集新形态的细菌，在光学显微镜下观察它们，或者审视同事们制作的电子显微镜照片。她本人说过，如果没有电子显微镜学的最新进展，有些东西她根本顿悟不了。她对古生物学、生物化学和地球化学也有很深的研究。她为科学界人士所写的书，如1970年出版的《真核细胞的起源》（*Origin of Eukaryotic Cells*）和1981年出版的《细胞进化中的共生》（*Symbiosis in Cell Evolution*），充斥着作为证据的图解和揭示各种生物的微观结构的照片，从紫硫菌到烟草叶中的叶绿体，从白蚁后肠中的螺旋体到人体细胞中的中心粒。浏览这些图片，深究细胞结构和复杂生物的起源，足以让你头晕目眩。对那些不是微生物学家的人来说——对我们来说，这些图片就像是用原生质画出来的抽象艺术画。不过看这些图片时，你至少不会被AAUUUUCAUUCG这样的长串字母弄得头晕目眩。分子测序不是马古利斯的专长，RNA目录也不是她偏好的数据。她发表某些标志性的研究论文时，乌斯尚未掀起分子系统发生学之革命，但即使在革命期间和革命结束后，她对乌斯的那种数据也没有什么兴趣。

第二，关于她包含三要素的内共生理论，马古利斯声称只有其中之一是她的原创。"本书呈现的所有主要概念"，她在1981年出版的著作中写道，除了一个主要概念，其余的"都来自他人"。她向梅列施柯夫斯基、沃林和其他在她之前提出这方面猜想的人致谢，她承认是E. B. 威尔逊和她过去的师长汉斯·里斯提醒她注意这些先驱；她指出自己思想的许多方面已有前人阐述过——从身为被俘获的细菌的线粒体，到内共生在引发进化史上的重大转变这方面的作用。向各方致谢之后，她只对一个想法自豪地宣示主权：波动足起源于细菌。是她首先想象出了那些波动的小脚的起源——它们是螺旋体，是蛇形的寄生虫，抱着不良企图进入其他生物，结果无法脱身，只好留下来帮忙。

她补充说，这些想法现在都可以通过较新的方法来测试。

这些想法果真得到了测试。科学向前迈进，进入乌斯的时代，她的某些激进的想法得到了新的证据的支持，它们的可信度也得到了增强——但这些想法不包括她的原创想法。

32

在遥远凉爽的新斯科舍省的哈利法克斯，福特·杜利特尔读到了马古利斯的疯狂想法，对其产生了兴趣。他认为有必要测试一番。

20世纪70年代初，杜利特尔还不到30岁，刚谋得达尔豪西大学生物化学系的助理教授一职，加拿大医学研究委员会提供的专项奖学金构成了他的薪资。英国医学研究委员会曾经资助过弗雷德里克·桑格和弗朗西斯·克里克。杜利特尔研究的不是应用医学，但这并不重要。他研究rRNA及其在细胞内从DNA转录为rRNA的过程，尤其关注RNA的转录后修饰——把长长的原始RNA分子切割成16S分子、5S分子等片段，以便组装核糖体。早年在丹佛做博士后研究时，杜利特尔就研究过这个课题。丹佛那个实验室的主理人是一位天资出众的年轻科学家，名叫诺曼·R. 佩斯，他和杜利特尔年龄相仿，本文后续部分会出现他的身影。杜利特尔原本的研究方向是生物化学，但现在他的好奇心却转向了进化领域。他想探索几个进化方面的重大问题：生命史上有哪些重大事件？生命的复杂性如何产生？真核细胞是如何诞生的？有三个因素汇聚在一起，改变了他的研究路径：一是马古利斯的书，二是蓝细菌（在那个年代，它们有时还是被叫作蓝藻），三是一位熟练的助手。

虽然福特·杜利特尔是一位严肃的思考者，但他经常表现出某种脱离科学事业的异想天开。在我们的几次谈话中，他频频流露出这方面的性格特征。"刚来达尔豪西大学时，大家都认为我应该继续研究rRNA的转录后修饰，"有一天，我们坐在他的办公室里谈话时，他这么告诉我，"我之前和诺曼一起研究这个。"那是生物化学的技术分支，涉及某些酶的分离。"而我不是生物化学家。"他的意思是说，他缺乏一个生物化学家应当具备的性格。"我讨厌做那种事情。"他说。在达尔豪西大学的生物化学系里，他结识了另一位研究员，一位真正的生物化学家。那人正在研究蓝细菌。"我想：'天哪，多可爱的颜色。'"他回忆着它们长出深浅不一的美丽的蓝绿色。"我觉得很有趣。"要是他能研究蓝细菌，岂不是一件快活乐事？

"野生蓝细菌生活在哪里？"我试图了解这些肉眼看不见的生物。

"到处都有。很多池塘水面的浮沫都是蓝细菌，牛津大学某幢老建筑外墙上的绿痕很可能就是蓝细菌。"他知道我在牛津上过学，目睹过很多老建筑上的绿痕，"蓝细菌很常见。它们有许多各不相同的有趣颜色。我研究蓝细菌的分子生物学，是为了……"他停顿了一下，略加思考：到底是为了什么？不是为了医学，也不仅是为了回答与进化有关的问题。杜利特尔很喜欢这个课题，他是个科学家。"是为了蓝细菌本身。"他勇敢地说。

此外，国际上也有很多科学家在研究蓝细菌的分子生物学——这些生物此前一直被归入藻类。在杜利特尔的时代，这一领域的佼佼者仍然是罗杰·斯塔尼尔。1971年，斯塔尼尔带着对美国政治的厌恶离开伯克利，接受了位于巴黎的巴斯德研究院的职位，条件是允许他专门研究蓝细菌。但是，那些蓝细菌专家都没有研究过RNA的转录后修饰（即切割较长的RNA分子以适应功能要求），一种与生产核糖体有关的过程，连斯塔尼尔也没有研究过。这是杜利特尔进入诺曼·R. 佩斯实验室工作后培养出的小专长。"所以我想我可以重复和诺曼一起做过的事情,"一样的研究步骤,不过研究对象改成了蓝细菌,"这样一来,不需费力就能有所成就。"

杜利特尔开始研究各种蓝细菌。他发表了几篇关于蓝细菌RNA的转录后修饰以及蓝细菌的其他生物学特征的论文,其中一篇得到了斯塔尼尔本人写来的贺信。这篇论文写得好,给了我启发,斯塔尼尔在信中写道,能否请你给我的研究团队寄几份复印件?对一位助理教授来说,这是来自业内顶尖学者的赞美,足以令人陶醉。(卡尔·乌斯后来向杜利特尔表达了他的羡慕之情,因为他从来没有得到过斯塔尼尔的赞美。)尽管如此,杜利特尔心知自己的研究志向不高。大约是在这个时候,他读到了马古利斯的书。

他发现她的内共生理论很有吸引力,还被书中的插图打动了。这些插图描绘了单细胞生物和共生事件,甚至还包括一幅生命之树图。(如图32.1)一位名叫拉斯洛·梅索伊的插画家徒手绘制并标注了这些插图,杜利特尔认为其风格很像放克[1]音乐的风格。这是一种赞美。60年代已经结束,但它的文化余韵犹存。如果R. 克拉姆[2]为《滚石》杂志上某篇与迷幻剂相关的报道画过变形虫吞噬细菌的素描,他的画风可能会和梅索伊的画风相似。杜利特尔也对绘画情有独钟,觉得把卡通风格用在严肃科学上很有意思。"我想这是我动手绘制图解的灵感来源之一。"他说。这是一个重要的灵感,因为他绘制的图解随后会有助于传播一种激进的、关于生命之树的新视角。

马古利斯的书还有一点引起了他的注意:这本书讲的是进化论,而不仅是生物化学,而且它追溯的进化发生在遥远的过去,深入生命之树的底部。"对我这类人而言,"杜利特尔说,"我并不在乎大象是否真的同河

---

1 一种美国的音乐类型,起源于20世纪60年代中期至晚期,融合了灵魂乐、灵魂爵士乐和节奏蓝调,是一种有节奏的、适合跳舞的音乐新形式。
2 美国漫画家兼音乐家,其作品常表露出19世纪末到20世纪初的美国通俗文化。

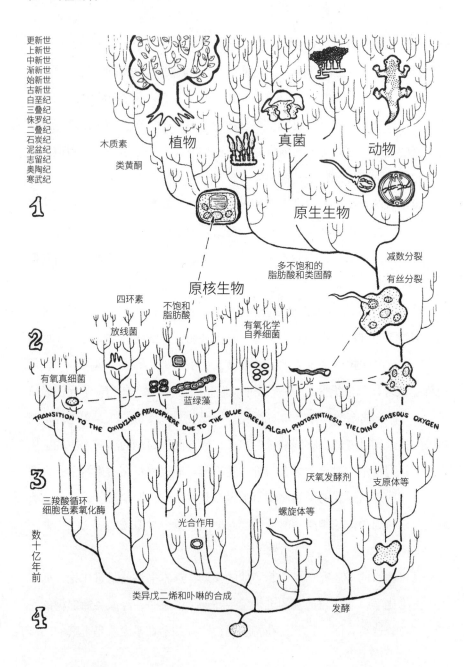

图32.1 马古利斯的真核生物树（由拉斯洛·梅索伊绘制，1970）
图中波浪线部分意为：由于蓝绿藻光合作用生成气态氧，向氧化大气过渡。

马或鲸有亲缘关系，那些事情不是我们关心的对象。"他的意思是，对那些想知道一个庞大的界怎样同另一个界分化开来的微生物学家来说，哺乳动物的系统发生的细节微不足道。"但真核生物和原核生物之间的关系似乎是一个相当大的课题。"标新立异却又言之有物的内共生理论就是冲着这个课题去的。杜利特尔开始思考：嗯，我们可以研究一下。

　　大约在1973年的某一天，琳达·博能走进了他的实验室。她曾经在厄巴纳担任乌斯的技术员，帮他用电泳和X射线胶片对rRNA进行测序，如今她和丈夫一起搬来哈利法克斯居住。她丈夫是一位运动生理学家，在达尔豪西大学的体育教学部供职。博能想找一些有趣的工作。她完全能够胜任跨越生物化学和分子生物学这两个学科的某些繁重困难的工作，而她具备的一些技能可能会对其他研究人员有用。乌斯听说她要搬家去哈利法克斯后，亲口对她说："我认识一个人，你会愿意和他共事的。"他指的是杜利特尔。乌斯和杜利特尔在几年前就很熟了，因为杜利特尔的第一轮博士后研究就是在厄巴纳完成的。此后他们断断续续地通过信件和电话保持联

图32.2　琳达·博能在乌斯实验室里担任技术员，执行与RNA的分子指纹相关的关键任务，后来她把这些技能带到了福特·杜利特尔位于哈利法克斯的实验室

151

系。乌斯甚至可能给杜利特尔写信推荐过博能，或者杜利特尔通过其他渠道听说过她的技能——他记不清了。"总之，她来找我的时候，"他说，"我知道她是谁、她能做什么。"

就这样，有了琳达·博能担任技术员之后，杜利特尔实验室里的这个小群体开始研究一个新课题：复杂细胞中叶绿体的起源。他们首先比较了五个rRNA样本，它们分别来自某种红藻（一种真核生物）的细胞质、该红藻的叶绿体，以及包括我们熟悉的大肠杆菌在内的几种细菌。杜利特尔知道，如果马古利斯的理论是正确的，那么复杂细胞中含有的叶绿体应当与细菌相似，因为它们本身就发源于细菌。

杜利特尔和博能照搬了博能在厄巴纳时从乌斯那里学来的凌乱且危险的材料制备方法。他们用缺乏磷的营养物质培养生物，然后往生物内部注入P-32，这样细菌就会把它吸收到自己的rRNA和其他分子里。随后，他们撕裂细胞，提取rRNA，选出他们想要的亚单位（细菌的16S分子和藻类这种真核生物的18S分子），用酶将这些亚单位切成短片段，再通过电泳让这些片段赛跑。电泳赛跑结束后，他们将图像印在X射线胶片上。和乌斯一样，他们把呈现在胶片上的松散斑点称为分子指纹，尽管它们看起来更像一群惊跑的变形虫。从分子指纹中，他们推断出这些片段的碱基序列，并将其编入目录。

多数实际操作由博能承担，杜利特尔负责打下手。他是老板，但她懂技术。他们让这些片段进行第二个维度上的赛跑，也即将它们横向撕扯开来以便更好地了解它们的构成，此时电源电压高达5000伏，电流强度也很可观。为了冷却纸质赛道，他们把吸水纸的两端都浸泡在装有烃类溶剂的水槽里。米切尔·索金也使用过同样的易燃溶剂。"我们在这里建了一个专门的房间，"杜利特尔告诉我，"房间里有好几个二氧化碳罐，巨大的二氧化碳罐。"为什么需要二氧化碳？"用来灭火。烃类溶剂可能会起火。"他说完笑了。当然了，一旦有火警，自动弥漫整个房间的二氧化碳本身就对人体有毒。"从警报响起到房间充满二氧化碳，你大概有30秒的时间逃离。"他又笑了，笑老方法的荒唐。

博能不像杜利特尔那样擅长苦中作乐。她言简意赅地告诉我："我们所在的那个小实验室里采取了各种各样的特殊防范措施。"她既没有把自己炸成碎片，也没有因为这些安全措施窒息而亡，更没有死于辐射毒害，而是如愿以偿地制作出了分子指纹。这些图像被印在大大的长方形的胸部X射线胶片上，每次曝光都是在一个被称为磁带盒的浅塑料盒内进行的。这种塑料盒不透光，是当地一家医院淘汰的旧货，放射性片段在胶片上成像时它们能起到防护作用。在博能的帮助下，杜利特尔学会了解读分子指纹，博能还教他如何编辑目录以便进行比较。

他们的研究成果既清晰又富有戏剧性。他们发现这种红藻的叶绿体内的rRNA与红藻细胞质中的rRNA大不相同，简直就像是来自两种截然不同的生物——事实的确如此。如果你接受了肾脏移植，而肾脏供体是位陌生人，你的新肾脏中的核糖体与你身体其他部分的核糖体之间的差别也不会有这些叶绿体与藻类之间的差别那么大。为什么呢？因为你的新肾脏来自另一个人（如果你的医生选择了异种器官移植这种方式，你的新肾脏可能会来自狒狒或基因工程猪——无论如何，供体器官都来自哺乳动物）。然而，这些叶绿体堪比跨界的异种移植器官。它们同那些在实验里被选作比较对象的细菌的匹配程度，远远高于同那些允许它们寄居并发挥作用的红藻的匹配程度。正如杜利特尔和博能在它们发表的论文中不动声色地指出的那样，这意味着内共生理论的一个基本假设得到了证实：没错，植物中的叶绿体是被俘获的细菌的后裔。在论文末尾的参考文献部分，他们列出了林恩·马古利斯和梅列施柯夫斯基的论著。他们感谢了卡尔·乌斯的"建议、鼓励和许多未发表的数据"。杜利特尔或许还感谢乌斯为他引荐了琳达·博能，让他在哈利法克斯也能用上乌斯的方法——他很可能私下这样做了。

33

福特·杜利特尔和卡尔·乌斯是多年好友。20世纪60年代末，杜利特尔在厄巴纳做博士后研究期间，两人的友谊开始生根发芽。这段关系受到共同兴趣的驱动，间或的合作强化了它，偶尔的竞争则让它经受考验。到了乌斯的晚年，两人对生命之树的看法出现分歧时，他们之间的关系才真正复杂起来。

机缘巧合之下，他们的职业道路在厄巴纳两度交叉。杜利特尔比卡尔·乌斯小14岁，在厄巴纳长大成人，来到伊利诺伊大学的时间比乌斯早很多。我在前文中提到过，杜利特尔的父亲是大学里的艺术系教授。1964年乌斯搬到厄巴纳时，杜利特尔已经离家去哈佛大学念本科，后来又去斯坦福大学读研究生。四年后，杜利特尔拿着博士学位回到伊利诺伊大学，在索尔·施皮格尔曼实验室做博士后。施皮格尔曼曾因一些有趣的、诡异的RNA体外复制实验而声名大噪，其中的一个实验创造了他本人所称的"小怪物"：一个自我复制的合成RNA分子，可以在烧杯中无限繁殖。索尔·施皮格尔曼把乌斯招到了伊利诺伊大学，还通过聘用戴维·毕晓普引进了桑格测序法。他也培养了米切尔·索金，在琳达·博能出现之前，索金担任乌斯实验室里的关键技术员。这些科学家生活的世界真小，相互之间有千丝万缕的联系。

1968年，杜利特尔回到厄巴纳，此时他与博士后导师的关系因为过于熟悉而变得复杂：施皮格尔曼的儿子威尔是杜利特尔高中时最亲密的朋友，而年轻的杜利特尔暑假时曾在施皮格尔曼实验室里担任初级技术员，做点清洗玻璃器皿之类的杂活。施皮格尔曼让他第一次接触到科学，后来还为他读研出谋划策。但施皮格尔曼不是一个和蔼可亲的、如叔伯般慈祥的男人，他令人生畏。"他有一个可恶的习惯，爱穿绉胶底鞋子，在你用移液管吸P-32的时候，悄无声息地站到你身后。"杜利特尔告诉我。那时候，实验室移液需要你吸一口气，把液体吸进玻璃材质的移液管中，但蹑手蹑脚站到他的初级技术员身后的施皮格尔曼会猛然哼起歌来。"所以在一半情况下P-32进了你的肚子。"杜利特尔又笑了，而我听了他这番匪夷所思的回忆后也笑了。

"大家都怕他，"杜利特尔补充道，"但我不怕。""怕"这个词无法反映他的感受。毕竟，这个人只不过是威尔·施皮格尔曼的那个才华出众、性格乖张的爸爸。然而，当杜利特尔作为一位26岁的博士后重返施皮格尔曼实验室时——对他们两人来说，这或许都是一个错误的决定——旧时的不平等关系虽然不像以前那么明显，但一直若隐若现，阻碍了两人以科学同行的身份进行协作。

除了科研成果和科学理念，科学家之间的关系向来还受性格是否默契的影响。杜利特尔告诉我，在实验室以外的地方，一个人很难跟索尔·施皮格尔曼建立轻松自在的同事关系。至少杜利特尔做不到，虽然施皮格尔曼从他是个骨瘦如柴的少年时就认识他。同系的一位年轻教授名叫卡尔·乌斯，他没那么可怕，也没那么不近人情。乌斯不高傲也不粗暴，反正那时候他还没什么脾气。"你可以跟乌斯一起出去喝啤酒。"杜利特尔说。就这样，因为施皮格尔曼不好接近而乌斯脾气好，乌斯扮演起了"社交和情感导师"这一角色，为包括杜利特尔在内的施皮格尔曼的学生和博士后们提供帮助。

乌斯和杜利特尔的友谊一直持续到20世纪70年代。两人的实验室有时你追我赶地研究类似的课题，有时也会分享各自的想法和未发表的数据。例如，就在杜利特尔和博能发表关于叶绿体的研究成果的同一期《美国国家科学院院刊》上，乌斯团队也发表了类似的论文，证实林恩·马古利斯关于叶绿体起源于细菌的观点是正确的。杜利特尔和博能感谢乌斯同他们分享未发表的数据，乌斯也回过头来感谢他们。相互重合的研究课题，互惠的学术同行关系，科学就应该这样。

一年后，杜利特尔和博能又在《自然》周刊上发表了一篇论文，为两个重要的主张提供了证据：其一，蓝藻实际上不是藻类，而是细菌（所以它们从此被称为蓝细菌）；其二，叶绿体，至少某些复杂生物中的叶绿体，不仅起源于细菌，而且正是起源于蓝细菌。这些证据还是用乌斯的方法收集的，他们在论文里处处向乌斯的研究成果致敬。

1978年，一篇让乌斯和杜利特尔都非常感兴趣的论文出现在一份相对不知名的欧洲期刊上。该论文由一个来自斯特拉斯堡的法国研究团队写就，他们拿出了一些前所未见的东西：乌斯偏爱的16S rRNA在一个细菌中的完整碱基序列（而不仅是16S rRNA的片段）。这个细菌就是我们耳熟能详的大肠杆菌。他们采用的测序方法基本上还是弗雷德里克·桑格的方法，唯一的改变是加入了一种帮助切割分子的新成分：眼镜蛇毒液的萃取物。对乌斯和杜利特尔等研究人员来说，完整序列的信息价值极高。在这之前，他们一直在对不同的片段（也就是那些短小的字母团）做比较，但他们不清楚这些片段怎样组合到一起。这个法国研究团队用眼镜蛇毒液揭示了答案。

但那本欧洲期刊迟迟没有送到伊利诺伊大学。闻讯后急不可耐的乌斯打电话到哈利法克斯，请已经收到期刊的杜利特尔帮一个忙："你能把序列读给我听吗？"杜利特尔乐意效劳。他在办公室里坐下，拿起10月份的期刊，在电话里为乌斯朗读了完整的序列，一共1542个字母。他发现，3个字母连读的节奏特别自然，不容易漏读或重复。

　　他是这么读的："AAA，UUG，AAG，AGU，UUG，AUC……AUG，GCU，CAG，AUU，GAA，CGU……UGG，GAU，UAG。"UAG是一个终止密码，要是它出现在mRNA里，就是一个叫停信号。可是杜利特尔读完UAG之后没有停。他接着读："CUA，GUA，GGU，GGG，GUA。"这还没完，他继续读："ACG……"他把完整的序列读给乌斯听，一排排字母简直要让他变成斗鸡眼。远在厄巴纳的乌斯仔细听着，边听边记。最后，杜利特尔说："GGU，UGG，AUC，ACC，UCC，UUA。"大功告成。

　　女士们，先生们，这不是石器时代，也不是凯尔特人的德鲁伊[1]在篝火边念咒语的时代。这是1978年，一位前生物化学家正在帮助一位前生物物理学家。他们热衷于用分子方法来探寻进化的奥秘，并且向彼此分享最新且最热门的科学数据。

1　在凯尔特社会中地位崇高，其阶级仅次于诸王或族长，负责向人们宣扬灵魂不灭和轮回转世的教义。

34

博能运用她在乌斯实验室里习得的技能，和其他人一同证实了内共生理论的第二个主要假设：和叶绿体一样，线粒体也是被俘获的细菌的后裔。

20世纪70年代，关于线粒体的主要争议在于：这种至关重要的细胞器究竟是源自真核细胞日益增加的复杂性，还是源自被俘获的、由细胞外进入的细菌？第一种观点符合人们的传统认知：出于某种原因，细胞内部逐渐分化，形成了细胞核、植物中的叶绿体和用于包装能量的线粒体等新结构，朝着更复杂的方向进化。也许这些细胞器是由细胞中的各种成分凝聚而成的，就像星尘形成行星一样；也许它们从其他细胞器中分离出来（就像我们从盲肠上割掉阑尾一样），然后自由漂浮在细胞质中。没人知道正确答案。第二种观点认为线粒体来自细胞外部，呼应了林恩·马古利斯的内共生理论。通过比较DNA目录，博能和她在哈利法克斯结识的同事们为马古利斯和伊万·E. 沃林的观点提供了新的论据：某种单细胞生物（我们无法确定究竟是哪种生物，总之它是真核生物出现之前的某种宿主细胞）吞噬细菌后未能将其消化，或者被细菌感染后未能自愈，或者容许细菌以其他方式进入并滞留，从而产生了线粒体。这个信号事件只发生了一次。

那个被内化的细菌的后裔便是第一个线粒体。

达尔豪西大学的生物化学系里还有另外一位年轻的助理教授，他名叫迈克尔·W. 格雷，是加拿大西部人，刚在斯坦福大学做完博士后研究。格雷在艾伯塔省的梅迪辛哈特市长大，按照他自己后来的说法，他是"大草原上的孩子"。他在大城市埃德蒙顿完成本科和博士学业，专攻RNA生物化学，当时这个专业似乎跟进化论风马牛不相及。他从来没有上过进化生物学的课程，他研究的是细胞当前的功能，而不是它们最深层的起源。他的博士论文主题与tRNA（转移RNA）有关，它将氨基酸运送给核糖体，以构建蛋白质。他从来没有听说过卡尔·乌斯或林恩·马古利斯。后来，他偶然读到一篇关于某种真菌的tRNA的期刊论文，论文指出这种真菌的线粒体中含有tRNA。他感到困惑：tRNA在线粒体里做什么？从什么时候开始，线粒体具备了构建蛋白质的功能？众所周知，核糖体制造蛋白质，线粒体制造ATP。tRNA的存在揭示了线粒体的新成分，这是格雷和其他RNA生物化学家所不知道的：线粒体有自己的核糖体，就好像它们是（或曾经是）独立的细胞。这究竟是怎么回事呢？

这个小小的谜题让格雷决定把下一步的研究集中在线粒体上，更具体地说，集中在植物线粒体中的DNA和RNA上。这个研究方向似乎很关键，因为它或许可以解释线粒体的起源。他特别研究了小麦。过去撰写博士论文的时候，他曾把市场上在售的小麦胚芽作为tRNA的来源，现在他又想到，小麦胚芽可能也是线粒体及其所含遗传物质的良好来源。该研究课题启动后，格雷四下查阅文献，偶然发现了马古利斯的研究成果。他没读过她在1967年发表的论文，但现在他读了她在1970年出版的著作《真核细胞的起源》，知悉了一个阐述得相当完整的内共生理论，其中就包括线粒体的起源。他的传统认知被颠覆了。

"当时的人是不是觉得她很激进，或者说古里古怪？"40年后的一个下午，我向迈克尔·W. 格雷询问道。"嗯，"他说，"我觉得人们从一开始就这么看待她。"

我们在达尔豪西大学附近的一家土耳其餐厅吃了午餐，然后回到格雷实验室后面的一间小办公室。他已经退休，从实验室功成身退。他过去的研究重心是线粒体，他为人低调，但他在事业上颇有建树。他回想起人们对马古利斯的理论的负面反应，那些发出"呸呸呸的唾弃声"，并且"固执己见地"否认内共生起源的科学家。当时的生物学界对此有过辩论，结果是马古利斯被边缘化了。但在格雷看来，她认为"线粒体内或许留存着细菌的残余部分，因此能够进行蛋白质的合成"。他觉得这很酷。很快，他也像他的同事福特·杜利特尔一样支持她。

他的线粒体研究脱胎于琳达·博能同杜利特尔的合作。格雷指导的第一个研究生名叫斯科特·坎宁安。有一天坎宁安同博能聊天，聊着聊着就萌生了把乌斯的方法应用于小麦线粒体的想法。他们决定用小麦线粒体的rRNA来测试内共生理论的支柱——所有真核生物的线粒体都起源于细菌。在埃德蒙顿攻读博士学位时，格雷已经对小麦这种农作物有了足够的了解。现在，他和他的研究伙伴们打算从小麦的线粒体中提取rRNA，将其切成片段，对片段进行测序，再把生成的目录同细菌等其他生物的目录进行对比。问题在于，众所周知，研究线粒体的任何提取物都极其困难，因为与植物细胞内的叶绿体相比，线粒体本身数量不多，也更难分离。但格雷认为这正是小麦的魅力所在。小麦胚芽的线粒体中含有实验所需的rRNA，且数量充足。小麦胚芽指的是小麦谷粒内的小颗粒，新芽就是从这里生发出来。

"你到哪里去找生的小麦？"

"加拿大西部，"格雷说，从梅迪辛哈特市来的孩子对小麦很熟悉，"我把它运到大学里。"此前他从哈利法克斯的一家面粉工厂弄到了小麦胚芽，发现它对某些实验非常有用。但那是一种加工过的小麦胚芽，不会发芽，没法长出新生植物，这样一来，他就没办法给它注入标记分子所需的放射性磷了。格雷和坎宁安需要的是小麦种子——从田间收获的新鲜小麦种子，或者至少是存放在谷物升降机里的新鲜小麦种子。这些谷物升降机静静地矗立在加拿大的西部平原上的铁路支线旁边。

于是，格雷向艾伯塔省的一个供应商订购成袋的小麦种子。坎宁安研究出一套烦琐的程序，用厨房搅拌机和筛子从小麦种子里提取有活力的小麦胚芽。最后他们好不容易提取出了约半盎司健康的加拿大小麦胚芽，把它们放在滤纸上，加水以促进发芽。他们还加了"数量惊人的放射性物质"，以便在胶片上成像。他们从小麦胚芽中分离出线粒体，接着提取线粒体的rRNA。然后，在琳达·博能的领导下，他们将rRNA切割成片段，使其在胶片上成像，随后读取分子指纹并制作目录。

研究小麦是格雷做出的一个非常明智的决定，因为植物线粒体内的rRNA往往比动物线粒体内的等效rRNA突变得慢，所以植物线粒体同细菌线粒体以及两者可能拥有的共同祖先的相似性更为明显。这项研究的结论非常清晰。杜利特尔和博能再次发表期刊论文，格雷和坎宁安均为合著者。马古利斯的假说得到了证实。从rRNA来判断，小麦线粒体并不像小麦。它们是外来的小生命，被收编后为小麦服务。它们来自其他地方，它们很像细菌。

35

在那篇关于小麦线粒体的论文发表后的近10年时间里，不占多数但人数可观的（至少是声势浩大的）生物学家们继续驳斥内共生理论。他们选择抵制马古利斯提出并推广的三段式理论，部分原因是他们不愿意全盘接受这些信息：叶绿体来自蓝细菌，线粒体来自另一种细菌，鞭毛来自螺旋体或类似的细菌。这个理论的信息量太大了。

他们可能还对这一理论的言外之意产生了潜意识的厌恶，其中一点时至今日还会引人不适：所有的动物细胞，所有的人体细胞，也就是说，你所有的细胞、我所有的细胞和这些持怀疑态度的人的所有细胞，其能量都来自从被俘获的细菌演化而来的细胞器。要记得，这些细菌跟生活在你胃里或腋下的众多细菌可不一样，你的肠道细菌和其他小乘客已经在身体层面被内化了，但它们一般没有被吸收进你的细胞里。我想说的是所有被俘获后变形，并且充分地融入了你的生命的细菌。在大约20亿年的时间里，这些俘虏逐渐成为你的细胞内部机制的一部分，而你的细胞正是这个机制的产物。它们的DNA是你本人的DNA的一部分——你从母亲那里得到的DNA的一部分。为什么仅限于母本？因为线粒体DNA是通过卵子而不是通过精子传递的。

通俗点说，根据内共生理论，我们都是复合生物，而不是纯粹的、分明的个体。难怪这个理论迟迟不能深入人心。没有人喜欢成为电影《谍影重重》里的杰森·伯恩，被人告知你不是你以为的那个人。

研究人员开始在电子显微镜下仔细观察线粒体和叶绿体，观察它们的基因组的物理结构和数量。他们很快对该理论提出了另一个质疑。线粒体和叶绿体都是细胞器（即真核细胞内类似器官的亚单位），但它们有自己的基因组，与藏在真核细胞的细胞核内且位于染色体上的基因组不同。在显微镜的检验下，一部分线粒体和叶绿体中的染色体以环状的形式出现，跟细胞核中的线性染色体有异。举例来说，菠菜的叶绿体中就含有微小的环状DNA。这个现象倒是支持了内共生理论，因为细菌的基因组也位于环状染色体上。如果线粒体和叶绿体曾经是细菌，或者源自细菌，那么它们的染色体有相同的形状也是合理的。

但这些环状染色体似乎太小了，远远小于任何已知细菌的染色体。它们所能携带的信息量（碱基对的数量、基因的数量）与细菌的基因组所能携带的信息量相比微乎其微。再以菠菜为例：德国杜塞尔多夫大学的科学家们仔细检查了菠菜的叶绿体，发现里面的环状DNA非常小，只有典型的细菌染色体大小的三十分之一。所以，一个新的谜团有待解开：如果线粒体和叶绿体真的起源于细菌，那么它们缺失的基因都到哪里去了？这些基因集体失踪了，脱落了，枯萎了？还是说，它们以某种方式被转移到了宿主细胞内的其他地方？也许它们被转移到了细胞核中，继续为细胞贡献自己的基因？这个小难题指向纠缠的树的传奇故事中最令人意想不到的一个真相（我稍后会提到它）：生物之间的水平基因转移在生命长河中的重要性。

20世纪80年代初，生物学家们抵制内共生理论的另一个原因是，没有证据表明线粒体与某种特定的细菌一脉相承。如果所有线粒体都来自同一种被俘获的细菌，那么它们究竟来自哪一种细菌呢？并没有一种鹤立鸡群的细菌能进入生物学家们的视野。他们确定了同叶绿体匹配的细菌——啊哈，是蓝细菌，但是同线粒体匹配的细菌呢？没有，没找到。它们的细菌前身还没有真相大白。1982年，迈克尔·W. 格雷和福特·杜利特尔发表了一篇关于这个课题的长篇回顾性论文，题为《内共生理论被证实了吗？》。有点令人惊讶的是，尽管他们在1977年发表过关于小麦胚芽的论文，但他们承认，至少就线粒体而言，内共生理论尚未被证实。

格雷和杜利特尔对证据非常谨慎。他们的论文以两页的导言开始，规定了什么样的实证数据才有可能证实该理论，并将这种数据与间接证据区分开来。有些形式的证据比其他形式的证据更有说服力，生物之间的相关性可能会有不同的解释。导言部分的思路和文风带有福特·杜利特尔的哲学思辨风格。导言之后是对叶绿体和蓝细菌的讨论，这是杜利特尔的研究重点。在这之后是关于RNA和线粒体的讨论，这是迈克尔·W. 格雷的强项。

整篇论文的中心大意是，对，叶绿体假说已经得到证实，但线粒体假说暂时还没有得到证实。论文收尾时，格雷和杜利特尔提到，他们从对小麦线粒体的研究中得到了一些启发，但尚无结论。根据rRNA序列来判断，小麦的线粒体很像大肠杆菌。总之，在他们于1977年发表论文后的五年里，研究人员没有发现和小麦线粒体更匹配的细菌。格雷和杜利特尔只研究了小麦这一种植物，至于动物和真菌——真核生物这一生命巨枝上的另外两个大枝，它们的线粒体根本没有合适的、能匹配的细菌。他们找不到任何有说服力的证据来证明内共生理论的真实性，找不到符合条件的、日后演变为线粒体的候选细菌。（15年后，迈克尔·W. 格雷在与人合著的另一篇论文中证明了线粒体的基因组与某一特定的细菌群落的基因组相匹配，这时确凿证据才出炉。）但在当时，这个问题悬而未决。

此时，卡尔·乌斯再度登场。他的团队于1985年发表了一篇题为《线粒体的起源》的论文，宣布已经找到了与线粒体相匹配的细菌。乌斯团队声称，所有线粒体都可以上溯到一个仍在地球上繁衍的细菌群落。这个祖先的现代亲戚就在我们身边，悄悄地寄生在核桃树、葡萄藤和其他植物上，造成瘿瘤[1]。它们是一个不同寻常的群体，现在被称为变形菌。

乌斯和他的同事们又拿出他偏爱的16S rRNA，作为判断进化过程中的亲缘关系的标准。线粒体有一个rRNA分子与某种细菌的16S分子非常相似，但有多相似呢？到底是哪一种细菌？彼时，测序技术已经有所进步。弗雷德里克·桑格又做出了一个重要贡献：他设计了一种新的DNA（而不是RNA）测序方法，比之前的所有测序方法都要快且准确。乌斯采用了这一方法，从而做出了一个看似微妙晦涩实则重要的改变：他的团队不再从（数量极少的）核糖体中提取rRNA分子并对其片段进行测序，而是从基因组中提取DNA，并（通过DNA克隆使其数量倍增后）对该DNA的片段进行测序。这里的DNA片段是指细菌DNA中负责合成16S rRNA的片段，以及线粒体DNA中负责合成对应的rRNA分子的片段。也就是说，他们不再丈量房子，而是浏览蓝图。这是一种方法上的调整，由此得到的信息与通过老方法得到的信息相同，但更好更快。十几年的殚精竭虑之后，卡尔·乌斯终于能够踏上这条捷径——对数量众多的DNA进行测序，而非对辛辛苦苦才能得到一丁点的rRNA进行测序。这是新的信息流的开始。他再度率先采用新方法，提出的问题却比大多数研究人员提出的问题更深刻。

这篇发表于1985年的论文的第一作者是杨德成（音译）。他是一名博士生，从中国东北的一所大学来到伊利诺伊大学，最终加入了乌斯实验室。他和乌斯以及其他合作者比较了7种不同生物的rRNA，想看看6种原核生物（5种细菌和1种古菌，后者是乌斯发现的新生物域的代表）里的哪一种与真核生物的线粒体最匹配。古菌作为某种异常值被包括在内，这

---

1 植物组织遭受虫害或其他刺激后产生的不正常增生。

样做的目的是扩大研究范围，细菌才是他们真正的怀疑对象。至于真核生物，该研究团队选择了小麦，并且使用了迈克尔·W.格雷团队从小麦线粒体中提取的16S rRNA序列。他们选取的五种细菌包括唾手可得的大肠杆菌、蓝细菌属的组丝藻、另外两种你不必记住名字的细菌，以及一种因其在农作物中引发肿瘤的恼人倾向而被称为根癌农杆菌的微生物。根癌农杆菌属于α-变形菌纲。

许多α-变形菌几经进化后只能生活在真核细胞内。例如，引起人类的斑疹伤寒和落基山斑点热的病原体就是α-变形菌，它们寄生在受害者的细胞内，大搞破坏活动。乌斯研究的根癌农杆菌不会让人得病，却能要了植物的命。对比研究表明，它正是乌斯团队要找的细菌，它与小麦的线粒体最为匹配。迈克尔·W.格雷任教于斯坦福大学，当时正在休学术假，乌斯打电话告诉了他这个消息。

这个发现的意义和戏剧性超乎常人想象。它涉及的不仅是小麦，因为其他研究早已确定线粒体在地球上只起源过一次，只来自一个被俘获的细菌。乌斯和他年轻的团队可以宣称，他们已经缩小了对复杂细胞中所有线粒体的祖先的搜索范围。那个祖先是某种α-变形菌。它的后代在每个人的体内生存，为我们的细胞提供动力，为生物的复杂性创造条件。

在论文的第四页，乌斯和他的团队绘制了一个简单的图案：另一棵树。这是一棵线粒体和细菌之树。小麦线粒体、小鼠线粒体以及真菌线粒体都是小枝，和代表根癌农杆菌这个肿瘤制造者的另一个小枝一起，紧紧地簇拥在同一个大枝上。如果当时他们对人类线粒体中对应的rRNA也测过序，那么人类线粒体也会在这里探出小枝。其他东西都跟这个大枝相去甚远，不管是其他大枝和其他巨枝，还是我们基因组里的其他部分、我们的存在、我们的身份（无论那是什么），它们都和这个大枝离得太远了，没办法被画进同一张图里。树状图开始变得复杂起来。

36

1985年，当上述论文作为一份辩护词发表时，林恩·马古利斯已是波士顿大学的正教授（她一开始在那里担任兼职助理教授），并当选为美国最重要的科学机构（即美国国家科学院）的院士。她与托马斯·N.马古利斯的婚姻已经走到了尽头，她的四个孩子里最小的一个也16岁了。三年后，她搬到阿默斯特，担任马萨诸塞大学的杰出教授，余生中一直在那里任教。她教书、带研究生、制作教学电影和视频。她请人来家里做客，并且亲自下厨做饭。她喜欢热闹、喜欢谈话，她喜欢与人交往的程度堪比她对畅游于思想海洋的热衷程度。

她继续发表期刊论文，它们的主题越来越广泛，有的具有挑衅性，有的具有技术性。她还发表科普文章、出版科普书，不断宣传她的内共生理论。她积极接受某些牵强的概念、理论和观点，正如她接受曾受人轻视的内共生理论一样。她开始怀疑艾滋病，并质疑人类免疫缺陷病毒（HIV）导致艾滋病的事实。她同样怀疑"9·11"事件，声称这是不明身份的人为了黑暗的政治企图而策划的"嫁祸行动"。她从很久以前就开始支持盖亚假说。该假说由她和英国化学家詹姆斯·洛夫洛克共同提出，认为地球是一个自我维持系统，可以调节自己的生物化学，类似于一个活生生的生物。很多人因此追捧她。这些人从字面意义上理解盖亚假说中有关活生生的生物的部分（她并不这样认为），把盖亚假说看成一种近乎神秘主义的洞见。马古利斯本人并不信奉神秘主义。她喜欢证据、辩论和自然世界（尤其是能够在显微镜下观察到的那一部分），即便它们引导她进入了陌生的领域。

她接受了医学上有争议的关于慢性莱姆病的观点，认为莱姆病的病原体是一种螺旋体，可以在人类体内造成慢性感染，无法被正常剂量的抗生素消灭。她赞同一篇格外奇特且没有说服力的论文，该论文被发表在《美国国家科学院院刊》上，作者是一位退休的英国动物学家，名叫唐纳德·I.威廉森。威廉森认为，蝴蝶和它的幼虫（毛毛虫）作为两个单独的物种分别进化，后来才通过某种难以捉摸的杂交过程结合成同一种生命形式。是的，毛毛虫和蝴蝶作为不同的生物结合在一起，就像蝌蚪与鸟类杂交，产生一个具有两种生命阶段的新兽。威廉森认为这种状态类似于真核细胞的共生。

即便马古利斯没有为威廉森的假说辩护，她也主张发表这篇关于蝴蝶的论文。她说："我不要求任何人接受威廉森的想法，只要求他们在科学和学术研究的基础上评估它，避免下意识的偏见作祟。"其他科学家指出，在威廉森提出他的怪兽蝴蝶假说之前，能够驳斥这一假说的基因数据早已存在。

挑战权威，与科学家们争吵，享受谨慎与大胆之间的紧张对立，马古利斯在这些情况下如鱼得水。在别人警告说这根树枝很脆弱，可能会折断时，她喜欢在树枝上蹦蹦跳跳。她的态度是，如果断了，没关系，那也是科学！她这一生因为频频挑战而出名，在非科学家人群中备受敬仰，也让一些同行感到气愤。她接受采访、组织会议、出差讲学，在出现争议的时候坚持己见。一本严肃的杂志称她为"科学领域不羁的地球母亲"。在整个学术生涯中，她一直兴高采烈、劲头十足、乐于讨论、自信到了极点。她愿意把时间花在他人身上，而且很讨人喜欢。"我两次辞去妻子的工作，"她曾说，"既要做一个好妻子、好母亲，又要做一个一流的科学家，这不是人力所能做到的。"有些东西她只能放弃。她更愿意做一个科学家和一个母亲，无论是否不羁。而她，在某种程度上，带给这个世界的远不止四个孩子。

1986年，她出版了《性的起源：30亿年的基因重组》（*Origins of Sex: Three Billion Years of Genetic Recombination*），这是她与长子多里昂·萨根合著的一系列书中的第一本。这本书一口气涵盖了30亿年的历史，体现了她涉猎广泛的特点。一年后，她和萨根推出了《小宇宙：细菌主演的地球生命史》（*Micro-Cosmos: Four Billion Years of Evolution from Our Microbial Ancestors*）。他们创作的《获取基因组：一种物种起源理论》（*Acquiring Genomes: A Theory of the Origins of Species*）于2002年上市，该书详细阐述了她先前提过的主张：在"促使新物种诞生的基因变异主要来自何处"这个问题上，现代达尔文主义（诞生于20世纪，将达尔文的理论与孟德尔的遗传学合二为一的学派）的论断是错误的。根据马古利斯和萨根的说法，新达尔文主义者认为微小且随机的变异足以导致新物种的出现，但这些变异其实是不够的。"准确地说，"他们写道，"这种重要的可遗传变异发生在细胞获得新基因组之后。"也就是说，变异来自共生。这才是物种的真正起源。

此处的共生包括内共生。在本书先前的章节中，那些被真核细胞俘获并转化为第一个线粒体、第一个叶绿体的细菌，正是内共生的代表。但我之前也提到过，共生还有更广泛的含义：两个生物，或者说两种基因结合成一个相辅相成的生命。这种结合不那么剧烈，也不那么具有划时代的意义。例如，马古利斯和萨根描述了绿叶海天牛种的海参。它们在未成熟时以藻类为食，但它们未能完全消化这些藻类，而是在细胞内保留了藻类的叶绿体。这样一来，海参便能像植物一样进行光合作用，在它们生活的被潮汐冲刷的浅滩上吸收阳光的能量。成年后的它们实际上是"植物与动物的混合体"。马古利斯和萨根声称，根据目前已知的事实，与现代达尔文主义者主张的增量突变相比，这种生物之间的戏剧性结合才是新物种诞生的主要途径。

多年后，马古利斯在接受采访时再次提起绿色的海参。"进化生物学家们认为进化模式是树状的，"她对《发现》杂志的一位撰稿人说，"但事实并非如此。进化模式是网状的——树枝和树枝融合，就像藻类和海参走到一起那样。"她说得对：生命之树不是一棵树。

尽管马古利斯的观点很奇特，她本人也被视为生物学界的异类，但她还是获得了很多奖项和荣誉，这就足以证明她在大众心目中（以及她自己心目中）那个被排斥的局外人形象并不真实。1983年，她当选为美国国家科学院院士，这只是一个开始。后来，她当选为俄罗斯自然科学院院士，这对一个美国人来说非常罕见。她还当选为美国艺术与科学院院士，这也是一个令人敬畏的机构。随后，她当选为世界艺术与科学学院院士，虽然我们不清楚这是什么机构，总部设在什么地方。她在柏林接受了洪堡研究奖，在伦敦与人共同领取了达尔文-华莱士奖章，一生中累计获得了16个荣誉博士学位。2000年，时任美国总统的比尔·克林顿向她授予美国国家科学奖章。类似的荣誉她得到过许多。2010年，她乘飞机来到蒙大拿州的小城博兹曼，接受了以科学先驱兼生物学家爱德华·O. 威尔逊命名并由其颁发的奖项（设立这一奖项的机构很出色，叫作美国计算机博物馆）。威尔逊也为此特意飞来博兹曼。当时有一个宴会，我就是在那里认识了她。

那是在10月份。第二天大清早，狂风大作，她和我以及包括爱德华·O. 威尔逊在内的20个人登上一辆大巴，前往黄石国家公园进行实地考察。大巴穿行于黄石国家公园的景点之间：美国黑松林、蒸汽腾腾的海底热泉、间歇泉、五彩斑斓的矿泉、在北美野牛和麋鹿进食的草地间蜿蜒而过且盛产鳟鱼的河流等。在将近8小时的车程中，马古利斯和我比邻而坐。

她和我聊到了内共生、物种的起源、"9·11"事件、艾滋病的致病源、莱姆病，与此同时，根据我的猜测，其他人正在聊北美野牛、熊和麋鹿。莱姆病这个话题尤其吸引我，因为我正在写一本关于传染病的书。我们还谈到了很多事情，其中或许包括黄石国家公园的野生动物。她对一切都很感兴趣。她说，来听听我在阿默斯特的讨论课吧。无论是在大巴上还是随后的交谈期间，我都没有做笔记，因为我没想到自己有一天会动笔写她。不过我有一张照片作为纪念：我、林恩·马古利斯、爱德华·O. 威尔逊和另一位科学家，手挽手地在黄石河大峡谷边驻足。（如图36.1）照片的背景是一片大瀑布，马古利斯穿着一件厚厚的灰毛衣，威尔逊戴着一顶黄石国家公园管理员的制服帽，得意地傻笑——出于贪玩的心态，他专门向人借来这顶印有"斯莫基熊[1]"的平顶宽边帽。他也因为发表异端理论吃过一点苦头。他喜欢和林恩·马古利斯一起涉足荒野林间，别人怎么说无所谓。

图36.1 在2010年的一次实地考察期间，我、林恩·马古利斯、爱德华·O. 威尔逊（戴着借来的黄石国家公园管理员的制服帽）和物理学家埃里克·D. 施奈德（戴着鸭舌帽）于黄石河大峡谷边驻足

---

1 美国国家林业局用于宣传森林防火知识的官方吉祥物形象。

两周后，我真的去旁听了她在马萨诸塞大学的讨论课。在波士顿处理完其他事务后，我驱车前往阿默斯特，在课堂上积极发言，然后去她家吃晚饭。她亲手做了丰盛而质朴的炖菜，我见到了她的狗。我们找不到两人独处的时间，我没法像我原本希望的那样坐下来采访她，了解她对莱姆病的看法，但这似乎并不重要。她家里还有别的客人，大家海阔天空地聊天。像往常一样，马古利斯不时提出自己的看法，搅起一阵阵思维的风暴。在这之后，我开车回到波士顿，我们俩从此没有再见面。一年后，她因严重的中风去世，享年73岁。

"科学需要打破陈规旧俗的人。"福特·杜利特尔在谈到马古利斯时这样说。他不是在致悼词，而是在多年前她还活蹦乱跳的时候就做出了上述评论。"人们要是责骂她，那可就大错特错了。"像林恩·马古利斯这样打破陈规的人，他补充说："即使他们错了，也会发人深思。当然，他们偶尔也是对的，就像她一样。"他指的是她的内共生理论。在她提出的三个观点中，其中两个是正确的：线粒体起源于细菌，对；叶绿体起源于细菌，对；波动足（那些小尾巴）起源于细菌，显然不对。虽然线粒体和叶绿体的细菌起源已经被分子证据所证实（它们仍然具有相关的基因，能够与细菌联系在一起），但生物学家们从未找到能证明波动足和螺旋体有关联的分子证据。唯一的证据来自显微镜学：波动足和螺旋体的横截面都包含九个小管，结构近似。但在分子时代，仅仅依靠显微镜下的相似性是不够的。

杜利特尔在波士顿认识了马古利斯。1977—1978学年，他在哈佛大学度学术假，那时她还在波士顿大学执教。我问起他与马古利斯是如何结识的，他不记得了，但他们的关系有一个意气相投的起点：他和琳达·博能在1975年发表论文，证实了马古利斯的内共生理论中关于叶绿体的部分。当时她住在波士顿西郊，还没同托马斯·N. 马古利斯离婚，杜利特尔记得"她在家里举办了很多美妙的派对"。我们可以看出，她活出了多姿多彩的人生。

她思想开放，为人自信，热爱集思广益。这使她能够跨越科学分歧的鸿沟，保持与他人的友谊，至少不交恶。她与同时代的那些固执己见的生物学家关系良好，便是证明。她与恩斯特·迈尔（现代达尔文主义的创始人之一）在重要观点上有分歧，但他很乐意为她的一本书作序，她也很乐意让他在序言中指出他认为这本书哪里不对。斯蒂芬·杰伊·古尔德同样为她效劳，写序为她的另一本书做担保。约书亚·莱德伯格、刘易斯·托马斯和G. 伊夫林·哈钦森亦是如此。他们都是大名鼎鼎的人物。她与理查德·道金斯在现代达尔文主义上有很大的分歧，两人曾在牛津大学展开辩论，但他说："我非常钦佩林恩·马古利斯的勇气和毅力，她忠于内共生理论，将其从非正统变为正统。"这一措辞既漂亮又严谨。爱德华·O. 威尔逊曾给她颁奖。此外，如前所述，比尔·克林顿也曾给她颁奖。

但她跟卡尔·乌斯的关系就没那么友好了。乌斯无法容忍她那些大胆的想法，一些最亲近、最忠诚于他的科学家也蔑视她，这些人被她称为"乌斯的军队"，就好像他们是在战场上对阵似的。我询问一位忠于乌斯的人，想知道他对马古利斯有什么看法。他一言不发，以模仿吐痰的方式作答。双方的敌意很深。据了解两人的扬·萨普说，乌斯不喜欢她，很反感她用军队形容他身边的这些科学家。他告诉萨普："要是我再听到她这么说，我就去告她。"乌斯已经弃绝"帝国""王国"等带有军国主义和主权色彩的词语，选择了另外一个范畴名称，即生命三域。虽然他似乎不是一个特别爱好和平的人，但这一点对他来说很重要。与此同时，马古利斯与人合著了一本名为《五大王国》（*Five Kingdoms*）的书。该书于1982年出版，将地球上的生命分为五大类，无视1977年乌斯发现的生命第三域并与之矛盾。究竟是生命三域，还是五大王国？他和马古利斯不可能都是对的。

在写于1991年的一封私人信件中，乌斯尖锐地表达了他在深思熟虑后对马古利斯的看法。她的母校芝加哥大学正在考虑授予她荣誉学位，该校某个学院的院长写信给乌斯，这封信便是乌斯给出的答复。（出于种种原因，她一直没有得到这个荣誉学位，只好满足于其他16个已获得的学位。）在那位院长看来，卡尔·乌斯理应赞成该院的提议：乌斯在伊利诺伊州工作，他与马古利斯一样，是闻名世界的微生物学家，并且研究细胞进化。但乌斯决定直言不讳。"如果你只希望得到一封赞美信，来支持芝加哥大学授予马古利斯教授荣誉学位的决定，那么你找错人了。"乌斯写道。

"我和她有相当深的科学分歧。"他补充说。他本可以言尽于此，但他没有这样做。

诚然，她是个好老师，乌斯在信中写道。她在这方面的声誉是当之无愧的。在他看来，她"首先是一名教师"，其次才是新科学的贡献者。她"比任何人都卖力宣传"真核细胞的细胞器的内共生起源，"为此她值得称赞"。但是，这个理论当然不是由她独创的。乌斯指出，该理论的正确部分并非她的原创观点，而她原创的部分又不正确。她对鞭毛的看法（她的波动足）是错误的。细菌被原始宿主细胞俘获，并且在其中生存，而她认为原始宿主细胞也是细菌，这个说法也是错误的。乌斯承认，通过教学和科普写作，她在"传播"细胞进化知识方面卓有成效。"不幸的是，"他补充说，"她传播的内容是有问题的。"她在制造混乱。

他特别不认同她的《五大王国》一书。他告诉院长，这本书的第一版已经够糟了，但其中的错误"可以被原谅"。1988年上市的修订版让他更加恼火。这一版的错误无法被原谅，因为在两次印刷之间的6年时间里，她和她的出版商已经被告知了（想来是他告知的）该书在"微生物进化的最新发现"方面的缺陷，但他们几乎没有做任何事情来弥补这个缺陷。对乌斯来说，问题在于马古利斯和她的合著者坚持把他在1977年的伟大发现，他的独立的生命形式，当作根本不独立的东西。问题在于她的五大王国与他的生命三域对立，而且这五大王国中没有一个王国叫作古菌。问题在于卡尔·乌斯无法原谅或者说忽视这一点：她的生命之树与他的生命之树有本质差别。

第四部分

大树

37

1864年2月下旬，查尔斯·达尔文收到了一个不同寻常的邮包。虽然他所住的小村子里有一位忠实的邮递员，经常给他运送来自世界各地的信件和自然标本（死鸽子、法国豌豆、腌制的藤壶等），但这个邮包依然不同寻常。它重达7磅[1]多，里面装着两个大大的对开本。这便是两卷本的《放射虫》（*Die Radiolarien*），一本全是令人惊叹的铜版画，另一本是专著。放射虫是一种海生单细胞浮游生物，它们有着极其精致的硅骨架，每个物种的硅骨架都不同，就像华丽大厅里装饰的盏盏水晶吊灯。达尔文曾经在一年前的伦敦之行中看过这套书，大概是在他的朋友托马斯·H. 赫胥黎家中。该书内容广博，却又如此精美，简直可以作为装饰品。现在达尔文也有这套书了，这是该书作者恩斯特·海克尔的馈赠，海克尔是一位年轻的德国动物学家兼艺术家。

达尔文从未见过海克尔，两人之间只有几封礼尚往来的信件。那段时间达尔文过得很艰难，《物种起源》带来的名声和争议让他压力重重，在他成年后时常对他大肆蹂躏的神秘疾病也复发了。海克尔对达尔文的了

1　1磅约合0.454千克。

解来自达尔文的《小猎犬号航海记》。这是一本出版于几十年前的畅销游记，没有公然提及进化论。更重要的是，海克尔拜读了新近出版的《物种起源》第二版的德语译本（翻译得不好，但足以鼓舞人心）。他的生活、他的视野和他的科学使命都因为阅读《物种起源》而发生了改变。他希望他心目中的英雄知道这一点。因此，这份礼物也隐含着一种期待：请读我的书。

达尔文一周后就和蔼地回信了。他告诉海克尔，"在我见过的所有图书中"，《放射虫》是"一份极其宏伟的作品，我很自豪能拥有一份来自作者本人的馈赠"。这是一个礼貌而忙碌的人的审慎措辞。"见过"和"拥有"是一回事，读没读过是另一回事。达尔文的德语不太好，阅读的过程缓慢而煎熬，所以这份570页的鸿篇巨制他可能还没读多少，也没有看到海克尔在第232页的脚注中对他和他的理论赞不绝口。但达尔文至少浏览了插图。"研读您那些画技高超的图解非常有趣、很有教益，"达尔文在信中写道，"我之前不知道组织形式如此低级的动物能够发展出如此精美的结构。"他从来没有研究过放射虫，甚至在乘坐"小猎犬号"航行时也没有过。

在此之外，还有一件事是达尔文不知道的。1864年的他不可能预见这件事：在接下来的55年里，这位年轻且热情洋溢的德国动物学家兼艺术家，将在推广他的理论和绘制他的生命之树这两方面发挥重要作用。事实上，到了20世纪初（此时达尔文早已离世），海克尔成为世界上最著名的尚在人世的达尔文主义者，他绘制的生命之树深深扎根于大众对生命史的理解中。

38

恩斯特·海克尔出生于1834年2月16日，比达尔文小25岁。当达尔文在职业生涯中期声名大噪之时，海克尔刚好到了一个狂热且易受影响的年龄。海克尔的父亲是一名法学家，也是驻波茨坦的普鲁士王室的顾问。后来他们全家搬到了萨克森州的梅泽堡，海克尔就在那里长大。他的父母引导他接触伟大的文学和严肃的思想——弗里德里希·席勒的诗歌，约翰·沃尔夫冈·冯·歌德的自然哲学。他在小时候阅读了亚历山大·冯·洪堡的作品、马蒂亚斯·施莱登生动的植物学著作《植物及其生命》（*The Plant and Its Life*）和达尔文的《小猎犬号航海记》，这一切都激发了他对具有冒险精神的科学探索旅行的渴望。据他的传记作者兼德国浪漫主义思想研究者罗伯特·J. 理查兹说，海克尔从洪堡和施莱登那里了解到"对自然的正确评价需要审美及理论上的判断力"。海克尔倾心于植物学，但他的父亲出于务实考虑，在他18岁时强迫他学医。他上了维尔茨堡大学，虽然讨厌医学课程，但还是坚持完成了学业，并且在学习之余偷空阅读更多洪堡和歌德的作品。然后，他开始临床实习。根据理查兹的描述，他主要负责治疗维尔茨堡的穷人们所面临的"可怕的蠕虫、佝偻病、瘰疬和各种眼疾"。海克尔对此厌恶万分，他可不想成为阿尔贝特·施韦泽那样的医生和人道主义者。他喜欢的医学科目是验尸，一种能够满足他对解剖学的兴趣的严酷训练。他还喜欢组织学，喜欢研究细胞和组织的微观结构。他发现自己有能力一只眼睛盯着显微镜的目镜，另一只眼睛盯着纸面，把微小的结构画得很细致。在他后来研究放射虫的时候，这种能力派上了用场。

1858年3月，他通过了国家医学考试，但从未执业。考试结果一出来他就放弃了医学，转而从事动物学研究。海克尔对形态学非常着迷，它包括解剖学，但又超越解剖学——解剖学研究身体结构，形态学则研究身体结构之间的关系并对其进行比较。形态学引出了"从哪里来"和"为什么"之类的进化问题，而解剖学只是一个描述性学科。海克尔很快就钻研起这些问题来，不过一开始他只是在研究自然。他尤其热衷于放射虫等海洋生物，因为它们的身体结构怪异，并且变化万千。

海克尔是一个狂热的年轻人，容易为思想、美学和情感而激动，是一位继承了席勒和歌德的传统的德国浪漫主义者。他的海洋生物学之路始于1854年的一次夏季旅行。当时他暂时放下医科的学业，和一位朋友从汉堡出发，乘船前往离岸40多英里且位于北海中的一个小型群岛——黑尔戈兰岛。起初这只是一次普通的出门游玩之旅，但等到他们偶遇了来自柏林的著名动物学家约翰内斯·米勒之后，这段经历改变了海克尔的人生。米勒在那里研究海星、海胆和其他棘皮动物。海克尔帮他从海里捞起这些无脊椎动物，和他一起研究它们，从中得到很大的启发。米勒的友谊和指导使海克尔将他的研究方向从植物学转向海洋动物学，尤其关注无脊椎动物。回到柏林后，米勒的杂志发表了身为医学院学生的海克尔的第一篇动物学研究文章。要不是米勒在1858年4月死于吸食鸦片过量（很可能是自杀，海克尔怀疑是由抑郁症引起的），两人之间的师徒关系可能会继续下去。

对海克尔来说，那年春天是一段黑暗而迷茫的日子。他24岁，为了科学事业放弃从医，而现在他最好的老师却早早地跳进了坟墓。这场风波为接下来发生的事情提供了一些背景：在米勒的葬礼后两天，海克尔与一位名叫安娜·泽特的年轻女子订婚。两人认识快6年了。她是他的表妹，他母亲的兄弟的女儿。海克尔的亲哥哥娶了安娜的姐姐——海克尔在他们的婚礼上认识了安娜。在他眼里，17岁的安娜是一个会跳舞的"小精灵"。在19世纪的中产阶级圈子里，这种家族内部盘根错节的通婚并不鲜见，也丝毫不耸人听闻：查尔斯·达尔文娶了他的表姐埃玛·韦奇伍德，达尔文的妹妹卡罗琳嫁给了埃玛的弟弟约西亚·韦奇伍德三世。尽管这段婚姻源自狭小的家族圈子，海克尔（达尔文跟他不一样，绝不会被人误认为德国浪漫主义者）还是对他选择的伴侣抱有极大的热情。对他来说，安娜是一个"真正的德国森林之女，有着蓝色的眼睛、金色的头发和与生俱来的智慧"，是他期待与之分享"每一个念头和每一个行动"的灵魂伴侣。在那年夏天的一封信中，他告诉她："当我奋力穿行于这阴暗无望的理智境界，走向希望和信念之光（这对我来说仍然是一道难题）时，只有你的爱在支撑着我，我最好的、唯一的安娜。"可惜他还不能娶她，因为他没有工作。

　　科学是海克尔的另一大热情所在。他没有为了婚姻和生计回头去从医，而是成了一名研究海洋动物学的自由职业者。在心之所向面前，柴米油盐再次甘拜下风。他收集了一些设备，于1859年年初前往意大利。他先去游览了佛罗伦萨和罗马，不喜欢那些艺术品散发出来的沉闷的宗教意味，于是他去了那不勒斯，因为它在大海边，结果还是不如意。他住在寒酸的寓所里，对那不勒斯人感到厌烦，失去了宗教信仰，工作也没什么进展——他在海边向渔民购买一桶桶副渔获，以此进行动物学研究。差不多六个月过去了，海克尔觉得自己毫无建树，于是他横跨那不勒斯湾来到伊斯基亚岛。这是一个地中海中的岛屿，比黑尔戈兰岛更温暖，更风景如画。某一天，他带着调色板和画架出门画画。旅行中的邂逅总能给他带来好运，这次他遇到了德国诗人兼画家赫尔曼·阿尔默斯。阿尔默斯个子矮

小，年纪比海克尔大，他的鹰钩鼻令人生畏，下巴很尖——同海克尔的外表反差很大。海克尔高大英俊，长脸，金色卷发，留着胡子，估计那时候他的皮肤已经被地中海的阳光晒成了古铜色。尽管如此，他们的兴趣、才能和性格都很合拍。在岛上兜风一周后，他们就成了密友。

他们从伊斯基亚岛去了卡普里岛，在那里游泳、画画、跳塔兰泰拉舞（反正海克尔跳了）。这种放空身心的事情正是一个25岁的迷惘青年所需要的，但他同安娜结婚一事仍然无望。在卡普里岛待了一个月后，他和阿尔默斯去了西西里岛上的墨西拿。这里不仅是另外一个岛，还是海克尔重投科学怀抱的地方，因为约翰内斯·米勒曾经在此进行实地考察。两人在西西里岛上寻欢作乐——画画、四处游荡、攀登埃特纳火山。五周后，阿尔默斯不得不离开，海克尔着手认真研究动物学。他觉得西西里岛上的风景枯燥乏味，海产却丰富多样。因为水生动物繁多，海克尔称墨西拿为"动物学的黄金国"。

他还在艺术与科学之间徘徊：一方面，他对艺术家能够拥有的丰富经历抱有浪漫的想象；另一方面，投身于科研事业，他便能获得足够结婚的薪水。他所看到并且试图研究的海洋生物的多样性让他应接不暇。根据罗伯特·J.理查兹的说法，1859年11月底，"海克尔在意大利的研究只剩下几个月的时间，他最终决定只关注一种动物：几乎不为人知的放射虫"。其实放射虫并不是动物，它们是另外一种东西，但是不要紧。当时的海克尔不知道这个事实，这对他来说也不重要。

39

从墨西拿的海水里取样时，恩斯特·海克尔发现了这些微小的玻璃状生物令人难以置信的多样性。几个月之内，他就把100多种科学界的未知物种的标本运回了家。他敬重的导师米勒在自杀前不久出版过一本关于放射虫的短篇专著，海克尔将这本专著带到了意大利。正是这本书引他入门。起初，他非常依赖该书的指引，但他很快就超越了米勒，不仅发现了新的物种，还细致入微地绘制了这些生物。他开始审视它们柔软的内部结构以及外部的硅骨架，并试图以某种有序的方式给它们分类。结束了在意大利的漫游之后，海克尔回到德国，获得柏林动物学博物馆的许可，专门研究他的收获。他开始撰写一份报告。大约在同一时期，也就是1860年夏天，另一个因素让他越发全神贯注、干劲十足：他读到了德语版的《物种起源》，爱上了达尔文的理论。

他的放射虫报告越写越长，变成了一篇论文，而这篇论文很快就被扩充成图文并茂的两卷本大型专著。但他还是没钱和安娜结婚，或者说他觉得自己没钱，所以他中断了对放射虫的研究，接受了一份有偿工作。他的某位朋友在柏林西南部的耶拿大学医学系工作，向他提供了一个以后可能有晋升机会的助教职位。耶拿是一个特别的地方，被认为是德国浪漫主义的摇篮，还是一所著名大学的所在地。这里有丰富的文化底蕴和充足的智识交流，洋溢着席勒以及其他哲学家和诗人的精神，而且有一条道路直通歌德居住过的魏玛。关于这份工作，理查兹写道："他别无选择。耶拿，那个充满浪漫主义情调，热情且活力四射的所在，他是不能拒绝的，尤其是投入它的怀抱还可能把他送进他的另一个爱慕对象安娜的怀抱。"海克尔接受了助教的职位，取得了耶拿大学的编外讲师资格。他努力工作，夙兴夜寐，不但完成了教学任务，还完成了两卷本的《放射虫》书稿，并且将其拿到柏林付印。凭借这套书，一个无名小辈的非凡之作——即便如此，依然是非凡之作——他获得了一个高薪的教授职位和耶拿动物学博物馆的馆长职位。

那年夏天，海克尔回到柏林同安娜成婚。她和他一样热爱自然和艺术，对他在智识上的追求有所了解，称他为"我的德国达尔文"。他们的幸福将会持续18个月。

他在耶拿的新地位令他心满意足，但这并没有给他带来名气。等到1863年9月19日，德国自然科学家和医生协会的第38次会议召开之时，他才能从默默无闻的年轻动物学家一跃成为查尔斯·达尔文的著名阐释者。这个大型学术组织选择在普鲁士的斯德丁镇举行这一年的会议。海克尔应邀在开幕式上做了主旨发言。

在2000名听众（包括协会成员和嘉宾）面前，他按照大会预告的那样，围绕着与自然选择密切相关的进化论发表了一个小时的演讲。海克尔指出，在达尔文之前，早期的思想家们已经提出过进化论的观点，但他们均未提出关于遗传和变异规律的实质性理论。随后，海克尔描述了选择和适应机制。他列举了三种支持达尔文伟大思想的证据：化石记录、胚胎学中的内在线索，以及系统分类学暗示的亲缘关系。亲缘关系意味着若干物种从共同的祖先分化而来。"从这个角度来看，"海克尔说，"整个动植物自然系统是一棵巨大的茎树。因此，每一份亲缘关系都可以直观地用一棵枝杈纷繁的树来表示，其简单的根部被漫长的历史掩埋。"

他在演讲中使用的德语单词是stammbaum，意为系统发生树，一棵枝干分明的树，一棵家谱树，其上的每一根大枝和小枝都代表一种生命形式，通过自然选择，它们从其他的生命形式进化而来——最初的、最简单的那些生命形式可能不在其中。（生命究竟来自上帝之手，还是源自一场化学意外？对于这个问题，他仍然犹豫不决，至少在公开场合态度含混。后来，他认定答案是后者。）他把达尔文在《物种起源》中暗示的内容摆到了台面上：这个进化过程，这棵树，包括人类。

这棵树该怎么画是另外一个问题，海克尔很快就会解决的。此刻，听众们向他报以热烈的掌声。第二天，《斯德丁报》发表了长篇报道。就在达尔文写信感谢他赠送《放射虫》几天后，他自豪地将剪报寄给了达尔文。

40

海克尔人生的这一阶段，从他在斯德丁镇一讲成名开始，辉煌却又短暂。和安娜一起回到耶拿之后，他负责讲授一门非常受欢迎的关于达尔文理论的系列课程，并配以他亲手绘制的大幅图解。几十年后，一名学生还记得海克尔带着"阿波罗神般的青年勇士的凯旋气息"大步走进礼堂的样子。他身材修长，看起来颇具远见卓识，但又风度翩翩，"金色卷发从他硕大的头部如瀑布般散落，而这本身就是智慧的明证"。他那双蓝色的大眼睛"炯炯有神而友善可亲，他或许是我到那时为止见过的最英俊的男人"，这位目眩神迷的学生如此说道。海克尔娓娓道来的授课方式和他的外表一样迷人。走下讲台之后，海克尔继续研究达尔文的理论，并将其应用于包括放射虫在内的各种生物。第二年，也即1864年1月下旬，他的生活转入黑暗。

安娜生病了，根据理查兹的说法，她得了胸膜炎，一种与肺部有关的炎症。她的病情一度有所好转，然后又复发了，或者说她患上了另一种疾病。这次是腹痛，可能是阑尾炎引起的。海克尔后来说她得了伤寒。另一种说法是她流产了，还出现了致命的并发症，但她对丈夫隐瞒了细节。无论病因如何，在2月15日晚上，她的痛苦达到了顶点。第二天早上，她失去了知觉。2月16日对海克尔来说是个离奇的日子，几件大事好巧不巧地同时发生：有消息说，他即将因为他的科研成果获得著名的柯特尼乌斯奖章；那天是他30岁生日；当天下午，安娜去世了。

理查兹在传记中表达了这样的中心主题：安娜的死是海克尔生命中的决定性时刻，这件事扼杀了他残存的宗教信仰，也即"在物质层面之外，世上还存在着一个精神层面"的想法。他由此转向达尔文理论，将其作为一种替代性的神学。海克尔甚至超越了达尔文（达尔文本人也经历了信仰的丧失，部分原因是他最心爱的女儿的早逝），用自然选择取代了上帝，将其作为他所谓"一元论宗教"的核心。他所说的一元论有点自相矛盾，令人头晕眼花：上帝即自然，自然即上帝，心灵和物质是某种单一的基本现实的两种表现形式，两者均不能脱离对方独立存在，因此（他暗示）不朽的灵魂和永恒的物质回报均不存在。海克尔声称这是"最纯粹的一元论"，但犹太教和基督教的神学家们不会同意。理查兹认为，对海克尔那个时代的正统教徒来说，一元论的形而上学"只能被视为蒙上一层透明薄纱的无神论"。无论海克尔的一元论是什么，是不可言说之物还是类似梦呓的存在，它都影响着他对达尔文理论的解读——在接下来的55年里，他通过著作和演讲不断宣扬这个理论（或者说，宣扬他对这个理论的解读）。

不过，对我们来说，更重要的是他如何通过艺术创作宣扬这一理论：他绘制生命之树，描绘实际的生物及其实际的谱系和分化模式，而不是绘制假想图中的字母和圆点。他把系统发生学具象化了。

41

海克尔对安娜之死的第一反应是悲痛欲绝。他在床上神志不清地躺了八天，等他清醒之后，他的父母把他送到法国尼斯疗养。他去海边散步，在潮汐池里看到了一只美丽的水母，于是盯着它一连看了好几个小时。它长长的触手让他想起安娜的束发带下倾泻的金发。从水母联想到他过世的妻子听起来有点阴森恐怖，但这件事重新激发了海克尔对自然和科学的热情。从此他将自己的研究成果献给安娜。那只水母属于一个新物种，被他命名为"安娜的束发带"。

他对安娜之死的第二反应是工作。他埋头于一个新的写作项目：一套雄心勃勃的书，结合他对达尔文理论和一元论的看法，呈现一栋由他发现并且用他发明的新术语构筑的"自然法则"大厦。达尔文的自然选择是海克尔的首要定律，但他并不羞于添加自己的推论。他提出了遗传"定律"和适应"定律"，还提出了"不间断的传递定律""间断或潜在的传递定律"和"关联适应定律"。根据理查兹的描述，类似的定律还有很多，一共有140多条，这套新书中"包含的定律就像一个小城市的市政法规一样多"。散落在这套书里的生造词比海克尔自创的定律更有用、更持久。他创造了"生态学"这个术语，也创造了"系统发生学"这个术语。他创造了"个体发育"这个词，还提出了"生物发生律"，断言个体的胚胎发育过程重演了其所属物种的进化过程。根据这一论点，人类的胚胎发育过程经历了几个阶段：它看起来先是像鱼的胚胎，然后像蝾螈的胚胎，随后像兔子的胚胎。这就是后来著名的"胚胎重演律"。

海克尔用一年的时间奋力写出这部巨著——依然是配插图的两卷本，共计1000页。他事后说："我那时过得就像一个隐士，每天只允许自己勉强睡上三四个小时，整个白天和半个夜晚都在写作。"这部作品于1866年问世，名为《普通生物形态学》（*Generelle Morphologie der Organismen*），是对生物形态（包括这些形态的起源）的研究。理查兹写道："这套书包含了海克尔后续的所有思想的基础。"书中附有一系列醒目的树状图。海克尔绘制的插图是前所未有的：作为一个科学家兼艺术家，他的天赋让进化论变得生动起来。

对海克尔来说，绘制生命之树的想法，或许起源于他翻开达尔文的《物种起源》，看到那些拙劣但重要的图解之时。又或许另外两个人启发了海克尔，但也可能只是两人中的一个：把达尔文的著作翻译成德语的古生物学家海因里希·格奥尔·布龙；海克尔的朋友、语言学家奥古斯特·施莱克尔。布龙曾在1858年发表过一篇关于生物发展规律的文章，文中附有一幅简笔画版本的树状图。这又是一幅干巴巴的抽象图，一幅毫无美感的草图，暗示了渐进式谱系的概念，但没有明确的细节。布龙本人当时还不是进化论者，达尔文的《物种起源》英语版一年后才会问世。布龙将他画笔下的形态渐变归功于一种"创世力量"，而非自然的嬗变，因此他的树是一棵老派的树。海克尔可能看到了这幅图，为它构想了一个新的含义。海克尔的绘图灵感也可能来源于施莱克尔的一本著作，后者在书中介绍了所谓"达尔文式的"语言进化论。书里有一张树状图，解释了从古代到现代的语言分化。不管是否受其影响，海克尔都抓住了树这个精髓，他画的生命之树大大超越了达尔文、布龙和其他人的作品。在《普通生物形态学》里，他画了八棵生命之树，涵盖八大类生物。

正如我之前提到过的那样，海克尔的树状图跟别人的不同：它们很具体，而非流于假设。这些树的巨枝和大枝上满满地标注着真实的生物和生物群落的名字，而不是含糊的字母。他在每棵树中都具体指出哪些动物、植物或另外的生命形式与其他生命形式有同一个祖先。有些树还展示了"系统发生学"（生物的演化历史）的概念，这是他自创的一个新词。更为重要的是，海克尔的树视觉效果丰富，笔触巧妙，体现了他的绘画天赋和他对细节的狂热关注。其中最繁复的当数脊椎动物系统发生树，树上有许多细长的枝条。它们垂直上升，但又被拉得有点偏向一侧，看起来更像一大丛在水流中轻轻摇摆的海藻，而不像僵硬的枫树或榆树。从来没有人画过这样的生命之树。

他的脊椎动物系统发生树上有哺乳动物、爬行动物、两栖动物、鱼纲和鸟纲，左侧边框外的纵轴显示了地质时期的递增，用以反映这些生物出现的时间。另一棵生命之树专门刻画了腔肠动物，其上生长着他当时挚爱的水母。其余的生命之树分别刻画了软体动物、植物，以及包括节肢动物和蠕虫在内的有节动物。哺乳动物除了在脊椎动物系统发生树上占有一席之地，还有一棵专门的"哺乳动物系统发生树"。在这棵树的右上角，你可以看到一条表示"智人"的小枝，就在表示"大猩猩"的另一条大小相仿的小枝旁边。这意味着我们是一种猿类。

海克尔把上述的一切都整合到他那幅伟大的"生物系统发生树"图里。（如图41.1）这是一棵包含了所有生物的复杂的树，既垂直上升，又被水平切开。树的底部有3条基线，它们横向穿过这棵树，反映了关于生命起源的3个不同的假设。以每条基线为起点，你就可以沿着树描摹不同的假说。这棵树有19个二级巨枝，全都垂直上升，全都被最上面的基线径直穿过。这说明生命独立起源了19次。这棵树有3个一级巨枝，那19个二级巨枝就是在它们上面分化出来的。这意味着生命有3个独立的起源，一个通向植物，一个通向动物，一个通向所有其他种类的生物，比如海克尔钟爱的放射虫。（他把第三组生物称为原生生物，这是对正统思想的重大背离，稍后我会详细说明。）树的底部是独一无二的大树干，这表明所有的生命都在一棵树上，共有一个起源、一个原始祖先。他用moneres来标注树干，似乎意指最简单的单细胞生物，类似于细菌。（上述单词意为"单一的"，出于某些原因，树干后来被标注为Monera，意为"原核生物"。）海克尔认为，包括人类在内的所有生物都源自某种类似细菌的共同祖先。在他提出的三个假说中，这个假说属于当时对达尔文理论最大胆的应用。但在1866年和其后数年里，海克尔一直无法确定这三个假说中的哪一个是正确的。

在海克尔的生物系统发生树中，被他命名为"原生生物"的群体是他的第二个创新，既非植物又非动物的生物王国。从亚里士多德的年代，到林奈的年代，再到海克尔的年代，博物学家们一直认为所有生物都应当分为两个王国：植物王国和动物王国。这么划分很简单，也符合常识。如果我们身边的生物（树和草、鸟和鱼、花和大象）可以整齐地分为两大类，那么所有的生物一定是二元的。在人们对真菌进行微观研究之前，生物似乎就是这样被划分的。一个生物要么会动，要么不会动；要么吃东西，要么是绿色的。就连微生物也被认为要么是动物，要么是植物，细菌和变形虫、放射虫和纤毛虫、硅藻和其他微生物皆如此。所以列文虎克才会记录他在显微镜下看到了"微小动物"，所以"原生动物"（最早的动物）这个误导性的术语才会在1818年出现。但海克尔说，不对，等等：生物不是二元的，它是三元的。他把这些令人费解的小生物放在一个属于它们自己的王国里。这是一个几乎跟哥白尼的日心说一样大胆的设想，当时基本没有人注意到，也没有人对此大惊小怪。

《普通生物形态学》是一套晦涩难懂的书，是海克尔满怀悲痛顽强书写的成果。虽然它影响了科学家们的见解，但读者的范围毕竟有限。两

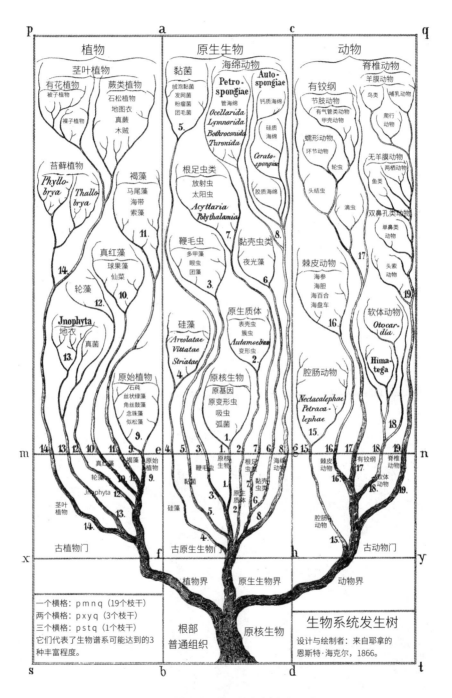

图41.1 海克尔的生物系统发生树 (1866)

年后，他做了调整，为大众写了一本书，其德语书名翻译成《自然创造史》最为恰当。这本书强调了宏大叙事中的人性部分，当你为大众读者写作时，这总是一个很好的策略。此外，这本书的语言风格比达尔文的《物种起源》更流畅、更通俗易懂，颂扬了达尔文、他的理论和他的一些前辈（拉马克、莱尔、华莱士、歌德，以及查尔斯·达尔文的祖父伊拉斯谟·达尔文，之所以有歌德，是因为海克尔是德国人）。海克尔在书中介绍了生物发生律、个体发育和系统发生学，并借助插图展示了乌龟、鸡、狗和人的胚胎之间的相似性。该书相当畅销，接连在德国出了12版，还被翻译成多种语言。英语版的书名叫作《创造史》（"自然"二字被删去，显然是因为原书名听上去太具有唯物主义色彩了），该书在英国也多次被重印。到了20世纪初，一位历史学家称这本书是"世界上达尔文主义相关知识的主要来源"。书里也附有一些树状图，大多用于描述高等动物之

间的关系。其中有一棵带有明显种族主义色彩的人类族裔树，意在表明哪些族裔比较原始，哪些族裔比较先进。日耳曼人盘踞在最高的大枝上，真是一个奇特的巧合。

图41.2 动物学家兼艺术家恩斯特·海克尔（坐者）及其助手。照片摄于1866年，海克尔前往加那利群岛采集标本途中。他孜孜不倦地绘制达尔文式的生命之树

42

忙碌而多产的海克尔继续进行他的科普和研究工作。1874年，他出版了一本纯粹关于人类进化的著作——他为该书拟定的副书名是《人类的发育史》。他的树状图创作在这本书里达到巅峰，体现于一幅后来被称为海克尔的"大橡树"的插图中。（如图42.1）这或许是他最广为人知的艺术作品，你可能在海报上看到过它，甚至可以把它印在T恤上。他用这幅图表达了他对人类的进化谱系的看法：从原核生物到蠕虫、两栖动物和爬行动物，一路向上发展到人类。这棵树没有树冠，也没有很多分枝。它的底部很粗，越向上越细，与其说它看起来像一棵大橡树，不如说它像一棵巨大的芜菁甘蓝，根须毛茸茸的，刚被人从地里拔出来，尖头朝上。"人类"坐在最顶端的枝条上，其下分别是大猩猩、猩猩和黑猩猩（它们并非并排坐在树上）。

这幅画是否如一些学者所言，揭示了恩斯特·海克尔其实是一个披着达尔文主义外衣的、返祖的人类中心主义者？他的大橡树会不会只是另一种自然阶梯，类似于由亚里士多德提出并且由查尔斯·博内在1745年设计的那种？它是否表明海克尔把人类作为创造的王冠、进化过程的终点？不一定。没错，乍一看可能是这样，但他的思想和他的图解还要复杂得多。

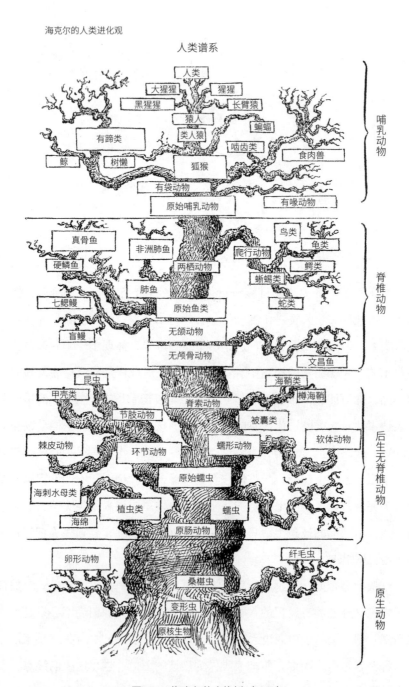

海克尔的人类进化观

人类谱系

图42.1　海克尔的大橡树（1879）

42

忙碌而多产的海克尔继续进行他的科普和研究工作。1874年，他出版了一本纯粹关于人类进化的著作——他为该书拟定的副书名是《人类的发育史》。他的树状图创作在这本书里达到巅峰，体现于一幅后来被称为海克尔的"大橡树"的插图中。（如图42.1）这或许是他最广为人知的艺术作品，你可能在海报上看到过它，甚至可以把它印在T恤上。他用这幅图表达了他对人类的进化谱系的看法：从原核生物到蠕虫、两栖动物和爬行动物，一路向上发展到人类。这棵树没有树冠，也没有很多分枝。它的底部很粗，越向上越细，与其说它看起来像一棵大橡树，不如说它像一棵巨大的芜菁甘蓝，根须毛茸茸的，刚被人从地里拔出来，尖头朝上。"人类"坐在最顶端的枝条上，其下分别是大猩猩、猩猩和黑猩猩（它们并非并排坐在树上）。

这幅画是否如一些学者所言，揭示了恩斯特·海克尔其实是一个披着达尔文主义外衣的、返祖的人类中心主义者？他的大橡树会不会只是另一种自然阶梯，类似于由亚里士多德提出并且由查尔斯·博内在1745年设计的那种？它是否表明海克尔把人类作为创造的王冠、进化过程的终点？不一定。没错，乍一看可能是这样，但他的思想和他的图解还要复杂得多。

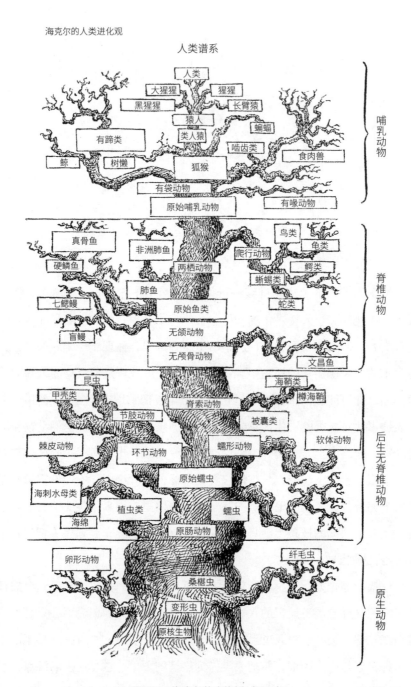

图42.1 海克尔的大橡树（1879）

42

忙碌而多产的海克尔继续进行他的科普和研究工作。1874年，他出版了一本纯粹关于人类进化的著作——他为该书拟定的副书名是《人类的发育史》。他的树状图创作在这本书里达到巅峰，体现于一幅后来被称为海克尔的"大橡树"的插图中。（如图42.1）这或许是他最广为人知的艺术作品，你可能在海报上看到过它，甚至可以把它印在T恤上。他用这幅图表达了他对人类的进化谱系的看法：从原核生物到蠕虫、两栖动物和爬行动物，一路向上发展到人类。这棵树没有树冠，也没有很多分枝。它的底部很粗，越向上越细，与其说它看起来像一棵大橡树，不如说它像一棵巨大的芜菁甘蓝，根须毛茸茸的，刚被人从地里拔出来，尖头朝上。"人类"坐在最顶端的枝条上，其下分别是大猩猩、猩猩和黑猩猩（它们并非并排坐在树上）。

这幅画是否如一些学者所言，揭示了恩斯特·海克尔其实是一个披着达尔文主义外衣的、返祖的人类中心主义者？他的大橡树会不会只是另一种自然阶梯，类似于由亚里士多德提出并且由查尔斯·博内在1745年设计的那种？它是否表明海克尔把人类作为创造的王冠、进化过程的终点？不一定。没错，乍一看可能是这样，但他的思想和他的图解还要复杂得多。

海克尔的人类进化观

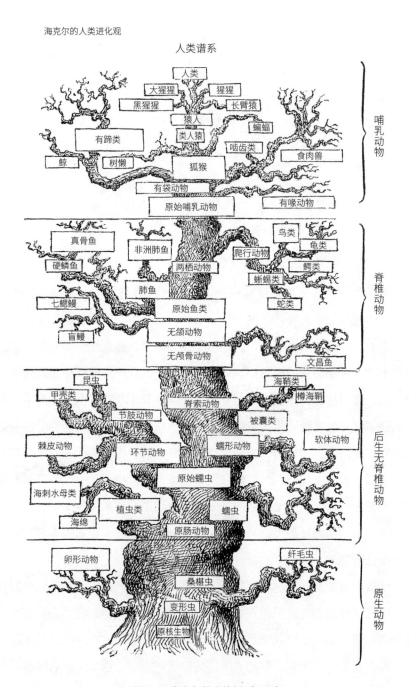

图42.1 海克尔的大橡树（1879）

海克尔引起了生物史学家之间的争议，他们对他的观点、他可能拥有的观点、他的困惑和他的罪孽有不同的看法。他很长寿（1919年去世，享年85岁），出版了许多著作，接受了达尔文理论的许多变体和据说归属于达尔文理论的许多"定律"。他在一些问题上改变过主意，在另一些问题上则含糊不清或自相矛盾，从而为生物史学家之间的争议提供了大量的素材。有一派生物史学家认为他更信奉拉马克主义而非达尔文理论，被"后天获得的性状可以遗传"的观念所蒙蔽（虽然达尔文也相信这一点）。他的生物发生律已被否定。他在世时一度面临险境：有人指控他为了支持该假说捏造证据——他绘制了错误的插图，可能是有意为之，也可能是无心之失。有人批评他在没有多少化石证据的情况下做出古生物学方面的断言。有人评价他"肤浅且前后不一，简直是个糊涂虫"。还有人指责他以一个进步主义者的视角来看待进化论，把人类放在一个定向进程中趋于完美的顶点上，所以他"只是一个名义上的达尔文主义者"。生物史学家彼得·J. 鲍勒便是这些批评者当中的一员。他在1988年发表了名为《非达尔文革命》（*The Non-Darwinian Revolution*）的著作，在书中专门讨论了《物种起源》出版后的几十年间影响进化观点的"假达尔文主义者"和"反达尔文主义者"。为了表达作者的观点，这本书的封面图选用了海克尔的大橡树插图。

鲍勒在书里也使用了这幅大橡树插图，用以证明"海克尔的进化论本质上是线性的"。这样做可能不太公平。海克尔的传记作者理查兹和其他学者均指出海克尔画了两种树，服务于两种不同的目的。第一种是系统发生树，比如他的生物系统发生树，这种树意在展示所有生命的广度，所以会有一个由大大小小的树枝形成的茂密树冠。第二种是谱系树，比如他的大橡树，这种树主要是为了阐明一个单独的谱系。毕竟，那棵大橡树贴着"人类谱系"的标签。它是一棵人类之树，不是万物之树。它把人类放在顶点，因为它是一棵关于人类的树。海克尔画出这棵树，是为了表明自己大胆的（达尔文式的）主张，即我们从一系列其他的生命形式演变而来，我们的远祖可以追溯到最简单的单细胞生物——他所称的"原核生物"。所以大橡树的树干才这么粗壮，其分枝越向上越细，分枝的数量也逐渐稀少。海克尔画它不是为了展示生命的多样性和相互关联性，而是为了展示人类的谱系。海克尔可能是一位浪漫主义者，一位进步主义者，一位前后矛盾的达尔文主义者，但即使是他也知道生命之树不是一棵芜菁甘蓝。

43

海克尔开创了一种潮流。直到20世纪中叶，古生物学家和生物学家们还在亲手绘制或者请插画家帮忙绘制各种树状图，以体现他们推断出的进化关系和谱系史。他们根据生物形状的相似性和差异性（比较形态学）、化石记录和胚胎学来绘制这些树，这便是他们掌握的全部证据。此时分子系统发生学尚未问世。

这些树状图有的涵盖所有生物，有的针对特定群体。古生物学家亨利·费尔菲尔德·奥斯本任职于坐落在纽约的美国自然历史博物馆，他在1936年绘制了一棵长鼻目哺乳动物生命之树，树上有猛犸象、乳齿象和大象。这棵树的枝条只是简单的箭头，但厚皮类动物的进化关系却清晰可见。英国昆虫学家威廉·爱德华·希纳专攻半翅目（这些虫子靠吸食植物汁液或动物体液来维生）分类学，他在1933年绘制了一棵半翅目生命之树。你可以说它像一棵树，也可以说它像一把艺妓的扇子。它显示了椿象与臭虫之间的亲缘关系。20世纪30年代末，生物学教师赫伯特·F. 科普兰任教于萨克拉门托初级学院，他发表了一篇关于生物王国的令人难忘的论文，不仅借用了海克尔的生物系统发生树图，还附上了一幅自创的图解。后者并不完全是树状的，但它表达了同样的基本思想：各大谱系随着地质时期的流逝而演变，一边分化一边在生态空间中扩张。科普兰的图解里没有树枝，只有一簇光滑且垂直上升的松果形锥体，像是用于演奏赋格曲的管风琴。

哈佛大学的古生物学家阿尔弗雷德·S.罗默是20世纪中叶伟大的生命之树绘制者之一。他编写的教科书很有影响力，他绘制的生命之树影响了许许多多刚入门的年轻科学家。他最著名的一本教科书是《古脊椎动物学》（*Vertebrate Paleontology*），该书的初版于1933年上市，1945年经历修订，后来再次被修订。1982年我买下这本书的时候，它仍然是公认的权威书目。书中生命之树的枝条像一团团黑墨水滴在纸上那样向上渗开变粗，在某些情况下又变细，墨团的宽度代表时间维度上不同群体相对的丰富性和多样性。罗默绘制了脊索动物门生命之树、脊椎动物亚门生命之树、脊椎动物亚门之下某些纲和目的生命之树：鱼总纲、两栖纲、爬行纲、哺乳纲、偶蹄目、鲸下目、啮齿目。如果你浏览过他的图解，你会看到恐龙在白垩纪末期走向消亡；出于某些原因，鳄鱼存活了下来；老鼠在上新世[1]特别兴旺。罗默的生命之树讲述了命运的起伏不定、生命的涌动和消逝，它们都是进化故事的基本元素。

1969年，康奈尔大学的植物生态学家罗伯特·H.惠特克绘制了一棵不同寻常的生命之树。（如图43.1）对他来说，"广义分类"（给生物王国编号并划界）是一件休闲趣事。惠特克的树在艺术上没什么可取之处，其内容却颇具挑衅意味。它像一个被扭成动物形状的长条气球，上面还附有注释。为了礼貌起见，也为了向植物学致敬，我应该这样表述：它像一株仙人掌。它由五个大致呈椭圆形的叶瓣组成，上层三个，中间一个，下层一个。这些叶瓣代表惠特克提出的生物界五大王国。

五大王国？这在当时可是一个新数目。惠特克分阶段提出了这个相当激进的提议。他在职业生涯初期研究昆虫和植物群落，一点都没有流露出

1　地质时代中新近纪的第二个世，从距今533.3万年开始，到距今258万年结束。

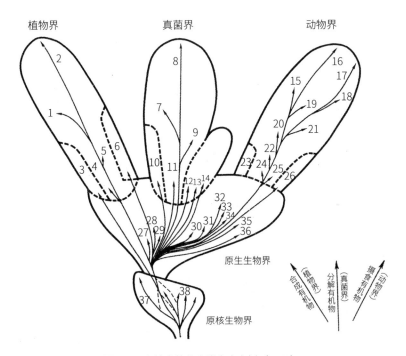

图43.1　惠特克的仙人掌生命之树（1969）

在上图中：1.苔藓植物；2.维管植物；3.红藻；4.绿藻；5.轮藻；6.褐藻；7.子囊菌；8.担子菌；9.接合菌；10.卵菌；11.壶菌；12.黏菌；13.集胞黏菌；14.网黏菌；15.软体动物；16.节肢动物；17.脊索动物；18.棘皮动物；19.环节动物；20.触手动物；21.毛颚动物；22.袋形动物；23.中生动物；24.扁形动物；25.腔肠动物；26.多孔动物；27.裸藻；28.金藻；29.甲藻；30.丝壶菌；31.根肿菌；32.孢子虫；33.丝孢子虫；34.动鞭毛虫；35.肉足虫；36.纤毛虫；37.蓝藻；38.细菌。

对广义的生物分类的兴趣，更不用说对其进行大幅度修改的兴趣了。

惠特克在堪萨斯州东部长大，经历了黑色风暴事件[1]和大萧条时期，小时候游荡于草地和森林间收集蝴蝶，成年后变成一个具有严格的传统价值观的人。一些同事用"坚忍克己"和"紧绷"来描述他的性格。他有能力看出事物中模棱两可的地方。他在托皮卡市上大学，二战期间担任美国陆军航空军的天气预报员。在此之后，他去一个屡次在本书中出现的地方读

1　1930—1936年发生在北美的一系列沙尘暴侵袭事件，使美国和加拿大的草原生态和农业受到了巨大影响。

博：伊利诺伊州的厄巴纳。他想研究生态学，在被植物学系拒绝后加入了动物学系，但后来还是成了一名植物生态学家。他在伊利诺伊大学拥有一定的名声，因为他提交了一篇与动物无关的动物学毕业论文。

他的博士论文主题是大雾山的植被。撰写论文的过程中，惠特克开始质疑他所在的科学分支的一个权威原则：植物群落是稳定且高度完整的联合体，具有始终如一的物种组成和明确的边界，植物单体是否属于某个群落一目了然。在生态学家弗雷德里克·克莱门茨的影响下，这种思想被生态学界奉若神明。惠特克在论文中驳斥了这个原则。他表明植物群落是松散的关联体，而非诸多植物单体的联合体。植物群落的边界模糊，"并不是一种真实存在的概念"。通过这番研究和其他工作，多年后惠特克在绘制生命之树时表现出两个强烈的倾向：一是他从生态学的角度看问题，二是他认识到事物的边界往往是模糊的。

在这个过程中，惠特克对植物群落的划分方式和生物的基本类别产生了兴趣。1957年，他发表了这方面的第一份研究成果，一篇名为《生物世界的王国》的短论文。生物世界应该有多少个王国？它们分别是什么？传统观点只承认两个生物王国：植物和动物。海克尔认为有三个生物王国：植物、动物和他所说的原生生物，原生生物是主要由微生物组成的包罗万象的类别。早期的几位博物学家（包括英国的理查德·欧文和约翰·霍格）也认为生物世界有第三个王国。欧文将其命名为"原生动物"，霍格创造了"原生生物界"一词。但欧文和霍格均不是进化论者，他们对系统发生学的影响远不如海克尔对系统发生学的影响。在发表于1938年的那篇带有管风琴插图的论文里，赫伯特·F.科普兰主张生物世界有四个王国。他把海克尔作为他的灵感来源，但又借助更先进的显微镜和关于微生物的新思维，把原核生物（细菌）同原生生物（具有细胞核的简单生物）分开。因此，科普兰的四大生物王国的正式名称分别是原核生物界、原生生物界、植物界和动物界。他在1956年出版的一本书中更充分地论证了自己的观点。这本书里有许多复杂的微生物点画[1]，奇怪的是书中没有任何生命之树的插图。不过，用于致敬的卷首插图是一张恩斯特·海克尔在其巅峰时期的人物照，照片中的他蓄着胡须，有着波浪般的金发和一双炯炯有神的眼睛。从这张插图中我们可以看出，海克尔对这个领域的强大影响力一直持续到了20世纪中期。科普兰的书似乎触动了惠特克，于是他也发布了自己的生物王国宣言。

惠特克选用的方法很独特，他试图用生态学而不是形态学来回答这个重大问题。"生态学家们熟悉生物世界的划分，这种划分既不符合科普兰的理论，也不符合两大王国的概念。"他写道。生态学家们看到了显微镜学家们所忽略的区别。惠特克指出，依照最显著的区别，生物可以分为三类：生产者、消费者和分解者。植物是生产者，从阳光和水中获取养分，从非生物材料中创造出它们自身的成分。动物是消费者，吞食其他生物以获取养分。细菌和真菌是分解者，通过缓慢地分解或死亡或存活的其他生物来获得养分，并把分解产生的碎片投入新的用途。在发表于1957年的短论文中，惠特克认为这三类生物中的每一类都代表着一个王国。他认为另一种解释是"归根结底，这三个王国是进化的主要方向"。它们反映了三种不同的获得营养的方式：光合作用、进食和分解。

"王国是一种人为的分类。"他补充道。为了系统性地整理各种生物学知识，我们对这种分类方式表示认可，这便是王国仅有的意义。这跟他对植物群落的观点相似：不同于我们对某种植物或某一物种的定义，在生物世界中，植物群落"并不是一种真实存在的概念"。植物群落是我们应对植物多样性的解决方案，它带有人为安排的痕迹，因此有类似需求的植物会共享类似的栖息地。生物王国是我们应对生物多样性的解决方案，这样我们才不会因为生物学事业过于浩大而绝望到流鼻血。值得一提的是，

1　由许多小点组成的图像。

惠特克和赫伯特·F.科普兰一样，既是科学家，也是教授。他明白，出于讲授、整理和检索生物信息的需要，生物信息的多样性只得屈从于让人觉得方便的类别。

两年后，经过进一步思考，惠特克在一篇题为《论生物的广义分类》的论文中修改了他的分类结构。显然，他觉得自己之前简化得太过了。无论这三个王国的范围多么宽泛，它们都无法涵盖自然界丰富多样的生物种类。他认为生物世界应该有四个王国——但与科普兰的四个王国不完全一致。对1959年的惠特克来说，四大生物王国是原生生物界、植物界、动物界和真菌界。虽然真菌通过分解生物来获取营养，但把真菌和原生生物界那些单细胞的分解者混为一谈让他不安。所以，他解释道，植物（生产者）、动物（消费者）和真菌（分解者）是按照生态学来定义的，而原生生物（单细胞）是按照形态学来定义的。他承认"这些主题不一致"，但他已经尽了全力。

这篇论文还因为含有他的第一幅仙人掌生命之树图而令人难忘。树上有四片叶瓣：一片在基部，代表原生生物界，另外三片竖立在上面，分别代表植物界、真菌界和动物界。他选择了这样一种非常规的形式，一棵有叶瓣而非树枝的生命之树。这一选择的原因在当时并不明显，但在他后来的创作中日渐明朗。

1969年，惠特克再度探讨了这个问题。他的论文《生物王国的新概念》发表在当年的《科学》周刊上。在此之前，他的论文总是反响平平，这篇论文却出人意料地影响了整整一代人研读的生物学教科书。1957年和1959年，惠特克在论文中认为生物应该按照生态学来分类，单细胞生物除外。而在1969年发表的这篇论文中，惠特克做了一个重要的补充：他增加了一个王国。正如我此前所述，罗杰·斯塔尼尔和C.B.范尼尔在1962年提出了关于广义分类的极具说服力的想法——将所有生物分为原核生物和真核生物。惠特克认同这种二分法，用它来描述细菌的特征，但除此之外基本无视它。他把细菌从原生生物界分离出来，赋予它们属于自己的王国并重拾海克尔的标签——原核生物。他的新生命之树图是一株有五个叶瓣的仙人掌。原核生物界在基部，原生生物界从它上面升起，其上是植物界、真菌界和动物界。五个王国，而不是四个王国，囊括了地球上的所有生物。

他为什么会改变想法？"近来的研究使得细菌细胞与其他生物细胞之间深刻的组织结构差异变得更明显了。"谁近来的研究？他引用了斯塔尼尔和范尼尔发表于1962年的论文，向他们学了两个新科学词语，在自己的生命观里增添了原核生物和真核生物这两个类别。在惠特克等人看来，彼时彼刻不可否认的一点是细菌和单细胞的原生生物截然不同，属于完全不同的王国，因为原生生物的细胞含有细胞核，而细菌的细胞不含细胞核。惠特克还注意到另外的一些重大差异，例如真核生物的体内有线粒体和叶绿体，它们具有丝分裂的能力，还拥有鞭毛。彼时的惠特克承认斯塔尼尔和他的两位教科书合著者说得对，这些差异定义了"生物世界中最清晰、最有效、非连续的组织层次分离"。惠特克接受了这种非连续性，因为这样一来，他就能确立"原核生物界"这个生物王国了。在此之后，他就把非连续性抛在了脑后。原核生物的特征在他的"广义分类"中起到了作用，真核生物的特征则不然。

不过，他还是在明确定义五大生物王国的同时含蓄地承认了这两大生物的分野。从原核生物到真核生物，这种飞跃式的进化是怎么发生的呢？他补充说，"古代细胞共生"是一个很好的假说。关于这一点，惠特克在1969年的见解与林恩·马古利斯的研究结果殊途同归。

44

　　殊途同归将是贯穿本书余下部分的一个重要主题。同一棵树上的树枝从来不会殊途同归——自然界中不存在殊途同归，橡树、榆树、枫树、山核桃树、松树、落叶松、梧桐、山毛榉、榕树、猴面包树以及其他生活在野外的树木，它们的枝条在正常生长过程中不会合并。枝条会分杈，不会合并。弗兰纳里·奥康纳来自美国南部，是一位非凡的短篇小说家兼长篇小说家，以黑色幽默和宠物孔雀而闻名。她曾经发表过一篇名为《上升的一切必将汇合》的短篇小说。这是一个关于怒意和种族主义的阴郁故事，故事的名称具有讽刺意味，摘自法国耶稣会会士、古生物学家德日进的著作中一段充满希望的话。20世纪50年代末到60年代，德日进令人晕头转向的哲学著作在自由派天主教徒中很受欢迎（但他在梵蒂冈不受欢迎）。弗兰纳里·奥康纳是一位自由派天主教徒，这个短篇小说的名称后来变成了在她英年早逝后出版的一本短篇小说集的书名。"上升的一切必将汇合"，这句格言很有意思——它并非一直适用于生物学，但有时适用。例如，惠特克的生命分类学理论就同林恩·马古利斯的内共生理论会合了。1978年，两人共同发表了一篇论文。

　　两人之所以合作，主要是因为他们产生了友好的分歧。如何定义原生生物界这一包罗万象的王国？他们在论文中提出了一个折中方案，并且对其细节进行了漫长而富有技术性的讨论。这篇论文最初是由两人撰写的演讲词——1977年，惠特克代表两人在进化原生生物学学会举办的大会上发表主题演讲。该学会是由马古利斯协助创建的。马古利斯对原生生物的理解要比惠特克的理解深刻得多，因为到当时为止，她把职业生涯中的大部分时间都用来透过显微镜观察它们。不过，她对惠特克在1969年发表的关于五大王国的论文有好感，还和他一样因为试图在老式的分类体系下讲授新的生物学发现而备感挫折。于是，她决定同他合作。这说明他们意气相投——两人都对原生生物界感兴趣，而且在五大王国和整个分类事业上心意相通。

他们一致认为生物王国很难界定，王国之间模糊的分界线无可避免。有一个问题始终存在：无论分界线怎么画，有些生物总是留在边缘地带，无法确定归属。真菌：它们是植物还是其他东西？蓝细菌：它们究竟是藻类还是细菌？海绵：虽然它们不移动，也没有神经系统、消化系统和循环系统，但它们会不会是动物？原生动物：无论是否原始，它们都不是真正的动物。扁盘动物：这些扁平的小东西到底是什么？惠特克和马古利斯指出，分类是人类的行为，不是自然界固有的现象——人类不断发现新的生物，并且为它们划定类别。此外，分类一定要简单。如果你想整理并向他人传授这些生物知识，你可不能分出61个或93个主要的生物王国来。

惠特克和马古利斯一致同意的第二个观点是生物的分类应当尽可能地反映进化事件和进化关系，并且尽可能地遵照系统发生学。他们一致同意的第三个观点是生物不一定总能按照系统发生学来分类。

所以他们妥协了，甘愿承受多系分类单元的尴尬。多系分类单元是一种分类群，其中的生物来自不止一个进化谱系。举例来说，生物王国就是一种多系分类单元。这个术语似乎有点自相矛盾，因为分类单元怎么能不按进化谱系划分，而是便宜行事（这正是在达尔文出现之前的分类方式）呢？比如说，如果你把"海洋脊椎动物"称为一个分类单元，那它就是多系的，因为鲸鱼、鲨鱼和咸水鳄分别来自三个不同的谱系。这三种动物虽然无可争议地都是海洋脊椎动物，但它们与一些陆生动物的亲缘关系比三者之间的亲缘关系更近。因此，一个多系分类单元不能被画成一幅树状图，让所有的分枝都从一根巨枝上面分化出来。它是另一种东西：一种人为的构造，一种组织原则，使不同谱系的殊途同归成为可能。在这幅图中，诸多树枝会合并在一起。

有些谱系确实会趋同，甚至在现实世界中亦是如此——让马古利斯青眼有加的内共生就是这些谱系趋同的方式之一。不过，在惠特克和马古利斯合著论文的那个年代，这种趋同被认为是一种罕见事件。大多数生物学家视其为异常结果，直到后来他们才改变对进化谱系趋同的看法，这在很大程度上要感谢卡尔·乌斯和林恩·马古利斯。事实上，人们对分类的认识后来也有所改变。1978年，生物界的主要问题是如何在一个王国和另一个王国、一类生物和另一类生物之间划定界线，使之尽可能地"自然"，同时保证有序和方便。惠特克和马古利斯承认，对进化分类学家来说，多系分类单元"不受欢迎"——相比之下，更不受欢迎的是这样的前景：王国数量太多，分类太多，规模小而定义精的群体太多。

在这样的两难困境下，惠特克只好把他的分类体系（1959年的四大王国和1969年的五大王国）画成仙人掌，而不是树。他一直都清楚多系分类单元的复杂性，并且将其坦率地呈现了出来。如果你仔细观察过他那幅包含五大王国的仙人掌图，你就会注意到这一点。图中的许多根线条像植物的脉络一样，从一个叶瓣连到另一个叶瓣上。三条线从原生生物叶瓣越界进入植物叶瓣，意味着植物王国有三个独立的起源。五条线从原生生物界越界进入真菌界，这便是真菌的五个独立起源。两条线从原生生物界越界进入动物界，其中一条线只通向海绵所属的多孔动物，这说明多孔动物从非动物界进化而来的路线有别于其他动物，动物由非动物界进化了两次。这两种不同的谱系在动物身份上趋同，至少惠特克（还有发表于1978年的论文的合著者马古利斯）决定将它们定义为动物。与弗兰纳里·奥康纳的短篇小说的名称相反，也就是说，与德日进的观点相反，上升的一切并非必将汇合，但生命之树上的有些枝条会合并。且听下文分解。

45

在生命之树的传奇故事中，1977—1978年可谓是一个重要阶段。惠特克和马古利斯在此期间发表了论文，与此同时，另一篇论文也横空出世：1977年11月，卡尔·乌斯和乔治·福克斯宣布生命第三域存在。这两篇论文极具影响力，都在生物教科书上留下了印记。回想起来，它们引人注目的地方在于两者之间的共同点太少了。作者们意见不同，但并非不合。惠特克和马古利斯认为自然界有五大生物王国，乌斯和福克斯认为自然界有生命三域——不但数量有异，连王国的具体划分也不同。这两对作者鸡同鸭讲，仿佛生活在两个不同的世界。

年轻的福克斯在博士后研究期间成为乌斯的主要合作者。两人共同发现了古菌，还合著了发表于1977年的论文。当时福克斯已经离开了乌斯在厄巴纳的实验室，前往休斯敦大学任教。这是他的第一个独立学术职位，32岁的他是助理教授，没有终身教职。除了教学和建立自己的实验室，他还需要发表更多的论文。越早这样做，他的事业前景就越光明。幸运的是，他仍然通过电话和邮件与乌斯不断沟通。两人试图利用rRNA的证据对各种生命形式（特别是细菌和古菌）进行分类，并推断它们之间的深层关系。

在位于厄巴纳的乌斯实验室里，另一位年轻的研究人员填补了福克斯留下的空缺。数据继续积累，乌斯获得了更多的16S rRNA目录。这个非常特殊的分子如同罗塞塔碑[1]，帮助乌斯破解生物的早期进化史。这些目录揭示了显微镜和生物化学无法揭示的东西。新的模式接连浮现。除了"古菌是一种独立的生命形式"，乌斯和他的团队还有更多的研究结果想要向外界公布。乌斯认为他们迫切需要发表一篇综述论文。在写给福克斯和其他人的信件中，乌斯将这篇论文的非正式标题定为《大树》。

在乌斯登上《纽约时报》头版（这是他的安迪·沃霍尔时刻）几周后，1977年11月下旬，乌斯给位于休斯敦的福克斯写信，信里附上了另一种生物的目录。乌斯对他们的数据分析方法的某些方面表示担忧，并且提出一个更高的要求："请将《大树》论文放在首位。如果我们不尽快把这个问题说清楚，外界对我们的质疑会越来越多。"宣布古菌域的存在时，他们手头仅有四种生物作为证据。这个样本数量小到令人咂舌，无法代表如此庞大的生命类别。乌斯急于展示更多的数据，他们需要一篇综述论文。"你只需要草拟一份文稿，然后把树画出来，"乌斯在给福克斯的信中写道，"这将是一个良好的开端。我认为从你的角度来看，目前的情况比你可能意识到的更为紧要。如果你的观点在同侪间引发争议，你和你在休斯敦结交的科学界朋友大概率会化友为敌。"

不久后，他们动手草拟论文。

这是精诚合作的产物，10年研究工作的顶峰，由福克斯、乌斯以及他们的合作伙伴合著。对一篇科学论文而言，"合著"意味着这些人以各种方式做出了贡献。有的人可能负责艰苦危险的实验室杂务，有的人可能捐献了自己实验室里培养的微生物，有的人可能积极组织讨论并发表见解。

1　一块制作于公元前196年的花岗闪长岩石碑，刻有同一段内容的三种不同语言的版本，可以帮助近代的考古学家解读古埃及象形文字。

一名资深研究员，即团队的负责人，很可能框定了研究范围，指导了至少一部分团队成员，并提供了资金。另一位科学家——让我们称这个人为主要活跃研究员，这个人也许是研究生或博士后——可能选定了主题，与资深研究员商讨概念细节和实验设计，并完成了大部分的实际工作。最后，团队中的某个人或几个人负责完成大部分的写作任务，上文中提到的主要活跃研究员就是其中的一员。在纯生物科学领域，主要活跃研究员可能会以第一作者的身份出现。资深研究员，即导师和发起人，会列在论文署名栏的最后一位，众所周知，这个位置意味着首要责任和最高功劳。不过，乌斯攻读的专业是生物物理学，那个领域的惯例恰恰相反——这可能导致了乌斯和福克斯之间的一个小冲突。

就此篇论文而言，乌斯和福克斯在文稿撰写上紧密合作。福克斯在厄巴纳担当过主要活跃研究员，负责一些比较困难的任务，他得到了乌斯实验室里其他人的支持。福克斯用放射性磷标记微生物，然后提取它们的rRNA。琳达·麦格鲁姆将这些分子切割成片段，再用电泳将碎片撕扯开来。麦格鲁姆还印制出含有RNA的分子指纹的X射线胶片，以供乌斯推断出它们的序列并创建目录。这些分子指纹看上去就像一群奔跑的变形虫。福克斯不仅生成了分析这些目录所需的相似性系数，还编写了计算机代码来对其进行分析。（这种技能归功于他在化学工程系接受的训练。他跟乌斯实验室里的其他生物学家不同，也跟当时几乎所有的美国生物学家不同——他能够使用名为"福传"的计算机编程语言。）他把代码和数据输入数百张当时最先进的IBM穿孔卡上，然后用大型主机来分析它们。他画出了表现分析结果的生命之树简图，还和乌斯手写了一系列草稿，再由伊利诺伊大学厄巴纳分校的一位系聘打字员将其转换为干净的打字稿。一些早期的打字稿至今尚存，上面有许多潦草的修改痕迹和福克斯手写的补充文字。

第一稿首页的第一句话十分准确，但是不够夺人眼球。"至少一个世纪以来，微生物学家们一直试图确定无数微生物之间的关系。这些微生物处在人类能想到的几乎所有地球生态位上。"这句话需要润色，乌斯希望论文的开头有更强的戏剧性。第二稿的第一句话是这样的："在进化研究方面，生物学已经到达一个重要的转折点。"比第一稿强，但乌斯拿起铅笔再次修改："进化研究已经来到了一个重大转折关头。""重大转折关头"几个字显得更有活力。此时，乌斯的非正式论文标题也出现在这一页的最上方：《大树》。

经过反复修改，福克斯所写的第四稿共有25页，包括手写的新材料和返工过的文字。系聘打字员收到该稿时，首页上写着："福克斯的草稿，请尽快完成。排在我的所有文稿之前，一级优先。"他们继续修改，直到写出第七稿。再度更新了起始句之后，他们寥寥数语就定下了更夺目的基调："一场革命正席卷……"

1978—1979年，一份又一份打字稿在休斯敦和厄巴纳之间穿梭往返。他们不断对论文进行修改和调整，至少爆发过一次激烈的争执。但从第七稿开始，《大树》论文的开头段固定下来。卡尔·乌斯认为不必再改：

> 一场革命正席卷细菌分类学。该学科一度干巴枯燥、晦涩难懂、含糊不定，细菌之间的所谓亲缘关系不过是官方认可的猜测，直到如今，这一学科因为实验证据而风起云涌。该转变在很大程度上来源于分子测序技术可以直接测量谱系的传承模式这一认识。

一段铿锵有力却又轻描淡写的话语。用分子技术测量谱系的传承模式是弗朗西斯·克里克在1958年提出的想法。它为进化史研究开辟了一个新视角，其启迪意义相当于世界上所有博物馆里的所有化石加在一起。这不仅是一场细菌分类学方面的革命，也是一场波及范围更广的革命。它改变了科学家们对生命史的理解。

46

第七版的打字稿还有了一个新标题：《原核生物的系统发生》。它的作者名单包括拉尔夫·沃尔夫、琳达·博能、琳达·麦格鲁姆和另外的14个人。乔治·福克斯的名字排在最前，卡尔·乌斯的名字排在最后，这表明乌斯是资深研究员。和所有关于论文内容的分歧一样，这个排名顺序将成为一个令人烦恼的问题。在此过程中，乌斯提出，他应该是第一作者，而福克斯应该接受末位排名。

我和福克斯在厄巴纳的比萨店里吃午餐时，他坦率地谈到了这个分歧。"我告诉乌斯，我希望做那篇论文的第一作者。那些该死的IBM穿孔卡都是我打的，所有的树状图都是我画的，对吧？我还参与了所有的讨论。"此外，作为休斯敦大学新来的助理教授，他面临着一些苛刻的期望。时隔36年，他似乎还记得那些压力，往事历历在目。"你看，我换了一所大学，对吧？我在努力……"他停顿了一下。他没有把这句话说完，但我懂他的意思，他在努力确立自己的地位。"我是个助理教授。我需要获得终身教职，在此之外，我需要当上副教授，最终当上正教授。"他说，"如果我得不到首功，和乌斯合作对我没有任何好处。"

1979年8月27日，乌斯写信给福克斯，信中谈到了几个"潜在的冲突点”，福克斯对第一作者身份的强烈要求排在首位。青年科学家们往往非常看重这个荣誉。“我之前就同意由你担任第一作者，”乌斯写道，“我现在依然同意。不过，你应该知道我的感受，因为这件事很棘手。”随后，乌斯回顾了自己在光板前度过的漫长岁月，因为久久凝视那些如同奔跑的变形虫的分子片段而昏花的视力，以及为了推断它们的序列并识别它们的传承模式而殚精竭虑的大脑。在这之后，他爆发了：“《大树》论文是我主持的实验室发布的重大声明。这项研究是我的构想。我在其中倾注的时间远远多于其他人，包括你在内。根据这些标准，我应该是第一作者。”

乌斯承认，他知道福克斯很快就要申请终身教职，还面临着为自己的实验室争取经费的恶战。“你觉得你的经费岌岌可危，”乌斯很勉强地补充道，“我愿意视其为首要考量因素，在作者身份上顺从你的意愿。但你要知道，我的心情很矛盾。如果别人以为这是你的研究成果，或者以为我需要依靠你来分析我的数据，那肯定是不合适的。那是绝对不能发生的。”

福克斯告诉我，得知乌斯想要署名为第一作者，“我坚决反对，绝不让步”。“他就在那时终止了我们的……”福克斯停顿了一下，组织自己的措辞，“他基本上终止了我们的合作。”

乌斯在8月27日的信中发出了终止合作的信号。他解释说，他对他们分析数据的方法（也就是说，福克斯设计的生成相似性系数的方法）不满意。乌斯希望找到一种更好的方法，将其应用于一些更奇特的细菌。“坦率地说，我想和你一起做这些事，但你的固执使之无法实现，所以我现在独自行动。”事实上，他和另外两位同事一起行动。乌斯声称，正如福克斯唯恐失去他的作者身份一样，这两位同事也很珍惜他们的作者身份。所以，他要把福克斯的名字从另一篇论文里去掉。

“这些事情有点棘手，”乌斯在信的结尾部分写道，“但如果我们坦诚相待，它们将只是科学意见方面的分歧。"这是一句好听的镇痛用的老生常谈，目的是稍稍淡化此前甩出的耳光造成的刺痛。乌斯和乔治·福克斯的关系永远不一样了。当年的福克斯还是一个瘦弱的博士后，聪明到可以向乌斯学习，聪明到可以向乌斯发出挑战。20世纪80年代初，他们的名字还会一起出现在另外几篇论文上，因为两人对70年代所做的研究进行了总结。但他们之间不再谈论科学——以往那种新鲜大胆的脑力激荡一去不复返了。

与此同时，《大树》论文付梓，它被刊登在1980年7月25日的《科学》周刊上，其正式标题为《原核生物的系统发生》。他们没有局限于比较四个古菌菌株和九种其他生物，而是分析了170多种不同生物的分子序列，并且在论文中提出了三个论断。第一个论断：16S rRNA这个特殊的分子可用于辨别进化关系，而且实践证明它非常有用。第二个论断：虽然论文标题里有"原核生物"的字样，但这个类别毫无意义。世上没有原核生物，只有细菌、古菌和真核生物。这一点在新近得到的数据中日渐明朗。第三个论断有点出人意料：他们拐弯抹角地认同了林恩·马古利斯的内共生理论。真核细胞"现在被公认为一个遗传方面的嵌合体"，也就是说，一个复合生物。它是几个谱系在上古时代合并的结果，其中包括成为线粒体和叶绿体的细菌。在这三个论断之外，论文主要讨论了生命三域中的前两域，即细菌和古菌。当然，论文里还附有一张树状图。（如图46.1）

这棵大树像一个大烛台，上面插着30根蜡烛。其中五根代表古菌，三根衍生出所有的真核生物（在我们的认知中，这是一个庞大的王国，但它与本文的重点无关），其余的则代表细菌。论文发表后，五种古菌和22种细菌之间的亲缘关系引起了微生物学家的高度兴趣，这是相当复杂深奥的微生物知识，请允许我在此按下不表。大树更耐人寻味的地方在于乌斯和福克斯为生命三域绘制了颇为暧昧的根部。三大巨枝没有共同的树干，它们分别从一个圆形的基座上冒出来。这个基座就像一个巨大的土堆，上面

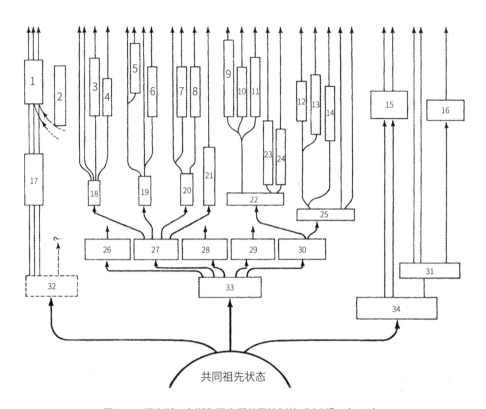

图46.1　福克斯、乌斯和同事们共同绘制的"大树"（1980）

在上图中：1. 真正的真核生物；2. 内共生体；3. 假单胞菌；4. 肠内细菌；5. 副球菌；6. 根瘤菌；7. 球衣菌；8. 产碱杆菌；9. 节杆菌；10. CMN细菌群体；11. 链霉菌；12. 芽孢杆菌；13. 乳杆菌；14. 支原体；15. 嗜热嗜酸菌；16. 嗜盐细菌；17. 真核细胞质；18. P. S.；19. PNS-1；20. PNS-2；21. 脱硫弧菌；22. 放线菌；23. 丙酸杆菌；24. 双歧杆菌；25. 梭状芽孢杆菌；26. 绿色硫细菌；27. 紫细菌；28. 螺旋体；29. 蓝细菌；30. 革兰氏阳性菌；31. 产甲烷菌；32. 先祖真核生物；33. 先祖真细菌；34. 先祖古细菌。

的标注有点神秘：共同祖先状态。

"有一点对我来说很重要。"福克斯隔着他的奶酪比萨和我的意大利香肠比萨说。我把我那份载有1980年论文的《科学》周刊放在餐桌上，论文上还留存着我添加的注释和下划线。"看到那棵树了吗？"福克斯问题。

"看到了，"我看着《科学》周刊的第459页答道，"这就是'大树’，对吧？”

“没错。你会注意到它的根部。”

“共同祖先状态，”我读出声来，“不是一个祖先，而是‘祖先状态’，对吧？”

“对。”福克斯说。这个圆丘代表着细胞诞生之前的世界；一个近40亿年前开始悸动的世界；一个由裸露的、已经有能力自我复制的分子（或许是RNA分子）组成的世界；一个生物还没有被分隔成不同物种和不同王国的世界。“我们不愿对三位一体下定论。”他说。从圆丘上独立伸展出三条巨枝相当于在说：归根结底，谁知道生命三域之间有什么样的关系？谁知道哪个域先出现，它们如何分化，哪个域与哪个域的亲缘关系最近？反正我们不知道！这是一种坦率的不可知论者的行为，他们尽力了。

“好了，现在告诉你一个秘密。”福克斯说。那一瞬间，他的脸上流露出狡黠的神色，也就是说，一个喝着可乐、吃着比萨的69岁的分子进化论者所能表露出来的狡黠神色。“这个秘密就是……我不相信生命之树。卡尔也不相信。”

“好吧。”我应了一声，等着他继续说下去。

“因为进化的路径不是那样的。”

47

进化的路径仍然是一个有待发现、争议不断的研究课题。查尔斯·达尔文敏锐地发现了自然选择机制，他在《物种起源》中相应的描述令人信服，但他并没有充分解释各个谱系如何演变和分化，而且他解释过的部分也不完全正确。例如，达尔文对遗传机制一无所知，对微生物的生活也知之甚少。伊万·E.沃林和林恩·马古利斯等研究微生物的科学家认为，与推动自然选择的增量变异和随机突变相比，两个生物的共生结合会产生更多进化方面的新鲜产物。福克斯、乌斯和他们的同事们发表了《大树》论文之后，业内出现了全新的想法和疑问。备受关注的焦点之一是福克斯和乌斯绘制的大树底部那个标注着"共同祖先状态"的神秘圆丘。这是什么意思？圆丘里面有什么？

1982年，乔治·福克斯获得休斯敦大学的副教授职位。他继续研究早期进化，但不再同卡尔·乌斯合作。至于乌斯，他找到了新的合作者，并继续推进自己的长期课题研究——从rRNA中寻找证据，探寻深层进化事件的由来和生命之树的形状。他的实验室在20世纪80年代改变了方法，在新的分子测序技术的帮助下，这部分工作变得不那么艰巨、毒性更小、结果更精确、速度更快，但乌斯的兴趣和目标一直没有改变。到了80年代中期，他绘制树状图的依据不再仅仅是rRNA的目录，而是rRNA的完整序列。

即使在那时，分子测序也并非研究深邃的生命之树的唯一途径。有些研究人员仍然沿用形态学的方法，他们比较形状，而非RNA或DNA的线性序列。加州大学洛杉矶分校的詹姆斯·莱克就是其中一员，他在电子显微镜下研究核糖体结构。莱克也是一位从物理学转入生物学的科学家。20世纪60年代末，他在哈佛医学院做博士后研究，其间发现自己可以从电子显微照片中识别出核糖体的三维结构。他由此对核糖体的形状产生了兴趣。他继而认识到在两组微生物之间，任意两个核糖体的形状差异是一致的。他认为比较这种差异可能是界定系统发生单位的一种有效方法——甚至还能界定生物王国。1984年，他和几位同事发表了他们对代表性细菌、古菌和真核生物中的核糖体的形状分析。

他们分析的这些核糖体有的看上去像是橡皮鸭子，有的像是希望搭便车的人伸出的竖起拇指的拳头，有的像是爆米花。莱克的团队仔细测量并量化了这些差异。他们发现了四种基本形状，认为可以用这些形状来描述四种有本质区别的生物。利用这种方法，他们把生活在高温酸性环境中的硫依赖性微生物从乌斯定义的古菌中单独划分出来。莱克把这种吞吐硫的微生物命名为"泉古菌"，并宣布它是一个独立的王国。这样一来，如果你相信他们的理论，自然界就又有四个生物王国了。此外，根据莱克的分析，泉古菌与真核生物（如我们）的关系远比泉古菌与其他古菌的关系要密切。乌斯获悉后不高兴了。

乌斯给莱克写信表达了自己的观点："你的提议只会把水搅浑。"此前一年，乌斯曾应莱克之邀到访加州大学洛杉矶分校，两人关系很融洽。但现在一切都变了。乌斯的支持者，那些和他一样热衷于古菌的德国同事（沃尔弗拉姆·齐利希就是其中的一员），对莱克的方法和结论提出了尖锐的批评，莱克也以牙还牙地批评了他们的方法和结论。乌斯直言不讳地告诉他："你对新王国不加掩饰的渴求让你扎实的科研成果大为失色。"
扬·萨普称其为"王国守护者之战"，双方不但在私人信件里唇枪舌剑，
还在科学会议的讲台上以及《自然》周刊的新闻和快报版面上交锋。齐利
希把整件事斥为"可笑的插曲"，还对乌斯说："我必须承认，我大大低
估了科学界的愚蠢和莱克的说服力。"萨普把这段争斗描写得极为激烈，
以至于我30年后在加州大学洛杉矶分校见到詹姆斯·莱克本人时，对他的
温和性情惊诧不已。

　　他身材高大，背有点驼，可能是上了年纪，也可能是多年的斗争让
他疲倦。他有一双淡蓝色的眼睛和一头浓密的灰发，穿着淡紫色的开衫和
斜纹布裤。他把我领进他的办公室，态度温柔殷勤、无微不至。那是一个
周五下午，从他的举止和神情来看，你会觉得他是一位退休的长老会传教
士，刚打完一场高尔夫球。我们隔着他的办公桌座谈。办公桌上堆满了科
学论文，上方的架子上放着一个核糖体的双色石膏模型，差不多有人类心
脏那么大。他谈到了他与乌斯的交恶和乌斯对四大王国理论的回应，似乎
还在为对方所抱有的深仇大恨感到困惑。

　　"你跟他非友即敌。"莱克说。起初，莱克支持乌斯的观点，认为
古菌构成一个独立王国。后来，情况有变，莱克的研究指出了另一种可能
性。"我把原因告诉他，可是他有点顽固不化。"仿佛有人按下了停止键
一样，他们之间的真诚往来戛然而止。莱克不但被乌斯视为学术上的竞争
对手，也被贬低为造假的捣蛋分子。莱克记得，那时的乌斯"使出一切手
段，力图毁掉四大王国理论"。乌斯争取到了其他专家的赞同，即使没有
打赢整场战争，至少赢得了这一局王国之战的胜利。

　　1987年，乌斯作为唯一作者发表了一篇厚厚的回顾性论文，对细菌进
化以及系统发生学领域的研究做了一个综述。他首先回顾了过往的微生物
分类理念，指出显微镜下获得的形态学证据一度成为微生物的分类标准。
在这节讨论中，他插入了一张全页大小的复刻版图片：海克尔的生物系统

发生树图，就是那棵根部为原核生物，上面长出三根一级巨枝的树。乌斯承认这是一棵经典且有序的生命之树，但它是错误的。接着，乌斯回顾了那些早期的分类模式，从林奈的三大界，到海克尔的三大王国，到惠特克和马古利斯的五大王国，再到莱克的四大王国。随后，乌斯宣扬了他自己的方法（通过rRNA测序结果来分类的系统发生法）和他自己提出的生命三域。"大体上说，细胞是一份历史文件，"他写道，"学会阅读它（的基因顺序）必将彻底改变我们的生物学观点。"rRNA是细胞内最好、最可靠的文本，既古老又能给我们颇多启示，因为它们出现在一切生物之中，包含许多信息，而且这些信息在漫长的时期内变化缓慢。在很久以前，早期生物就已经分化成不同王国，而rRNA包含了区分一个生物王国和另一个生物王国的证据。在提出这一论点后，乌斯又提供了一幅新的生命之树图。（如图47.1）

这棵树最值得注意的地方是它既没有树干也没有根。三条巨枝从页面中心的一个点扩散开来，就像一朵孤独的烟花在黑暗的天空中炸开后光芒四射。这种无根状态是乌斯和福克斯之前那棵"大树"的神秘圆丘的另一种表达方式：此处发生的事件不为人知，就连16S rRNA都无法向我们揭晓答案。不过，乌斯给这种混沌状态贴了一个标签。他把大爆炸导致大树诞生之前就已经存在的生物称为"始祖生物"。始祖生物应该位于三个巨枝交汇区的某处，但在图上没有具体标记。

正如乌斯解释的那样，始祖生物是一个理论上的概念。它是一个假想的实体，在人类已知的最早的细胞诞生之前就已经出现——它必须在细胞之前出现。它比细胞更简单、更无序。"始祖生物在进化的早期阶段出现的必然性，"乌斯写道，"可以由转化装置的性质推理得出。"所谓转化装置的性质，指的是核糖体将遗传密码转化为蛋白质，使生命的存在成为可能的通用性。始祖生物并不是一个1987年才有的新概念，乌斯早在10年前就已经创造了这个名称，并且在1977年这个大事频发的年份同乔治·福

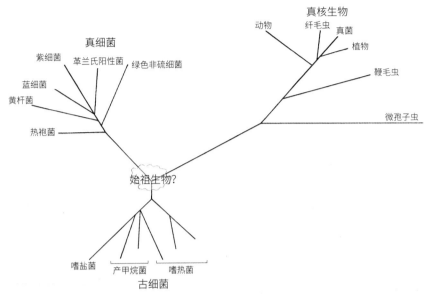

图47.1　乌斯的无根生命之树（1987，其中有"始祖生物"的字样，
由帕特丽夏·J.魏恩重新绘制）

克斯一起在另一篇论文中简要介绍过它。在发表于1987年的这篇论文里，
乌斯对它进行了详细的阐述。始祖生物是一个具有自我复制能力的有机单
位，不过它的基因组可能由RNA而非DNA构成。这个基因组编码蛋白质的
机制还不牢靠，也不精确——非常容易出错。因此，始祖生物的蛋白质体
积小、效率低。始祖生物还处于不断试错，试图发明（或者说进化出）核
糖体的过程中。"跟收音机、汽车等物件的发明一样，转化也必须分阶段
递进发展，从更原始的机制发展到现在的精确运作机制。"乌斯靠什么来
证明始祖生物的存在和性质？逻辑、假设和知情猜测。他没有始祖生物时
代的数据，没有化石，也没有这种生物的16S rRNA。他只是在思索这个话
题——在我们所知的生命诞生之前，究竟有过什么？但他的想法比其他人
更细腻、更大胆。

　　无论在地球历史的那个阶段发生过什么，最重要的结果是，某个单
一谱系，某种生物，成为三个生物王国的共同祖先。这是一个确定无疑的

结论，因为我们能够提供证据：遗传密码本身的普遍性。细菌、古菌和真核生物都使用相同的编码系统，使不同的碱基顺序与特定的氨基酸一一对应。遗传密码是它们终极的共享特性，将所有形式的生命联合在同一个祖先的传承模式之下，而这个祖先来自始祖生物。

"以今天的眼光看，始祖生物是一条进化道路的终点，"乌斯写道，"这条道路从事实开始，通过推测而发展，然后逐渐隐没于幻想。"他是在说，这是一条需要倒推的道路。"然而，在科学这方面，终点往往是起点。"他预测基因组数据的涓涓细流很快就会变成滔天洪水，他说对了，生命之树的根将会被确定下来。乌斯许诺说，我们正开始了解生物的缘起。

48

1980年年初，乌斯与福克斯即将完成《大树》论文之时，乌斯给他在慕尼黑的朋友奥托·坎德勒写了一封信。这封信的主要目的是请求对方协助他研究一个他们都非常感兴趣的课题：古菌那不同寻常的细胞壁。这是坎德勒的专长。乌斯需要电子显微照片和一些化学结构方面的帮助，以便为他计划在《科学美国人》杂志上发表的一篇文章绘制插图。写着写着，乌斯的思维发散开来，他告诉坎德勒："我们将来一定要合写一篇科学文章。我们的知识和方法是互补的。""你说，"他在信中问道，"我们要不要联合发表声明，声称古菌应该是一个独立完整的王国？"他和坎德勒还有其他人一直希望让古菌自成一域，但他们关于该话题的讨论都很随意，从来没有达成正式的分类学共识。"这个想法有点疯狂。"乌斯写道。

随着岁月的流逝和其他事件的发生，这个疯狂的想法似乎不那么疯狂了。1984年，乌斯因他在系统发生学分析和发现古菌方面的成就获得麦克阿瑟奖。1988年，他当选为美国国家科学院院士。虽然有麦克阿瑟奖的荣誉加持，但乌斯当选院士的时间相对较晚（60岁，而林恩·马古利斯45岁时就当选了），所以他仍然认为自己是一个被忽视的局外人。这样一来，他放开手脚，一如既往地野心勃勃、勇往直前、脾气乖张。此外，他有意重新审视他心爱的古菌的地位。这不仅是为了让世人承认它们构成一个独立王国，还因为他对现状感到气恼：十几年来，由于他本人的原因，古菌一直背负着一个让人误解的名字。

现在，我需要详细说明一件我之前为了简单起见一笔带过的事情：1977年，乌斯和福克斯给这些生物起的第一个名字经久不衰：古细菌。十几年来，乌斯本人、他的美国同事和德国同事，以及该领域的其他人一直这样称呼它们。乌斯、坎德勒和沃尔夫曾经在慕尼黑参加过一次大型国际会议，会后他们三人在巴伐利亚的阿尔卑斯山区喝香槟庆祝。这次会议名叫"第一届古细菌研讨会"。这个名字让乌斯越来越痛苦，因为它削弱了这种生物的独特性，暗示古细菌只是细菌的一个分支。

1989年，乌斯给另一位关系亲密的德国同事沃尔弗拉姆·齐利希发了一封关于这个问题的邮件。"随着时间的推移，这件事变得越来越明显，"乌斯写道，"我给古细菌命名时犯了一个重大错误。"它们当然不是细菌，也不是准细菌或细菌的古老前体。它们甚至不是细菌的近亲。事实上，当时已经出现了一些证据，表明古细菌与真核生物（与我们）的亲缘关系比古细菌与细菌的亲缘关系更近。乌斯向齐利希重复了他先前向坎德勒提过的建议：我们叫上几位同行，一起写篇论文，正式提议把古细菌视为一个独立王国，给它们取个新名字。

一年后，这个疯狂的想法变成了现实。乌斯、坎德勒和另一位科学家（不是齐利希）合著了一篇论文。乌斯决定向《美国国家科学院院刊》投稿。比起投给《自然》或《科学》周刊，已经当选院士的乌斯可以在这份刊物上提出更多的猜测，并且面临不那么严格的同行评审。这篇发表于1990年6月的论文题为《走向自然的生物系统》，三位作者在文中提出了几个主要论断。第一，正如标题所述，任何分类系统都应该严格遵循"自然"原则，即反映进化关系的系统发生学原则，不能为了方便记忆和教学而妥协（这是惠特克和马古利斯的偏好）。第二，生物界应当划分为三个部门，部门的等级高于惠特克的王国，也高于海克尔的王国、科普兰的王国和莱克的王国。每个部门应当称为一个域。他们选择在旧有的王国范畴之上增设三个域，而不是取代它们。这是一个独具匠心的战略，他们没有再次加入王国守护者们的战团，而是凌驾于其上。不过，我不妨顺带提一句，乌斯和坎德勒为了这篇论文爆发过一个小冲突，导火索是这篇论文的第三位合著者马克·L. 惠利斯。

惠利斯是一位年轻的微生物学家，任教于加州大学戴维斯分校，此前并不以研究系统发生学闻名。他曾于20世纪60年代在伯克利受教于罗杰·斯塔尼尔，曾在厄巴纳做博士后研究期间偶遇乌斯，也曾去伍兹霍尔为米切尔·索金主持的夏季课程讲授分子进化，从而结交索金。然而，上述这些事件或者别的事件如何导致乌斯在80年代末再次注意到惠利斯，就连惠利斯本人也不知道答案。

"这对我来说一直是个谜。"惠利斯接受我的电话采访时这样说道。他一直对所谓"王国问题"感兴趣。在他看来，将植物界和动物界分别视为一个独特的王国，让它们与所有细菌这个更包罗万象的群体获得同等待遇，明显是不合逻辑的做法。生物界需要一个全新的、更高的分类范畴，他可能在同别人谈话时提过这个想法，但他没有就此发表过任何论文。随后，他"突如其来地"收到了一份草稿，后来这份草稿变成了发表于1990年的论文。"那一天，这份手稿出现在我的邮箱里，卡尔问我怎么看。"惠利斯提了一些建议，其中就包括关于更高类别范畴的建议，随后他把草稿还给乌斯。乌斯吸收了惠利斯的许多建议，但又萌生了新的疑问，于是他把修改过的草稿再次发给惠利斯。就这样，他们信件往来了四五次。据惠利斯回忆，彼时他要求乌斯把他的名字加到论文作者栏。

乌斯表示同意，并且把这个消息告知身在德国的奥托·坎德勒。坎德勒对第三位合作者的加入感到惊讶，但他愿意接受，仅仅委婉地表达了不同意见。"我不反对马克成为合著者，"他在给乌斯的信中写道，"虽然我不认为这是合情合理的做法。"坎德勒指出，惠利斯关于更高分类范畴的建议只是"重新激活了"乌斯早已有过的一个想法。尽管如此，根据扬·萨普的说法，惠利斯还是"上了船"，得到了合著论文的署名权。萨普在他那本精彩的《进化论的新基础》（*The New Foundations of Evolution*）里就是这么描写乌斯的决策过程的。但私下小酌的时候，他给我讲了一个不那么摆得上台面的版本。

乌斯很欣赏坎德勒，但他不想让人觉得他的德国同事和他一起发现了古菌。这是乌斯的最高荣誉，他已经同乔治·福克斯分享过了，沃尔夫和鲍尔奇的贡献居次，但他不想再分享给其他人。所有的荣光应当归于他一人。萨普爱乌斯就像爱自家的天才舅舅，在撰写《进化论的新基础》期间，他和乌斯有过密切接触，但他也非常清楚乌斯的缺点。"我了解这个人。"如果三域论文是一篇里程碑性质的论文，那么在只有两个合著者的情况下，"乌斯和坎德勒就会被视为共同发现者。所以乌斯把惠利斯的名字加上，这样一来就淡化了坎德勒的角色"。

"真是异乎寻常啊。"我说。然而，科学有时就是这样运作的，而人性往往也是这样。

"是啊，"萨普说，"这就是卡尔。"

他们在论文中提出的第四个主要论断是这三个域今后应当被称为细菌、真核生物和古菌。作者们认为，"古细菌"这个词应当被从此抹去，"原核生物"这个词也应该被弃用。原核生物并不是一个系统发生学方面的类别——它是一个错误的单位，因为古菌和细菌截然不同。

当然，论文里还有一幅树状图。（如图48.1）它用简单的直线画就，但它的意蕴还是很丰富、很有争议。不同于乌斯在1987年的论文中呈现的无根生命之树，这棵树有根。乌斯最近在一些日本研究者的成果中发现了一种复杂技术（与复制那些可以上溯到远古时期的基因有关，在此我就不展开解释了），由此确定了根的位置。它的树干从一个原点垂直上升，然后分裂成两个巨枝，随后其中一个巨枝再次分化。左边的巨枝是细菌，右边的两个巨枝分别是古菌和真核生物。这种排列方式维持了乌斯从16S rRNA数据中得出的结论：包括人类在内的所有动物、所有植物和所有真菌，也就是说，所有真核生物，都源自1977年才被发现的同一个祖先谱系。这是最后一棵伟大且古典的生命之树，它权威且深刻，对科学来说是全新的，而且在某种程度上是正确的。但它完全错过了随后的生物学新发现。

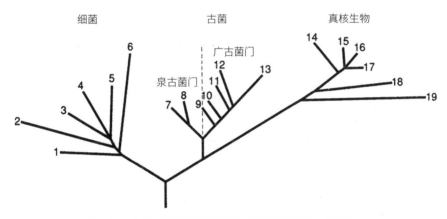

图48.1　乌斯、坎德勒和惠利斯的"自然系统树"（1990）

第五部分

感染性遗传

49

接下来，人类对水平基因转移在进化过程中所扮演的角色的认识突飞猛进。这场知识的大爆炸开始于20世纪90年代，但在此之前已经酝酿了很久。事实上，水平基因转移现象漫长而离奇的历史可以追溯到大约40亿年前，而科学界在1928年第一次认识到它有可能存在。当时，一位名叫弗雷德·格里菲思的英国人发表了一篇论文，但没有人意识到他的发现具有重大意义，就连格里菲思本人都不清楚。

格里菲思出生于英格兰西北部的一个小镇，在默西河河口下游的利物浦完成学业，获得医学学位，随后接受病理学专科培训。他在当地的一家实验室和一家医院分别工作了一段时间，在牛津大学获得了公共卫生文凭，研究过结核病。一战期间，他在伦敦加入了英国卫生部。他的鼻子长而直，眼神沉着坚定。英国卫生部的病理实验室位于大本钟以北的恩德尔街上，坐落在一栋建筑的二楼，旁边还有个厨房，楼下则是邮局。身为卫生官员的格里菲思与两名技术员以及他的同事威廉·M.斯科特共用楼上的空间。

格里菲思是一位吹毛求疵的实验室科学家，也是一位完美的公务员。他两耳不闻窗外事，一心扑在上级指定他研究的细菌性肺炎上。他不愿投机取巧，被人形容为"非常内向、独来独往、很少敞开心扉"。斯科特的研究鲜为人知，但格里菲思和他成了朋友，一直并肩作战到1941年。有人说，在他们资金不足的小实验室里，格里菲思和斯科特"用一个煤油罐和一个普里默斯便携式汽化煤油炉能做的事，比大多数人用一座宫殿能做的事还要多"。

　　格里菲思研究的肺炎双球菌（现称肺炎链球菌[1]）是一种危险的细菌，能引发严重的、往往致命的肺炎。在1918—1919年流感大流行期间，许多流感病人继发感染肺炎双球菌，这种病人的死亡人数可能比流感病毒本身造成的死亡人数还多出几百万。当时还没有抗生素，最好的治疗方法是抗血清疗法，即从接种过肺炎双球菌的马匹身上提取富含抗体的血清。这种血清可以增强病人的免疫应答，治愈病人的细菌感染。但是，肺炎双球菌至少有四种不同的类型——1型、2型、3型，以及收容了所有无法归入前三型的肺炎双球菌，因此造成了不必要的混淆的4型，因此血清也有不同的对应类型。治疗病人前，医生需要弄清楚这位病人感染的是哪种肺炎双球菌，以便选择正确的血清。这就是医疗细菌学家的任务了。20世纪20年代，格里菲思的工作任务包括区分这四种类型、研究它们的特性，以及每当国内某地暴发肺炎双球菌感染时，弄清楚流行的病菌到底是哪一型。他研究了1920—1927年的近300个病例，颇有发现。例如，伯明翰以西的斯梅西克区有很多感染肺炎双球菌的病人，但感染2型的病人少，感染4型的病人多。对追踪传播链和判断应当制备及运送哪些血清而言，这样的情报很有用。格里菲思通过检查病人肺部咳出的痰液得到数据。他有一个冰柜，里面装满了痰液样本。

　　1923年，格里菲思有一个重大发现：在已知的四种不同类型的肺炎

1　肺炎双球菌在1974年更名为肺炎链球菌，考虑到故事发生的年代，全书仍采用其旧名来指代这种细菌。

双球菌之中，每种类型的肺炎双球菌还存在两种不同的形态，一种有毒力，另一种无毒力。在显微镜下，有毒力的肺炎双球菌聚集成外表平滑的菌落，他把这种形式标记为S型；无毒力的肺炎双球菌聚集成外表粗糙的菌落，他把这种形式标记为R型。他注意到S型细菌有时候会转化成R型，但他不知道其中的原理。这也许是突变和自然选择的结果，可能是对血清的反应，也可能不是。随后他又有了第二个发现，比第一个发现还让他吃惊：在特定的实验环境下，某种类型（比如说，2型）细菌的R型可以变成另一种类型（比如说，1型）细菌的S型。什么？！肺炎双球菌似乎可以从一个物种转化为另一个物种。然而，格里菲思是费迪南德·科恩的坚定信徒，后者认为（记性好的你应该没忘记前文内容）细菌的物种是固定的、稳定的、可知的——它们不会千变万化，不能神奇地从一个物种转化为另一个物种。然而，格里菲思的确观察到了变化。他怀疑自己的实验手法，于是再次测试，得到了同样的结果。他后来书面承认，仔细排除了污染的可能性之后，一丝怀疑涌上他的心头。"我别无选择，只能做出类型转化的猜想。"他称这种现象为转化。一种形式的细菌转化为另一种形式的细菌，这真是令人费解。

格里菲思观察到的转化发生在实验室小鼠的体内。做实验时，他给小鼠注射一种或另一种类型的肺炎双球菌（如1型或2型）的两种形态之一（S型或R型），有时还注射一定剂量的血清，然后观察小鼠是否死亡。如果小鼠死亡，他就会提取血样，培养出在该动物体内肆虐的细菌，并通过显微镜确定其类型和形态。他做过许多实验，其中最发人深省的实验是给每只小鼠注射两种形态的细菌：一剂已被杀灭的S型细菌（未被杀灭时有毒力）和一剂活的R型细菌（无毒力）。他把有毒力的细菌加热到精细控制的温度，对其进行杀灭（但没有完全摧毁其生化成分）。这种实验产生了第一个有趣的结果：已被杀灭的S型细菌和活的R型细菌的混合物能导致小鼠死亡。

在格里菲思同时混合了细菌类型和细菌形态之后，更让人吃惊的实验结果出现了。在某个实验中，他将已被加热杀灭的1型细菌S型（被杀灭之前有毒力）与活的2型细菌R型（无毒力）一起注入五只小鼠。这五只小鼠几天后全都四脚朝天。格里菲思提取它们的血样，在血样中发现了活的1型细菌S型。也就是说，已被杀灭的1型细菌S型，加上活的2型细菌R型，变成了活的1型细菌S型。怪事发生了。听上去像是僵尸细菌复活了。要么是这个混合注射物让有毒力的1型细菌起死回生，要么是已被杀灭的1型细菌以某种方式将活的2型细菌转化成自己这一型。然而，我们并非生活在一部科幻电影中，这两个选项都不应该存在。

在一篇关于肺炎双球菌的长篇论文里，格里菲思试图解释这个现象。在他看来，活的细菌"实际上利用死细菌的某些部分"来产生毒力。怎么做到呢？嗯，也许被杀灭的细菌S型的残骸充当了某种"食物"，活的细菌R型吸收它之后就有了毒力。他用词含糊，说明这些奇特的实验结果很难解释，甚至连他本人也发愁。不过，无论含糊与否，他的解释大致上没错。

在论文的总结部分，格里菲思根本没对"食物"的具体成分做任何猜想，这位稳重的、注重实证的政府雇员仅仅罗列了研究结果。排在首位的结果是：斯梅西克区的2型肺炎发病率已经下降，但1型肺炎的发病率保持稳定。在接近尾声处，他写道：哦，顺便说一下，已被杀灭的细菌似乎能把活菌从一种类型转化为另一种类型。

格里菲思再也没有进一步探讨过这个话题。根据一种说法，他似乎对转化现象不感兴趣，甚至觉得恼火（因为它与物种固定性相矛盾），于是决定不再理睬这一现象，把它"留给化学家"去解释。他的研究方向从肺炎双球菌转向其他细菌。在47页对实验的精确描述中，他一笔带过地提到了细菌转化。然而，正是因为这句话，他的论文被广为阅读并且影响深远，一位历史学家称之为"一颗掉在导火线已经点燃的炸药包上的炸弹"。其他研究者（不止化学家）从他手里接过了探索的接力棒。格里菲思一直都不知道那神秘的"食物"究竟是什么。其他科学家在他身后才探明真相。

至于格里菲思本人，他很低调，无意在科学界出风头。他很少参加会议或发表演讲。1936年，国际微生物学大会在伦敦召开，格里菲思"可以说是被强行拉进了一辆出租车"，否则他都不会到场，尽管他承诺过要发言。他一辈子单身，一度与病理实验室的老友兼长期同事威廉·M. 斯科特合租一套位于伦敦的公寓。1941年4月，德军轰炸伦敦期间的一个晚上，那间公寓直接被击中，格里菲思和斯科特同时丧生。《英国医学期刊》为他刊登了两段话的讣告，没有提到转化。

图49.1 "非常内向、独来独往、很少敞开心扉"的医学微生物学家弗雷德·格里菲思（他在20世纪20年代末发现了一种神秘的"食物"，它可以使活细菌转化为另一种细菌）

50

格里菲思的长论文发表于1928年1月。他以严谨著称，但他的发现似乎太过离奇，其他细菌学家至少在一两年内仍不敢信以为真。少数人重做过他的实验，希望验证或者驳斥他的发现。结果证明：是的，没错，转化确实发生了。但是，格里菲思说的"食物"，那个源于已被杀灭的细菌、让活细菌改变身份的东西，究竟是什么？它会如何揭示遗传的本质？

这些问题是在特定的背景下产生的。在20世纪初的遗传学领域，"基因"一词用得很多，但没有人真正理解它的含义。它是一个诞生于1909年的抽象概念，代表某种决定遗传性状的实体。

那时的遗传学家们怀疑基因位于细胞内的染色体中。他们可以在显微镜下观察到染色体，但是无法观察到基因本身。基因是实际存在的、像串珠一样排列在染色体上的离散化学单位吗？还是如同达尔文（错误地）猜测的那样，每个"基因"只是一些测出来的量或波动过程的净效应？迟至1934年，利用果蝇作为实验材料，开创突变和遗传研究先河的美国著名遗传学家托马斯·亨特·摩根还在他的诺贝尔生理学或医学奖获奖演说中表示："基因是什么——它们是真实的还是纯属虚构的？关于这一点，遗传学家们并未达成一致意见。"摩根补充说，这并不重要，因为"在基因实验的层面上"，无论基因是否真实存在，结果都一样。他指的是他那一派的基因实验，这些遗传学家关注基因在染色体上的相对位置，以及这种定位如何影响有性繁殖过程中的新组合。

然而，随着洛克菲勒医学研究所的医学研究员奥斯瓦尔德·埃弗里和其他人更仔细地研究诸如细菌等无性繁殖的生物的转化现象，这个问题逐渐变得重要起来：基因是一种实际存在的东西吗？还是说，它仅仅是一个虚幻的、用于指代遗传功能的名词？如果真有一个携带可遗传变化的"食物"，那它的配方是什么？如果遗传物质是一种有形的东西，一种化学意义上的实体，那它是由哪一种或哪几种分子构成的呢？

这方面的研究打开闸门后，占主导地位的假说认为基因是由蛋白质构成的。还记得吗？蛋白质是由不同的氨基酸连成链状组成的长分子，不同蛋白质之间的氨基酸排序有很大差别，这种差别为我们使用线性信息给生物的性状编码提供了巨大的可能性。（我在前文中介绍弗朗西斯·克里克和他发表于1958年的论文时提到过这一点，他建议用蛋白质来绘制系统发生树。）事实上，"巨大的可能性"这个说法尚属轻描淡写。作为生命基本成分的氨基酸共有20种，假设我们以各种可能的方式将它们混合并给它们排序，你可以计算一下它们能够构成多少种由300个氨基酸组成的分子——你会算出一个天文数字来。这对遗传学来说已经足够了。

另一种假说认为核酸可能与此有关。核酸，也就是我们熟知的DNA和RNA，是生物体内的四种生物大分子之一（另外三种分别是脂类、糖类和蛋白质）。但核酸似乎没有足够的化学复杂性和变异性，无法担起万能字母表这一重任。

让我们以DNA为例。在20世纪初，DNA的结构还不为人所知，但它的成分已经清晰：脱氧核糖、磷酸，以及用A、C、G、T这四个字母指代的四个碱基。这些成分能够组成的结构似乎称不上天文数字。事实上，直到20世纪，关于DNA结构的主流假设仍过于简单化。人们假定四个碱基在DNA中等量存在，并且以固定的序列不断重复，如ACTG-ACTG-ACTG-ACTG。这就是为什么直到20世纪三四十年代，DNA依旧被生物学界那些天资聪颖的意见领袖视为"无趣的分子"或"愚蠢的分子"。DNA被低估了，生物学界对它的评估出错了。这就像阿尔伯特·爱因斯坦的父亲对儿子有着错误的期待一样——他督促这位时年16岁的高中辍学生奋起直追，力争当上电气工程师。

还有一种中间观点，认为遗传物质可能同时结合了蛋白质和核酸——蛋白质提供代表变异的字母表，而DNA则起到某种支持作用。这或许可以解释为什么染色体中有那么丰富的DNA。没有人真正知晓谜底，几十年来，人们的观点一直在变。解决这个问题的工具还不存在，方法尚未问世——或者更准确地说，富有想象力的人还没有登场。这个人就是奥斯瓦尔德·埃弗里，他即将走上这个充满不确定性的舞台。

埃弗里是早期的分子生物学研究中又一位性格古怪且不畏艰难的典范人物。他的故事开始于加拿大新斯科舍省的哈利法克斯。我们的故事讲着讲着就会重返这里，正如我们会一次次重返厄巴纳。埃弗里于1877年在哈利法克斯出生，是一个充满宗教热情的英国人的次子。他父亲脱离英国圣公会，加入福音浸信会，成为牧师，后来感应到神圣职责的"召唤"，于是带着全家人移民到了加拿大。十年后，另一个"召唤"把他们一家带到了纽约的下东区——他父亲决定在包厘街的海员教堂里布道。埃弗里和他的哥哥喜欢上了音乐，学会了吹短号和圆号。每逢周日，这两个年轻人就会站在教堂外，吹响手中的乐器，招揽路人入内聆听布道，为家族事业出力。这听起来就像喜剧电影《红男绿女》里的场景：两个孩子站在包厘街上，高喊"来吧，来吧，别忙着喝酒"。埃弗里15岁的时候，他的哥哥生病死了，他的父亲埃弗里牧师也死了——对这个家庭来说，这一年可谓祸不单行。但埃弗里本人，这个稳重的次子，想方设法上了预科学校，随后前往科尔盖特大学就读。他的弟弟罗伊·埃弗里最终也在他的引导下研究起了细菌学。

在埃弗里留存至今的那些相片中，最早的一张是在他6岁的时候拍下的。那时他是一个天使般的男孩，有着大大的眼睛。时光穿梭，照片中的他变成了一个额头高高隆起的成年男子，想必非常聪明。后来，照片中的他头发渐渐稀少，就好像不全秃不足以证明他的高智商。他的嘴不大，总是抿得紧紧的。在科尔盖特大学就读期间，他在乐队里吹短号，毕业后，他回了纽约，来到哥伦比亚大学医学院读书。在这里，除了细菌学和病理学两门课，他的成绩很好。他的朋友们都叫他"宝贝"，因为他看起来像个大头娃娃。拿到医学学位后，他选择去布鲁克林的一个实验室研究酸奶细菌学等课题，也稍微研究过流感和结核病，同时帮忙做一点行政工作。六年后，埃弗里加入了洛克菲勒医学研究所，专门研究肺炎。这是夺走他母亲性命的疾病。

埃弗里实验室所在的洛克菲勒医学研究所是美国领先的肺炎球菌性肺炎研究中心。在随后的20年里，埃弗里把大部分时间都花在了研究这种肺炎上。1928年，格里菲思的论文发表后，埃弗里在晚辈同事们的劝说下逐渐把研究重点从纯医学领域转向更广泛的领域。1934年夏天，一位名叫科林·麦克劳德的年轻人加入了洛克菲勒医学研究所。他和埃弗里一样是加拿大人，在医学院上学时读过格里菲思的论文，渴望从事转化研究。当时埃弗里因为甲状腺疾病请了病假，等他销假回来上班时，麦克劳德已经自学了研究方法并且开始工作了。埃弗里支持他的选择。埃弗里本人还在康复期，体重不到100磅，但他和麦克劳德加班加点，周末也不休息。

埃弗里似乎已经察觉到肺炎双球菌的转化不仅是一个医学问题，它对广义生物学也有着巨大的影响。在接下来的几年里，埃弗里的信心日渐增强。他和他的实验室成员开始谈论"转化原理"，这是他们给那个神奇的"食物"起的名字。他们怀疑它是通过转移遗传信息来起效的。如果这个猜想能够得到证实，那么他们所说的转化原理就与遗传物质有关——不是肺炎双球菌的遗传物质，而是所有生命的遗传物质。换句话说，当他们试图确定转化原理时，他们其实是在寻找基因的实体。

不过，在洛克菲勒医学研究所，医学方面的实际应用仍然是他们的首要任务。20世纪30年代后期，关于转化的研究有点偃旗息鼓，这既是因为麦克劳德在实验上遭遇了挫折，也是因为磺胺类药物（早期抗生素）上市了。这样一来，即便医生们无法判断肺炎双球菌的类型，治愈病人也不再是个问题。如果医学界不再需要测定类型，那么肺炎双球菌的类型转换可能毫无意义——至少在医学上没有意义。麦克劳德需要发表一些实用型的论文来推进他的学术生涯，于是他把注意力暂时转移到了磺胺类药物的研究上。在此期间，整个科学界似乎没有人跟埃弗里一样强烈地感觉到转化是一个庞大而成熟的学术问题。1940年秋天，他和麦克劳德重操旧业。

为了确定转化原理，他们首先要将肺炎双球菌分离出来，还要保证分量足够多，以便对其进行化学分析。因此，除了用热处理的方法杀灭肺炎双球菌细胞，他们还破坏细胞，从细胞质中提取样本。随后，他们试图确定提取物中的哪种成分具有转化能力——蛋白质、核酸，抑或是其他类型的分子。麦克劳德承担了大部分的实验操作任务。据一位同事说，与讲求精确和条理的埃弗里相比，麦克劳德"更冲动、更不耐烦"，这或许解释了为什么他会使用乳油分离器作为离心机来扩大他们的操作规模。

他们在牛肉汤中培养肺炎双球菌，然后将培养物放进离心机，把牛肉汤和细菌分离开来，以获得浓缩的大量细菌。这是个漫长的过程，普通的实验室离心机每次只能分离一升培养物，由此得到的细菌微不足道。扩大规模可以得到更多的细胞质，从而得到更多的提取物，为化学和生物测试提供便利。于是麦克劳德想办法搞到了一台工业乳油分离器，它有一个高速气缸和若干独立的外流水龙头，可以连续处理大量培养物。唯一的问题在于它全速旋转时往往会向整个房间里喷射"充满细菌的无形气溶胶"。这可就麻烦了。低脂牛奶形成的薄雾或许没事，充满酸奶细菌的细雾也算还行，但包含有毒力的肺炎双球菌的细雾就不行了。为了解决这个问题，麦克劳德从研究所的机械车间找了一位技术人员，请他帮忙设计了一个乳油分离器外壳。这是一种密封容器，开口处用垫圈密封，再用螺栓关死，想打开的话得用撬胎棒。打开外壳之前，他们会先用蒸汽消毒外壳内壁，然后再将其撬开，舀出大量细菌，继续研究。

1941年，科林·麦克劳德离开洛克菲勒医学研究所，前往别处工作，麦克林恩·麦卡蒂成为埃弗里寻找转化原理的第二任主要合作者。他是一位受过生物化学训练的年轻医生。这时，埃弗里在同事当中的绰号不再是"宝贝"，而是天壤之别的"教授"。他还有一个简称叫"费斯"。他的研究团队几乎已经确信那个神秘的转化原理不是蛋白质。麦卡蒂设计了一系列旨在继续缩小怀疑范围的实验。1942年夏天，他和埃弗里拿出证据，表明这种物质可能是DNA。这似乎违反直觉，因为DNA一向被认为无趣、重复，是一种"愚蠢的分子"，没有携带遗传信息的能力。"我们知道这个想法会受到怀疑，"麦卡蒂后来写道，"不止一个人告知过我们这件事。"这些人当中包括一位在洛克菲勒医学研究所工作的怪脾气科学家，他同样从事DNA研究，他的实验室所在的楼层比他们高两层。他认为转化原理不可能是DNA，因为"核酸都是一样的"。面对这样的劝阻，麦卡蒂和埃弗里还是相信手头的证据。他们写了一篇论文，为其中的论断仔细设置了限定条件，但语气毫不含糊。他们声称DNA导致肺炎双球菌的转化。他们没有说DNA是基因的实质。

至少他们没有宣称DNA是基因的实质。但在1943年5月，大约在他们的工作达到高潮的时候，奥斯瓦尔德·埃弗里给他的弟弟罗伊写了一封长信，罗伊在位于纳什维尔的范德堡大学担任微生物学教授。他在信中跟罗伊提到了一些家庭事务和他即将退休的问题，随后详细描述了他与麦克劳德和麦卡蒂的工作，以及他们发现转化原理就是DNA的事实。"谁能想到呢？"他如此写道。他提到他们计划再提取一批肺炎双球菌，再做一轮纯化和测试以确认结果，然后他们会把研究成果诉诸文字。"我们的结论还没有得到证实，"他对罗伊说，"但如果我们是对的，这就意味着DNA不仅拥有重要的结构，还是能够决定细胞的特征和生化活动的活性物质。"这意味着DNA能把可预测、可遗传的变化从一个细胞传递到另一个细胞，还能以某种方式在第二个细胞中立足并多代传递，使其数量远远大于最初引入的数量。"听起来像病毒或者基因。"埃弗里写道。但他还是一如既往地审慎，不愿意说得太过火。"一步一步来，我先搞清楚转化原理的化学性质是什么，其余的就由别人来解决吧。"

接下来的几个月里，他和麦卡蒂一起撰写了论文，还把麦克劳德列为合著者。1943年11月，他们将这篇论文投稿给《实验医学杂志》。1944年2月，论文得以发表。当时32岁的麦克林恩·麦卡蒂给母亲寄去了一份复印件，其上潦草手写的一句话表达了他的自豪："就是它，我们终于确定了。"麦卡蒂夫人与埃弗里的弟弟不同，她不是细菌学家。她对这句话或这篇论文本身有何观感，文献中并无记载。这位居住在印第安纳州的母亲坐下来读过《诱导肺炎双球菌类型转化的物质的化学性质研究》吗？还是说，她只是把论文放在茶几上，说"我的孩子真棒"？也许是后者。无论如何，随着证据逐渐累积，国际生物学界得出结论：埃弗里、麦克劳德和麦卡蒂发现了基因的物理性质。

这是个好故事，一个真实的故事。但我之所以在这里讲述它，是因为他们不但发现了基因的物理性质，还获得了别的成就。

图50.1 绰号"教授"的奥斯瓦尔德·埃弗里
1944年，他和两位年轻的同事（科林·麦克劳德与麦克林恩·麦卡蒂）
发表论文，声称弗雷德·格里菲思发现的、可以导致活细菌转化的
"食物"是DNA。

51

弗雷德·格里菲思和奥斯瓦尔德·埃弗里所说的转化是水平基因转移的三个主要机制之一，也是生物学家们在过去的一个世纪里发现的最违背直觉的现象。格里菲思表明，某种神秘的"食物"可以将一种无毒力的细菌转化为有毒力的细菌。埃弗里的研究团队表明，格里菲思所说的"食物"是DNA，也即基因的物理载体。埃弗里的研究团队还证明，从破损的细菌细胞中逃逸出来后自由漂浮在环境中的DNA，也就是说，裸露的DNA，能够进入另一种细菌并引起可遗传的变化。埃弗里和他的同事们当时并没有意识到DNA的这种水平旅行不仅可以跨越不起眼的界线，在肺炎双球菌的不同类型之间游走，还可以跨越巨大的鸿沟——从一个细菌物种转移到另一个细菌物种，从一个属转移到另一个属，甚至从一个域转移到另一个域。DNA的这种水平转移导致的转化，其影响力远远不限于把一个无毒力的肺炎双球菌转化为有毒力的肺炎双球菌。

埃弗里的研究团队发表论文后的10年里，水平基因转移的另外两个主要机制也大白于天下。其一涉及细菌之间的某种"性行为"，它被称为接合。其二涉及病毒携带外来DNA进入它们所侵染的细胞，这便是转导。这两个发现都与一位杰出的青年科学家有关，他的名字是约书亚·莱德伯格。

　　莱德伯格发现被他命名为"接合"的现象时才21岁，他没有博士学位，在哥伦比亚大学医学院上学期间中途停学，来到耶鲁大学的某个实验室担任初级研究员。他使用的细菌培养物来自专攻细菌遗传学的微生物学家爱德华·L. 塔特姆，后者还指点过他的研究。他们两人都对同一个问题感兴趣：细菌之间是否会进行某种基因交换？如果不交换，它们从哪里获得多样性和可塑性，从而在不断变化的环境中进化？如果它们确实会进行基因交换，那又如何进行？基因交换通常意味着性行为，至少在多细胞生物中如此。细菌在当时被认为是无性的，它通过简单的分裂繁殖，即一个细胞分裂成两个细胞。细菌获得新基因后重新排列基因组合并适应新环境的机会从哪里来？莱德伯格被奥斯瓦尔德·埃弗里的发现所吸引——活细菌会吸收已死亡细菌的裸露DNA。这种事情是否也会发生在活的细菌之间？

　　在塔特姆的指导下，莱德伯格用他自己炮制的巧妙实验对大肠杆菌进行这方面的研究，不到一年就有了新发现：是的，活细菌之间会交换基因。他没有目睹交换的过程，但他通过推理证明了这一点。假设一株大肠杆菌含有一个有用的基因A和一个不利的基因B，而另一株大肠杆菌含有基因A的不利版本（以下称为a）和基因B的有用版本（以下称为b）。莱德伯格把这两株大肠杆菌放在一起培养，他发现，由于细菌们各自努力适应环境——有些生机勃勃，有些萎靡不振，他得到了一种携带两种有用基因（A和b）的新菌株。他不必采用复杂的技术在细菌之间进行基因移植，细菌们自己就做到了这一点。基因在水平交换后形成了适应性更强的组合。

　　"为了让各种基因有机会重组，"他在与塔特姆合著的一篇短论文中写道，"细胞接合必不可少。"重组的意思是重新排列基因或交换基因，细胞接合的意思是两个细胞临时搂抱在一起。接合的过程可能非常短暂，"速战速决"，但足以让基因完成转移。这是一种罕见事件，"100万个细胞中只有一个细胞"能得到重组后的基因组,然而莱德伯格在无数次的尝试中重现了这种效果。"这些实验意味着大肠杆菌之间发生了一个性过程。"《自然》周刊发表这篇论文的时候,他还没满22岁,不仅出道早,而且一炮走红。不过,他要等到33岁才能获得诺贝尔生理学或医学奖。

莱德伯格在纽约长大,他父亲是一位拉比[1],他是三个男孩中的老大。这个早熟的孩子如饥似渴地阅读科学史和微生物学方面的图书,在成人礼上收到《生理化学导论》(*Introduction to Physiological Chemistry*)这本教科书作为礼物,16岁就来到了哥伦比亚大学。虽然就读期间恰逢战时,他一度放下学业去长岛的美国海军医院从事临床病理学工作,但他读了三年本科就进了医学院。学医生涯刚开始不久,他就迎来了同塔特姆在纽黑文共事的插曲——时间很短,但成果丰硕,他的研究发现征服了耶鲁大学校方,后者追溯性地认定他为本校研究生,让他补了一点课之后又颁发了博士学位给他。他还没来得及收拾行囊,回到哥伦比亚大学为他的医学博士学位而努力,威斯康星大学麦迪逊分校就提供给他一个遗传学系的助理教授职位。从孩提时代起,莱德伯格就立志从事医学研究,追随巴斯德和科赫的脚步,解决临床上碰到的难题,但现在他发现自己成了一名细菌遗传学家,带薪授课、指导研究生并且做一些基础研究。

诺顿·津德是他早期指导的研究生之一。津德也是一位来自纽约的天才少年,只用三年就火速完成了哥伦比亚大学的学业,然后来到美国中西部。他在威斯康星大学麦迪逊分校的第一份工作是接手莱德伯格与塔特姆开创的研究项目,对一个新人助理教授的新建实验室里的新进博士生来说,这是很正常的安排。他的任务不是研究大肠杆菌,而是研究另外一种细菌是否也存在接合现象。这种细菌就是鼠伤寒沙门菌,与引起伤寒和食物中毒的细菌同属。津德用青霉素来区分不同的变异菌株,因为青霉素被

---

1 意为"老师",犹太教负责执行教规、律法并主持宗教仪式者。

注入细胞培养物后只会杀死正在生长的变异菌株，不会杀死处于休眠状态的变异菌株。莱德伯格的研究已经表明，分离突变菌株是了解这些菌株如何交换基因的关键一步。津德在他的沙门菌培养物中没有发现接合的迹象。相反，他检测到了一种不同的基因交换模式。在这种新模式下，根据津德的发现，只有足以确定某个单一遗传性状的一小部分DNA被转移。此外，供体菌与受体菌之间根本没有接触——遑论速战速决，连亲吻都没有。它们像站在两个面对面的阳台上的恋人那样咫尺天涯。不管携带DNA的物质是什么，它都非常小，小到可以通过一个精细的陶瓷过滤器（这便是阳台之间的传输通道的宽度）。细菌无法从这里通过。津德认识到这个通行无阻的基因载体是一种病毒——它只能是病毒，因为没有其他这么小的生物。它显然从一种细菌中拿走了一些遗传物质，然后把它们带入另一种细菌。这个过程与接合大不相同，因此津德和莱德伯格发表相关论文时给它另起了一个名字：转导。

几乎在同一时期，莱德伯格的妻子、同为细菌遗传学家的埃丝特有了一个关于水平基因转移的重大发现。她在大肠杆菌这一常见菌株上做实验，检测到了细菌之间的"性相容"和不相容系统。这个系统允许或禁止细菌"交配"，即通过接合交换遗传物质。她同样通过推理得到了相关证据。一开始，埃丝特·莱德伯格只知道相容性是由某种神秘的粒子或因素决定的，她称之为F因子。如果一种细菌有F因子（F+），而另一种细菌没有F因子（F−），那么这两种细菌可以接合，基因从一个细菌转移到另一个细菌的通道是打开的。如果两者都有F因子（均为F+），那么它们也可以接合。如果两者都没有F因子（一对F−处男处女，毫无头绪，纯洁无瑕），那么它们不能接合。这是对细菌动力学和无形世界中的基因流动的一个新见解。不过，这不是她唯一的发现。

埃丝特·莱德伯格发现，原本没有F因子的细菌，可以通过某种方式获得这种奇特的、给接合开绿灯的F因子。怎么获得呢？通过另一个机制，就是我刚才提到的转导，也即由病毒携带进入。水平基因转移的两个机制综合起效，在微生物之间移动DNA，如同内燃机的两冲程循环，令人眼花缭乱。请你深吸一口气，放松下来，听我再解释一遍：病毒把F因子——无论它究竟是什么——从一种细菌转移到另一种细菌，使第二种细菌有能力与其他细菌接合。一个F−细菌变成了F+细菌，一个守贞者玩起了性游戏。

但是，等一下，打住。你还记得吗？"性行为"只是我们对这些细菌活动的一个比喻。它在某些方面很恰当，但在其他方面却不合适。莱德伯格夫妇倾向于"性"的字面意思，他们在论文中经常谈到细菌性行为，但其他生物学家不认可这个说法，并且指出了几个最重要的区别。两个细菌的"性行为"并不涉及含有一半基因组的卵子和精子，也不涉及这两个配子的融合，而且这种行为不会导致繁殖。细菌通过分裂而不是接合产生后代。接合的最终结果是基因重组，或者说基因混合，这在艰难前行的进化过程中常常被证明是有益的，但接合本身并不产生下一代。

这一切听起来都很奇怪，因为它的确很奇怪。埃丝特·莱德伯格、她的丈夫以及另一位合著者共同发表了她的奇特发现。在论文接近结尾处，他们指出大肠杆菌之间的接合能力来自某种"感染性遗传因素"。一个月前，她丈夫在单独发表的另一篇论文里同样提到了"感染性遗传"。转导类似感染，而接合类似性行为。"感染性遗传"这个说法在生物界经久不衰。

诺顿·津德在威斯康星大学麦迪逊分校获得博士学位。1952年，他回到纽约，在奥斯瓦尔德·埃弗里工作过的洛克菲勒医学研究所担任助理教授。一年后，他发表了一篇综述论文，主题是细菌之间的基因转移这个令人困惑的现象。他试图把事情弄清楚。津德解释说，这种水平遗传共有三个机制。第一个机制是接合，由塔特姆与莱德伯格合作发现。第二个机制是转化，由格里菲思发现并由埃弗里的团队进一步阐明。第三个机制是转导，由他和莱德伯格发现（但他没有自鸣得意）。接合类似于性行为，但另外的两个机制不一样，转导更像是感染，正如莱德伯格的团队顺口一提的那样。另外的两个机制应当拥有独立的描述性类别，只属于它们的比喻。津德采用了莱德伯格的说法，称它们为感染性遗传。

图51.1 约书亚·莱德伯格发现了细菌间通过感染病毒进行水平基因转移的证据，并于1952年将其命名为"感染性遗传"

52

细菌，细菌性行为，细菌转化。死菌、活菌、有毒力细菌、无毒力细菌。细菌的DNA。人们可能会产生这样的印象：水平基因转移只与细菌有关，由细菌参与，为细菌服务。

然而，只要读过细菌学家渡边力的论著，这种印象就会不复存在。20世纪五六十年代，他任教于东京的庆应义塾大学。1963年，渡边力提醒他的科学家同行们注意细菌学领域的新发现，它们对人类影响重大，亟须引起关注——通过接合、转化或转导，某个细菌对多种抗生素的耐药性可以水平传播给其他细菌。细菌之间耐药性的传播果然变成了一个严峻的问题，在医院里尤其严重，因为医生需要使用巨量的、种类繁多的抗生素，这就导致具有耐药性的细菌菌株生存下来，感染已经生病的人。如今，世界卫生组织将抗生素耐药性视作21世纪全球健康的严重威胁之一。渡边力预见了这一天的到来，他明白为什么这种耐药性会传播得如此之快、如此之广。他采用津德和莱德伯格夫妇所用的术语，称其为"感染性遗传的一个例证"。

在二战刚结束时的日本乃至全世界，抗生素耐药性是一个十分严重且日益恶化的问题。抗生素方面的伟大革命本应驯服一系列疾病，例如细菌性痢疾，然而这些疾病再次夺走了人们的性命。20世纪30年代末，第一批磺胺类药物诞生，旋即就有报道称一些细菌菌株对其产生了耐药性。1928年，青霉素被发现，1942年，人用青霉素诞生。它一开始是对付各种葡萄球菌的强大武器，但到了1955年，耐青霉素的葡萄球菌菌株不断涌现（在医院中尤其丰富），席卷了从悉尼到西雅图的广大地区。1959年，甲氧西林上市。它受到高度重视，据信可以杀灭耐青霉素的各种葡萄球菌，特别是金黄色葡萄球菌。然而，细菌对甲氧西林的耐药性也很快出现，并迅速蔓延。到了1972年，耐甲氧西林金黄色葡萄球菌在英国、美国、波兰、埃塞俄比亚、印度和越南都引起了关注。到了21世纪初，与艾滋病相比，耐甲氧西林金黄色葡萄球菌每年在美国造成的死亡人数更多。尽管人们成功地遏制了耐甲氧西林金黄色葡萄球菌在医院的一部分传播，但近期的统计数字仍然不容乐观：美国每年有超过2.3万人死于耐甲氧西林金黄色葡萄球菌，全球每年有70万人死于无法阻挡的细菌菌株感染。

这种严峻的、代价高昂的耐药性趋势不仅来源于使用抗生素，还来源于愚昧地、不必要地、不计后果地过度使用抗生素。例如，医生迎合病人，为那些相信抗生素能治愈病毒感染的人开出抗生素处方。（抗生素只对细菌起效，对病毒的作用为零。这就像你试着用一束手电筒的光柱来冲洗车道上的尘土。）另外一个原因是抗生素在农业中的使用。农民们经常给家畜喂食低剂量的抗生素，因为这会在某种程度上加快它们的生长速度。最近一年，美国售出了超过3200万磅畜用抗生素（即针对危险的细菌和真菌的药物），大部分用于促进可食用动物生长和对可食用动物进行预防性喂食，无论这些动物是否患病。在全球范围内，畜用抗生素的总消耗量大约为1.26亿磅，多数畜用抗生素进入了牛、鸡和猪的体内，其中的大部分药物在人类医学方面也占据着重要地位。

在这个世界上，进化的压力是巨大的，细菌要么获得耐药性，要么死亡。然而，这一趋势中最令人震惊的地方在于耐药性的传播速度之快，以及获得多重耐药性的细菌种类之多。所谓多重耐药性，是指细菌对大批不同的抗生素产生耐药性。多重耐药性的危险之处在于无论医生开什么抗生素，无论病人用什么药物，细菌对病人的皮肉、血液或内脏照吃不误，有时甚至会导致病人死亡。当然，对细菌菌株来说，只要它能及时感染其他受害者，首发病人的死亡并不影响其传播。在20世纪40年代和50年代，细菌对每种药物产生耐药性的速度非常快，而且每次的事件都是独立发生的。这种现象无法用达尔文理论中那些缓慢的突变、自然选择和普通遗传过程来解释。达尔文式的自然选择当然也发挥了作用，但这种自然选择只能作用于变异，也就是个体之间的遗传差异。变异的来源是什么？单纯的突变无法解释为什么细菌中会出现这么多新基因，为什么它们出现得这么快，以及为什么它们会出现在这么多种不同的细菌里。一定有其他原因，某种即使在不同物种的细菌之间也能快速地水平移动的东西。渡边力在他和其他日本同事的研究基础上给出了另一种解释，并首次用英语将其阐述出来。

　　日本对抗生素耐药性的研究始于二战后，起因是该国的细菌性痢疾病例数量上升。细菌性痢疾是一种导致血性腹泻和其他症状的肠道疾病。战后资源匮乏、民众流离失所和卫生保健服务的中断可能加剧了这一趋势，但其近因是一种细菌——痢疾志贺菌。起初医生们首选的治疗方法是使用各种形式的磺胺类药物，但痢疾志贺菌菌株很快就对它们产生了耐药性，于是医生们转而使用新的抗生素，如链霉素和四环素。到了1953年，痢疾志贺菌菌株对这两种药物也表现出了耐药性，不过每一种细菌菌株只对一种药物产生耐药性，其他抗生素仍能起效。1955年，一位日本妇女归国后被检测出患有细菌性痢疾，她粪便中的痢疾志贺菌经检测对多种抗生素有耐药性。从此，痢疾志贺菌的耐药性迅速蔓延，速度之快令人震惊。20世纪50年代末，日本暴发了细菌性痢疾大传染，罪魁祸首是对四类抗生素（磺胺类、链霉素类、四环素类和氯霉素类）产生耐药性的痢疾志贺菌超级细菌。这些菌株只靠增量突变——每次只有A、C、G、T之一错位——就能如此迅速地获得多重耐药性吗？发生这种情况的概率太低了，如果分子为1的话，分母的1后面要写28个零才行。但如果不是由于增量突变，真正的原因究竟是什么？

当研究人员发现这种现象并不限于痢疾志贺菌时，他们心中的警铃更加响亮了。他们从含有耐药的痢疾志贺菌的患者身上提取大肠杆菌，发现一部分大肠杆菌也对同样的药物表现出耐药性。这说明大肠杆菌也参与其中。在患者的肠胃深处，一整套耐药基因显然已经水平移动，从一种细菌转移到另一种细菌。两组日本研究人员随后分别在他们的实验室中重现了这一现象，结果显示在烧瓶或培养皿中一起培养的细菌菌株之间也有类似的转移。他们得出结论：多重耐药性是通过接合传递的。是的，发生移动的是一个可观的基因包，而不仅仅是一小部分DNA。此外，这种交换不仅限于痢疾志贺菌和大肠杆菌。肠杆菌科是生活在人类肠道里的细菌大科，对这些细菌的进一步研究表明该基因包可以跨越种与种之间的界限，甚至可以从一个属跨越到另一个属。

这个能轻易跨越物种边界的基因包到底是什么？渡边力和他的同事深泽季央在早先的研究中提出过一个假设：它是一种游离基因，一种存在于细菌细胞内的自主遗传物质，不附着在细胞内的环状染色体上。这是一种极其自私的DNA，它不仅携带着组装细胞并让细胞发挥功能所必需的信息，还携带着额外的信息。它为紧急情况下可能有用的性状编码。它可以容纳多个基因，在一个细胞中存在多份拷贝。它独立于染色体进行复制，并在接合过程中向另一个细胞发送一份自己的拷贝。当一个菌株不需要它的基因时，它可能会从该菌株中完全消失；环境条件变化后，这个菌株可以从其他菌株中重新获得该DNA。哇，这种DNA的流动性也太强了。埃丝特·莱德伯格的F因子就是这样的一种游离基因，虽然她在发现F因子的时候并没有意识到这一点。游离基因这个概念直到1958年才诞生。在发表于

1963年的论文中，渡边力向科学界宣布了他和深泽季央在日语论文中已经得出的结论：对链霉素和其他三类抗生素的多重耐药性被编码在一个游离基因上。他们给这个游离基因起了个名字：耐药性转移因子。它后来被简称为R因子，与埃丝特·莱德伯格的F因子并驾齐驱。

这个R因子可以通过接合在细菌之间转移，也可以通过转导在细菌之间转移（至少在实验室环境中能够做到）。它解释了普通大肠杆菌等无害细菌如何在一瞬间跨越物种界限，将多重耐药性的基因传递给痢疾志贺菌等危险细菌。它的医学意义"目前仅限于日本"，渡边力写道，但R因子和其他相似的游离基因"可能会在未来成为一个严重的世界性问题"。这句话说得很有先见之明，但还是低估了其影响。

53

渡边力发表论文之后，日本科学界的发现传开了，不过其传播速度没有细菌耐药性那么快，传播范围也没那么广。除非你阅读过《细菌学评论》，或者与细菌遗传学家们共进过午餐，否则你可能不知道，在20世纪60年代初，水平基因转移正在把细菌耐药性这个问题扩散到全球各地。

差不多同一时期，一位名叫斯图尔特·B. 利维的美国青年听说了这件事。此时利维暂时从医学院休学，来到位于巴黎的巴斯德研究院做研究。在这里，一位日裔研究员就多重耐药性问题举办过一次非正式讲座，用以介绍他的同胞们的发现。利维在讲座结束后同他私下交流过。利维对这项研究很着迷，对渡边力尤其感兴趣。"你认识他吗？"利维问道。这位日裔研究员姓高野，同渡边力很熟。渡边力所在的庆应义塾大学在东京港区，他曾邀请高野去那里做研究。"如果你需要的话，我可以帮你写一封信。"高野说。渡边力收到信后给利维发了一封邀请信，利维又哄又骗地说服医学院允许他再次休学，以便去渡边力实验室工作几个月。这是一段影响深远的经历。

斯图尔特·B. 利维后来获得了医学博士学位。如今的他是塔夫茨大学医学院的教授，也是抗生素使用、过度使用和耐药性方面的国际权威。从他在田野作业和会议活动中留下的老照片来看，他是一个活泼的年轻人，留着一撮又大又黑的胡子。工作完成后，他会适时地露出微笑，放松身心。他的孪生兄弟杰伊也是一位医学研究者——杰伊和另外的两名科学家在各自的实验室里率先分离出艾滋病的致病病毒。杰伊一直与病毒为伍，斯图尔特则专注于细菌。1981年，斯图尔特·B. 利维和他人共同创立慎用抗生素联盟，至今仍担任联盟主席一职[1]。他也是美国微生物学会的前任主席，这是一个庞大而令人肃然起敬的组织，其成员遍布全世界。他的办公室位于波士顿唐人街附近一栋不起眼的建筑物的八楼。我去那里拜访他，听他回忆他和渡边力的往事。这时的利维博士已经70多岁了，胡子刮得干干净净，头发稀疏，笑容温和，棕色的眼睛在深邃的眼窝里显得有点伤感。回望60年代初的巴黎和东京生活，他的阅历早已今非昔比。

　　"我们在没有空调的实验室里工作，"他回忆着与渡边力共度的时光，"天气非常热，又热又潮湿。"利维的工作台在上层，可以俯视下方的实验室全景。他瞥见渡边力教授只穿衬衫做实验，"因为太热了"。时不时会有人拿起水管给教授喷水降温。渡边力个子不高，比利维矮上一两英寸，英语说得无可挑剔，对学生和博士后的态度简单直接。利维回忆说，渡边力教授会和晚辈的同事们一起骑自行车穿梭在港区的大街小巷，有时还会带三四个人去酒吧唱一整晚的卡拉OK。"我们唱英语歌时，渡边力教授便跟着读歌词，为我们充当指挥。而那是……"利维停顿片刻，让我想象教授挥舞着双臂，欢快地跟着卡拉OK机上的字幕唱罗伊·奥比森或"蜂巢"乐队的歌的画面。"那是不可思议的时刻。"几年后，渡边力到费城参加科学会议，其间住在利维父母家里，就在邻近费城的特拉华州威尔明顿市。"我很高兴渡边力教授愿意来，"利维说，"因为我莫名地崇

1　2018年8月，本书原版在美国上市，斯图尔特·B. 利维于同年退休，并在2019年9月4日离世。

拜他。"他是一位充满活力的导师，一位专注而庄重的日本科学家。他后来怎么样了？我对此感到好奇。

"他得了胃癌，去世了，"利维说，"那时候他40多岁，或者50岁刚出头。"

不过，在渡边力去世之前，利维同他合写过一两篇关于耐药性转移因子的论文。"其中有一篇是日语论文，"利维回忆道，"别问我里面写了什么。"于是我没有问。这篇论文一直没有被翻译成英语，但它有个英语标题，表明他们正在研究如何对抗耐药性感染，而他们想到的方法便是防止细菌复制其DNA。利维当时已经回到美国，继续在医学院就读，未来他会走上一条结合细菌耐药性研究与临床实践的职业道路，并且始终受到一种使命感的驱使。他的使命就是通过论著、讲座和慎用抗生素联盟来设计防御性疗法，提高人们对抗生素过量使用的概念及其后果的认识，保护世界免受超级细菌的侵害。

利维在研究中特别关注四环素耐药性，并在20世纪70年代中期领导过一项开创性的研究，追踪这种耐药性如何从家禽的肠道细菌转移给人类的肠道细菌。他的研究成果发表在《新英格兰医学杂志》上。该论文表明，如果鸡吃了掺有四环素的饲料，鸡的肠道细菌在一周内就会获得四环素耐药性。较为出乎意料并更令人担忧的现象出现了：同一地点的农场工人的肠道细菌在几个月内获得了同样的耐药性。早期的农场研究结束后不久，利维实验室找到了这些耐药细菌得以躲开四环素的原因：它们通过某种外排机制将四环素泵出细胞壁外。这种机制是由游离基因（当时"游离基因"这个词已经被其同义词"质粒"所取代）上的一个单一基因编码的。这个基因有时会水平移动，它既能携带避开四环素的基因，也能携带对其他抗生素有耐药性的基因。质粒从那时起就被人们所熟知，它是一段短DNA，有时像手镯一样呈环状，在细胞中独立于细胞染色体而存在和复制。这种独立性有利于其水平穿越到其他细胞，也可以解释针对四环素的外排机制为什么能如此快速地水平移动，从一种细菌转移到另一种细菌，从来航鸡[1]体内进入人类腹中。

利维研究不辍，同时不忘大声疾呼，让世人对细菌耐药性保持警惕。1992年，他的新书《抗生素悖论》（*The Antibiotic Paradox*）上市。书名中的悖论是指在20世纪的大部分时间里，抗生素让人类的生活变得更好，寿命变得更长，但它也让我们的细菌敌人变得更加强大。在2002年上市的修订版中，他写道："40年前，R因子的发现让微生物学家和医学家们看到了以前从未想象过的基因传播广度。在基因层面和进化层面均无甚关联的细菌物种之间可以发生耐药基因转移。"

利维补充说，40年前，时人并未充分认识到这些发现的重大意义，但它们是抗生素耐药性通过水平基因转移在全球传播的预兆。

1　著名蛋用型鸡品种，原产于意大利中部，1835年经来航港运往美国，因此得名。

54

虽然我们的肉眼看不见细菌，但细菌几乎无处不在——在我们的皮肤上，在我们的内脏里，在我们生存的整个环境中。它们纵横我们所知的生命史。这些关于细菌的访谈激起了我一睹为快的欲望。细菌的基因序列和关于细菌动力学的期刊论文都很有意思，但我渴望见到它们的真身。于是，我飞往伦敦，辗转抵达波顿当。这是一个戒备森严的科研园区，隐迹于威尔特郡乡间，位于英格兰西南部索尔兹伯里市附近，周围是连绵起伏的沼泽地和留茬地。在这里，英国典型培养物保藏中心（NCTC）坐落在高高的铁丝网后面。这是英格兰公共卫生局下辖的四大细胞系[1]和微生物贮藏库之一，其他三个贮藏库分别负责保管医学研究用的细胞系、传染性病毒和真菌，同样坐落于英格兰的乡间僻野之间。英国典型培养物保藏中心的主站点在波顿当，专门贮藏细菌。

多亏该中心和蔼可亲的媒体联络专员伊索韦尔·阿特金的事先安排，我顺利通过门岗。在戒备森严的高墙内，我看到一栋长长的、貌似狄更斯时代的制鞋厂的简朴红砖建筑，也看到一些功能性高于美感的、

1　能够传代的细胞。

金属材质的方块式建筑，其中的一部分建筑有两层楼高，以便有效利用空间。沿着金属楼梯走上其中一栋方块式建筑的二楼，我便来到了阿特金和公关部同事们共用的办公室，里面有点拥挤。这一排方块式建筑的尽头是一个体积更大的方块式建筑，其正式名称为17号楼，内部人称之为仓库。仓库里面有超低温储存设施。这是细菌们沉睡的地方，也是我在一日游行程中停留最久的地方。

作为储存样本和档案的库房，17号楼的内部隔断很精细。进门后往里走，你会依次经过安全隔离区、低温保存区和英国医学史区。英格兰公共卫生局文化收藏部的负责人朱莉·拉塞尔与我和阿特金同行。进门之后，我们最先看到的是一间间小办公室。然后，朱莉刷开门禁，向我们介绍超低温储存设施。这里的第一个大区被称为罐区，是一个类似于飞机库的空间，里面放着几十个冷冻罐——密封盖严的大钢罐，罐里装着冷却到零下190摄氏度左右的液氮。每个冷冻罐里都有大约2.5万个安瓿[1]。这些密封的玻璃管里装着冷冻的细菌，它们包装严实、标签清晰，被一层层叠放整齐。这些细菌菌株是在另外一个设施里用波顿当保管的历史菌株培养出来并封装的生产样本，其中包括许多具有重要医学意义的菌株。世界各地的研究人员可以低价购买它们供实验之用。（此前，声誉好的实验室可以向英国典型培养物保藏中心索取免费的细菌样本；现在，为了合理收回成本，研究人员需要付费购买这些样本，但英国典型培养物保藏中心会免费提供其基因组序列数据）。生产这些活性样本并将其提供给各类研究人员是英国典型培养物保藏中心的主要任务之一。该中心的另一个主要任务是储存原始菌株。毫不夸张地说，这些菌株被冻结在时间的长河里——冻结在几十年前的进化静止状态中。在17号楼的深处，这些原始菌株有它们专属的储藏室。那里更像银行金库，而不是飞机库。

1　小型玻璃容器，容量一般为1至25毫升。

两名工作人员迎上来带我们参观。史蒂夫·格里格斯比是超低温储存设施的主管，他长了一张轮廓分明的脸，握手有力，形似上了年纪且身穿黑色高领衫的"007"扮演者丹尼尔·克雷格。乔迪·罗伯茨是高级冷冻储存技术员，她是一位时尚的年轻女性，扎着五颜六色的马尾辫，既深谙储存之道也能体察细菌进化的微妙之处。格里格斯比说，这个房间里储存了大约100万个安瓿的细菌。罗伯茨打开一个冷冻罐，冷雾冉冉升起。格里格斯比解释说，这些罐子都安装有报警系统，如果它们失去电力并且开始升温——升至过于温暖的零下153摄氏度或者再往上，警报声就会响起，无论白天还是夜晚，他都得应声飞奔过来。房间内有一个独立的报警器，以保证在场人员的安全。如果环境中的氮气含量上升到某一阈值以上，另一个报警器就会警告在场的人他们有窒息的风险。这时，窗户会自动打开，风扇会导入外面的空气。他慷慨地为我演示了一番窗户和风扇的运行流程，用掉了英格兰公共卫生局的好多电。

罐区的尽头是另一扇门，门后是一个名叫17/11室的圣殿。进那里需要一种特殊的证件（阿特金的证件刷不开门禁），乔迪·罗伯茨有权限，所以我们才能入内。里面的温度控制在5摄氏度以下一点点（跟你家冰箱内部的温度一样）。这里比罐区暖和得多，但如果细菌已经在真空安瓿中被冻干，那么这里的寒意便足以长期保存这些细菌。天花板很低，左边沿墙放着八个储藏柜，里面是英国典型培养物保藏中心收藏的一些著名样本。其中包括弗雷德·格里菲思研究过的另一株细菌（它在这里的检索号是NCTC8303），还包括肺炎双球菌样本（NCTC13276），它是导致奥斯瓦尔德·埃弗里发现转化的那一株肺炎双球菌的直系后裔。研究人员将它们冻干后妥善保存在储藏柜里，以供将来参考和研究。这里还存放着一个流感嗜血杆菌的样本，许多人身上都有这种细菌，它是无害的，不过有时会引起严重的感染。1935年，青霉素的发现者亚历山大·弗莱明分离出了这个样本（NCTC4842），据说该样本来源于他的鼻子。我终于得以一睹这些细菌的真容。

　　罗伯茨打开一个储藏柜，里面放着许多纸箱。她取出一个纸箱，掀开顶盖，露出几十个精致的、万宝龙笔盒大小的软木盒子。工作人员们喜欢管这些小盒子叫"棺材"，这一说法似乎很恰当。不过它们是吸血鬼德古拉的棺材，里面装的是随时可能醒来的危险生物。"棺盖"上手写的小标签提醒人们每口"棺材"内放置着什么细菌。"棺材"里有一个玻璃外管，保护着精致的安瓿。安瓿是一个较小的管子，一端呈圆形，另一端是热封留下的针尖形状。真空安瓿内部装着细菌样本。安瓿的圆头处有一抹黄色物质，不过污渍斑点大小。这种黄色的东西大多是营养液的沉淀物，营养液是用来保护冻干后的样品的一种特殊混合液，休眠的细菌就潜伏在这种黄色物质之中。

图54.1　在英格兰波顿当的英国典型培养物保藏中心内部，一位微生物学家正在检查装有冻干细菌的真空密封安瓿。封装在这些玻璃管里的样本最多可存活50年

261

罗伯茨解释说，工作人员通过电火花来测试安瓿是否百分之百真空。如果答案是肯定的，安瓿就会发荧光。作为演示，她把电火花测试棒凑到一个小管子旁边。它真的发出了荧光，一种柔和的蓝光，表明安瓿内部依然是真空状态。她说，如果安瓿不发荧光，就意味着样品变质，只能将其处理掉。

我事先提出过要求，希望能看到一个特殊的样本、一个历史珍宝，罗伯茨同意了。她戴着橙色的医用手套，小心翼翼地掀开了一个检索号为NCTC1的样本的"棺材"。它的检索号末尾的数字是1，这表明它是1920年英国典型培养物保藏中心成立时获得的第一个样本。这是一株福氏志贺菌，一种能引起细菌性痢疾的细菌，类似渡边力在日本看到的痢疾志贺菌。细菌性痢疾可以导致肠道炎症和血性腹泻，对人类的感染剂量很低，只需要微量的菌体就能在人类的肠道中扎根和繁殖，这意味着它可以通过受污染的水或食物大面积传播。血性腹泻带来的后果可能会很严重，尤其是在没有像样的医疗护理的情况下。每年仍有超过100万人因为罹患细菌性痢疾而死亡，其中大部分是发展中国家的儿童。NCTC1样本于1915年年初采集自一名在法国被感染的英国士兵。

这名士兵是二等兵欧内斯特·凯布尔，28岁，在萨里郡东部的一个团服役。他没有照片留存下来，他本人和近亲的信息也几乎空白。正式参军前，他借宿在一个英国家庭里，那户人家家里有个学步幼童，他的遗嘱就是留给那个幼童的。凯布尔病倒后被送进法国维姆勒的一家陆军医院。维姆勒是一座海滨市镇，离加来不远，位于西线的堑壕线后方三四十英里处。该医院由维姆勒大饭店改建而成，不治疗战场伤病，专门治疗传染病。虽然凯布尔的临床记录已经不复存在，但他可能有血性腹泻和肠绞痛的症状。他被诊断为患有细菌性痢疾。1915年3月13日，当盟军在维姆勒以南100英里的阿图瓦和香槟区发动攻击时，凯布尔死了——不过他在去世前采集过粪便样本。这份样本被转交给维姆勒医院的细菌学家威廉·布劳顿-阿尔科克中尉，他从中分离出一种细菌。该细菌后来被归入福氏志贺菌，并被鉴定为血清型2A。五年后，它作为NCTC1进入英国典型培养物保藏中心。它的意义不在于它的编号名列前茅，而在于一个世纪后与它的生物学和基因组有关的那些发现。

二等兵凯布尔体内的福氏志贺菌对尚未发明的抗生素有耐药性。更准确地说，它对人类尚未发现的抗生素有耐药性。再准确一点说，1915年从凯布尔的粪便中分离出来的菌株对青霉素和红霉素有耐药性，而这两种药物分别在1942年和1952年才开始用于治疗人类的细菌感染。这种看似颠倒的因果顺序是由隶属于维康桑格研究所的一个团队推断出来的，该研究所坐落在剑桥南部的欣克斯顿村中。凯特·S. 贝克是上述团队发表于2014年的论文的第一作者。

贝克和她的同事们从英国典型培养物保藏中心购买了一个积年的NCTC1安瓿，掰开它，把尘封的细菌从时间胶囊中唤醒，让细菌复活，并对其进行培养。他们将生长中的细菌样本分别析出到几份营养琼脂培养基上，然后用各种现代抗生素挑战它们。贝克的团队发现该细菌对青霉素和红霉素这两种药物有"内在耐药性"。内在？这真是令人费解——好比在枪支发明之前，人们就有了穿防弹衣的内在癖好。怎么会有人这样做？这到底是为什么？NCTC1菌株的准备就绪状态反映了一个事实，即抗生素耐药性存在于自然环境下，因为抗生素存在于自然环境下。有些细菌会产生抗生素作为天然的武器和威慑物，用于与其他细菌竞争。同样地，耐药性作为一种进化后的性状，缓慢而自然地在细菌之间发展，用于防御此类武器。

1969年，所罗门群岛为这种现象提供了一些证据。所罗门群岛是一个位于太平洋西南部的偏远群岛，当时现代医学还没有传播到那里，所罗门群岛的居民还是"未使用抗生素的种群"。尽管那里没有实验室生产的药物，但一组美国研究人员仍然在当地的土壤样本中发现了对四环素和链霉素都有耐药性的细菌。抗生素耐药性怎么会在人造抗生素诞生之前出现？这仍旧是一个谜题，其答案可能还是要去细菌之间的自然战斗中寻找。

在所罗门群岛的案例中，当地居民体内的细菌也表现出对四环素和链霉素的双重耐药性。有一位土生土长的居民"来自最偏僻的丛林地区"，然而，研究人员发现他的粪便样本中的大肠杆菌对上述两种药物都有耐药性。耐药性是否以某种方式从土壤细菌水平转移给了人类体内的肠道细菌？虽然上述的美国研究团队无法回答该问题，但他们在1969年将这两种细菌的耐药性归因于R因子，即小质粒上的游离基因，渡边力和斯图尔特·B. 利维早已注意到了R因子的重要性。

万古霉素也是一种抗生素，它的起源故事同样可以追溯到远方的土壤之中。在婆罗洲岛的泥土里发现的细菌能够产生一种天然物质，万古霉素就是在这种物质的基础上研制而成的。1952年，一位传教士将少量的此种泥土寄给他的一位朋友，一位美国的有机化学家。这位朋友在礼来公司工作。当时这家制药公司在急切地寻找一种抗生素，用于对抗具有青霉素耐药性的葡萄球菌菌株。婆罗洲岛那种细菌产生的天然物质最初被称为化合物05865，经过提纯和稍加改良后被命名为万古霉素。人们之所以为它取这个名字，是因为它能征服[1]淋病双球菌和其他讨厌的细菌，包括葡萄球菌——就连具有青霉素耐药性的葡萄球菌也不在话下。然而，即便婆罗洲岛的土壤里没有出现耐万古霉素的细菌，日本和美国的医院里还是出现了。到了20世纪80年代末，肠球菌属的细菌具备了万古霉素耐药性。研究人员在该属的细菌中发现了多种耐药基因，而第一种被鉴别出来的耐药基因被称为vanA。由于肠球菌中含有质粒和其他水平基因转移系统，vanA

1　在英文语境中，"万古霉素"（vancomycin）与"征服"（vanquish）的前半部分相同。——译者注

进入其他种类的细菌只是时间问题，而且用不了多长时间。果然，它很快就从肠球菌跨越属界迁移到了金黄色葡萄球菌等葡萄球菌之中。

对人类医学来说，这是个坏消息。在1982年，万古霉素是对抗耐甲氧西林金黄色葡萄球菌的首选武器之一，但到了1996年，日本出现了对该药敏感性降低的葡萄球菌感染，不久之后，耐万古霉素的葡萄球菌在美国冒头。密歇根州有一位可怜的病人，他深受糖尿病、肾衰竭和慢性感染性足部溃疡等多种疾病的折磨，贡献了美国第一份耐万古霉素金黄色葡萄球菌（这是一个令人恐惧的新恶魔，其简称为VRSA）的样本，其中的一部分葡萄球菌是从他被感染的脚上分离出来的。该患者之前经历了脚趾截肢，随后因感染而接受了万古霉素等抗生素的治疗。因此，葡萄球菌的耐药基因可能是通过患者体内的水平基因转移获得的，但耐万古霉素的葡萄球菌也可能早已潜伏在医院环境里。也许它此前生活在其他经历了多重感染的病人体内，刚刚俘获过新基因。没过多久，研究人员就从宾夕法尼亚州的一名妇女身上分离出了另一种耐万古霉素金黄色葡萄球菌菌株。她本人近期没有接受过万古霉素治疗。和此前来自密歇根州的病人一样，这位来自宾夕法尼亚州的病人患有慢性感染性足部溃疡，研究人员从她的溃疡里提取出了耐万古霉素的葡萄球菌。

这两株感染足部的耐万古霉素金黄色葡萄球菌菌株都携带vanA基因，说明它们各自通过肠球菌的水平基因转移获得了耐药性。美国疾病控制与预防中心迅速发出警告，声称这种基因身手敏捷，可以从肠道细菌中转移到导致皮肤腐烂的细菌中，"因此美国很可能会出现更多感染耐万古霉素金黄色葡萄球菌的患者"。没有人的脚是安全的，尤其是那些愚蠢到在医院里赤脚行走的人的脚。

回头想想，在1915年导致二等兵欧内斯特·凯布尔丧生的细菌性痢疾似乎是这些后续苦难的预警信号。当时的人们并未理解这件事的重要性，因为人造抗生素还不存在，因此抗生素的使用和过度使用、源于自然界并迅速传播的耐药性基因等问题也不存在。凯布尔的案例只代表了这个发展过程中不显眼的一小步。它的细节并无特殊之处——一个人在战时死亡，一份细菌样本被例行存档，而它的价值直到一个世纪后才被人们注意到。凯特·S. 贝克和她的同事们重新培养了这种细菌，提取了它的DNA，并对它的基因组进行测序。他们发现其中的一些基因可以保护凯布尔的原始细菌样本不受青霉素和红霉素的侵害。这样一来，就算维姆勒的那家陆军医院有这两种药物，并且让二等兵凯布尔接受治疗，他可能还是会迎来死亡的结局。然而，时光不会倒流，我们永远无从知晓真正的结果了。

凯布尔被安葬在维姆勒公墓，而从他体内提取的福氏志贺菌菌株被送至布劳顿-阿尔科克中尉的实验室里培养，并且在经历了另外几个步骤之后被安放在波顿当的英国典型培养物保藏中心。走进低温的17/11室，打开一个柜子，拿出一个箱子，找到一口单独的小"棺材"，你就能看到上述的菌株了。这一刻，乔迪·罗伯茨正戴着橙色的医用手套，捧着那口"棺材"让我看。我低头靠近，大声读出上面的标签："福氏志贺菌，2A型，凯布尔菌菌株。"

"我们知道它还有活性，"朱莉·拉塞尔说，"因为我们有不止一个这样的'棺材'。"每个"棺材"里都装着一个安瓿，里面存放着取自凯布尔的早期细菌样本。为了更好地保存这些细菌样本，他们在1951年用最新的方法将其短暂唤醒，旋即将其冻干，然后重新放进寒冷的储藏空间。"我们还用另一个安瓿成功培养了这种细菌。"她说。为了供贝克的团队研究，他们掰开一个安瓿培养该细菌，探索它的深层身份。现在，除了这个"棺材"，拉塞尔补充说，英国典型培养物保藏中心还有一个安瓿，里面存放着来自最早的一批凯布尔菌菌株的NCTC1。他们一共还剩下两个安瓿。

"这些样本珍贵吗？"我问。

"没错，是的。"她漫不经心地说。她的意思是它们可以派上大用场。

55

20世纪60年代末至70年代初，科学家们逐渐意识到水平基因转移的影响远远超出细菌的抗生素耐药性这一问题。它不仅影响了现在的进化机制（是达尔文的进化机制，还是其他机制？），还影响了过去近40亿年中已经生效的进化机制。1968年，一位名叫依弗雷姆·S. 安德森的英国细菌学家指出了这一点。

安德森出生于1911年，来自一个爱沙尼亚裔的犹太移民家庭，住在泰恩河畔纽卡斯尔的一个工人阶级社区。对一个有抱负的英国科学家来说，在两次世界大战的间隙里艰难求学，委实算不上一个良好的起点。他在学校里展现了他的才华，赢得了医学奖学金，然后拼命找工作。他是个犹太人，因此至少有一部分职位不欢迎他。后来他加入了皇家陆军医疗队，在埃及的开罗工作了5年，追踪英军中的伤寒疫情。回到英国后，他在肠道参考实验室从事研究工作。这一国家机构的使命很明确：识别威胁人类健康的肠道细菌菌株并描述其性状。几年后，安德森就当上了实验室主任。那时，他已经是研究沙门菌属（伤寒细菌便是其中之一）等肠道细菌的专家。20世纪60年代，他成为公共卫生领域的意见领袖，很早就向公众大声警告抗生素耐药性的危险。他之所以闻名于世，既是因为他粗鲁、暴躁，在惹人生气这方面"极具天赋",也是因为他强烈反对常规使用抗生素以促进牲畜生长这一做法。在英国的细菌学家中,他很早就辨识出了渡边力及其日本同事觉察到的现象:耐药基因可以经由质粒迅速传播,从一个菌株传到另一个菌株,从一个物种传到另一个物种。仅仅因为这一点,他就已经是一个值得一提的细菌学家了,但他的贡献还不止于此。在一篇期刊论文里,安德森猜测这种转移因子"可能在细菌的进化过程中具有重要作用"。

耐药基因可以轻而易举地水平移动,这一事实暗示着决定其他性状的基因也可能在移动。因此,安德森写道,"我们不妨认为转移因子影响了细菌的进化过程"。也许进化的道路上并不只有突变和自然选择而已,也许在微生物的进化长河中,水平基因转移也起到了很大的作用。

这是一个温和的结论,但其描绘的前景具有革命性意义。进化的历史(至少是细菌这个群体的进化历史)真的与我们所接受的达尔文理论有那么大的差别吗?

1970年,两位来自细菌学中的不同领域的英国研究人员认同了安德森的推测。多萝西·琼斯和彼得·斯尼思是莱斯特大学的微生物系统学家,也就是负责给微生物命名并分类的科学家。他们与伟大的细菌分类学家费迪南德·科恩有着一脉相承的研究方向,但他们专注于利用新数据、新思维和现代方法。他们的首选方法被称为数值分类学,这个方法在当时遭到了另一个较新的分类学派,也即支序分类学派的坚决反对。数值分类学家不考虑进化史,只根据总体相似性将生物归入不同的种或种以上的分类单位。支序分类学家则认为,共同的祖先,也即共同的进化史,是唯一有说服力的分类依据。这是一场激烈且晦涩难解的争论,在此我就不赘述细节了。总而言之,1970年,琼斯和斯尼思合著了一篇相当有影响力的综述论文,题为《基因转移和细菌分类学》,其主要目的是举起水平基因转移这根大棒敲打支序分类学的脑袋。

　　他们在论文中指出，由于细菌几乎没有化石记录，支序分类学对细菌的分类效果不佳。对根据进化关系来分类的支序分类学更不利的因素在于，日本和其他国家的研究人员发现了不同物种的细菌之间发生过水平基因转移的证据。在他们的长篇论文中，琼斯和斯尼思陆续描述和记载了大部分当时已知的细菌间发生过水平基因转移的事实。然后，他们推测，一个转移到细菌中并与其水乳交融的外来基因，可能会使得该基因组更能够接受其他转移而来的基因。物种之间的壁垒可能会逐渐瓦解。"这一点又可能会有利于极度网状的进化模式，导致许多系统发生线的局部融合。"网状？它的意思是彼此连接。融合？这意味着基因从一个基因组水平跳到另一个基因组。树枝永远不会结网，永远不会融合，你该怎么把上述情况画成一棵生命之树？

　　"基因的交换很可能非常频繁，"他们写道，"细菌的进化模式比人们普遍认为的更加纠结如网。"网状，而不是树状。他们的言下之意是这样的：哎哟，这些水平基因转移把细菌分类搞得很棘手——它让我们为难，但那些可怜的、顽固的支序分类学家被彻底难倒了。

　　琼斯、斯尼思和他们的盟友们注定要输掉这场战斗，支序分类学将取得胜利并成为占据主导地位的分类方法，至少在进化生物学家当中是这样。然而，琼斯和斯尼思的论文发挥了其他作用。它让更多人认识到，水平基因转移把为生物分类和梳理进化史的工作变得更复杂了。此外，该论文是提出网状进化（生命之树的枝条相互纠缠）概念的早期科学来源之一，就算不是第一个，至少属于第一批。

56

此时此刻，我该谈谈另一个不容置疑的概念有多么不堪一击了。我的意思是，另一个表面上不容置疑的概念。人们通常认为"物种"这个概念是牢不可破的，其实不然，在细菌和古菌的领域尤其如此。不过，即使在科学家们尝试区分不同物种的植物或动物时，这个概念也有点朦胧的意味。物种之间的边界模糊不清，那些边界就像戈尔特斯牌透气防水面料一样多孔，或者说，像干酪包布[1]一样多孔。边界模糊的原因和边界多孔的结果是水平基因转移，在这种情况下，基因并非从亲代垂直传递给子代，而是在物种之间水平移动。如果基因跨越了两个细菌物种之间的边界，那这个边界还算得上边界吗？

许多人认为细菌的物种固定不变，物种之间泾渭分明。我在前文中已经写过，这种信念可以上溯到费迪南德·科恩。19世纪六七十年代，科恩在布雷斯劳大学工作期间试图厘清细菌的层级结构。他反对把细菌视为根据环境条件变化形态的生物，还找到了在固体培养基上培养不同细菌菌株的纯培养物的方法。纯培养物具有身份和形态的连续性，赋予它一个物种

1　一种柔软且编织得很松散的棉布，主要用于制造奶酪。

名称（例如炭疽杆菌）是一种合理的做法。如果你想区分炭疽杆菌（它导致人类患上炭疽病）和枯草杆菌（它导致土豆腐烂），细菌身份的确定性非常有用。罗伯特·科赫开发了在凝固的明胶表面划线分离细菌的技术，这样一来，研究人员就可以从混合样本中挑出一丁点细胞，对其进行单独培养并生成纯培养物了。科赫的实验室助手朱利斯·佩特里随后发明了培养皿[1]。纯细菌菌株生长在培养皿内的明胶或琼脂上，并且被玻璃盖子保护起来，避免空气污染。费迪南德·科恩赢得了细菌分类的这场战斗，在接下来的大约50年间一直占据上风。

然而，1928年，格里菲思表示一种类型的肺炎双球菌可以转化为另一种类型的肺炎双球菌，在此之后，人们心中"物种之间泾渭分明"的信念开始动摇。渡边力宣布痢疾志贺菌可以接受来自大肠杆菌的基因后，这种信念又遭到进一步削弱。如今，细菌分类学家们承认，痢疾志贺菌的基因组与大肠杆菌的基因组非常相似——太相似了，我们也许应当将它们归入同一个属。事实上，痢疾志贺菌的某些菌株与大肠杆菌的亲缘关系比痢疾志贺菌菌株之间的亲缘关系更近。水平基因转移的现象被发现之后，"细菌可以被干净利落地划分为不同种类"的信念进一步崩塌，远不能用起初的"让人困惑"来形容。

索林·索内亚是一位罗马尼亚裔的微生物学家，任教于蒙特利尔大学，他将细菌之间界限模糊的难题推向了逻辑的极致。1983年，他和他的合著者莫里斯·帕尼塞先后出版了法语版和英语版的《新细菌学》专著。他们在书中提出，地球上的所有细菌组成了一个单一且互相联系的实体，一个单一的物种——不，等等，甚至可能是单一的个体生物。通过水平基因转移，来自不同"物种"的基因相对自由地在这个单一的个体生物内部流动，流向任何有需要的地方。这种自由转移基因的能力，这种普遍的零部件互

1　又称佩特里皿。

换性，为细菌提供了"一个巨大的可用基因库"，从而使细菌能够良好且迅速地适应不同的环境和情况。单个细菌的基因组一般很小，比大多数真核生物的基因组小得多，其包含的基因相对较少——只有细菌生存和复制所必需的基因，几乎没有过剩或冗余的基因，不存在为特殊情况准备的可能有用的基因。这种简约性的优点在于细菌可以快速繁殖，缺点在于细菌缺乏特殊情况下所需的多功能性，但它们可以通过水平基因转移从其他菌株或物种中引入新的基因，很好地弥补这一缺失，获得细菌原本不具备的特性。因此，细菌就算基因少也照样过得下去，更不必说它们还在不断地失去或得到一部分基因（特别是质粒上的基因，也就是不附着在细菌染色体上的基因）。

索内亚和帕尼塞认为，关注动植物的达尔文所描述的进化论完全不适用于细菌。动物、植物和其他真核生物的物种主要起源于遗传隔离，而细菌之间从来没有相互隔绝过。乌龟和嘲鸫在孤岛上繁衍生息，产生变异并逐渐适应环境，慢慢分化成不同的亚种，最终形成新的物种，不能或不愿与其他种群交配。细菌不一样，它们从不间断地团结在一起。它们的基因在地球上到处水平渗出，从一个菌株渗透到另一个菌株，就像电影《变形怪体》里那个体内脉动着汁液的果冻形怪物，只不过细菌组成的实体更为庞大，而且人类无法用肉眼看到。

然而，索内亚和帕尼塞不叫它"变形怪体"，他们称它为"超级生物"，一个几乎同样诡异的名字。我需要说明一下，他们提出的这个超级生物的概念显然不同于詹姆斯·洛夫洛克和林恩·马古利斯共同提出的适用于地球本身的超级生物盖亚这一概念。根据洛夫洛克和马古利斯的观点，盖亚是一个由地球上所有的物理成分和生物成分组成的超级生物，而索内亚和帕尼塞提到的超级生物只是全体细菌的总称。这两个想法在精神层面上是相通的——它们一样宏伟、大胆且朦胧，但它们的细节和意图却有很大的不同。索内亚和帕尼塞意在描绘不同"物种"的细菌交换基因时的灵活性，但他们的超级生物并没有包含其他形式的生命。它不是地球母亲，而是世界上最大的细菌。它之所以生动，而且比盖亚的概念更有用，是因为它没有把所有生物都统一起来。它只是鲜明地对比了两件事情：细菌的基因会水平移动，乌龟和嘲鸫的基因一般不会水平移动。

帕尼塞去世后，索内亚继续在英语刊物上论证他们的创意——由所有细菌组成的超级生物。科学界对此反响不一。林恩·马古利斯喜欢这个概念，这不足为奇。福特·杜利特尔认为它"相当大胆，但论证尚不充分"，这是一个公平的判断。据他回忆，索内亚的理论和其他类似的理论"在20世纪70年代和80年代被广泛否定——它们太激进了，没希望的！"。杜利特尔本人也喜欢提出一些偏激的、具有挑衅意味的观点，所以他在2004年写下了这句怀旧而友好的评论。当时，水平基因转移是分子生物学界的热门话题，它已经摧毁了所有试图将细菌分类为边界清晰的物种，并把它们像果实一样安放在生命之树上的旧观念。

图56.1　协助证实内共生理论之后，福特·杜利特尔意识到在水平基因转移的影响下，与达尔文提出的"生命进化史形似一棵树"的观点相比，真正的进化史更加错综复杂

57

⤳ ⤳

在20世纪80年代，除了索内亚和帕尼塞，其他科学家也开始意识到水平基因转移这种奇怪的现象可能具有广泛影响。慢慢地，研究这个现象变成了一种潮流，颇有几个实验室对之青眼有加。当时，"水平基因转移"一词刚刚被创造出来（"侧向基因转移"是它的同义词），"网状进化"一说也风生水起。相关的期刊论文和综述论文不断涌现，尽管能够支撑这些结论的数据依旧非常稀少。出于与依弗雷姆·S. 安德森相似的观点，科学家们在论文中提问：水平基因转移有哪些重大意义？我们是否需要一种与之匹配的新进化理论，作为对达尔文理论的重要补充？

水平基因转移似乎在细菌中很普遍、很常见。一些研究人员甚至在其他生物中发现了（或者说自认为发现了）这一现象的身影。所谓其他生物，可能是身为真核生物的动物或植物。一种携带细菌共生体的鱼似乎把它的一个鱼基因传到了细菌基因组中。这怎么可能？一种细菌把它的DNA片段传入了被侵染植物的细胞核基因组中。细菌把基因传给植物？一种海胆似乎与另一种截然不同的海胆共享了一个基因，尽管两者所在的谱系在6500万年前就已经分道扬镳了。这就有点离谱了。研究人员发现，一种细菌，也就是我们熟悉的大肠杆菌，会将质粒上的DNA转移到啤酒酵母菌中，而啤酒酵母菌是一种真菌。啤酒酵母菌是微生物，一种相对简单的小生物，但它依旧是真核生物。研究人员声称这种真菌宿主和细菌基因的混合来自一个看起来很像细菌接合的过程，"这一现象在进化方面可能具有重大意义，因为它能促进跨生物域的基因交换"。对一个基因来说，跨生物域移动是一条漫漫长路。

1982年，《科学》周刊上登出了一篇综述论文，其标题是《基因可以在不同物种的真核生物之间跳跃吗？》。文中隐晦给出的答案是：也许可以。更好的后续数据出现之后，人们发现文中关于基因远距离移动的某些实例是错误的，但这并不影响它们的基本前提是正确的。在此之后，更多的研究人员参与进来，发现基因确实能跨越边界，在截然不同的生物之间水平移动。这种新认识超越了人们的想象，也对达尔文理论和达尔文的生命之树构成了挑战。

发表在《科学》周刊上的这篇论文指出，基因可能会在相较于细菌而言更为复杂的真核生物之间水平转移。在此之前，人们只知道基因会在细菌之间水平转移，因此认定这一观点是"显然不切实际的、绝对非正统的"。这是一种令人困惑的异常现象，有悖于某些公理或原则，对它的研究必须分两步走。第一步：这种怪事是否真的发生过？第二步：如果发生过，它有多普遍、多重要？

随着时间的推移，新的研究表明这种怪事确实发生过。例如：有一种奇特的被称为轮虫的小动物，只有包括列文虎克在内的无脊椎动物学家研究过它们，但现在整个分子生物学界都在关注它们所吸收的"巨量"外来基因。

轮虫之平凡超乎人们的想象——太平凡了，你很可能（但未必一定）会爱上它们。它们生活在水里，以淡水为主，也生活在土壤和苔藓等潮湿环境中，雨水沟和污水处理池里同样有它们的存在。在显微镜下，它们类似蛆虫，嘴似七鳃鳗，尾巴细长，但这个尾巴并不是真正的尾巴，研究轮虫的生物学家们称之为足。有些种类的轮虫可以把暂时无用的足吸回体内。这是一种可伸缩的足，足末端长有一个、两个或四个脚趾，其数量取决于轮虫的具体种类。当轮虫附着在其他东西表面或者在地面挪动时，它们脚趾上的腺体能分泌出黏性极强的腺液，增加抓地力。这些腺液很有用，如果你只有一只脚，只穿一只鞋，你肯定会想要一只带橡胶鞋底或防滑钉鞋底的伐柏拉姆牌跑步鞋。但有些轮虫却像浮游生物一样漂浮不定，它们的嘴被纤毛环绕着，看上去和七鳃鳗的嘴很像。这些纤毛能够快速移动，形成一个漩涡，将细碎的食物带入轮虫的咽喉，而这种通过纤毛的环形旋转吸入食物的方式正是轮虫名字的由来。轮虫的英语名rotifer来自拉丁语，意为"带轮子的东西"。它们吃碎屑、细菌和藻类，也吃其他微小的、可消化的地表覆盖物。一些鱼类爱好者把它们放在水族箱中，用于清洁玻璃。如果你的鱼缸条件适宜，圈养的轮虫会不断繁殖。这样一来，养轮虫又多了一个附带好处：你的脂鲤和剑尾鱼可以吃它们。纳什维尔有一家公司出售轮虫，这些轮虫可以用于养殖，也可以作为起子培养物，售价为每瓶17美元。

与蛆虫相比，轮虫更为多产。一只大轮虫可能只有一毫米长，人类难以用肉眼看清它们。虽然它们很小，但它们不是单细胞动物，而是多细胞动物。

有一个种群的轮虫非常奇特，也非常有趣。它们被称为蛭态轮虫，倾向于生活在恶劣的、多变的、有干旱风险的环境中。蛭态轮虫应对干旱危机的方式是蜷缩成脱水的休眠状态，就像速溶咖啡一样。在这种状态下，它们可以生存九年之久。等环境不再干旱之时，它们会补充水分，焕发生机。蛭态轮虫的另一个奇特之处在于无性繁殖。雌性蛭态轮虫不需要受精，就可以生出下一代的雌性蛭态轮虫。这种繁殖方式又被称作"孤雌生殖"。人们从未发现雄性蛭态轮虫的身影。根据遗传学方面的证据，蛭态轮虫已经有2500万年没有性生活了——无论用什么标准来衡量，它们都已经单身了好久。尽管蛭态轮虫无法借助有性繁殖为种群中的基因洗牌并生成新的基因组合，但它们还是找到了焕新之路。如今，它们已经分化出了450多个物种。

无性繁殖的蛭态轮虫为何具有如此丰富的多样性？研究人员根据遗传学方面的证据，推断出了蛭态轮虫的第三个奇特之处：它们有着强烈的水平基因转移倾向。2008年，哈佛大学的三位研究人员注意到了这一点。对某种蛭态轮虫的基因组片段进行测序时，他们发现了各种不应该出现的疯狂现象。更具体地说，他们发现了至少22个并非来自蛭态轮虫的基因。这些基因一定是蛭态轮虫通过水平基因转移得来的，它们一部分来自细菌，一部分来自真菌，还有一个基因来自植物。其中至少有几个基因仍在发挥作用，生成对蛭态轮虫有用的酶或其他产品。随后对同一种蛭态轮虫的研究表明，它们体内8%的基因是通过水平基因转移从细菌或其他生物那里获得的。某个主要由英国研究人员构成的团队研究了另外的四种蛭态轮虫，同样在它们体内发现了"成百上千个"外来基因。其中的一些外来基因已经在蛭态轮虫的基因组里留存了很长时间，甚至在该物种分化之前就已经存在。而另一些外来基因是某种蛭态轮虫所特有的基因，也就是说，它们最近才获得了这些基因。这意味着对蛭态轮虫而言，水平基因转移既是一个古老的现象，又是一个仍在持续的过程。基因在动物之间水平转移？人们曾经认为这种现象是不可能存在的，显然事实并非如此。

来自哈佛大学和其他地方的许多研究人员都想了解原因。最好的线索藏在我之前提过的蛭态轮虫的生存特点里——它们对干燥的耐受性，它们的无性繁殖。即使生物在干旱的环境中幸存下来，干燥本身也会对细胞膜和分子造成损害。生物学家们怀疑这种经历干燥之后再补水的循环导致蛭态轮虫的DNA断裂，细胞膜也出现渗漏的现象。鉴于它们的生存环境里充斥着有活力的细菌和真菌，以及已死亡的微生物裸露的DNA残余，蛭态轮虫那多孔的细胞膜和断裂的DNA为外来DNA进入细胞甚至进入细胞核铺平了道路。在蛭态轮虫自我修复的过程中，外来DNA被融入它们本身的基因组中。我想再解释一遍：细胞修复破碎的DNA时使用了周边环境中的材料，因此可能会夹带一些不属于原始DNA的片段。如果修补过的DNA恰好位于与生殖相关的细胞中，那么这些变化将会遗传给下一代。小轮虫们得到了这些基因，它们成熟后，又会把这些变化传给它们的女儿。因此，一个细菌或真菌基因可以变成一个动物谱系的基因组的一部分。

此外，由于蛭态轮虫通过无性繁殖的方式来繁衍，基因无法重组，因此它们特别需要这种来自外部的新基因。正如我们所知的那样，变异能够带来适应环境的原材料。时间流逝，万物变迁，没有任何谱系能够丝毫不变地传承下来。基因突变只能制造微小且缓慢的变化，每次只更替DNA分子中的一个碱基。相比之下，有性生殖则能对已有的基因进行重组。滴水不足以穿石，无性生殖简化了繁殖过程，但牺牲了生物的适应性。孤雌生殖的种群可以在短期内蓬发兴盛，但从长远来看，它们往往会灭绝。这些因果都是相关的。蛭态轮虫在数百万年的时间里进行无性繁殖，它们的基因组没有经历重组，只能通过突变制造一些变化，或许它们的很多自我革新都来自水平基因转移。

如果真是这样，那么进化的这一面出乎查尔斯·达尔文的意料，而且也不局限于蛭态轮虫这一种生物。

58

渐渐地，研究人员发现基因也能在细菌和昆虫之间水平转移。我要再次重申，人们先前认为这种现象是不可能存在的。那些狂热的怀疑论者对此大加抨击，他们坚信基因不可能从一个物种转移到另一个物种。他们认为，动物的生殖细胞系（卵子、精子和生产它们的原始生殖细胞）不受外来基因的影响，被隔离在生物学家所称的魏斯曼屏障后面。这个概念是由19世纪的德国生物学家奥古斯特·魏斯曼提出的，他认为生殖细胞系与体细胞之间存在不可逾越的屏障（"生殖细胞系"这个说法很妙，因为它暗示细胞谱系应当呈线性排列）。生殖细胞系和它们的DNA被隔离在卵巢和睾丸内，身体其他部位可能发生的基因变化影响不到它们。在这些怀疑论者看来，细菌无法穿过魏斯曼屏障，把自己的DNA片段插入动物基因组中。这是绝对不可能的。但事实再次证明，这是可能的。

2007年，年轻的博士后朱莉·邓宁-霍托普所在的团队有一个重大发现。她当时任职于基因组研究所。这是一个由J. 克雷格·文特尔创立的私人研究所，位于马里兰州罗克维尔市。文特尔是一位才华横溢、敢想敢为的遗传学家，他与一个庞大的、由公众资助的国际研究组织——国际人类基因组测序组织——展开竞争，组装出了第一个完整的（或者说接近完整的）人类基因组序列。在此之后，邓宁-霍托普加入了基因组研究所。她自己的研究本身就很引人注目。她刚从密歇根州立大学获得微生物学博士学位，与此同时，她还擅长计算生物学，也即利用计算机和数学技能分析海量的生物数据的学科。这和我在前文中提到的生物信息学本质上是一样的。迈克尔·克拉克同样是一名博士后，他毕业于纽约的罗切斯特大学，这是邓宁-霍托普的本科母校。邓宁-霍托普与迈克尔·克拉克以及他们的两位导师共同进行一项研究，试图了解细菌基因是否有可能潜入头虱和线虫等动物的基因组。在他们研究过的八组基因组中，答案全部是肯定的。

这些水平转移的细菌基因来自沃尔巴克氏体属的细菌。这是一种侵略性很强的、位于细胞内部的寄生细菌，侵染了地球上至少20%的昆虫。沃尔巴克氏菌瞄准的是动物的生殖细胞系，尤其是卵巢和睾丸中的生殖细胞。一旦沃尔巴克氏菌站稳脚跟，这种侵染就会通过雌性动物被侵染的卵子传给她的后代。然而，这种侵染一般不会通过受侵染的精子向其他精子传播，更无法从精子传播给其后代。沃尔巴克氏菌绕过上述的局限性，通过操纵宿主的繁殖结果达到增殖的目标。它们采取的手段有以下四种：一是在雄性后代孵化前杀死它们；二是将雄性后代变成雌性后代；三是引发孤雌生殖（未交配的雌性动物产下更多的雌性后代）；四是让受侵染的精子与未受侵染的卵子结合，破坏后者的发育能力。经过沃尔巴克氏菌的干预，昆虫种群的性别比例发生改变，被侵染的雌性昆虫的数量迅速增加，产生更多受侵染的后代。这便是沃尔巴克氏菌在进化过程中取得的胜利。不仅昆虫会被侵染，其他节肢动物和线虫也会被侵染，这些受侵染的动物范围很广、规模很大。由此看来，沃尔巴克氏菌是一个非常成功的寄生细菌群体。根据某个专家的观点，沃尔巴克氏菌的传播造成了在全球范围内规模极大的传染病。

当然，身为细胞内的寄生细菌，沃尔巴克氏菌不仅居住在宿主体内，还居住在宿主的细胞内，与含有DNA的细胞核紧挨着。它们并非不由分说地遇到什么细胞就入侵什么细胞，而是主要入侵生殖细胞系，所以沃尔巴克氏菌非常接近卵原细胞中的DNA分子。在卵原细胞逐步形成卵细胞的过程中，这些DNA分子会被复制，并随着卵细胞被传递给宿主的后代。这样一来，沃尔巴克氏菌就可以抓住机会，将自身的DNA拼接到昆虫的DNA中。朱莉·邓宁-霍托普和她的同事们仔细审视了来自26种动物的基因组序列。他们发现四种昆虫和四种线虫通过水平基因转移接受了沃尔巴克氏菌的基因。一种果蝇贡献了最具戏剧性的案例：它们几乎将沃尔巴克氏菌的整个基因组（其中包含超过100万个字母的遗传密码）纳入了自己的细胞核基因组。

　　这种果蝇的学名为嗜凤梨果蝇，是一种很受欢迎的实验室动物。其他研究人员已经检测过它的基因组序列，并将其对外公开。这个版本的序列略去了沃尔巴克氏菌的基因组，或许不是因为该基因组未曾在测序过程中出现，而是因为测序团队将其视作实验过程中的细菌污染，也就是说，视作一个失误。他们不愿意相信细菌基因能够转移到动物基因组中，所以在发表这份基因组序列之前，他们例行公事地把来自细菌的那部分基因组编辑掉了。邓宁-霍托普和她的合作者采取了不同的方法。克拉克在罗切斯特大学的实验室里繁殖果蝇，然后用抗生素治愈它们的沃尔巴克氏菌感染。在显微镜下，它们的卵巢没有受到侵染的迹象；因此，唯一留存的沃尔巴克氏菌的基因将是那些真正嵌入果蝇基因组中的基因。随后，克拉克将这些果蝇的DNA邮寄给在罗克维尔市工作的邓宁-霍托普，由她负责大部分的测序和计算分析工作。

　　"凡是跟动物有关的事情都由他去做，"我去参观她的实验室时，她告诉我，"凡是跟电脑有关的事情都由我来做。至于那些介于两者之间的事情，我们都会搭一把手。"令他们感到惊讶的是，他们在果蝇基因组中发现了几乎完整的沃尔巴克氏菌基因组。他们的方法是可靠的，《科学》周刊发表了他们的论文。这篇论文得到了包括《纽约时报》和《华盛顿邮报》在内的大众媒体的关注，并在基因组生物学家中收获了普遍好评。

普遍好评，不是一致好评。邓宁-霍托普告诉我，在某些圈子里，他们引人注目的、实验数据充分的研究结果被彻底否定了。我去拜访她的时候，她已经离开了罗克维尔市，来到了巴尔的摩市，目前任职于马里兰大学的基因组科学研究所，继续研究动物基因组中的水平基因转移现象。她的事业蒸蒸日上，而她本人获得了令人艳羡的美国国家卫生院的资助，正在探索水平基因转移的新路径。举例来说，她领导的研究团队最近发现了一些证据，能够证明细菌DNA水平转移到了人类的肿瘤基因组中。他们现在还不清楚这种令人眼花缭乱的现象意味着什么，但细菌DNA的插入至少有几分致癌的可能性。

在与癌症相关的研究中，她和她的同事们扫描了来自多个数据库的人类基因组序列，寻找与细菌DNA而非人类DNA相似的基因组片段。其中一个数据库名为"癌症基因组图谱"，收录了数千名患者的肿瘤基因组序列，其数据完全公开。肿瘤基因组往往与癌症患者的基因组有差异，这些差异虽然很小，但很重要，因为肿瘤细胞在复制时会发生突变。邓宁-霍托普的研究团队发现了一个有意思的现象：一些正常的人类基因组内潜伏着细菌DNA。但他们随后发现了更奇特、更令人不安的现象：肿瘤细胞中的细菌DNA数量是健康细胞中的细菌DNA数量的210倍。

人体细胞不断地接触细菌，既接触那些常年生活在我们内脏里和皮肤上的细菌，也接触那些有时会感染我们的细菌。这种亲密的毗邻关系造成了某些后果，其中之一是由邓宁-霍托普的研究团队在2013年提出来的，在他们之前没人想到这一点：裸露的细菌DNA片段（它们可能来自破碎的细菌细胞）或许经常会被整合到人体细胞（但不一定是生殖细胞系）中。比如说，细菌的DNA片段会进入人类的胃黏膜细胞或者血细胞。上文中的"整合"是指细菌的DNA片段不单单被人体细胞吸收或者被注入人体细胞，而是参与了人体细胞的DNA构建。细菌的DNA片段进入生殖细胞系之外的人体细胞，这种水平基因转移既有好的一面也有坏的一面，前者在于这种变化不可遗传，不会代代相传，后者在于它可能会引发癌症。

怎么引发癌症？细菌的DNA片段破坏人类基因组，让细胞的复制过程失控。

邓宁-霍托普和她的同事们特别研究了两种人类癌症——急性髓系白血病和胃腺癌。在白血病细胞的基因组中，他们发现了类似不动杆菌属细菌的DNA片段，该属的某些细菌具有传染性，经常在医院环境中出现。在胃腺体细胞的基因组中，他们发现了类似假单胞菌属细菌的DNA片段，该属包括铜绿假单胞菌，一种令人厌憎的细菌，它同样存在于医院和医疗设备中，因其对多种抗生素具有耐药性而特别令人胆寒。此前人们也曾认为细菌与人类癌症有关，例如，幽门螺杆菌这种肠道细菌同胃溃疡有关，彼时最简单的假设是细菌引发感染，破坏人类的DNA，有时还会导致癌性突变。邓宁-霍托普的研究团队提出了另一种假说：细菌DNA的水平转移可能会扰乱胃里、血液里或人体内其他地方的某个细胞，把它变成癌细胞。这个假说得到了基因组数据的支持，值得深入研究。一旦水平基因转移被列入疑似的人类致癌物名单，它就不再局限于微生物的神秘王国之中。

在邓宁-霍托普还忙着研究昆虫，尚未抛出上述的争议性观点之时，一些有影响力的生物学家（包括诺贝尔奖得主在内）就坚决抵制她和她的同事们在动物界发现了水平基因转移的说法。他们的反对理由可以用一句话概括："不，那都是人为现象，不可能是真的。"在科学界，人为现象指的是研究方法错误导致的假象。"一些生物学家来到我的办公室，"她说，"他们对我说：'不对，这一定是人为现象，你肯定能用其他方式来解释。'"在这些生物学家看来，动物不会发生水平基因转移，人类当然也不会。

"你有没有问过他们：'这是一个基于信仰的声明吗？'"我问道。在我看来，魏斯曼屏障似乎已经成为一种神学教条。

　　她沉吟片刻后承认，一些科学家对特定的科学观点的虔诚度确实超越了他们对宗教的虔诚度。我们可否称其为基于信仰的基因组学？"我觉得可以。"她说。

59

＊＊＊

　　我想在此提供一些背景信息，用于解释这些生物学家为何对邓宁-霍托普的新发现抱有怀疑态度。他们双方想必都清楚地记得下文中提到的这段小插曲。某些研究人员的科学主张夸大到了令人尴尬的地步，他们认为，大规模的水平基因转移不仅影响了人体肿瘤、果蝇和其他昆虫，还影响了人类的生殖细胞系。出于某些原因，这段插曲与邓宁-霍托普的故事有交集，原因之一是当她供职于J. 克雷格·文特尔创办的基因组研究所时，研究所里的四位同事为纠正这种过火的主张做出过贡献。

　　文特尔的私人测序团队和获得公共资助的国际研究组织一度展开激烈的人类基因组测序竞赛，双方经过谈判，最终宣布打成平手，保全了体面。这个国际研究组织的正式名称是国际人类基因组测序组织，参与者众多，既有政府科学家也有大学里的研究人员。双方都花了很多钱，谁也不愿意承认重复劳动造成了浪费。"测序数据究竟应当公开还是私有"也是一个具有争议性的问题。2000年6月26日，时任美国总统的比尔·克林顿在白宫举办仪式，通过一个花哨的新闻发布会宣布了这一斡旋的结果。英国首相托尼·布莱尔通过视频参会，因为英国科学家和英国提供的资源在竞赛中发挥了相当大的作用。两位政要致辞后，文特尔和国际人类基因组测序组织的代表弗朗西斯·科林斯发表了礼节性的讲话。这两个团体当时所能提供的只是人类基因组测序成果的初稿，更不用说双方的版本还有或多或少重叠的部分，但现场没有人指出这个局限性。

八个月后，2001年2月15日，国际人类基因组测序组织在《自然》周刊上发表了他们对人类基因组序列的初步测序成果。（文特尔和他的团队差不多同时在《科学》周刊上发表了他们的测序成果。完整的人类基因组序列太长了，无法在任何杂志上发表，该序列大约有32亿个碱基，如果付印的话得印成好多本书。）合著者多达200余人，排在首位的是埃里克·S.兰德，他当时供职于马萨诸塞州剑桥市的怀特黑德生物医学研究所。这种排名顺序体现了一个事实：与其他研究团体相比，由兰德领导的怀特黑德生物医学研究所贡献的遗传密码最多。正因为他是第一作者，当其他研究人员证明论文的主要结论之一即使不算大错特错，也流于轻信和夸大其词时，大多数质疑是冲着他去的。

"数百个人类基因很可能源自细菌基因的水平基因转移。"国际人类基因组测序组织的作者们写道。他们补充说，这种现象或许并非发生在最近，而是发生在脊椎动物进化过程中的某个时刻。数百个人类基因？更准确的数字是223个。兰德和他的合著者们认为，这些细菌基因不是通过垂直遗传，而是通过感染性遗传的捷径进入了我们的脊椎动物祖先的体内。他们有什么证据？这223个人类基因与细菌基因非常相似，但在脊椎动物谱系以外的某些真核生物中并不存在——酵母菌中没有，蠕虫中没有，苍蝇中没有，野芥菜中也没有。所以这223个人类基因并不是将近5亿年的进化过程中垂直遗传的结果。它们一定是最近才通过水平基因转移进入我们的祖先体内的，不是吗？

不，不一定，史蒂文·L.扎尔茨贝格在与另外三人合著的一篇论文中表示反对。该文发表于国际人类基因组测序组织的测序成果发表后不久。鉴于扎尔茨贝格与他的合著者们都在文特尔的基因组研究所工作，他们的回应带有某种微妙的竞争色彩。不过这篇论文具有独立性，发表在《科学》周刊上。扎尔茨贝格本人曾担任基因组研究所的生物信息学主任，是处理生物大数据的高手。（乔纳森·艾森是扎尔茨贝格的合著者之一，他后来成为加州大学戴维斯分校的教授，还创建了影响力极大的"生命之树"博客。）扎尔茨贝格的团队认为，国际人类基因组测序组织的作者团队犯了两个简单的错误。一是他们对脊椎动物谱系以外的真核生物基因组研究得不够多，所以没有找到"跳跃基因"；二是他们没有严肃地考虑过另一种可能性，即这些古老的基因只是从他们研究过的四个基因组（酵母菌、蠕虫、苍蝇和野芥菜的基因组）中丢失了。扎尔茨贝格和他的同事们研究了更多的数据，发现了一个有趣的趋势：他们审视过的脊椎动物谱系以外的真核生物基因组越多，细菌和人类共同拥有的独特基因似乎就越少。当他们完成研究时，原本的223个疑似来自细菌的人类基因减少到了41个。其稳步下降的趋势表明，如果他们能接触到更多的基因组序列，这个数字可能会降到0。细菌把基因水平转移给人类的说法越来越不真实了。

其他科学家，甚至是一些深度参与水平基因转移课题的科学家，都认为扎尔兹贝格的批评很有说服力。福特·杜利特尔和两位同事在《科学》周刊上写了一篇评论文章，称223个疑似来自细菌的人类基因是国际人类基因组测序组织迄今为止提出的"最令人振奋的消息"，但报告这个消息的人"可能兴奋过头了"。美国生物学家威廉·F. 马丁供职于杜塞尔多夫大学，他身材高大，以高智商、点子多和性情直率著称。他认为国际人类基因组测序组织的说法"至少夸大其词，很可能严重夸张，也许完全错误"。《纽约时报》注意到了这场"基因组战争中新近爆发的小冲突"。根据它的报道标题，关于人类的水平基因转移"引起了两大敌对科学阵营的激烈辩论"。史蒂文·L. 扎尔茨贝格对《纽约时报》的记者说，他对国际人类基因组测序组织报告了223个疑似来自细菌的人类基因感到惊讶，但当他沉下心来阅读该论文时，"我立刻想到这个结论很可能是错误的，因为这种方法根本就是错误的"。《纽约时报》也联系到了埃里克·S. 兰德，他不承认自己错了，但同时拒绝坚称自己是对的。

这就是科学的发展过程：科学家们一路走走停停，有人提出主张，有人提出批评，更好的数据推导出更新的答案。对兰德和国际人类基因组测序组织来说，这223个人类基因引起的争议不是什么灾难，也不是什么丑闻，甚至算不上颜面扫地。这场争议起到了纠正偏差的作用，它促使科学家们保持更加谨慎的态度和更加开阔的思维，这种矛盾的结合才能带来真正的科学进步。它提醒我们，基因从细菌（或其他微生物）水平转移到人类基因组的猜想令人难以置信，是对我们的身份认同的侵犯。如果想证明它的正确性，证据必须达到高标准才行。这则关于223个人类基因的小插曲还有另外一点值得一提：它并不是这场讨论的终点，而是起点。

第六部分

树雕

60

　　威斯康星州的恩巴勒斯镇位于沃索和格林贝两地中间。1907年，一个名叫约翰·克鲁萨克的人在该镇附近的土地上种下了一些桦叶槭树苗，此后他不断精心修剪，终于让它们长成了椅子的形状。

　　克鲁萨克是一位银行家，也是一位农场主（或者说，他是一位兼业银行家的农场主）。他的爱好是用漂流木[1]制作家具。某天他一时兴起，决定挑战自我，培育出一把"活色生香的椅子"来。据他儿子回忆，他对一个朋友说："总有一天，我要种出一件家具来。它会比所有人造的椅子都好、都坚固。"1908年，他动工了。他种下若干桦叶槭树苗，对树干和树枝进行弯曲、塑形、绑扎和嫁接等一系列操作，让它们按他的设计生长。嫁接成功了，那些树干交错生长在一起。克鲁萨克修剪掉所有与他心中的蓝图无关的枝干。四年后，他把树干的数量截除到只剩四根，它们构成了逐渐成形的椅子的四条腿。嫁接的部分继续融合并生长，椅腿、横木、后背和扶手变粗了，椅子的结构变得更加坚固。1914年，他把椅子树的四根树干沿地面砍断。随后，他安坐其上，心满意足，享受着这一刻成功的

1　被海水冲上岸或在水中漂流的木头。

喜悦。一年后，克鲁萨克的椅子在旧金山举行的巴拿马太平洋万国博览会（又名1915年世界博览会）上展出。"信不信由你"系列报纸专栏的记者罗伯特·里普利对这把园艺椅进行了报道。有人向克鲁萨克出价5000美元买这把椅子，他拒绝了。这把椅子在他的家族里代代相传。久而久之，它被装进有机玻璃柜，成了威斯康星州恩巴勒斯镇的一家家具公司的标志性装饰。

尽管约翰·克鲁萨克的点子和手法都别具匠心，但他在创造这把椅子的过程中并没有发明任何新奇或深奥的技术。嫁接是园艺领域的常规做法，人们至今仍在使用。栽培果树时，人们通常在一种类型的砧木的上半部分嫁接另一种类型的枝条（后者又被称为接穗），像拼接绳索一样将接穗插接到砧木里。你把砧木的表皮划开，将接穗插入其中，使两者的维管形成层（内有维管组织）接触，并用胶带包扎该区域，然后静静等待。人们一般会选择耐寒、抗旱、抗病的品种作为砧木，也可能会选择矮化的品种，这样树就不会长得太高。至于接穗，人们会根据果实的种类和质量来选择其品种。作为接穗的西柚枝条可以在橘树砧木上嫁接，作为接穗的商品梨枝条常常嫁接在榅桲砧木上。两个维管形成层接触后，维管组织互相连接，这样一来，嫁接就成功了。砧木中的水分和养分从此可以上传给接穗，光合作用产生的糖类也可以从叶子传给砧木，两棵树合二为一。

嫁接现象也可以在自然环境中发生，但很少见。这就是所谓"吻合"，其对应的英语单词inosculation来自一个意为"亲吻"的拉丁语动词。两棵树的枝条或树干相互摩擦时，它们的树皮可能被刮掉，形成两处擦伤，于是两个维管形成层坦诚相对。有时候，这两个维管形成层会"接吻"并融合在一起。许多情况都有可能导致吻合：树木的枝叶繁茂，树木之间存在生长竞赛，树木在风中相互摩挲。这些情况不常见，但确实存在。同一棵树上的两根树枝不会发生吻合，或者说只有在最罕见的情况下才会吻合。一棵自然生长的树，它的树枝会分杈、向外伸展、向光生长。

树木的枝条会分权。我之前已经写过，此处再重复一遍：上升的一切并非必将汇合。橡树上的巨枝不会合并，三角叶杨上的枝条不会合并，梧桐树上的小枝也不会合并。

　　这就是实际的树木和生命之树的区别。所以，在20世纪90年代，随着水平基因转移新证据的不断积累，生命之树的概念变得越来越不尽如人意，受到的质疑越来越多，因为"树"的形状不能正确反映进化的过程。不管你是否相信，任何一棵树的枝条如果长到一起而不是分权，都会给人一种诡异和不自然的感觉。

61

最早反映这种不规则现象的生命之树，可能来自康斯坦丁·梅列施柯夫斯基在1910年为一篇论文补充的共生起源插图。是的，又是那个疯狂的俄国恋童癖。这棵树上有一条条倾斜的虚线，它们从一条巨枝通向另一条巨枝，描绘了细菌跨界进入真核细胞谱系，给复杂细胞添加叶绿体的过程。1970年，林恩·马古利斯出版了《真核细胞的起源》，并在本书卡通化的卷首插图中用虚线表达了同样的观点。在叶绿体之外，她还展示了线粒体和波动足的跨界流动过程，认为两者均起源于细菌（她关于线粒体的看法是正确的，关于波动足的看法可能是错误的）。虽然这些内共生的案例并不涉及狭义的水平基因转移（也就是人们现在对水平基因转移的主流理解），但从更广泛的意义上来讲，它们也与水平基因转移有关。细菌的完整基因组由此进入了真核生物谱系，在那里承担新的功能并创造新的可能性。然而，这些重大的内共生事件（不管你认为有两件还是三件）发生在非常遥远的过去。它们是一种罕见的接合，不是一个持续的过程。或许是出于这个原因，也可能是出于其他原因，科学家们没有重新考虑生命之树这个隐喻。

举例来说，1990年，卡尔·乌斯在与坎德勒和惠利斯一起提议的自然系统树中完全忽略了跨界。这棵树基于他最喜欢的16S分子及其在真核生物当中的等价物18S分子。至于其他基因何时何地可能会水平移动，他觉得没有必要考虑这个问题。因此，乌斯的树有分权，但其枝条没有任何要合并的迹象。然而，20世纪90年代后期，进化史中水平基因转移的概念发生了巨大的变化——这样一来，描绘这些观念的图解也随之发生了变化。

推动这种变化的因素之一是DNA测序方法和工具的巨大改进，以及由此带来的新基因组数据的爆炸性增长。早在20世纪70年代，乌斯和他的团队就已经通过危险、有毒和烦琐的步骤推断出了少数RNA片段的序列。尽管这些步骤匠心独运，但与90年代中期精简且自动化的测序操作相比，它们就像石器时代的篝火般原始。国际人类基因组测序组织创始于1990年，我之前提到过，该组织规模庞大，参与者既有政府科学家又有大学研究人员。在大笔资金、医学方面的新发现和人类对自身的无尽迷恋的帮助下，其研究技术得以不断改进。该组织同J. 克雷格·文特尔的私人测序团队的竞争也起到了促进技术改良的作用，因为竞争使得双方都很注重基因组数据的生产速度，文特尔的团队还需要考虑成本效益。于是，高级的新机器和巧妙的快捷方法层出不穷。（卡尔·乌斯也购买了一台新机器——ABI 370A，由美国应用生物系统公司制造，是1986年最先进的机器，但乌斯实验室的成员始终未能开机成功。）

这些测序方法和测序工具也被用来给非人类基因组测序。无论是作为实操练习，还是为了纯粹的科学，这样做都收益颇丰。随着时间的推移，基因组测序变得更快、更准确，其成本也越来越低。对这项浩大的任务来说，除了技术难度和成本，另一个制约因素就是计算机能力。组装一个庞大的基因组并分析其中的内容需要运算速度快、处理能力强的计算机。在计算机的运算速度大大加快，组装基因组的方法也得以改进之后，这一制约因素也消失了。

微生物基因组比人类基因组小得多。在自动化测序的早期阶段，小基因组没那么令人望而生畏，还提供了证明原理的机会。文特尔的团队采用全基因组鸟枪测序法，检测随机抓取的基因片段的序列。只要抓取的片段足够多，它们合起来就足以构成整个基因组。随后，研究人员根据这些序列的重叠情况将它们组装在一起。这就像玩拼图一样：你看，这里有一片蓝天，它似乎与那片蓝天相匹配，咱们把它俩放在一起，看看是不是合适。拼上了！这个方法比国际人类基因组测序组织采用的方法更快捷。于是，1995年，文特尔联合基因组研究所的同事们以及来自约翰·霍普金斯大学和别的地方的合作伙伴们，共同公布了第一个完整的独立生物（即比病毒更大、更复杂的生物）的基因组。这个独立生物是流感嗜血杆菌，我在波顿当看到过同一种细菌，就是从亚历山大·弗莱明的鼻孔里提取样本，随后从样本里培养出来的菌株。文特尔和他的团队发现该基因组有1 830 137个字母长，并且尽最大可能通过全基因组鸟枪测序法识别出了每一个字母。他们的报告登上了《科学》周刊的封面。

　　第二件大事发生在1996年4月：另一个团队宣布他们成功测出了啤酒酵母菌的基因组序列。对我们来说，啤酒酵母菌听上去可能没什么激动人心之处。它不是有超凡魅力的巨型动物，但它是一种真核生物，而此前从未有人完整测出真核生物的基因组序列。所以，啤酒酵母菌基因组比所有尚未测出的全基因组序列更接近人类基因组。它也比一般的细菌基因组体量更大。当时，人类基因组测序竞赛正热火朝天，文特尔带领的这帮人在一条赛道上，而国际人类基因组测序组织在另一条赛道上，双方之间的气氛极其紧张，更不必说啤酒酵母菌基因组又有上述鹤立鸡群之处。也许正因如此，这个远离主赛场的国际团队，也即第三个团队，还没等正式的论文刊登在科学杂志上，就急着把他们的成果通过新闻稿公之于众。嘿，看啊，我们已经测出了一个真核生物的基因组序列！——至于相关细节，我们很快就会公布的。他们公布新发现的速度加快了，竞争的热度也升温了。

　　仅仅四个月后，1996年8月，文特尔和他的大批合作者再次引起人们的注意——他们公布了第一个古菌域成员的完整基因组。古菌是卡尔·乌斯定义的生命三域中的第三域。这个古菌叫詹氏甲烷球菌，是一种嗜热且产甲烷的微生物，最早是从太平洋底部的沉积物样本中分离出来的。在东太平洋海隆[1]附近，某个海底热泉旁边的海床上，一个无人潜水器铲起了这个样本。该海底热泉有8000多英尺深。跟当时已知的大多数古菌一样，它是一种来自极端环境的奇怪的小生物。乌斯作为占据荣耀位置的资深合著者（在40人的作者名单中，他排在倒数第二，仅次于文特尔）出现在宣布这一成就的论文上，该论文同样发表于《科学》周刊。说服文特尔开展这项测序工作的人便是乌斯，乌斯在厄巴纳有许多年轻而机敏的合作者，加里·奥尔森便是其中的一员，奥尔森也在这篇论文的合著者之列。除了他们俩，名单上的大部分合著者都来自文特尔的基因组研究所。对乌斯来说，这项测序任务一定是苦乐参半的，因为第一个古菌基因组来自文特尔的研究所，而不是他那个没法让ABI 370A机器跑起来的小实验室。

詹氏甲烷球菌基因组共有1 739 933个字母，其中的1738个片段似乎是基因。超过一半的基因对科学界来说是全新的，人们从未在其他生命形式中看到过它们。这种程度的独特性大大证实了乌斯自1977年以来一直主张的、始终被某些顽固的科学家所抵制的观点：这些古菌是一种独立的生命形式。《科学》周刊邀请了一位著名的微生物学家为报道该论文的新闻提供点评，根据他的观点，动植物两大王国的旧日范式已经"被打破了"，现在"是时候重写教科书了"。

福特·杜利特尔表示同意。"这样一来，三件套就齐了。"他告诉《科学》周刊。他指的是由一个细菌、一个真核生物和一个古菌的全基因组序列组成的三件套。"因此，它肯定会产生重大影响。"

影响之一在于，这些事实像斧头的刀锋一样砍向生命之树这个概念本

1　太平洋海底位于张裂性板块边界的中洋脊。

身，特别是卡尔·乌斯绘制的生命之树，因为他把rRNA作为不断分化的生命史的明确信号。第一个细菌的全基因组序列、第一个古菌的全基因组序列和其他生物的全基因组序列揭示了越来越多水平基因转移的实例，打乱了井然有序的树状图，让图上的巨枝连接起来。两年后，也就是1998年，十几种微生物和另一种真核生物（线虫）的基因组已经被测序完毕。

检视这些基因组的科学家们发现细菌基因和古菌基因在单个基因组中混在一起，就像洗扑克牌的时候夹进了几张塔罗牌一样令人费解。细菌或古菌的基因甚至会偶尔出现在真核生物的基因组中。《科学》周刊的记者伊丽莎白·彭尼西采写了一篇报道，描述了科学家们心中日增的困惑。那时候，就连乌斯都在思考水平基因转移的问题，不过在他看来，这种现象主要发生在进化的最初期，当时细胞生命刚刚成形，还没有任何明显的谱系或物种。那是一个混沌的时代，而水平基因转移就是混沌的一部分。为了这篇报道，彭尼西与乌斯交流过，还在文中引用了他的话，"由于这些基因交换的存在，你无法厘清系统发生的头绪"。他指的可能是进化最初期的"这些基因交换"，但彭尼西没有详细说明这一点。

分子遗传学家罗伯特·费尔德曼也提出了自己的观点。协助完成了对另一种细菌的基因组测序后，他发现其系统发生关系模糊不清。这让他开始怀疑乌斯的rRNA生命之树，并且将自己的看法公开表达出来。费尔德曼指出，"根据同一个生物所包含的不同基因来分类，你会把这个生物放在生命之树的不同位置上"——不同的基因指向不同的亲缘关系。他对此有一个解释："每个基因都有自己的历史。"如果真的是这样，那么乌斯从单个分子中得出如此宏大的结论就大错特错了。无论这个分子有多么基本，我们都不可能用某个单一且简洁的图形来描绘进化的过程。彭尼西看出了这一点。她的报道发表于1998年5月，标题是《基因组数据撼动生命之树》。

62

福特·杜利特尔没能一下子接受这种新思路，他需要慢慢来。"水平基因转移可能在生命史上扮演过重大的、未知的角色，而且它或许仍在扮演这个角色"，杜利特尔对这个说法持怀疑态度。是的，他看得出来，这是一种将抗生素耐药性从一种细菌传播到另一种细菌的机制。但除此之外呢？它能否解释这一现象：对单细胞生物的功能更关键的其他基因，为什么会出现在生命之树貌似错误的巨枝上？随着更多的单个基因和整个基因组测序完成，这种异常现象成倍增加。为什么一个细菌基因或者一个看起来像细菌基因的东西会出现在一个古菌中，或者反过来？对于这个问题，当时还有别的解释。这些替代性的解释不涉及离奇的基因跳跃，它们并没有那么戏剧化，没有那么违背直觉。水平基因转移似乎仍被视为发生概率极低的罕见事件。杜利特尔记得，它在当时被称为"想象力穷尽之时的最后手段"。

福特·杜利特尔跟某些科学家不一样。他是一个疏离的看客，觉得这一切很有趣。他对水平基因转移的关注纯粹出于好奇，所以承认错误没让他感到难为情。这是很好的科学礼仪，甚至可以说是科学理想：你提出假设，你用数据检验它，必要时，你修正先前的观点，不必觉得丢脸，然后你提出下一个假设。要是你犯下了愚蠢的错误，你需要撤回先前宣扬过的主张，并且承认错误。杜利特尔就是这么做的。在两位同事的影响和帮助下，他审视了新数据，开始改变对水平基因转移的看法。这两位同事之一是他实验室里的博士后詹姆斯·R.布朗。

在加拿大的不列颠哥伦比亚省的西蒙菲莎大学完成博士学业后，詹姆斯·R.布朗来到加拿大东部的哈利法克斯，研究鲟鱼的分子进化和种群遗传。布朗从小就喜欢鱼，他在安大略省长大，家中的水族箱里养满了慈鲷和神仙鱼。他对海洋生物学也很感兴趣。每逢暑假，他都会去安大略省寒冷的水域里浮潜，在电视上观看雅克·库斯托制作的深海纪录片，阅读有关海洋的书。获得海洋生物学本科学位后，他在读研之前担任加拿大政府在五大湖区和北极地区的海洋现场技术员和潜水员。他在博士论文中研究的鲟鱼族群包括一些令人神往的鱼类，它们已经在这个世界上存在了很久，仍具有原始特征，其祖先可以追溯到2亿多年前。在布朗的博士论文中，他的研究重点是用线粒体DNA来衡量鲟鱼族群间的遗传多样性。他由此学会了一些利用分子数据绘制系统发生树的方法。在20世纪90年代，他把这些技能带到杜利特尔实验室，和杜利特尔共同完成了一系列科研项目，发表了若干论文，不过论文的主题不是鲟鱼族群，而是细菌、古菌和真核生物的分子系统发生学。

布朗希望通过这些科研项目来回答"生命之树的根部应该放在哪个位置"这一问题。根部是否应该介于细菌巨枝和古菌巨枝当中？真核生物是否应当作为古菌巨枝上的二级分枝？他们能否根据一个关键基因来确定根部的位置？例如，他们研究过的一个基因似乎是从古菌水平转移到某些细菌里的。他们知道，如果根据别的基因来定位的话，生命之树的根部就会变动到别处。他们研究了几个相关的基因，希望能找到线索。他们意识到，水平基因转移，也即基因从一个巨枝跳跃到另一个巨枝的现象，可能导致人们难以回答根部在哪里这个问题（以及其他问题）。"广泛的水平基因转移现象在早期的细胞进化过程中扮演的角色，"布朗和杜利特尔以及另外两位同事写道，"或许重要到足以危及细胞谱系这一概念的程度。"他们的意思是："该死的，也许生命之树根本不存在。或者说，如果真有一幅生命史图，也许它不是树状的。"福特·杜利特尔开始转变观念了。

另一个对福特·杜利特尔产生影响的同事是彼得·戈加滕。他是一位出生于德国的科学家，起初学习植物生理学，1987年，他来到美国，转而从事早期进化分子研究。来到美国之后，戈加滕同卡尔·乌斯以及乌斯的生命三域理论有过一番颇具兴味的交集。在加州做博士后研究时，戈加滕与实验室负责人等人合作，设计了一种确定根部位置的方法。他们的结论是：生命之树的根部应当位于一个树干的底部，这个树干往上生长，分化为两个巨枝，一个代表细菌，另一个代表其余的生物。或许是出于这个原因（两个巨枝，而非三个），也可能出于其他原因，乌斯不喜欢戈加滕的论文。1990年，乌斯、坎德勒和惠利斯合著了一篇里程碑式的论文。在论文的引文部分，乌斯故意略掉了戈加滕的论文（尽管这两篇论文明显有关联）。这对年轻的彼得·戈加滕来说太不幸了。他当时是康涅狄格大学的一名新任助理教授，为了得到终身教职，他需要发表更多的论著，获得业界的进一步认可。

戈加滕与福特·杜利特尔的关系比较融洽，因为两人在水平基因转移问题上的看法趋于一致。他们的互动始于1994年，当时杜利特尔邀请戈加滕来哈利法克斯，同他私下交流并主持一堂讨论课。戈加滕谈了从古菌到细菌的水平基因转移等问题，还提到"生命网"或许比生命之树更能代表进化史。两年后，他俩都参加了在英国的沃里克大学举行的一场大型微生物学会议。回首往事时，杜利特尔记得更清楚的是戈加滕的演讲，而不是他本人在会上的发言。戈加滕再次谈到了水平基因转移：基因跨越细菌和古菌之间的微生物大鸿沟，进行水平移动。戈加滕向更大范围的听众重复了他在哈利法克斯表达过的观点：新发现的这种基因转移似乎非常频繁，这就导致物种的系统发生图不再像一棵树，至少在地球生命的早期阶段不像。它看起来更像一张网。进化既是树状的，也是网状的。福特·杜利特尔在会场上仔细聆听。他动心了。

杜利特尔回到了哈利法克斯，在此之后，詹姆斯·R.布朗继续引导他改变心意，而不断出炉的新测序数据让生命之树的枝条变得更为纠缠。1997年，杜利特尔和布朗共同重建生命之树。他们为此研究了66种对所有生物都必不可少的蛋白质，同时还研究了1200多种从细菌、古菌和真核生物的不同基因序列中反映出来的这些蛋白质的变体。这些基因序列大多已经公开，布朗和杜利特尔从数据库中下载这些序列，然后对它们进行比较分析。他们为66种蛋白质分别构建了一棵单独的树，以显示它如何在生物的不同谱系中进化成不同的变体。每一种蛋白质都有自己的名字，我们几乎无法发音，遑论记住的那种名字，例如色氨酰-tRNA合成酶。该蛋白质的某一种变体可以在人体内找到，另一种变体可以在奶牛体内找到，还有一种变体可以在流感嗜血杆菌中找到。每个版本都很独特，但它们从根本上说是同一种蛋白质。为什么这种蛋白质如此普遍？因为它是一种非常基本的工具，在转化过程中起到连接氨基酸与三联体密码的作用，对所有形式的生物都必不可少。布朗和杜利特尔选择的另外65种蛋白质包括一些参与DNA修复的蛋白质、一些参与呼吸的蛋白质、一些致力于新陈代谢的蛋白质、一些核糖体蛋白质等。他们比较了这些蛋白质的变体，为每种蛋白质都构建了一棵独立的谱系树。发表论文时，他们把66棵树都画上了，以至于论文中的段落就像散落在一片森林里，或者说，一个绿化覆盖率很高的郊区里。明眼人一看就知道，这些树之间存在矛盾。

矛盾的地方有很多。许多生命之树不仅相互不一致——在不同的地方分权，而且它们与卡尔·乌斯的论文中那棵被奉为圭臬的自然系统树也不一致。合乎逻辑的结论是基因们自有谱系，这个谱系不一定与它们目前所处的生物的谱系相匹配。这正是罗伯特·费尔德曼不久之后告诉记者伊丽莎白·彭尼西的话："每个基因都有自己的历史。"这怎么可能？因为自然界存在水平基因转移。在基因的垂直传递过程中——人类产生人类，酵母菌产生酵母菌，流感嗜血杆菌产生更多的流感嗜血杆菌——基因有时会水平转移。它们追逐私利和机会。

63

到了1998年，如果科学记者们需要找一位专家点评该领域的新进展，他们一般都会想到福特·杜利特尔。他的研究成就卓尔不凡，他了解所有议题且认识大多数研究者，更不用说他愿意接电话且擅长辞令。《科学》周刊的记者们都特别喜欢他，其中既包括报道 J. 克雷格·文特尔进行的第一个细菌全基因组测序的记者，也包括一年后报道文特尔进行古菌全基因组测序的记者。伊丽莎白·彭尼西也在她那篇题为《基因组数据撼动生命之树》的报道中多次引用了杜利特尔的话。1999年，《科学》周刊的编辑向他提出了一个不太寻常的要求。

他们准备做一份关于进化的特刊，在上面刊登一系列综述论文，每篇论文都从进化的角度对生物学的某个领域进行回顾。这份特刊的作者既包括斯蒂芬·杰伊·古尔德和戴维·雅布隆斯基等知名人士，也包括一些不太知名的科学家。他们的论文将涉及各种主题，或宏观或微观，从核酸结构到恐龙，不一而足。编辑们问好心的杜利特尔能否推荐一个人来写进化和微生物学这个主题。他回答说："我怎么样？"

他们同意了，虽然不知道杜利特尔会交出什么样的稿件来。杜利特尔认为，《科学》周刊的编辑们被打了个措手不及，他们之所以答应，是因为拒绝会显得很不礼貌。用杜利特尔的话来说，他们勉强地接受了"我的自我推销"。

"我想写这个话题。"多年后他对我说。"这个话题"是指水平基因转移和生命之树，他觉得自己有一股撰写某种宣言的冲动。"编辑们并不热衷于这个话题。但他们没有……我想他们不知道该怎么婉拒我的提议。"如果杜利特尔有足够的权威来点评论文并推荐作者，那他为什么不能亲自写这篇论文，并且选择微生物学界当时最有意思、最重要的领域来写呢？

于是，1999年6月25日，《科学》周刊登出了杜利特尔的一篇综述论文，题为《系统发生学分类和通用系统发生树》。这成了他发表过的最具争议性的论文，水平基因转移随即成为新一轮讨论的中心。而这篇论文夺人眼球的地方不仅在于杜利特尔的文字，也在于他的图示。他后来告诉我，虽然他很高兴《科学》周刊的编辑们愿意发表他自告奋勇写的论文，但更让他感到惊喜的是，他们还接受了他手绘的那些生命之树图。"通常情况下，期刊是不会接受手绘图的。那天编辑部的工作一定太平淡了，或者是有别的什么原因。"

他的论文从回顾过往开始。"自古以来，人类就希望对生物进行分类，"他写道，"而通过分类来反映'自然秩序'的愿望同样源远流长。"生物学史可以证实杜利特尔的说法，给生物分类的愿望上可追溯到亚里士多德，下可承接至林奈。然而，把"自然秩序"这四个字放在引号里，是杜利特尔给出的第一个暗示：这种秩序是模糊的、暧昧的。他写这篇论文就是为了穷尽逻辑之力，驱散真相周围的迷雾。

杜利特尔描述了进化系统发生学的兴起，还附上了达尔文在《物种起源》里绘制的树状图。他认为正是这幅图（以及达尔文书中关于"一棵大树"这个明喻的段落）将树的意象带入了进化思维。他指出现代系统发生学的重大变化：从形态学转向分子证据，从而开拓了科学发现的全新领域。他提到了内共生理论和它的两个关键原则——线粒体和叶绿体作为被俘获的细菌进入真核生物谱系，还提到这两个原则已经被分子数据证实。他强调了乌斯的作用，因为后者将rRNA作为三域生命之树的唯一基础。杜利特尔甚至还画了一幅图：乌斯的自然系统树的卡通版本。在这幅图中，向上攀升的粗大树枝分为三簇，分别标注为细菌、真核生物和古菌。每根树枝的顶端都是一个竖直指向未来的箭头。在这些箭头之外，还有两个沿着对角线从侧面刺出的箭头，意指早期的细菌进入早期的真核生物，代表着叶绿体的起源和线粒体的起源这两个重要的内共生实例。他将图中的这棵树称为"当前共识"模型，而不是简单地把它叫作"乌斯的"模型。随后杜利特尔问道：它的真实性如何？

他的回答是：或许还不够。其症结在于水平基因转移。从约书亚·莱德伯格到奥斯瓦尔德·埃弗里，再到其他的微生物学家，这些科学家早就意识到了水平基因转移的存在。但对那些习惯于绘制生命之树和垂直进化谱系的系统发生学家来说，接受水平基因转移的存在要困难得多。杜利特尔在很大程度上针对的是后一类群体，即一心追踪系统发生的科学家们。如果新的证据得到证实，他写道，如果水平基因转移并不罕见，而是一个泛滥的现象——至少在细菌、古菌和早期真核生物中如此，那么乌斯的自然系统树（即当前共识模型）是严重错误且不完整的。

他提到了一些新证据，还引用了彼得·戈加滕、詹姆斯·莱克、索林·索内亚等人的观点。例如，有两位学者研究的是生物学中被研究得最多的细菌（即大肠杆菌）的"分子考古学"，他们在近期报告了一个出人意料的发现：大肠杆菌的基因组中至少有755个基因是通过水平基因转移获得的，这部分DNA占其染色体DNA的18%。这些转移并非发生在早期的进化过程中，而是发生在最近，使大肠杆菌具有了它本来不具备的适应性。美国生物学家威廉·F.马丁供职于杜塞尔多夫大学，是一个聪明而直率的人。他指出对这些大肠杆菌的研究结果是"相当不妙的预兆"。马丁表示，如果有这么多基因"在最近"通过水平基因转移进入了一种细菌，那么在漫长的地质时期，整个细菌领域总共发生了多少次水平基因转移呢？粗略的答案是"无数次"。在一篇题为《马赛克般的细菌染色体：基因组树的构建道路上的挑战》的论文中，马丁阐述了自己的意见。与杜利特尔的综述论文相比，马丁这篇论文的发表时间稍微早一点。马丁警告说，由于这些水平基因转移现象的存在，勾勒基因组的生命之树将会变得很困难。杜利特尔同样这么认为。"这棵树会长成什么样？"他又画了一张简笔画。（如图63.1）令他惊讶的是，《科学》周刊的编辑们把这张图印了出来。

杜利特尔把这棵树叫作"网状树"。树的巨枝一边相互纠缠一边向上攀升，有时候产生分权，有时候合并到一起。它的前身是马丁在上述论文中绘制的一棵有点类似的树（杜利特尔承认这一点）。马丁的树像一把海扇，一种由群居的珊瑚类动物在海床上建造起来的精致结构，它长长的巨

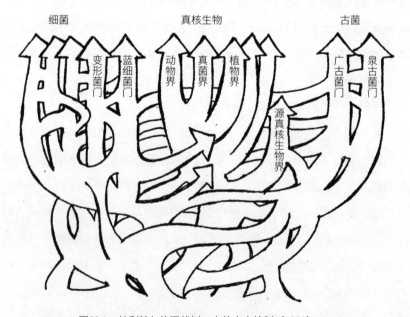

图63.1　杜利特尔的网状树，由他本人绘制（1999）

枝和大枝从一个简单的底座上分杈出来，如波浪般向上翻涌。这棵树用淡雅柔和的色彩画就，一些纤细的大枝合并到一起——绿松石色和薰衣草色融合为紫色。相比之下，杜利特尔用钝笔徒手绘制的黑白简笔画显得比较粗笨。他的树从底部开始就出现大量纠缠，像一片红树林，也就是说，如果红树林的巨枝能够相互吻合的话。它如此复杂，却又如此流畅、如此奇特，近乎滑稽。它看起来像是约翰·克鲁萨克跟人打赌后，用一批桦叶槭树苗在威斯康星州恩巴勒斯镇附近的土地上种出来的东西。

　　杜利特尔的第二幅图更简单：又是一幅卡通画。多个树干从多个根部升起，然后分裂成多个巨枝，不过数量不算特别多，而且那些根部也没有定名。它传达了一个悖论，但缺乏细节。它大而化之，远非精确。它的怪异意味深长。杜利特尔是在用这幅画和这篇论文告诉读者，也许生命史无法用普通的树来表示。

64

发表于1999年的这篇论文在许多方面具有划时代的意义，其中之一是它使水平基因转移得到了科学界的严肃对待。"这篇论文影响重大，"威廉·F.马丁后来说，"犹如打开闸门，使水流决堤。"突然之间，水平基因转移成了主流观点，至少在微生物进化过程中属于仍在持续的重大进程。有人思考这个概念，也有人讨论这个概念。它不再是幻觉、人为现象或者怪事。

从个人的角度来看，这篇论文标志着杜利特尔和卡尔·乌斯的友谊的终结。几年前，两人的关系已经变得有些紧张，原因只有一个："原核生物"一词。杜利特尔坚持用它来指代细菌和古菌共同的上级分类范畴，而乌斯讨厌这个词，因为根据他最伟大的发现，这两种生物永远不应该被归为一类。所以，每当杜利特尔沿用罗杰·斯塔尼尔的观点，在论文中介绍原核生物与真核生物之间的区别，乌斯都觉得这似乎是一种侮辱和嘲讽。在1999年发表的这篇综述论文里，杜利特尔用猜测的口吻对乌斯事业的基石提出了更为直接的质疑。按照乌斯的说法，16S rRNA（及其在真核生物中的等价物18S rRNA）是独特且稳定的分子，在每个细胞内发挥的作用过于基础，不可能发生水平转移。这是真的吗？那些rRNA

分子果真是独一无二、明确无误的生命之树的证据吗？乌斯说：是的。杜利特尔说：嗯，也许不是，事实上，明确无误的生命之树可能根本不存在。

同晚年的乌斯关系密切的历史学家扬·萨普告诉我，乌斯觉得杜利特尔背叛了他，大为郁闷，甚至还构想了一些阴暗的解释。毕竟，乌斯从福特·杜利特尔还是一个年轻的博士后的时候就认识他了，两人还一起在厄巴纳喝过啤酒；乌斯介绍了琳达·博能去杜利特尔在哈利法克斯的实验室工作，她带来了她掌握的关键技能，为杜利特尔早期的那些优秀研究铺平了道路；更不用说他们两人分享过许多奇思妙想。此时的乌斯应该会把自己看作被好友布鲁图行刺的恺撒[1]。我之前提到过，科学界人士有时候会小肚鸡肠、情绪化，一个认为自己在伊利诺伊大学形单影只、孤芳自赏的科学家或许尤甚。话又说回来，如果林恩·马古利斯所称的"乌斯的军队"（乌斯厌恶这个说法）真实存在，那么杜利特尔这下算得上逃兵了。但他之所以离开队伍，并不是因为乌斯构想的那些阴暗的解释——他嫉妒乌斯或者想背叛乌斯，而是因为他看到了新数据。事实就是这么简单。关于水平基因转移的全新基因组证据让生命三域图里的边界变得模糊了。

不到一年后，杜利特尔在《科学美国人》杂志上发表了关于他的新观点的科普文章，两人之间的裂痕进一步加剧。这本杂志的权威性不如《科学》周刊，两者的宗旨也不同——前者并不发布科学领域的新发现，而是为大多数非专业的读者答疑解惑。《科学美国人》杂志的编辑对杜利特尔的草稿进行了大量的编辑和改写，这就导致成稿里有他的想法（以及威廉·F. 马丁等同事的想法），但没有他的语调，也没有他的手绘图——《科学美国人》杂志用流畅专业的（或者说无趣的）精修图代替了杜利特

1　在莎士比亚戏剧《恺撒》里，恺撒被行刺后奋起抵抗，不想在行刺者当中看到了好友布鲁图。他心灰意冷，说了一句"还有你吗，布鲁图？"，其后放弃抵抗，气绝身亡。——译者注

尔用钢笔勾勒出来的简笔画，抹去了那些纠缠错乱的巨枝和根部。而这篇文章的标题，即使根据杜利特尔的标准，也算是把偶像拉下了神坛：《将生命之树连根拔起》。

他告诉读者，水平基因转移已经"泛滥"，并且"深刻地"影响了进化过程。是的，科学家们早已知晓细菌基因有时会水平移动，带来"抗生素耐药性大礼包"或其他特殊的适应性特征。细菌遗传学家们（如马丁和他的导师们）对这一现象非常熟悉。但大多数关注进化史和系统发生学的科学家（如乌斯和他的追随者们）似乎被水平基因转移惊呆了。他们认为某些基因（对细胞的生存至关重要的基因，参与新陈代谢和复制的基础基因）构成一个稳定的核心，始终扎根于它们最初的谱系。它们垂直遗传，很少水平转移。"很显然，"杜利特尔写道，"我们之前的观点是错误的。"

"通过自由交换基因，"他写道，"（早期的细胞）与同期的细胞分享了它们的各种能力。"易变的细胞和可交换的基因构成了一锅大杂烩，继而分化成我们今天知道的生命三域（细菌、真核生物以及乌斯提出的第三域——古菌）。在那次分化之后，水平基因转移在接下来的几十亿年里也没有停，而是一直持续到现在，以域内转移为主，有时甚至会跨域转移。"这些概念令一些生物学家感到困惑和沮丧，"杜利特尔承认，"就好比我们没能完成达尔文安排的任务——勾勒生命之树的独特结构。但事实上，我们的科学正发挥着应有的作用。"此话怎讲？这是因为生命之树始终只是一个关于进化史的"有吸引力的假说"，达尔文的假说。科学家们正在用新鲜的基因组数据来检验这个假说。杜利特尔愉快地得出结论：如果有必要，他们会摒弃这个假说，寻找下一个。

这篇文章发表在2000年2月的《科学美国人》杂志上。在接下来的几年里，关于水平基因转移的证据不断累积，杜利特尔对衡量其重要性一事也越来越入迷。他阅读公布新数据的论文和相关分析，在会议上同其他科学家交流（或争论）。有三位同行跟他志同道合：彼得·戈加滕、威廉·F. 马丁和匹兹堡大学的基因组生物学家杰弗里·劳伦斯。在发表于1999年的那篇论文的结尾，杜利特尔向戈加滕和马丁表示感谢，因为这两个人让他相信水平基因转移的重要性。2002年，他邀请戈加滕和劳伦斯来到哈利法克斯，参加为期一个周末的头脑风暴。那个周末，三人在杜利特尔的实验室里"闭关修炼"，坐在他办公室里的大木桌前合写了一篇论文。

　　三人都认为水平基因转移是一个显而易见的事实。他们在此前的交流中早已达成共识。我去匹兹堡的杰弗里·劳伦斯实验室拜访劳伦斯时，他告诉我，彼时如果他们没在思考水平基因转移，那么他们"就没在想眼前明摆着的东西"。然而此前没有人深入考虑过水平基因转移的影响。"你必须超越收集阶段，"劳伦斯说，他指的是光积累数据而不进行分析的阶段，"你不能只是说：'我发现了一个水平基因转移的实例，又有一个，天哪，水平基因转移的实例好多啊。'"他告诉我，最大的问题是：在进化史上，水平基因转移到底意味着什么？

　　几个月前，我问过戈加滕，想知道他们三个如何仅用一个周末就写出一篇论文。是不是一个人坐在电脑前，而另外两个人……

　　"不，我们面前都有一个笔记本电脑，"他说，"我们讨论了很多事情。我们有一个讨论大纲，或者说一个草案，每个人都在各自的电脑上写了几个部分，并且做了一些计算。"戈加滕的计算结果生成了几棵树——单个基因的谱系树，还有一棵勾勒整个生命史的树。劳伦斯否决了后者。"我们不能这样做，"戈加滕记得劳伦斯这样对他说，"我们不能用一棵树来图解一篇关于水平基因转移的论文。"劳伦斯认为，在基因纷纷水平移动的情况下，没有哪棵树能描绘整个生命史。这样的树不仅错误，而且自相矛盾，它是无稽之谈。所以，他们的论文手稿里没有任何树状图——没有马丁的彩色海扇图，没有《科学美国人》杂志刊登的精修图，更没有杜利特尔手绘的盘根错节的网状树图。

他们的论文重点是"原核生物"的进化。这个陈旧的、将细菌和古菌混为一谈的名词让乌斯很生气。在这种比较简单的微生物中，他们写道，水平基因转移的数量和后果远远超出人们的想象。其影响可以从四个方面来理解。第一，通过水平基因转移，一个微生物种群会接收到来自不同谱系或物种的新基因，在此之后，接受了新基因的细菌及其后代可能会移居到一个全新的生态位上。第二，它可以使生物突然获得一种新的适应能力，从而跳过对新环境还不甚适应又无法融入旧环境的危险阶段。第三，与缓慢进行的增量突变相比，这种转变发生得很快。第四，水平基因转移是一个"创新的源泉"，能够生成全新的遗传可能性和全新的变异，让自然选择在此基础上发挥作用。这四种影响相互关联，代表了对同一现象的相互重叠的视角。

他们认为，把这四种影响加起来，他们便有充分的理由将水平基因转移看作原核生物进化过程中的"主导因素"。达尔文的自然选择依然有效，但它针对的变异和这种变异的来源同我们以前想象的大不相同。三位作者表示，他们的这篇论文意在表明如果科学界能够承认水平基因转移发挥的作用，那么旧有的范式必将得到"广泛而彻底的修正"。他们指的是那个符合达尔文理论的微生物进化范式。他们还强调说，这只是一种修正，而不是彻底的否定。他们提议将新旧两种观点"结合起来"，承认以下三个事实：自然界既有垂直基因转移，也有水平基因转移；生命史既是"树状的，也是网状的"；生物对环境的适应性可以经由"多种模式"进化而来，而查尔斯·达尔文在1859年并未识别出所有模式。他们的论文发表于2002年12月。

与此同时，和他们志同道合的威廉·F. 马丁也在继续挑战传统的生命之树这一概念。福特·杜利特尔有时会开开玩笑，把马丁、戈加滕、劳伦斯和他自己称为水平基因转移的"四骑士[1]"——这四位科学家在21世纪之交慷慨陈词，宣传水平基因转移的重要性。（杰弗里·劳伦斯表示：我是哪位骑士，瘟疫吗？）然而，不知道出于什么原因，可能只是偶然，马丁没有参加那个在周末"闭关修炼"写论文的活动。是他没有接到邀请、没有兴趣、和另外三位骑士之一合不来，还是说他抽不出时间？我之前提到过，马丁以聪明、自信、观点强硬著称，在公开场合争论科学观点时，他的态度有时会粗暴得令人吃惊。不过话又说回来，他没有去哈利法克斯，或许纯粹是因为距离遥远——马丁在大洋彼岸的杜塞尔多夫生活和工作。我就是去这里拜访他的。我对他的想法很好奇，对他的工作很尊重，但又想知道他那著名的粗暴抨击是否会冲我而来。

---

1 《圣经新约·启示录》第6章提到四骑士，白马骑士代表瘟疫，红马骑士代表战争，黑马骑士代表饥荒，灰马骑士代表死亡。——译者注

65

杜塞尔多夫大学坐落在杜塞尔多夫市的市中心，就在距离莱茵河边的一个大拐弯不远的地方，威廉·F. 马丁在该校的分子进化系任教。我到得很早，由马丁的秘书带路，坐进他的内间办公室等他，他正在参加一个博士生的学位论文答辩。我有时间浏览他书架上的书，端详一块大大的立式挂纸白板上的神秘涂鸦，还注意到贴在他门后的诗歌、漫画和其他随意安置的装饰品，包括康斯坦丁·梅列施柯夫斯基等著名前辈和福特·杜利特尔等同事的照片。他还有几张镶了镜框的照片，照片上他的两个小女儿在微笑。十点半，马丁出现了。他是个大块头，大到足以在他当年求学的得克萨斯农工大学踢美式足球的前锋，虽然他并没有这么做。他用强有力的得州式握手欢迎我。我们坐在他的桌前，他谈了两个小时，几乎不需要我提问。

对他来说，一切始于内共生——所以才会有梅列施柯夫斯基的照片。马丁本科学的是植物学，他希望有朝一日能经营一家苗圃。他告诉我，那时候他还不知道，"如果你想拥有自己的苗圃，你就不该学植物学，而是要学商科"。无论如何，他很快就发现，比起卖植物，他对研究更感兴趣。"我的求知欲比较强。" 1978年，在一节微生物学课上，教授说的两句话引起了马丁的注意。"他说的第一句话是：'过去，我们从猪胰腺中分离出胰岛素，现在，我们可以把基因放进大肠杆菌里，然后制造出一桶桶的胰岛素。'"那是对基因工程前景的一瞥，其中的科学原理让马丁着迷。"他说的另一句话是：'有些人相信叶绿体曾经是独立存在的蓝细菌。'"这是马丁第一次接触到内共生理论——细胞俘获了细菌，并将其转化为内部细胞器，在此之后，复杂细胞出现了。

该理论在当时尚有争议。林恩·马古利斯从梅列施柯夫斯基和伊万·E. 沃林等人的著作中发现了这一理论，她重整旗鼓，将其发扬光大；福特·杜利特尔和他的同事们提供了一些早期的分子证据来证实它的真实性；缓慢而费力的那种基因测序也正在赶来增援的途中。但这个理论还没有被科学界广泛接受。正如马丁提醒我的那样，1925年，内共生理论被认为"过于异想天开，不能在上流生物圈里提及"。到了1978年，许多生物学家仍将其视作不切实际的说辞。马丁那个年代的博士生们甚至得到告诫，面试学术工作的时候，内共生理论连提都不能提。"它绝对是个禁忌。"马丁告诉我。然而，突然之间，它不再是个禁忌——根据杜利特尔和其他人收集的分子数据，线粒体和叶绿体这两种细胞器携带着来源于细菌的基因。几年之后，就连上流生物圈也接受了内共生理论。差不多就在这个时候，即20世纪80年代中期，威廉·F. 马丁开始了他的研究工作。

从得克萨斯农工大学辍学后，马丁当过木匠，游历过欧洲，还练就了一口流利的德语。再次对科学产生兴趣后，他才进入汉诺威的一所大学学习。1988年，马丁在科隆拿到了分子遗传和植物进化学的博士学位。在此期间，他熟悉了细菌遗传学，也结识了一些细菌遗传学家——对他们来说，水平基因转移已经是常识。马丁从研究叶绿体酶入手，他的视线却转向内共生理论以及水平基因转移在其中发挥的作用。他知道这个理论很可能是正确的，还了解到另一件重要的事情：在叶绿体和线粒体中发现的基因组体量极小，小到无法为维持细胞器运转所需的所有酶和蛋白质编码。

与原始的细菌基因组相比，线粒体与叶绿体中的基因组只是一份微不足道的样本。负责制造几百种蛋白质的其他基因一定存在于细胞中的某个地方，但不在这两种细胞器中。它们还能在哪里呢？在那个能够保护基因的地方：细胞核内。科学家们找不到的这些细胞器基因一定是从被俘获的细菌内部转移到了宿主细胞的细胞核里，从而融入了宿主细胞的细胞核基因组。在真核生物漫长的进化过程中，这些基因可能是一个一个转移到细胞核里的。"所以基因转移从一开始就是生物进化的必要因素。"马丁这样对我说。基因不仅能在物种之间转移，还能跨域转移。"我就是在这样的世界里成长起来的。"

马丁在研究过程中发现了更多的证据，证明这种基因转移（基因从被俘获的细菌内部转移到复杂细胞的细胞核中）贯穿了整个生命史，在各种生物中都屡见不鲜、广泛存在。在动物、植物和真菌的不同谱系中，这种基因转移发生的速度不同，其结果也不同。马丁研究过一种与卷心菜有亲缘关系的有花小植物，其细胞核基因组中18%的基因来自细菌。他的另一项研究表明，酵母菌这种真菌含有850个来自细菌和古菌的基因。在人类的细胞核基因组中，超过263 000个碱基对（它们携带着遗传信息）来自细菌基因，它们是从我们的线粒体内部转移过去的。遗传物质从细胞器中逸出，渗入细胞核，并融入染色体。这是一个影响深远的过程：来自细菌的DNA从细胞器内部转移到染色体中，在数百万年的时间里，外来基因就这样融入了植物、真菌和动物最深层的细胞特性中。没有人知道，至少目前还没有人知道，这个过程是如何发生的。马丁后来为这种现象创造了一个术语：内共生基因转移。

这种水平转移跟普通的水平基因转移稍有不同：是的，基因还是从生命的一个域水平传递到了另一个域，不过这种转移发生在单细胞生物内部，因此比其他形式的水平基因转移还要微妙。它始于某个年代久远的单细胞祖先接纳某个命中注定的细菌的那一刻。

你可以把它视为一种驯化过程，一种转移责任的过程。狼会自行寻找食物，而狗作为被驯化的狼，依靠人类的喂养来生存。经双方同意，在1.5万年的过程中，狼的后裔已经将它们采集食物的能力（和责任）转移给了我们。这一切大概是从人类在篝火边给狼喂骨头和肉渣开始的。后来，犬类的职责变得越来越复杂。为了换取食物和其他报酬，它们会向人类表达好感、对邮递员吠叫、帮人类放羊、帮猎人打野鸡并且追逐飞盘。线粒体也一样，它们是你的细胞里被驯化的细菌。它们把自己的许多基因转移到了你的细胞核基因组中，你的细胞核基因组再把蛋白质传给它们，这样一来，它们才能够存活并各司其职。它们没有追逐飞盘，而是在制造ATP，也就是我之前提到的那个电池一样的分子，那个为你的新陈代谢提供燃料的便携式能源。

当然，马丁解释说，内共生基因转移这一现象被发现之后，卡尔·乌斯的生命之树出现了更多的问题。有太多的枝条横生蔓长，许多枝条从一个巨枝上分权出来，然后与另一个巨枝融合。完成了更多基因组的测序和对比工作之后，科学家们发现，早期被真核细胞俘获的那些细菌，也就是后来成为线粒体和叶绿体的那些细菌，它们在被俘前已经接受了不同种类的细菌转移过来的基因。问题更加复杂了。这意味着部分细菌基因组在成为宿主基因组的一部分之前还存在于另一种细菌的基因组中，这些宿主基因组包括我们人类的基因组。真是一团乱麻，纷纷扰扰。这些基因就像一盘意大利面条，多种食材混杂在一起，美妙无比。

"我们无法用一张树状图来划分这些基因。"马丁说。

我们聊了一上午，他口若悬河。有时他会突然停下，跳起来抓过一本书；有时他在电脑上搜索存放论文的文档，为我打印某份论文；有时他仰头沉思一阵，然后转变话题；有时他发觉自己扯远了，于是停下来问："我们本来在讨论什么来着？"他旁征博引，对光合作用的起源、固氮的各种方法和生物的性行为在适应环境方面的价值进行了一番推测，然后说："不好意思，我想到什么就说什么。"

"不，没关系。你讲得很精彩。"我说。但我其实挺想回到水平基因转移和生命之树的话题上。"我还能占用你多少时间？"

"一整天。我这一天都是为你留的。"

"上帝保佑你。"我说。半个小时后，他建议我们先去吃午饭。源源不断的见解和信息让我应接不暇。好累。我关掉了录音机。

他问我喜不喜欢吃日本菜。寿司？是的，我确实喜欢。"很好，"马丁说，"我本来打算减肥，但你来了我就不用节食了。"我们开车去他最喜欢的日本餐厅。他为我俩点了一桌子美味佳肴，狼吞虎咽，而且不允许我买单。我们就着汤面和寿司拼盘继续聊真核细胞的起源、细胞核的起源和生命的最终起源。我有些羞愧地告诉他，这天早上两点到四点，我在酒店里用电脑观看超级碗的直播，看完之后只睡了几个小时就来见他了。新英格兰爱国者队凭借马尔科姆·巴特勒最后一秒的拦截战胜了西雅图队，我少睡的每一分钟都值得。"我知道，我也看了。"他说。跟他在一起的时候，我一直在想：那个不能容忍愚人、口无遮拦且争强好胜的威廉·F.马丁去哪里了？

吃过午饭，喝完茶，我们回到他的办公室里继续聊。一个下午就这样过去，他提出要陪我走回酒店，这样我就不会迷路了。酒店离得不远，锻炼一下身体总比再打一次车好。那是一个寒冷的冬日，马丁穿着一件黑色的休闲夹克，戴着一顶烟囱帽，大摇大摆地走在人行道上，就像伪装成装卸工人的演员约翰·克里斯。在一个大十字路口，他抬手一指："沿着那条路走，你就能走回酒店了。"至于他自己，他要回实验室里继续工作。我们握了握手。"下次再聚，"马丁说，"跟你聊天很开心。"

66

早在千年之交，威廉·F. 马丁就尽了自己的一份力。他将水平基因转移和进化论思维融合起来，意识到生命之树的概念已经变得漏洞百出。虽然他没有去哈利法克斯同杜利特尔、劳伦斯和戈加滕在某个周末一起写论文，但他发表了一系列类似主题的论文，有些论文由他独自完成，有些论文则是合著的成果。在此期间，他最先发表的论文题为《生命之树有问题吗？》，该论文比福特·杜利特尔的《系统发生学分类和通用系统发生树》早问世三年。另一篇论文，如前所述，讨论了马赛克般的细菌染色体。有证据表明，我们熟悉的大肠杆菌在近期进行过大量的水平基因转移，其基因组中近五分之一的基因来自其他细菌。马丁认为，这是"相当不妙的预兆"，让人不由得思索水平基因转移在漫长的生物进化过程中究竟发挥过多大的作用。他说的"不妙"是指回顾意义上的"不妙"：在历史的长河里，而不是未来的长路上，肯定还有某些一经发现就会让人大为震惊的现象。这篇关于马赛克般的细菌染色体的论文里附有马丁绘制的独特图解，他把生命之树画成了彩色的海扇，用相交的线条和交融的色彩表现水平基因转移这一现象。（如图66.1）"那棵树画得不错。我是说，生命之树应该是那样的，"他有些自豪地告诉我，"那幅图完全是我自己画

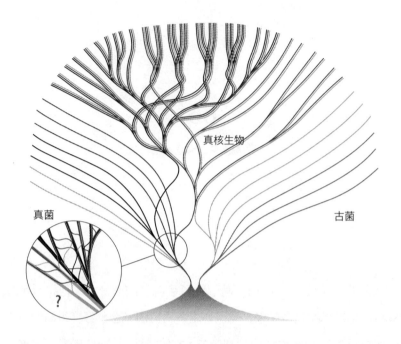

真核生物

真菌

古菌

?

图66.1　马丁的网状树，由马丁本人绘制（1999）

的。"它与福特·杜利特尔绘制的简笔画有着非常不同的风格，但两者表达了三个相同的观点：这棵树的形状很重要；这棵树的形状是违背直觉的；生命之树就应该是这样的。

马丁随后与人合著了一篇题为《百分之一的树》的论文，并且在论文里描述了他最青睐的内共生基因转移——线粒体和叶绿体中的细菌基因不断被转移到复杂生物的细胞核基因组中。他指出，在一个普通的细菌或古菌基因组中，只有1%的基因（其体量也许远低于一个真核生物基因组的1%）是必不可少的，不能通过水平基因转移传递给别的生物。1%这个数字是由另一个科学家团队得出的。普通原核生物的基因组中有大约3000种蛋白质，该团队研究了其中的31种精选蛋白质，并将这些"通用"蛋白质作为系统发生学分析的基础。马丁与一位合著者反驳了这个团队的研究逻辑。你们当然可以用你们喜欢的、稳定的基因来定义一棵树。（虽然马丁没有明说，但乌斯选中16S rRNA就是这个逻辑。）但如果你这么做了，你的生命之树就只是这些基因组的"百分之一的树"，只不过是一小部分的秩序而已，这棵树虽然毫不含糊，但不一定具有代表性。如果你的生命之树只记录了百分之一的基因组的故事，那它还有什么意义呢？用图表和理论来描绘生命的历史胜于画出这种微不足道的树。

身处厄巴纳的卡尔·乌斯并没有对这一切视而不见。他看到水平基因转移的相关证据源源不断地涌现，意识到它们对他的自然系统树构成了挑战。就在水平基因转移的"四骑士"驰骋于战场，他们的旗帜也高高飘扬之时，乌斯在深思熟虑后做出了自己的判断。他为自己设计了一条退路：一方面承认水平基因转移的重要性，另一方面调和（或者说试图调和）水平基因转移的新数据与他自己的原有观念和标志性发现。在20世纪90年代末和21世纪初，他发表了一系列关于早期进化、细胞生命的起源和通用系统发生树的概念性论文。这里的通用系统发生树是指他的自然系统树，即通过比较rRNA序列推断出的生命之树。

这组论文一共有四篇，被称为他的"千禧年系列论文"。一位专家评论员在乌斯去世后指出了其中的一些奇特之处。这组论文没有报告任何新的研究成果，但又不是通常意义上的综述论文；文中几乎没有乌斯或其他人的研究数据；它们太过严肃和教条，无法被视作随笔或评论文章。这位评论员名叫尤金·库宁，是一位才华横溢的俄裔美国生物学家，他对乌斯相当尊重，但他依然觉得这组论文只能被勉强归类为"论述"或"小册子"。不管我们怎么称呼，这组论文其实是乌斯对早期进化的定论。他对自己有极大的信心，认为自己比其他人更深谙这个庞大而模糊的主题。为了化解泛滥的水平基因转移和他心爱的通用系统发生树之间的紧张对立，乌斯把水平基因转移上推到非常遥远的过去。这样一来，他的"千禧年系列论文"就和本章的内容产生了关联。

是的，乌斯承认，30多亿年前，基因或类似基因的信息在生命之间水平跳跃，这是一个起决定性作用的现象。但乌斯认为，在水平基因转移泛滥的那个时代，生命之树还没有长出分枝。那时候物种还不存在，生命之树的树干上还没有分化出巨枝，巨枝上也没有分化出大枝。这一切都发生在我们今天所说的细胞生命出现之前。乌斯是在暗示另一个无法证明但或许正确的重要理念：某种形式的生命比第一个可识别的细胞早出现了10亿年左右。

那个早期的、模糊不清的世界是什么样的呢？乌斯借用另一位科学家创造的词语，称之为RNA世界。在那个世界里，RNA，而不是DNA，是复杂性（起初这种复杂性几乎是随机的）的储存库；RNA，而不是细胞，是所有生命的基本结构单位。某些化学成分在能量、物理环境和合适时机的催化作用下，凝聚成相互作用的分子，这些分子再凝聚成具有自我复制能力的"聚合体"。这些聚合体的关键元素是单链且不太稳定的RNA。双链且稳定的DNA当时还不存在。聚合体彼此不同，具有精巧的多样性，所以它们在利用环境材料自我复制的同时也开始相互竞争。其中的某些聚合体发展出一种倾向：它们将氨基酸连接在一起，把碱基的线性序列（A、C、G、U）转化为另一种介质。这些连接起来的氨基酸构成了现在的生物化学家所说的肽——氨基酸短链的最早形式。然后，氨基酸链越来越长、越来越复杂，蛋白质就这样出现了。乌斯在2002年描述的这些"聚合体"类似于他在1987年提出的始祖生物这一概念，但彼时的乌斯和现在的乌斯至少有一个显著区别：在1987年，乌斯还不理解水平基因转移的重要性，尤其是它在进化的早期阶段的重要性。

现在，乌斯强调这种现象的重要性。分子聚合体有了自己的生命，随后，它们便开始自我复制，为生存而竞争。在这种时候，RNA片段就会从一个聚合体上断开，附着在另一个聚合体上。这就是最早的水平基因转移，一种经常发生的现象。在RNA世界里，一切都杂乱无章，聚合体尽情狂欢，分享彼此的组成成分。随着时间流逝，各种可能性不断萌生，一些蛋白质帮助一些聚合体复制成功。彼时彼刻，RNA不仅代表随机组合的分子，还代表着潜在的有价值的信息。然而，这碗杂烩汤里仍然没有细胞。这些聚合体没有独立的细胞壁或细胞膜，无法束缚内部物质，也不能将自身与外界区隔开来。细胞尚未生成，遑论物种之类的群体。

在竞争性复制的推动下，RNA世界的复杂性增加了。一些聚合体为了形成稍微高级一点的结构，请来蛋白质助力，由此产生了自我封闭的可能性。它们把自身封装起来，独享某些特定优势，同时保护自己的边界。成了！第一个细胞就这样诞生了。

与我们所知道的现代细胞相比，这些早期细胞非常原始。它们是粗制滥造的产品，还不够稳定，可能会泄漏内部物质，但在某种意义上还是细胞。随着每一个细胞都被封闭在细胞壁里，或者至少包上了一层膜，它们找到了利用自身包含的RNA（或许那时候已经是DNA）的指令进行自我复制的方法。细胞壁在某种程度上保护了它们，使它们免受水平基因转移（来自外界的嘈杂信息）的干扰，不再为这些信息感到困惑。虽然早期细胞还很原始，但与裸露的RNA链相比，这些细胞自我复制的精确度更高。它们形成了谱系。水平基因转移不再那么泛滥。最终，这些谱系制造出彼此相似的细胞，它们抱团组成种群。此时此刻，你可以用另一个名字来称呼这些细胞：生物。构成种群的细胞并非一模一样，它们还是有所变异的，但它们之间的相似性高于它们与其他谱系的细胞之间的相似性。又一次，成了！物种诞生了。这些细胞跨越了生命史上的一个重要边界，乌斯把这个边界称为达尔文门槛。

"当细胞变得更复杂、细胞之间的关联程度变得更高时，"乌斯写道，"这些细胞就达到了一个临界点。跨越临界点后，一个更加完整的细胞组织出现了，此时垂直遗传过程中的创新具有更显著的重要性。"他指的是亲代与子代间伴随适度变异的遗传过程，它与水平基因转移明显不同。跨过这个重要的边界，即达尔文门槛的所在之处，达尔文所理解的进化就开始了。乌斯用英语的现在时态描述这些过程，就好像他穿越到了30亿年前，坐视这些事情的发生。在神超物外的时刻，他或许真觉得自己能时空穿越。

这一切都没有改变他偏好的生命之树的形状。在他2000年发表的关于通用系统发生树的论文中，以及在他2002年发表的关于细胞进化的论文中，乌斯附上的图解跟他在1990年与坎德勒和惠利斯合著论文里的树状图几乎一模一样。他忽视了水平基因转移领域10年来的发现，他略去了福特·杜利特尔绘制的图示里纠缠扭曲的枝条，他的树仍然有三个主要的巨枝。他的树枝分权，但并不会合并。乌斯似乎觉得，只要把水平基因转移上推到远古时期，下移到生命之树的根部，限定在"现代"细胞的诞生和分化之前，水平基因转移对他的理论就没多大威胁了。但其他人不同意他的观点。

67

一晃眼，六七年过去了。新出现的数据证明了更多水平基因转移现象的存在。尤金·库宁和两位同事寻找细菌主要谱系之间的水平基因转移，收获颇丰。他们发现可追溯到水平基因转移的基因在不同细菌里的占比不等，从某些细菌中的一小部分到梅毒螺旋体的整个基因组的三分之一。随着更多基因组被成功测序，威廉·F. 马丁和两位合著者发现了更多水平基因转移的现象。马丁的团队比较了分布在细菌和古菌的181个不同基因组中的50万个基因，随后得出结论：每个基因组中大约有80%的基因是在进化史上的某个时刻通过水平基因转移得来的。彼得·戈加滕和一位同事在植物中发现了水平基因转移的现象，其他科学家则证明了这一现象在真菌中很重要。朱莉·邓宁-霍托普的研究（我在前面提到过）揭示了水平基因转移在昆虫中的广泛存在。寻找水平基因转移几乎成了一种狂热的科学追求，虽然狂热一词无法反映这种工作的难度，也没能体现其影响的深远。而在分子进化生物学这个人迹罕至的领域之外，很少有人听说过这种现象，也很少有人知道它在专家中引起的骚动。

直到2009年1月，英国《新科学家》杂志的封面上出现了一棵树和一个巨大的、触目惊心的标题：《达尔文错了》。下面的小字副标题是《砍掉生命之树》。

　　这篇封面文章的作者是《新科学家》杂志的专题编辑格雷厄姆·劳顿。文章从查尔斯·达尔文和他绘制于1837年的草图写起，劳顿指出，把进化关系描绘成一棵树是一个富有成效的想法。到1859年《物种起源》出版时，草图里纤弱的枝干已经长粗长高。用达尔文偏好的比喻来说，它长成了一棵"大树"。文章紧接着跳跃到福特·杜利特尔的论断：生命之树的意象是达尔文进化思想的"绝对核心"。它变成了理解生命史的关键所在。自《物种起源》首次出版以来的150年里，进化生物学主要致力于分析这棵大树的细节。"然而，到了今天，这项事业已经支离破碎，"劳顿写道，"它在反面证据的冲击下分崩离析。"他说的反面证据是水平基因转移。

　　劳顿在文中对这一主题的介绍相当公允，尽管杂志的封面存在误导性的挑衅，而且文章的标题《砍倒达尔文的树》也呼应了这些挑衅。记者们通常没有为自己写的杂志报道取标题的特权（而专题编辑可能享有这一特权），所以这个标题是谁的用意很难说。砍掉也好砍倒也好，这些跟伐木工人有关的意象和声称达尔文错了的言论都过于尖锐极端。它们或许有助于销售杂志、吸引读者翻页，但它们歪曲了新发现为达尔文的正统观念带来的真正挑战。文章本身的笔触更加细致，但还是戏剧性十足。劳顿引用了杜利特尔发表于1999年的论文，就是那篇把争论引到《科学》周刊上的论文，还引用了杜利特尔最近的一句评论，大概是通过电子邮件或电话弄到手的："生命之树并不是存在于自然界中的东西，它是一种人类对自然界进行分类的方式。"

　　劳顿引用了威廉·F.马丁的论著——他对百分之一的树的批判，并在文章中提到了内共生。他指出，有那么一段时间，进化生物学家们把水平基因转移当成一种边缘现象。这已然是过眼烟云。来自加州大学欧文分校的研究人员迈克尔·罗斯斩钉截铁地告诉劳顿："跨种群的遗传信息交流极其普遍。"劳顿指出，源自细胞器的内共生基因转移是水平基因转移的另一个版本。除了细菌和古菌，真核生物也会进行水平基因转移。劳顿还在文中引用了英国生物哲学家约翰·杜普雷的话："如果真有生命之树，那它应该是生命之网上长出来的一个小小的异常结构。"最后，文章的焦点又回到了福特·杜利特尔身上，他似乎对自己的研究一石激起千层浪感到不安。"在这个问题上，我们应该放松一点，"杜利特尔告诉劳顿，"我们对进化论理解得很透彻，只是它比达尔文想象的样子更复杂。生命之树不是唯一的进化模式。"

别的科学家并不想放松。根据劳顿的描述，他们想把"被连根拔起的生命之树"视为某种更宏大、更激进的事业的开端。但是，等等，这棵树究竟是被连根拔起了还是被砍掉了？不必介怀。"这是生物学变革的一部分。"杜普雷说。未来对进化的研究将更侧重于谱系之间的融合、获取和协作，而非相互隔绝的谱系的内部变化。这些研究不但会关注树枝的分权，也会关注它们的吻合。埃里克·巴普泰斯特是杜利特尔指导过的博士后，也曾和杜利特尔合著过论文，他表示"生命之树发挥过作用"。这个由达尔文手绘的图形曾帮助人们想象进化这个一度振聋发聩的新理念。"但现在，我们对进化有了更多的了解，"巴普泰斯特说，"是时候向前看了。"

这篇封面文章刊登在2009年1月24日出版的《新科学家》杂志上。这个时间点很重要：再过两周就是查尔斯·达尔文的200岁诞辰，全世界的生物学家和生物史学家都会在这一天缅怀他，回顾他的生平、工作和理论。事实上，2009年整整一年，从剑桥到孟买再到阿尔伯克基，到处都有关于达尔文的纪念活动和回顾展。《新科学家》的编辑们已经计划好了他们的纪念活动，也就是这一期以"砍掉生命之树"为主题的杂志，他们为达尔文送上了一张生日贺卡。他们抓住纪念达尔文诞辰200周年的机会，借着公众广泛（或短暂）关注达尔文这一话题的东风，用格雷厄姆·劳顿的文章警示大家：新的发现还在重塑我们对生命史的理解——基因会水平移动，前人怎么能想到？这一招挺灵的，但他们的封面标题是赤裸裸的挑衅：在达尔文的200岁诞辰之际，我们发现达尔文错了！进化生物学领域的一些大人物反应激烈，迅速表示不满。

丹尼尔·丹尼特是一位杰出的哲学家，著有《达尔文的危险理念》等作品。杰里·科因是芝加哥大学的进化生物学家，以其在物种的形成过程方面的研究和作为进化科学的捍卫者大力反对神创论而闻名。理查德·道金斯写了很多本书，其中包括《自私的基因》和《上帝的错觉》，他可能是世界上最著名、最激昂的无神论者兼达尔文主义者。他是一个极其聪明的人，有着危险而耀眼的才智。保罗·迈尔斯是一位生物学家，也是一个有影响力的博主。这四个人合写了一封义愤填膺的信给《新科学家》，该杂志在一个月后发表了这封信。信的开头是这样的："你们到底在想什么……？"

他们的抱怨针对的是那个扎眼的、否定生命之树的封面，而不是文章中更为精确的解释。丹尼特等人认为，宣布"达尔文错了"会助纣为虐，"给神创论者提供绝好的机会，让他们误导地方教育委员会、学生和公众，对进化生物学的现状产生怀疑"。

在这一点上，他们可能说对了。神创论者确实抓住了这个机会，究竟是不是绝好的机会则另当别论。例如，一个名为"护教学出版社"的神创论网站上立即出现了一篇题为《惊人的坦白：达尔文错了》的文章。其作者埃里克·莱昂斯总结了劳顿所写的那篇文章的要点，还引用了杜利特尔等人的观点，称生命之树只是又一个"堕入困境"的"关于进化论的标志性概念"。莱昂斯声称，几十年之后，随着越来越多数据的出现，人们才惊觉以往关于进化论的证据是错的。"我们不禁要问，到底该怎么做，"他写道，"才能让进化论者相信，需要抛弃的不仅是达尔文的生命之树，而是整个进化论？"莱昂斯借用了《新科学家》的杂志标题，这正是丹尼特和信件的另外三位作者所担心的现象。

在围绕着杂志封面和生命之树是否具有绝对重要性的这番吵闹中，《新科学家》杂志发表的一篇相对心平气和的社论在很大程度上被忽略了。这篇导读性质的社论以未署名的形式刊出，其用意是让读者正确看待劳顿的文章。它一开篇就否定了莱昂斯那种得意扬扬的神创论误读，声称生物学和物理学一样尚未完工。进化论思想的大动荡以前也发生过，最初的一次是由达尔文和华莱士在19世纪引发的。第二次革命发生在20世纪30年代和40年代，当时的科学家们把孟德尔遗传学与达尔文的自然选择和数学相结合。它被称为现代综合进化论，也被称为现代达尔文主义。如今，在分子生物学和基因组测序的时代，我们发现那些重要的生物学课题"比我们想象的要复杂得多"。这番话说得很温和。"在庆祝达尔文诞辰200周年之际，"社论中写道，"我们等待着第三次革命的到来，它将使生物学得以改变和强化。"

第三次革命已经开始了吗？如果答案是肯定的，那你可以说它始于卡尔·乌斯接受了弗朗西斯·克里克提出的一个含糊但不失精明的建议，用"蛋白质分类学"来衡量不同生物之间的亲缘关系之时。乌斯单枪匹马的研究催生了如今极为热门的分子系统发生学，并且让人认识到，即使有16S rRNA这个强烈的信号，水平基因转移依然提升了生命史的复杂程度，远远超过查尔斯·达尔文的猜想。水平基因转移让人们心生好奇：在乌斯所说的达尔文门槛之前，在那个遥远的时代，究竟发生过什么不同寻常的事情？这一切都围绕进化展开，水平基因转移超越了达尔文的思维，但没有否定这种思维，就像爱因斯坦和量子力学超越了牛顿的思维一样。"这些发现都不应该助神创论者一臂之力。"这位匿名的作者在社论中补充道。诚如此言。不过，神创论者当然不会放过机会。

68

按福特·杜利特尔半开玩笑的说法，当这场骚动在《新科学家》杂志上爆发时，他已经"隐退到了哲学领域"。由于他的会议发言和他的论文，特别是他于1999年发表在《科学》周刊上的论文，他已经成为"水平基因转移具有巨大意义""一棵树不能很好地代表生命史"这个阵营的喉舌。树形还是别的形，这是个值得思考的问题。许多生物学家（其中包括道金斯、丹尼特和科因）认为这一点非常重要，因为他们身处两个平行的斗争之中：一个是理解生命史的斗争，另一个是捍卫进化论教义、抵御神创论者的言语和政治攻击的斗争。现在，树的形象本身也有争议，"抱树者"和"砍树者"唇枪舌剑，互不相让。

"引发了这场两极化的辩论，我并不感到难过，"杜利特尔告诉我，"因为我认为辩论是有用的。"辩论激发了新的思维和研究，推动研究者去收集更多数据、提出新的假设。"其中一些假设很有趣，可能是对的，而另外的假设，"他咯咯笑着说，"就只是有趣而已。我想我始终有这么一个观点：如果你在一半情况下没错，"他说，"那你就还不够勇敢。"

然而，过犹不及。"我有点厌倦了每次打开期刊都要想：'这篇论文是支持我的还是反对我的？'"他越来越清楚地意识到这其实不是一个科学问题，而是一个哲学问题，一个具象问题，一个语义问题。"生命之树是否存在，"杜利特尔告诉我，"在很大程度上取决于我们对生命之树的理解。"

这让他想起了一个经典悖论，哲学家们称之为忒修斯之船问题，该问题最早出自2000年前普鲁塔克所著的《忒修斯传》。传说中的英雄忒修斯在克里特岛经历了一场史诗般的冒险，随后他回到雅典，雅典人把他的船作为历史文物保留下来。但这个文物没有退役，他们没把它封存起来，也没把它放在神坛上，而是在仪式性的航行中动用它。船上的木板会随着时间的推移腐烂，必须被更换。然后又有木板烂了，再次被更换。到了什么时候，忒修斯之船就不再是忒修斯之船了？很难说。好吧，按照杜利特尔的说法，经过数十亿年的水平基因转移之后，一个生物的身份及其所属的谱系也存在同样的问题。如果它的基因一半来自细菌，另一半来自古菌，那么这个生物究竟属于细菌还是属于古菌？我们没法回答这个问题吗？这个问题是否毫无意义？

杜利特尔断定，我们应当把生命之树视为一种与所有生命的历史和亲缘关系有关的假说。早在2000年，他就在发表于《科学美国人》杂志的文章中提到过这一点，但只是一笔带过，没有展开。现在他对此做了详细的阐述。生命之树不是什么不知从哪里冒出来的或者由共识产生的"有吸引力的假说"，它是查尔斯·达尔文在1837年提出的假说，当时达尔文在标号为"B"的小笔记本上画了那张草图，并在图的上方潦草写了"我认为"这三个字。该假说旨在解释达尔文在生物和化石中看到的那个让他相信生物进化过的模式。如果生物真的进化过，那么这些进化是怎么发生的？达尔文认为，进化从共同的祖先开始，从几个原始形态或一个原始形态开始，慢慢地，一些形态从其他形态中分化出来，分化成许多物种。这些变化主要是由被他称为自然选择的过程塑造的。如果所有上述假设都正确，生命史会是什么样子？达尔文猜想：它应该像一棵树。

　　但是，生命之树假说对基因频繁转移的细菌和古菌很不适用。对其他生物而言，这个假说也不完美。我们不能责怪达尔文，他没有分子系统发生学来扰乱思路，他不知道水平基因转移。鉴于他能看到的证据有限，我们可以说，他尽力了，他已经很优秀了。

69

阿克塞尔·厄兰森是一位出生于瑞典的美国农场主，小时候被带到美国，在明尼苏达州长大，1902年和家人一起搬到加州中央谷地定居，因为那里的土地灌溉系统发达且日照充足。他结了婚，有了女儿，开始在加州希尔马附近的自家农场上种植豆类和其他作物。希尔马位于莫德斯托和默塞德两地中间。有一天，他注意到他的树篱里有一个自然结合的现象：两根来自两种不同灌木的枝条接触后合并在一起。这种异常现象对厄兰森的启发与威斯康星州的约翰·克鲁萨克受到的启发如出一辙。厄兰森开始培养同样奇特的爱好：将树木塑造成有趣的、不自然的形状。通过不断试错，厄兰森取得了惊人的成果。他采用的方法包括修剪、嫁接、弯曲，以及用外桩和支架支撑他那些相互纠缠的树苗，直到它们固定成形。有人问他培养怪树有什么诀窍，他戏谑地说："我和它们说话。"

厄兰森喜欢柔韧的树种，如梧桐、柳树、杨树、桦树和（克鲁萨克选用的）梣叶槭。他的树雕作品因外形而得名。他培植了一棵"针线树"，其特点是树枝沿着对角线斜长成网格状，一些枝条从其他枝条形成的孔洞中穿过。他还培植了一棵长得像"大教堂的窗户"的树，看上去就像并排种植的十棵小树托起了好几扇巨大的彩色玻璃窗。他培植出了梯子树、电话亭树、圆锥形帐篷树、眼镜树、拱门树、旋转门树、九趾巨人树。他让六棵梧桐长成一个篮子。人们从未见过树长成这样的形状。无论是野生树木还是人工林，只要它们按天性生长，都长不出这样的形状。厄兰森把他臆想出来的树变成了现实。此人罹患良性精神错乱。

也可能他没病。在他苦心培育20年后，二战结束了，加州旅游业进入战后繁荣期，他萌生了将自己的树雕改造成路边景点的想法。或许他的爱好可以带来一些现金流。

他在圣何塞和圣克鲁斯之间的旧驿道上买了土地，这条路从新兴的郊区通向大海。他开始给那些奇特的苗圃搬家。他把可移植的新奇树木移植过来，把不方便移植的树木砍倒后像家具一样搬过来，然后继续种植其他树。1947年，他的景点开张了，挣的钱虽然不多，但也比较可观。游客们把车停在路边，下车走过来，按一下门铃，厄兰森就收点门票钱，放他们进门参观——客流相当稳定，至少在一条新建公路（17号公路）分流走大部分车辆之前一直如此。年景好的时候，他能赚超过320美元。他把这块地方叫作"树木马戏团"。

阿克塞尔·厄兰森的后续人生故事，这里恕不赘述。我只是举这个例子来强调一点，那就是树雕违反常态，是令人惊奇的存在。另一个奇怪的"树木马戏团"是在20世纪90年代末和21世纪的前20年从基因组数据和系统发生学分析中发展起来的。这项树雕事业仍在继续。福特·杜利特尔已经"隐退"到哲学领域，思考这一切的意义，但他带过的许多研究生和博士后如今都是这个领域的杰出研究者，还在继续阐明生命的深层历史。威廉·F.马丁和他的同事们继续做着重要的研究工作，彼得·戈加滕、杰弗里·劳伦斯、尤金·库宁等人也是一样。这些研究者人数太多，无法一一列举。年轻的研究者在过去的10年中崭露头角，新鲜的声音在科学界不断出现，例如住在瑞典的荷兰研究者泰斯·艾特玛，他负责研究最新的古菌谱系及其揭示的进化规律。随着大量已测序基因组进入公共数据库并且向所有研究人员公开，随着计算机的分析运算能力不断增强，软件工具也得到优化，新发现和新观点的浪潮一波又一波，一层叠一层。没有人能通晓其全貌，也没有人能够把它简化为线性叙事。但面对林林总总的新数据、新现象和新理念，这些科学家正在解答一些非常重大的问题。

其中有三个问题特别突出。第一个问题：查尔斯·达尔文真的错了吗？如果他错了，错在哪里？他的进化论是受到了严重的质疑，还是只需要小幅度修正？第二个问题：真核细胞的起源是什么？如果其起源是内共生，那么梅列施柯夫斯基、马古利斯和其他内共生理论的倡导者对这个问题的回答刚开了个头。线粒体和叶绿体是被俘获的细菌，没错。但是，大约20亿年前发生的从原核生物到真核生物的划时代转变的其余部分呢？细胞核是怎么产生的？花样百出的改良发生在作为容器的宿主细胞内部，但这个宿主细胞是何方神圣？究竟是什么材料在什么情况下组合成了如此复杂的细胞实体，成为所有动物、植物、真菌和其他真核生物的祖先？这种复杂性的缘起是什么？

第三个问题，也是最直击要害的问题：这些发现对人类身份的概念有什么影响？人类是什么？你是什么？实际情况比你想象的要怪异得多。

第七部分

合众为人

70

人类在很久以前就认识到，细菌和其他微生物栖息在健康的人体中。这种认识至少可以追溯到安东尼·范·列文虎克从自己的牙齿上刮下一些菌斑，然后在显微镜下观察它们的那一天。此后300年，人类对微生物的认识突飞猛进。如今的科学家充分理解人体被其他微生物定植[1]的广度，并开始对它们进行统计调查。现代微生物学就是在这段时期产生的。列文虎克在自己的嘴里发现外来生物时所感到的震惊并不是独一份。后来，人们会同样震惊地发现成群结队的微生物在人体内的各个部位和人体表面繁衍兴盛，我们自己的基因组里也存在外来基因。

毫无疑问，你已经听说过微生物组这个词。这是一个当红的科学术语，它的身影出现在新闻里、杂志上，以及许多科学家的资助提案中。这个标签非常贴切，它被用来描述微生物作为大生物的重要成分而存在的现象。近年来，认识到这个现象的人数骤增。微生物组这个词语由来已久，但约书亚·莱德伯格拿旧瓶装新酒，用它来指代"共享我们的身体的、共生的、共栖的、致病的微生物"，"它们意义重大，却一直被忽视，只作

---

1 各种微生物从不同环境落到人体，在一定部位定居，不断生长并繁殖后代的行为。

为影响人类健康的因素而存在"。正如这个定义所示，微生物组通常指的
是"人类微生物组"，即居住在我们体内的微生物群落。其他复杂的多细
胞生物都有各自版本的此类居民。马的微生物组和老虎的微生物组各自构
成了一个不同的群落，每个群落都生活在它们的小世界里。我们体内的微
生物组也是一样。它们随着人类的进化而进化，而我们的进化也深深地依
赖它们。

当然，人类的微生物组不是每个人都一直拥有的微生物物种清单。
它是一组可能性，一个万花筒，跟"人类基因组"是一个道理。后者是个
单数短语，似乎应该指代单一实体，但它其实包含了人与人之间的许多差
异。所以，当我在上文中写到"我们体内的微生物组"随着人类的进化而
进化时，我指的是人体内部和人体表面所有可能存在的居民的名册，或者
说这些居民的任意组合。人类的微生物组会因人而异，随环境和时间的变
化而变化。

正是因为微生物组具有可变性，所以它才同人类健康这方面的新认识
有关。人类体内和体表常驻微生物的种类因人而异——取决于我们是谁、
我们做什么、我们在什么样的环境里出生和长大、我们去哪里、我们吃什
么。而这种因人而异的组合影响重大。

人类微生物组已经成为一个研究焦点，也是医学界关注的焦点，因
为它造成或可能造成了一系列不健康的人体状况：肥胖、儿童糖尿病、哮
喘、乳糜泻、溃疡性结肠炎、某些种类的癌症、克罗恩病等。科学家们已
经意识到一个健康的人携带着健康而多样的微生物组，如果微生物组因某
种原因而耗竭、紊乱或发育不良，人体就会受到伤害。正如人体内存在某
些微生物会产生问题（我们称之为传染病），缺少某些微生物同样不妙。
如果一个人的肠道里没有多形拟杆菌，这个人消化蔬菜就可能有困难。如
果人体内微生物失衡，一种微生物太多，另一种微生物太少，这种情况也
会带来麻烦。如果我们使用抗生素破坏某个健康的人结肠内的细菌群落，

结肠里的少数产气荚膜梭菌依然能在用药后艰难存活下来，但此时大多数细菌已经被抗生素消灭，因此没有竞争对手的产气荚膜梭菌可能会爆炸式增长，引发感染。它们可能会削弱肠壁，让人发烧和腹泻，甚至可能致人死亡。

根据最近的一项估计，每个人的身体包含大约37万亿个人体细胞和100万亿个细菌细胞。也就是说，细菌细胞与人体细胞的比例接近三比一。（另一项研究给出的比例较低，大约是一比一，但这仍然意味着你的身体里有37万亿个细菌细胞。）而这还没算上所有的非细菌微生物——病毒颗粒、真菌细胞、古菌和其他微小的过客，它们生活在我们的内脏里、口腔里、鼻孔里、毛囊里、皮肤上，以及我们全身上下、身体内外的其余地方。这些偷渡者可能来自1万多个"物种"（这里的"物种"应该加上引号，因为适用于原核生物的物种范畴比较模糊）。生活在人类肠道内的细菌占了"物种"总数的大约十分之一，差不多有1000种。我们身上的数万亿个微生物组细胞一般比人体细胞小很多，因此整个微生物组只占我们身体质量的1%到3%。在一个200磅重的成年人身上，微生物组的重量大概是2—6磅，它们的体积约为3—9品脱[1]。不过，这几品脱细胞很忙，也很重要。

然而，我想表达的意思连一半都还没说出来。最近有一些描述人类微生物组的性质和工作原理的书面市，其中的一部分书学术性较强，另外的书则侧重于向大众科普，后者当中写得最好的是埃德·扬的《我包罗万象》，这是一本生动的、百科全书式的书，其主题是人类和其他物种内部的微生物生态系统。我和他的写作目的不同，在此就不过多介绍了。不过，既然微生物组已经进入我们的视野，那么它可以作为探讨另一个更基本、更棘手的问题的起点：对人类身份的复合性的认识。

1　在美国，1干量品脱约合550.61毫升。

　　1683年9月17日，在观察了自己的口腔生物和采自其他四人的类似样本后，列文虎克向英国皇家学会写信报告了他的观察结果。据他裸眼所见，这种牙菌斑看起来就是"一点白色的物质，像面糊一样黏稠"。但在显微镜下放大后，他的观察所得更为丰富了。"我几乎总能惊奇地看到，在所述的物质中，有许许多多的微小动物在活动，身姿灵巧可喜。"其中最大的一种微小动物"动作迅猛，像梭子鱼穿水一样在水中（或者说唾液中）一闪而过"。这个速度可真够快的：和鲈鱼或者鲤鱼相比，梭子鱼的速度就像箭一样。更小的微小动物"像陀螺一样旋转"。这是一个丰富且繁忙的生态系统，某位一辈子没刷过牙的老人提供的样本尤甚。在老人风味极佳的口腔黏液中，列文虎克发现"一大群数目多到令人难以置信的微小动物在游动，比我之前见过的所有动物都更灵活"。其中有些微小动物的体形稍微大一点，"在前进的过程中，它们的身体会弯曲"。他观察到的是各种微生物。他留下的证据过于简陋，现在的研究人员无法确定它们的身份。但他对旋转和弯曲行为的描述让我们有理由相信螺旋体是其中之一。

　　三个多世纪之后，1994年，一个由医学微生物学家组成的团队发表了一份报告，为这种可能性提供了更广泛情境下的证据。该团队的带头人是德国弗赖堡大学的乌尔夫·B. 戈培尔。在一位患有严重牙周炎（牙龈疾病，她的牙齿从颌骨处开始腐烂）的29岁女性的口腔中寻找生物多样性证据时，他们发现了几十种可归入同一属的螺旋体。该属名为密螺旋体，其中的梅毒螺旋体便是臭名昭著的引发梅毒的小恶魔。事实证明，别的密螺旋体虽然也很麻烦，但没有麻烦到梅毒螺旋体的地步。这些螺旋体会造成那个女病人罹患的那种牙周炎。不过，这个案例值得我们注意的地方并不是某个人口腔里肆无忌惮以人骨为食的螺旋体的多样性，而是戈培尔团队的研究方法。他们仿效了卡尔·乌斯的做法。

　　更具体地说，他们通过对16S rRNA样本进行测序和比较，一一识别出那些种类繁多的口腔螺旋体。但他们比乌斯更进一步。乌斯在培养物中培养细菌和其他微生物，然后提取它们的rRNA。有时候，有些细菌无法通过人工手段培养，它们太过野性和敏感，在实验室的环境里不能成活。在这种情况下，我们就需要用另一种方法来检测全新且未知的微生物。戈培尔和他的同事们承认，这种方法是由乌斯的好朋友兼最重要的崇拜者诺曼·R.佩斯开发的。

71

20世纪50年代，诺曼·R.佩斯在印第安纳州的一个小镇上长大。他是一个聪明的孩子，很早就喜欢上了科学，在一次家庭化学实验中炸破了左耳膜。和福特·杜利特尔一样，他在苏联人把第一颗人造卫星送上了太空后不再玩票，从此把科学视为职业道路。他在高中期间参加过一个科学夏令营，然后去一个大城市上大学——印第安纳州的布卢明顿。1964年，他把目光投向大草原以外的地方，前往伊利诺伊大学读研究生。他期望着能在索尔·施皮格尔曼的指导下攻读博士学位，这一前景颇为诱人。施皮格尔曼当时已经是响当当的人物，以核酸方面的研究闻名。卡尔·乌斯大约在同一时间来到厄巴纳，时年36岁的他被聘为副教授，但基本上寂寂无闻，刚开始撰写第一部有关遗传密码的专著。乌斯实验室和施皮格尔曼实验室都在莫勒尔楼三楼的同一条走廊上。佩斯的人生道路再次与福特·杜利特尔相仿，不过他比杜利特尔早几年踏上了这段旅程。他发现与爱穿绉胶底鞋子、出没犹如幽灵的施皮格尔曼相比，年轻的乌斯似乎更为友善，而且在某种意义上更能启发他的灵感。

"我们会一起聊天，跟他交流很愉快，他的实验室就在隔壁，"50年后，为了拜访佩斯，我来到了他在科罗拉多大学博尔德分校的实验室，佩斯这么告诉我，"他在做一些我相当感兴趣的事情。"但也许对这种高深的科学猜想来说，"做"这个动词不恰当，于是佩斯改口说："他在思考一些我相当感兴趣的事情。"这些令乌斯兴味盎然的事情包括遗传密码的运作机制，也就是弗朗西斯·克里克致力于解开的谜题，接着乌斯的研究方向回溯到遗传密码的进化起源，并在此基础上回溯到生命本身最早的无定形悸动。乌斯在思考重大问题，挑战科学研究的边界。他并非异想天开，而是有着强烈的求知欲。"我在走廊上碰到的那个聪明、亲切的家伙，"佩斯说，"他在思考生命的起源，以及那些正经的科学家没有想到的事情。"他笑了起来，"那些年，我们之间的交流很多。"在佩斯还是个研究生的时候，他请求乌斯这位年轻的教授加入他的博士学位论文答辩委员会。乌斯同意了，他们的友情日渐深厚。

那时已经是20世纪60年代末了。佩斯是个健壮而富有冒险精神的年轻人，他热衷于洞穴探险，对摩托车情有独钟。他的妻子贝尔纳黛特·佩斯拥有分子生物学博士学位，也是一个很活泼的人。他喜欢骑着宝马R69S摩托车在公路上飞驰，贝尔纳黛特则搂着他坐在后面。两人仅花一天的时间就能在德国和土耳其这两国之间骑个来回。后来她也想要一辆摩托车。"那是在她喜欢上高空秋千之前。"佩斯告诉我。贝尔纳黛特后来成了技艺高超的空中飞人，足以在卡森和巴恩斯马戏团的高空秋千演员受伤（这是常有的事）时代班上场。他们在自家的院子里搭建了一个高空秋千。有时，在这对夫妇举办的派对上，她会为朋友们表演，他则戴上一顶高帽子，穿上紧身衣，打上领结，担任马戏表演领班。这一切都无损他们所做的科研的严肃性。贝尔纳黛特同他合著了十几篇高深的论文，乌斯也没有因此小看他。乌斯虽然思想激进，但为人保守。他认为佩斯炫肌肉不过是在"虚张声势"。

拿到博士学位后，佩斯做了两年的博士后研究，然后他离开厄巴纳，找到了第一份学术工作，与乌斯一直保持着密切的联系。他在丹佛的国家犹太医学研究中心建立了自己的实验室，并继续研究他的博士论文课题——RNA的复制。福特·杜利特尔从厄巴纳来到丹佛，在他的实验室做博士后。随后米切尔·索金也来了，他是乌斯早期测序工作的得力助手，对rRNA仍然很感兴趣。在70年代，佩斯与他们两人共同撰写了论文，跟乌斯也合著了论文。

20世纪80年代，佩斯把研究重心放在一个独到见解的应用上：乌斯识别微生物并将它们放在系统发生树上的方法或许可以调整一下，用于检测从未在实验室中培养过的生物。那些未知的生物，不管它们是什么，毕竟也有16S rRNA。如果佩斯能找到那些生物，将它们提取出来，对它们测序并且对样本分类，那他就不需要自己培养微生物了。他不需要纯培养物。更妙的是，他可以从样本中提取DNA而不是RNA，将其扩殖到足够研究的数量，然后观察不同生物体内负责生成16S rRNA分子的基因。这样一来，他也许能深化人类对某些生活在物种丰富的极端环境中的神秘微生物的理解，并且揭示某些居住在条件不那么极端但此前一直被忽视的环境里的微生物的真容。如果上述的愿景真能实现，人类便能拓宽对地球生物多样性的认识，因为地球上大多数的生命形式都是微生物，而这些微生物中的大多数从来没有（它们可能永远无法）来到人工环境中生活并自我复制。它们是生物界的暗物质，庞大且有分量，但无法被人类看见。

这个方法的确可行。佩斯和他年轻的合作者们利用三份提取自非常不同的极端环境的样本证明了这一点。第一份样本来自太平洋水面以下数千英尺深的海底热泉，第二份样本来自新墨西哥州赫利附近一个铜矿的浸出池，第三份样本来自黄石国家公园的间歇泉。佩斯的团队从第一份样本中提取了一只巨型管状蠕虫的组织。这份样本由伍兹霍尔海洋研究所的成员提供，大概是他们用深海研究潜水器"阿尔文"号抓取来的。他们还从铜矿的浸出池里挖出了两磅毒泥。提取第三份样本的过程与前两者不同——对丹佛的那些长不大的男孩来说，他们更像是在闹着玩。

"当时我坐在办公室里读这本书。"诺曼·R.佩斯说着从书架上抽出一本厚厚的书：托马斯·布罗克关于嗜热微生物的论文。我在前文中提到过布罗克，他在黄石国家公园的间歇泉中发现了水生嗜热菌，从而为扩增DNA的聚合酶链反应（使用水生嗜热菌中的DNA连接酶）和所有分子生物学方面的研究铺平了道路。"书里提到了黄石国家公园的章鱼泉，"佩斯说，"这个间歇泉里面有好多状似粉红色细丝的东西。"佩斯之所以用"状似"这个词，是因为他意识到这些粉红色的丝状物是细菌团块，他自己从未在实验室里培养成功过它们。这些细菌比水生嗜热菌更难驯服，部分原因是它们需要极高的温度。在布罗克于20世纪60年代探访黄石国家公园之前，大多数微生物学家认为所有生物只能在最高温度为73摄氏度左右的环境下存活。布罗克发现的水生嗜热菌就不在间歇泉的泉眼，而是在间歇泉河道的下游处，那里的温度相对适宜，为69摄氏度。但这些粉红色的细丝生长在章鱼泉最热的地方，那里的最高温度可达92摄氏度。"真是太热了！"佩斯对我说。水在100摄氏度的时候就沸腾了。读了布罗克的记载之后，佩斯很想知道那些嗜热微生物的身份以及它们的生存之道。那是1981年的事了，但他至今都记忆犹新，因为那些微生物决定了他的事业的发展方向。

1981年的佩斯放下书，从办公室冲进实验室，他的三个研究生都在那里。"嘿，你们看这个，"佩斯回忆起自己当时得意扬扬的口吻，"黄石国家公园的这个间歇泉，章鱼泉——据说里面有千克量级的高温生物量！"千克量级的高温生物量，这就是一个微生物学家喊出"找到了！"的时刻。他想说的是：像一堆大粪那么多的细菌居然在近乎不可能的高温下活得好好的！

"咱们去搞一点来。"他说。他设想从粉红色细丝里提取rRNA，对其测序，然后鉴别出全新的生物——这些生物不仅是未知的，而且是用经典的微生物学方法不可知的。"我的上帝啊！"他记得自己当时这样想道，"我们能找出未知的世界里都有谁。"这又是一句微生物学界的奇怪行话：一个细菌或一个古菌就是一个"谁"。

　　组建了这支远征队之后，佩斯邀请乌斯加入。于是，这位来自厄巴纳的贤者与佩斯团队一起开车来到黄石国家公园，在间歇泉之间露营，帮忙从章鱼泉里采集样本，一脸茫然地参加了这场"虚张声势的微生物学考察"。他们在间歇泉接近沸点的地方发现了一个生机勃勃的微生物群落，通过rRNA测序后对其定性——其中主要有三种生物，两种是细菌，一种是古菌。这三种生物都是科学界前所未知的。乌斯开开心心地回到位于厄巴纳的家中，但后来他告诉佩斯，因为露营时席地而卧，他伤了老腰，过了好几个月才康复。

　　在卡尔·乌斯的纪念文献中，有那么一张模糊的照片，差不多就是在那段时间由实验室的某位成员随手拍下的。照片上胡子拉碴的乌斯和精瘦且年轻的诺曼·R. 佩斯都穿着T恤，佩斯留着长发，戴着飞行员眼镜，左手叉腰。两人如敬酒般高举实验室烧瓶，相互庆贺。烧瓶内的液体不详，场合也不详。他们是否刚带着奇怪的、包含着微生物的泥状物质回到了实验室，正在庆祝在黄石国家公园获得的这场大丰收？也许吧。我看过这张照片的复印件，附加的说明是"王国里的友谊"。这个王国其实是指三大生物王国，更准确地说是指生命三域：细菌、真核生物、古菌。这张照片提醒我们，对乌斯来说，那是一个孤独但惊心动魄的时代，佩斯在其中占据了一个特殊的位置。在乌斯的一长串关联人士中——他的同事、他的德国崇拜者、他的研究生、他的博士后、他的实验室助手、他的其他合著者和合作者，没有哪个人的功劳比得上诺曼·R. 佩斯。他不但证实了乌斯关于生命的最深层历史的观点，还捍卫了它很多年。

　　佩斯从来没有加入乌斯实验室。乌斯曾经加入他的博士学位论文答辩委员会，但施皮格尔曼是他记录在案的博士生导师。他和乌斯的关系始于走廊上的闲聊。随着时间的推移，出于共同的兴趣和信念，两人的情谊日益深厚。佩斯对此有一个简单的描述。我在博尔德采访他时，他说："我是乌斯的科学之子。"

72

人体内的微生物从来不是诺曼·R. 佩斯的直接研究重点，他感兴趣的是地球上的微生物多样性这一更广泛的主题。但我们对人类微生物组的理解在很大程度上源于他和卡尔·乌斯的研究。乌斯率先使用16S rRNA对微生物定性并进行比较，他研究的产甲烷菌等微生物是在实验室里分离和培养出来的。它们在人工环境中生长（并不一定心甘情愿，但沃尔夫和鲍尔奇想办法驯服了产甲烷菌），乌斯从这些纯培养物中提取rRNA。佩斯则凭借自己的观察力和技术获取了仅在自然环境中生活的微生物的样本。他拓展了乌斯的技术，将其运用于采集来自各种环境（包括章鱼泉等极端环境）的原始样本。随后，他利用从这些样本中全盘提取的16S rRNA及其对应的基因，来检测和鉴定那些从未（也许永远不可能）在实验室中生长的新生物。

这两个贡献的重要性在微生物组的相关文献中得到了证明，例如乌尔夫·B. 戈培尔关于牙龈疾病的论文和其他论文。它们还为一个全新的生物学分支打下了基础——宏基因组学，该学科研究只能从其遗传物质中了解其性状的生物和群落。

与此同时，对人类微生物组的研究又让我们对水平基因转移有了一些新的认识。原来这种现象在我们的肚子和口鼻中就有发生。细菌总是在不断进化，以便加强其毒力、抗生素耐药性或者在人类宿主之间传递的能力，提高其进化的成功率。一般而言，快速进化比慢速进化好，要想给进化所依赖的可遗传变异增加重要的新可能性，水平基因转移是最快的方式。因此，细菌增加其生存概率和丰富程度的有效途径是通过水平基因转移，从同样栖息在人类结肠或鼻孔里的其他细菌处获得全新的基因。来自麻省理工学院并且以埃里克·J. 阿尔姆为首的研究团队已经证明了这一点。

阿尔姆的团队研究了2235个完整的细菌基因组，这些基因组都可以从美国联邦政府下辖的研究所维护的一个综合性开放数据库中获得。换句话说，他们下载了其他研究人员收集的大量基因组序列数据，就像你一口气下载一整季的美剧《怪奇物语》那样。在这2235个基因组中，有一半以上的细菌是"人类相关细菌"，它们是人体内的居民，也即人类微生物组的成员。阿尔姆的团队沿用乌斯的方法，把16S rRNA作为划分这些细菌的亲缘关系远近的标准。他们知道每一种细菌的地理起源——至少可以精确到某一大陆。他们还知道每一种细菌所处的生态环境，对人类相关细菌而言，这意味着它们的具体部位：胃、口腔、阴道、腋窝、皮肤。亲缘关系、地理起源和生态环境这三个因素勾勒出了他们想要回答的问题：哪一个因素对细菌之间的水平基因转移最为重要？

他们对所有基因组进行筛选，寻找可疑的异常情况——两种截然不同的细菌含有极其相似的既定基因。这是一项生物信息学的大工程，但现在对大规模生物信息的处理速度相对较快，成本也较为低廉。他们的假设完全合理：如果两个亲缘关系较远的谱系共享某个近似基因，那就意味着该基因源自近期发生的某个水平基因转移事件。阿尔姆预期能找到少数这样的实例。"我当时想，大概能找到五到十个吧，"他在实验室里通过电话告诉我，"如果我们能找到五到十个这样的基因，那就有意思了。"结果他们却发现了10 770个这样的基因。阿尔姆说，发现如此众多的水平基因转移事件，这本身就"非常令人震惊"。

在前述的三个因素中，生态环境显然很重要。例如，他们发现与栖息在其他环境中的细菌相比，栖息于人体的细菌之间的水平基因转移频率是前者的水平基因转移频率的25倍。但这并不是他们唯一的发现。阿尔姆的研究团队从另一个角度分析数据，发现栖息在人体同一部位的细菌之间的水平基因转移频率要高于栖息在人体不同部位的细菌之间的水平基因转移频率。具体来说，生活在人类肠道里的细菌往往会和其他肠道细菌交换基因，牙龈细菌、阴道细菌、皮肤细菌亦然。这种水平基因转移的距离一般很短，虽然两个截然不同的细菌谱系之间的系统发生学距离可能相当遥远。两个细菌在同一个人的阴道里比邻而居，对这个非常特殊的环境同样适应，因此有了通过水平基因转移共享基因的大好机会。

所以，对这种在我们体内发生的水平基因转移来说，生态环境比系统发生更重要。不过，基因组数据还传递了另一个信息。阿尔姆的团队发现生态环境比地理起源更重要。他们分析的人类基因组中的微生物由几个来自不同大陆的人所提供。很显然，同一大陆的细菌之间的水平基因转移频率要高于不同大陆的细菌之间的水平基因转移频率，但各个大陆之间的水平基因转移频率的差异要小于各个身体部位之间的水平基因转移频率的差异。处于人类肠道、阴道、鼻腔或皮肤这四个生态环境中的细菌之间最容易发生水平基因转移。在前述的三个因素中，同一细菌谱系的系统发生学共性，即亲缘关系排在第二位。同一大陆的共同地理起源排在第三位，它对细菌之间水平基因转移的影响力较弱。

阿尔姆的团队写道："综合来看，这些分析表明近期发生的水平基因转移经常跨越大陆和生命之树，在一个生态网络里把全球范围内的人类微生物组关联起来。"用更简单的语言来说：基因会横着走，从一个巨枝转移到另一个巨枝，甚至在我们的身体内部也不例外。

73

卡尔·乌斯通过阅读期刊论文来了解最新的科研成果，但他本人不再站在实验室研究和发现的最前沿。他把大多数时间用于思考。

21世纪初，当福特·杜利特尔和其他资深科学家发表关于水平基因转移的重要见解时，当埃里克·J. 阿尔姆和其他青年研究人员兴趣盎然地消化吸收这些见解时，乌斯撰写了关于细胞进化和通用系统发生树的"千禧年系列论文"。他在这些论文中承认，在地球生命的早期阶段，水平基因转移肯定是一个极其重要的过程，但他试图在拿不出足够数据的情况下捍卫自己的论点，即在地球生命的早期阶段结束后，水平基因转移的重要性大不如前。这样一来，他就可以坚持他的通用系统发生树具有通用性——这棵完全基于16S rRNA证据的树有三个巨枝，分别是细菌、真核生物和古菌。1977年，当他宣布古菌为生命第三域时，他的思想具有革命性。到了新千年，这一思想变成了他竭力捍卫的正统观念。科学就是这样发展的，其范式会转变，但一个科学家终其一生很少会经历两次范式转变。

乌斯并非单枪匹马（诺曼·R. 佩斯等人一直支持他），但他矢志不渝地鼓吹通用系统发生树，将其视作终极的、唯一的树，这让他日渐沦为少数派。他自己也对此心知肚明。乌斯承认，许多分子生物学家现在似乎认为，所有独特的、有据可依的树形系统发生学的深层先祖痕迹已经在过去的岁月里被水平基因转移"抹去"。他不认可这种观点。"这些草率的结论是错误的。"他写道。

与此同时，乌斯的工作也发生了两方面的变化。首先是一位新同事的加盟。2002年9月的一天，他给伊利诺伊大学的一位理论物理学家发去一封电子邮件。奈杰尔·戈登费尔德是英国人，比乌斯年轻近30岁，以助理教授的身份来到厄巴纳，后来晋升为正教授，在职业生涯的中段潜心研究复杂交互系统的动力学，其中包括晶体生长、液体的湍流、材料的结构转换以及雪花如何形成等主题。这些主题的共同之处在于它们的动力模式会随着时间的推移而演变。戈登费尔德久仰乌斯的大名，但从来没有见过他本人。后来，他把乌斯发来的第一封邮件称为"我生命中最重要的邮件"。

此前，乌斯询问过伊利诺伊大学物理系的系主任："我想找一位物理学家帮忙，我应该找谁？"系主任推荐了戈登费尔德。乌斯在给戈登费尔德的邮件中解释说他想与某人共同讨论复杂动态系统这一课题，他觉得分子生物学已经山穷水尽，急需一些全新的洞见来指引出路。人们应该认识到细胞本身是一个复杂的动态系统，而细胞进化的各个阶段或许只能从这个角度来理解。当两个复杂系统发生随机互动时，它们可能会生成一些这两个系统原本均不具备的属性。"如果你愿意和我讨论这个问题，"乌斯写道，"我的电话号码是3-9369。"

戈登费尔德迅速回复。他受宠若惊，他很感兴趣，但他承认自己对生物学所知甚少。

乌斯发邮件回复说："你可能觉得自己不熟悉目前的生物学，但按照我的判断，它无疑正在向你的专业领域靠拢。"事实证明，乌斯希冀的不仅是一次讨论，而是一次协作。乌斯想要一个深谙复杂交互系统，并且能用出色的数学知识量化其动态的合作伙伴。至于这个合作伙伴能否分辨细菌和古菌、达尔文和道金斯，对他来说没那么重要。

"于是我们之间长达10多年的科学合作和友谊就此拉开序幕，一直持续到他去世，"戈登费尔德后来写道，"那段时间，我们几乎每天都见面，就算没见面也会给彼此打电话或者发邮件。"乌斯本人曾经深入研究物理学，他在阿默斯特学院读本科时学的是数学和物理学，在耶鲁大学读博士时专攻生物物理学。不仅如此，乌斯还自诩他的学术血统可以通过他的博士生导师欧内斯特·波拉德上溯到剑桥大学声名远扬的卡文迪许实验室。波拉德本人在卡文迪许实验室攻读博士学位时的导师是发现中子的詹姆斯·查德威克，当时领导卡文迪许实验室的是解开放射性和原子的其他奥秘的欧内斯特·卢瑟福，卢瑟福的前任是威廉·汤普森（即开尔文勋爵），而汤普森的前任是詹姆斯·克拉克·麦克斯韦。他们都是现代物理学的巨头。在查德威克、卢瑟福和汤普森之外，卡文迪许实验室还有另外二十六位成员获得过诺贝尔奖（包括沃森和克里克这两位生物学家）。奈杰尔·戈登费尔德在卡文迪许实验室获得了物理学博士学位，在乌斯寻找职业生涯最后阶段的年轻合作者时，这一点可能为戈登费尔德加了分。彼时彼刻，乌斯上下求索，关注许多方面的谜题：早期进化、在他提出的达尔文门槛正式出现之前的RNA世界，以及生命起源后为何如此迅速地出现众多复杂性。他的职业兴趣兜兜转转又落回了生物物理学和数学领域。

合作10年间，乌斯和戈登费尔德一起撰写了许多论文，其中最重要、最大胆的一篇与遗传密码的起源有关。这篇发表于2006年的论文由他俩与一位名叫卡林·维特斯奇安的年轻物理学家合著，重访乌斯于1967年出版的《遗传密码》一书中所探讨的主题。三位作者在论文中提出了一个激进的命题，即遗传密码的普遍性——所有生物都使用相同的三联体密码来调用相同的氨基酸——反映了生命早期的历史中的一个动态进化过程，而不是弗朗西斯·克里克所说的一个"被冻结的事故"，一个生命的共同祖先中的少数成员遭遇的偶然事件。为了支持这一论点，他们在论文中构建了一个计算机模型，并进行了大量数学推导。这一动态过程涉及"非达尔文"机制。这些机制不仅为不同谱系之间的创新共享创造条件，而且赋予它们竞争优势，以至于这种共享的能力成为必需品。他们认为水平基因转移就是一种"非达尔文"机制，这一现象在早期甚至"更加泛滥和普遍"。根据这种观点，在水平基因转移的过程中，即使供应被转移基因的生物仍在使用稍有不同的遗传密码，这个基因对接受者来说或许照样有价值。而这种大肆转移的结果之一就是各种生物对单一的编码和翻译模式达成了共识。通用遗传密码由此诞生了。有了它，来自一个谱系的基因就可以在另一个谱系中得到最优应用。根据维特斯奇安、乌斯和戈登费尔德的观点，水平基因转移不仅是一个古老而普遍的现象，还是早期进化中的一个突出因素，塑造了我们今天所知的生命以及所有生命的信息系统基础。

一年后，戈登费尔德和乌斯的另一个令人难忘的合作成果被刊登在《自然》周刊上，标题是《生物学的下一场革命》。这篇论文只有一页长。两位作者宣称该文的目的是解释为什么在新思维和"即将到来的宛如雪崩的基因组数据"的催化下，一场彻底的变革将很快席卷整个科学界，并可能迫使生物学家们修改一些基本原则，例如物种、生物和进化等概念。他们的解释从水平基因转移写起。

"在微生物中，水平基因转移普遍而强大。"戈登费尔德和乌斯写道。他们承认（乌斯早先不愿意承认）水平基因转移不仅发生在遥远黯淡的过去。"现有的研究成果强烈表明，微生物根据适应环境的需要吸收和丢弃基因。"两人认为，由于基因具有流动性，"物种"这个概念在细菌和古菌中毫无用处。随着基因的水平转移，信息跨界流动，能量从细胞扩散到群落和环境里，"生物"——孤立的生物，一个离散的个体——的概念似乎也不那么站得住脚。

此外，人们熟悉的达尔文意义上的"进化论"似乎也过时了。他们对达尔文模型提出质疑，认为进化意义上的创新可能通过增量突变以外的方式发生，并通过垂直遗传以外的方式传播。彼时的乌斯已经在阅读一些杰出的、非传统的科学家的著述。生物学家斯图尔特·考夫曼和物理学家伊利亚·普里高津在其论文中讨论混沌和复杂性理论，他们提出某些不可预测的、极其复杂的"突现特性"可以在复杂的互动系统中自然产生。尤其值得一提的是，考夫曼曾在《秩序的起源》和《宇宙为家》等书中提出生物系统中有可能出现"自组织"。对一些生物学家来说，这些想法过于接近形而上学，几乎到了危险的地步，离摒弃达尔文理论只有一步之遥。如果它们被人误解（这一点是肯定的），神创论者或许又多了些弹药和慰藉。然而它们吸引了如饥似渴的乌斯。

戈登费尔德和乌斯写道，在混乱丛生的RNA世界中的某个地方，一个"操作系统"可能已经自然形成。通过这个系统，更有前途的创新从RNA自我复制过程中产生的随机错误里凸显出来，并且得到交流和应用。虽然他们没有明说，但这个操作系统其实就是最终被定名为细胞翻译机制的东西。它把RNA信息转化为承担各种功能的蛋白质。这个机制的核心是核糖体，而核糖体的核心是乌斯心爱的16S rRNA分子。这又引出了他们的另一个想法：戈登费尔德和乌斯认为，早期生命以"拉马克的方式"进化，也即传承后天特征。彼时垂直遗传不如水平基因转移重要。"因此，我们认为，将达尔文与进化论连在一起的传统观念令人遗憾，我们必须考虑其他方式。"这是一种花哨的说法，他们的实际意思是：让我们把达尔文从神坛上拉下来吧。他也许没有完全错，但他的理论无法解释生命史最初的20亿年。

74

乌斯工作中的另一个变化发生在第一个变化出现之前。1997年的某一天，他和教务长、几位院长、若干教员，以及一个有意向伊利诺伊大学提供一笔大额经费的慈善基金会的代表开会。乌斯迟到了。如果这笔经费到位，伊利诺伊大学将会建立一个比较基因组研究中心。一位研究哺乳动物基因组和免疫学的生物学家负责撰写经费申请报告，这个年轻人与乌斯交好。哺乳动物研究员哈里斯·卢因为他们的事业提供了一个高大上的名字：系统发生基因组学。卢因将会担任这项初期任务的首席研究员，而乌斯将为其提供明星力量，基金会的项目官员在投入资金之前很想听听乌斯的意见。但乌斯在开会前一天从梯子上摔了下来，伤到了脖子。由于这个事故和其他原因（包括乌斯天生的偏执），他的同事们并不认为他会参加这次会议，但他最终还是现身了。哈里斯·卢因后来回忆说，这个"戴着全套颈托的怪物"静静地坐在会议长桌的最远处。他看起来很不舒服，可能在默默忍痛。项目官员问他："那么，乌斯教授，系统发生基因组学对您来说意味着什么？"

乌斯深吸一口气，闭上眼睛，开始即兴发言。在卢因的记忆中，这是"一段未经排练的陈述，一次关于科学的意识流发言，房间里的每个人都震撼不已。我们瞠目结舌，好一阵都说不出话来，因为卡尔的发言太精彩了"。乌斯为这个雄心勃勃的计划据理力争：他们可以利用分子证据，揭开生物之间的真实关系，并在时间维度上追溯这些关系，以更好理解地球上所有生命的真实历史。哦，他就说了这些？"我当时要是录了音该有多好。"卢因后来说。

乌斯的表现尤其让卢因吃惊，因为他知道乌斯其实不喜欢系统发生基因组学这个词。它看起来很高深，但定义不明。不过，如果必须得有这么一个词的话，它已经够好了，至少足以打动资助者。它可以作为乌斯本人的研究标签，加上卢因和他们在厄巴纳组建的跨学科团队中的其他人的研究，其他申请人的项目望尘莫及。卢因认为，乌斯之所以愿意发言并且一击而中，是因为他想忠于这所庇护了他一生的大学。"他是为了伊利诺伊大学才发言的。"卢因说。

无论乌斯的动机是什么，无论他有什么保留意见，他们都成功申请到了这笔经费。基金会在两个月后开出支票——这只是种子资金，后期需要更多投入。项目开始了。十年后，伊利诺伊大学基因组生物学研究所成立，此时基金会的总投入已达7500万美元。卢因担任创始主任，乌斯担任常驻教授。

哈里斯·卢因觉得自己能同卡尔·乌斯结交实属"不可思议"，原因之一是他们的研究领域差异很大。卢因来自一个名为动物科学的领域，该学科研究牲畜和影响牲畜健康的因素，与遗传学和免疫学密切相关。卢因本人的研究方向包括牛白血病病毒，一种入侵奶牛基因组的逆转录病毒。从科学角度来说，乌斯对动物不太关心，因为他醉心的进化问题比动物的历史幽远得多。动物只是生命之树的树冠上的一根小枝，而他关注的是粗大悠长的巨枝。卢因曾经听说过"一些吓人的传闻"，以为乌斯会拒人于千里之外，但在厄巴纳工作了十几年之后，卢因的研究道路走向了比较哺乳动物基因组学，他实在太好奇，无论如何都想结识一下乌斯。

"大家都说他是个不合群的人，喜欢向人挑衅。"在加州大学戴维斯分校接受我的采访时，卢因这样对我说，此时他刚从该校负责研究的副校长职位上退下来。"而我发现乌斯的为人与大家所说的一切截然相反。"他记得自己走进乌斯实验室，那里的墙上还挂着20年前乌斯与乔治·福克斯等人一起绘制的生命之树的早期版本，虽然纸张已经发黄。像往常一样，乌斯坐在他那把老式转椅上，脚搁在实验室工作台上。他站起来，热情地和卢因打招呼，带他参观。他们聊了几个小时。这段友谊渐渐发展，两人对彼此的信任日益增加，以至于在伊利诺伊大学拟建基因组生物学研究所时，乌斯游说大学官员任命卢因为所长。卢因本来不愿意放弃自己的研究工作，但他被乌斯说服，走马上任。2007年，基因组生物学研究所落成。这座洋气的新楼位于伊利诺伊大学的天文台对面，在这里，他们可以从大窗户俯瞰一个用石头铺就的广场。他们都搬了进去。

乌斯不情不愿地离开了他原来的实验室。这个位于莫勒尔楼三楼的实验室是他据守了40多年的地方——他在这里做出最伟大的发现，倾注最多的心血，度过许多美好的时光。卢因说服他搬进基因组生物学研究所里的一间不错的办公室（他婉拒了豪华的大办公室），他可以从这里看到广场。在卢因看来，乌斯在莫勒尔楼的"遗世独孤"状态就此画上句号，从此乌斯与"新一代的年轻战士们"为伴。他的邻居们包括奈杰尔·戈登费尔德和"他那能干的、受人爱戴的助手德布拉·派珀"。乌斯搬进这栋新楼时结识了派珀，当时她为被戈登费尔德命名为"生物复杂性"的项目工作。她成了乌斯的保护者、助手和朋友。楼里的一切都让乌斯心情愉快，只是办公室的安排出了问题，他与哈里斯·卢因的友谊也因此蒙上了一层小小的阴影。卢因委托他人为广场创作了一个三件一套的雕塑，意在纪念乌斯最著名的成就：提出生命第三域的概念。

"我想做点什么来纪念卡尔的发现，"卢因后来写道，"以树为象征。"他们为此成立了一个委员会，在全州范围公开征稿，最后选中了一位来自芝加哥的"玩世不恭的"艺术家。树的概念消失了。这位雕塑家制作了三个大大的难以名状的抽象物体，由聚氨酯模压成型，看起来有点像做饼干时从勺子上刮下来的生面团。这三个不规则物体的形状一模一样，但大小和颜色不同，最大的那个是黄绿色的，中等大小的那个是深橙色的，最小的那个是黄色的。下次去厄巴纳的时候，你可以去看看它们。卢因收下这些不规则物体，把它们放在广场上，然后将广场重新命名为"达尔文的游乐场"。这让乌斯觉得受辱（卢因终生为此感到遗憾），他不愿看到它们。他开始从远离广场的研究所侧门进出，他搬到了一间没有窗户的办公室。"最后，他原谅了我。"卢因写道。但这个原谅来之不易。

　　这件事是乌斯晚年的标志。当时他对查尔斯·达尔文感到愤怒，对20世纪的分子生物学感到失望，对他自认为最好的想法受到的抵制感到沮丧，对原核生物这个词感到恼火，对自己没有得到足够的赞誉感到怨恨，尤其对没有获得诺贝尔奖感到失望，对他窗外以达尔文的名字命名的怪诞现代艺术不感兴趣。他还有5年的生命。

75

在 J. 克雷格·文特尔的团队和国际人类基因组测序组织的竞争性"协作"下，人类基因组序列图谱的第一版于2000年出炉，修订版（但仍为暂行版）于2003年问世。科学家们得以审视完整的人类基因组序列，从而有了一些惊人发现。

这些惊人之处不但涉及人类DNA的构成及其部分功能，还涉及人类DNA的组装历史以及一些DNA片段的来源。第一个惊人大发现后来被证明是误报：2001年，国际人类基因组测序组织宣布223个人类基因"可能是水平转移而来的细菌基因"。该团队没有取得充分的数据就草率地做出了一些假设——如前文所述，史蒂文·L. 扎尔茨贝格等批评者很快就注意到了他们的错误，所以第一个大发现并不成立。对非人类基因组的进一步测序提升了对人类基因组的理解。国际人类基因组测序组织发表于2001年的分析报告还提到了另一个大发现，即总计30亿个字母的基因组序列中存在大量看似毫无意义的重复序列，但公众对此反响不大。人类基因组里有一个巨大的"垃圾DNA"填埋场。

在人类的基本蓝图中，有这么多啰啰唆唆的废话，让人好生尴尬。其中大部分是相对较短的遗传密码串，每串只有几百到几千个碱基，构成重复出现几千或几十万次的单位。总的来说，这些重复序列占整个基因组序列的一半。（能实际产生蛋白质的编码序列只占基因组序列的5%。）多年前，甚至在DNA测序还没出现之前，就有人通过其他方法注意到了这些重复的部分。一些生物学家给它们贴上了"垃圾"标签，弃之不顾。别的知晓它们的存在的科学家则较为客观，称它们为"可转位元素"。它们的可转位性在于它们似乎不仅会多次自我复制，还会在基因组的不同部分之间跳来跳去。事实上，这些可跳跃的重复序列并非毫无用处，它们作为线索而存在，在某些情况下还有其他作用。国际人类基因组测序组织的科学家们认为这些重复序列具有潜在的指导意义——它们是"一个非凡的信息宝库"，一份关于人类进化的"丰富的古生物学记录"。这个记录揭示了什么？很难说。

可转位元素研究的前传颇有讽刺意味。早在20世纪40年代，具有远见卓识的玉米遗传学家芭芭拉·麦克林托克在研究玉米遗传学的时候就首次发现了它们。当年，麦克林托克在长岛的冷泉港实验室工作，每到夏天就在一英亩[1]左右的田地上亲力亲为地种植和打理几百株玉米。她通过X射线人工诱导玉米粒突变，然后在她人工授粉创造的杂交玉米中追踪这些突变，从一个染色体到另一个染色体，从一个玉米秆到另一个玉米秆。在分子生物学诞生之前，玉米是一种受遗传学研究人员欢迎的植物，因为它的许多突变都清楚地显示在斑斓的玉米粒颜色上。麦克林托克发现她所诱导的一些突变会移动位置。在植物发育过程中，这些突变能以某种方式从一个染色体位点跳跃到另一个染色体位点。她特别关注两个突变，观察它们如何相互作用导致染色体断裂。她称它们为"控制元素"，因为它们似乎在基因表达中起了作用。除了控制元素，她还发现了有史以来第一个被承认的可转位元素，并在将近40年后获得了诺贝尔奖。

1　1英亩约合4046.86平方米。

　　然而，这个故事的讽刺之处并不在于她默默无闻了许久之后才声名鹊起。某些人喜欢这么宣传，为故事加上传奇色彩，把麦克林托克塑造成伟大的女权主义英雄——这个故事的结局虽然令人满意，但其内容并不准确。麦克林托克无疑是个英雄，她本人也更偏好这个传奇版本，尽管她从未倡导过女权主义。真正讽刺的地方在于麦克林托克始终认为她关注的这两个控制元素远比这些元素在基因组里跳来跳去重要。有证据表明，至少在职业生涯后期，她对基因转位没有多大兴趣。可诺贝尔委员会感兴趣，他们给出的得奖理由是"她发现了可移动的遗传元素"。

　　在麦克林托克的早期研究之后，随着基因研究进入分子层面，研究人员在其他生物（细菌、果蝇、酵母菌、人类）的基因组中也发现了各式各样的可转位元素。它们有一个简称：转座子。正如基因有名字一样，某些转座子也有了朗朗上口的名字。有一组转座子被称为"水手"，它已经"航行"了数百万年，去过许多地方，果蝇和包括人类在内的许多动物的基因组中都有它们的身影。最初的两个"水手"在早期灵长类动物的进化过程中（从某个地方）抵达人体，并在我们祖先的基因组中自我复制了大约1.4万次。人体中数量最多的转座子是"Alu"，它只有大约300个碱基长，但这个包含300个字母的废话串在人类基因组中重复出现了超过100万次。我们知道，大自然千姿百态，但根据达尔文的自然选择说，大自然精简节约到严苛的程度。所以这样的冗余引得一些生物学家怀疑其中有某些不为人知的名堂。来自图卢兹的法国人塞德里克·费绍特就是其中之一。

　　在巴黎大学攻读博士学位时，费绍特研究过昆虫中的可转位元素。受聘前往佐治亚州雅典市的佐治亚大学担任博士后期间，他主要研究水稻中的可转位元素，还顺带研究了玉米中的可转位元素。他在温室里进行玉米植株杂交，跟芭芭拉·麦克林托克的做法差不多。那时的研究人员依然偏好玉米的部分原因是转座子占玉米基因组的85%，而且它们在玉米基因组中频繁跳跃——就连麦克林托克在20世纪四五十年代也没有发现这两个事实。离开佐治亚州后，费绍特去了得克萨斯大学阿灵顿分校。脱离谷类研究后，他把注意力转向脊椎动物。在他的这两个研究领域中，始终不变的是这些疯狂流动的元素，它们在基因组中跳跃和自我复制。当我终于见到费绍特的时候，他是犹他大学医学院的教授，专心研究人类和其他脊椎动物体内的转座子。他办公桌上方的架子上放着两根色彩斑斓的玉米，它们无疑是他在佐治亚州挥汗如雨的岁月的纪念品，也是他在向芭芭拉·麦克林托克致敬。

费绍特在得克萨斯州招收的第一个研究生名叫小约翰·K.佩斯（同诺曼·R.佩斯没有亲缘关系）。小约翰·K.佩斯是当地人，比他的同学们略微年长一些，已婚，有孩子，已经当了10年的程序员。他原本只想获得硕士学位，然后去某个社区大学教生物学。但后来，在费绍特的指导下，他有了一个重大发现。利用自己的计算机技术，他扫描基因组寻找转座子，并在一种生活在东非、被称为丛猴的灵长类动物体内发现了一个转座子。这个元素有将近3000个字母长，在丛猴的基因组中重复了7000多次。这已经够引人注目的了，但在佩斯看来更奇怪的是他在一种截然不同的动物——原产于北美的小棕蝠——的基因组中发现了几乎相同的元素。该转座子在小棕蝠的基因组内自我复制了近3000次。

费绍特、佩斯和实验室里的其他人一起扫描了更多基因组，在马达加斯加的马岛猬（一种小型哺乳动物，类似于微型豪猪）的基因组里发现了同一转座子的近似变体。该转座子的可辨识部分还出现在南美洲的负鼠、西非的青蛙和美国东南部的蜥蜴身上。很明显，这个转座子——这个极度强势而身手敏捷的DNA片段——已经在生物内部和生物之间、大陆内部和大陆之间流传开来。但在许多脊椎动物（包括19种哺乳动物）的基因组中，它全然不存在。这一事实有力地表明该转座子并非通过脊椎动物的代际传承垂直传播，而是在生物之间水平传播。每次进入一个新的基因组之后，它就会大量复制。马岛猬的基因组中包含13 963个它的完整拷贝，丛猴的基因组里则有7145个。不同动物体内的每一个版本至少有96%与其他版本相同，让人完全相信它们有共同的来源和共同的近期入侵历史。任何一组如此具有侵略性、如此特异的转座子都应该有一个生动的绰号，所以费绍特的团队称它为"太空入侵者"。

"这个绰号是谁起的？"我问费绍特。

"我起的。我搞营销，他们干活，"我们都为他的教授式自嘲笑了起来，"我发明各种元素的名称，"他继续用开玩笑的口吻谈论这些关键性的科学杂务，"我接待记者和作家。"

此外，他提醒我，上述马岛猬、负鼠和其他动物的基因组都在一个线上数据库里公开。当今世界，人们对整个基因组进行测序，然后与他人分享，这对科学发展来说是件喜事。"这是最民主的一种研究。任何人都可以在任何时候有我们这样的发现，"费绍特说，"你只需要有一个互联网端口就可以做到。"他的意思是，如果你能上网，又有足够的生物学知识和计算技能，还能以正确的方式提出正确的问题，你就可以做到。但这可比建脸书的个人主页难多了。他们关于这项研究的论文在2008年发表，而小约翰·K.佩斯，这个不爱出风头、只想要一个硕士学位的家伙，带着博士学位离开了得克萨斯大学阿灵顿分校。

这些转座子引出了许多待解的大谜题，而费绍特最感兴趣的三个谜题分别是它们最初来自哪里、它们如何进入一个新的基因组，以及为什么它们进入新基因组后会如此大量地自我复制。这三个谜题都还没有确切答案，但费绍特有比较青睐的猜想。关于第三个谜题，即它们为什么忙于自我复制，他倾向于理查德·道金斯在1976年上市的畅销书《自私的基因》中提到的过剩DNA这一概念（即非基因DNA，其唯一的"目的"是生存和增殖）。福特·杜利特尔和一名研究生在1980年的一篇论文中进一步阐述了这个概念。按照他们的逻辑，转座子之所以获得自我复制的能力，是因为这能改善它们长期生存的前景。它们自我复制的速度比宿主基因组自我复制的速度更快，而且它们有时会跳入其他谱系，从而避免随着单一谱系的消亡而灭绝的命运。此外，它们的自我复制还有一个次要效应：那些添加到基因组中的冗余DNA可能在变异之后变得对细胞功能有用。

比如说，这些冗余DNA能起到调控基因的作用。芭芭拉·麦克林托克就是这样解释她的转座子的。这些转座子可能会给宿主生物带来一些生存优势，如果宿主谱系没有灭绝，那么转座子也能生存下来。不过，当时还没有证据能证明这一点。这只是麦克林托克的假说。

在塞德里克·费绍特感兴趣的那三个待解谜题中，第一个谜题（所有转座子的终极起源）仍然无解。不过他有一些关于第二个谜题（转座子的抵达方式）的想法：寄生虫和感染。病毒可能偶尔会将这种自私的DNA片段从一个物种携带到另一个物种，就像病毒有时会在水平基因转移过程中携带完整的基因一样。这两种搭顺风车旅行的方式非常相似，所以费绍特和他的团队开始把这个过程称为水平转座子转移，它可以被视作水平基因转移的一个子类别。此外，他们发现有证据表明一种名叫长红猎蝽的特殊寄生昆虫参与了转座子的转移。这是一种原产于南美洲和中美洲的凶狠的小生物，以鸟类、爬行动物和包括人类在内的哺乳动物的血液为食。它是猎蝽的一种。猎蝽的英语名称直译为"亲吻虫"，因为它们喜欢吸受害者嘴边的血。

美洲的热带人民厌恶猎蝽，因为它们不仅会咬人，还会传播南美锥虫病。这是一种难以治愈并且有时还会致命的传染病，由会在受害者的血液和组织中复制的原生动物所引起。查尔斯·达尔文搭乘"小猎犬号"航行期间就曾在阿根廷遭遇猎蝽。当时他上岸之后骑马游览，随后在一个猎蝽横行的村庄里过夜。他在笔记本上记录道："感觉到许多近1英寸长、黑黑软软的生物在你的身体各处爬行——它们在吸食你的血液之后鼓胀起来，真是又可怕又恶心。"这是典型的达尔文做派。年轻力壮的他对此并不在意，认为"把什么都经历一遍挺不错的"。猎蝽是否把南美锥虫病传给了达尔文，我们不得而知（除非我们把他从西敏寺的地下挖出来），但历来有人认为，在达尔文的中年时期，把他折磨得不轻的神秘慢性疾病就是南美锥虫病。

事实证明，长红猎蝽腹中携带的不仅是会导致南美锥虫病的原生动物。就像小约翰·K. 佩斯研究的马岛猬、负鼠和青蛙一样，它的基因组中也携带了大量的转座子。有人已经发表了对这个基因组的测序结果——大概是出于对南美锥虫病的医学兴趣，而费绍特本人"某天晚上在家里胡闹"时也发现了其中的转座子。他所说的"胡闹"是指用复杂的生物信息学工具扫描大量已公开的基因组，看看能否找到"太空入侵者"。结果他意外地在猎蝽的基因组里发现了它的身影。他之前与小约翰·K. 佩斯合作过，知道"太空入侵者"在几种哺乳动物体内存在，而负鼠是其首选的南美宿主。这一现象引起了他的怀疑，因为这种虫子的吸血习惯似乎同时为疾病的传播和DNA的转移提供了机会。这表明猎蝽可能是转座子的中介或载体。第二天早上，他把这个发现告诉自己的两个博士后，请他们去调查。他们进一步扫描了猎蝽的基因组，发现其中不仅有"太空入侵者"的200多个拷贝，还有另外三个已知存在于哺乳动物中的转座子。从变异率的证据来看，这些转移似乎发生在距今4600万年前到距今1500万年前。

让我们稍做停顿，消化理解一下这种场景有多怪异：通过吸血昆虫的肚子，自私的DNA从一种哺乳动物的基因组进入另一种哺乳动物，插入后者的基因组中。转位后的DNA成为后者的可遗传物质的一部分。一旦转座子开始自我复制，它就会往基因组中增加大量的DNA。这可能是坏事，也可能是好事，不过是好事的概率比较低。如果是坏事，它会扰乱基因组，破坏必要的基因功能，诱发先天性疾病，甚至可能导致一个哺乳动物谱系的灭绝。科学界永远不会看到那个转座子，因为它已经和那个倒霉的谱系一起消失了。但如果哺乳动物走运，那么新的DNA不会造成致命伤害，其中的一部分甚至可以发挥作用。它们会创造更多的可能性，添加原始遗传物质，提高这种转座子变异为新基因的概率。而在不断变化的环境中，有无新基因可能意味着活下去还是被湮没的区别。如果一个新基因有明显的价值，它就会在种群中传播，经受住时间的考验，并且把自己珍藏在负鼠、猴子、青蛙或其他生物的谱系中，这样一来，塞德里克·费绍特的团队就会在几百万年后发现它了。在此期间，它可以改变进化的历程。

其中就包括人类的进化历程。早在2007年，小约翰·K.佩斯和塞德里克·费绍特已经做过另外一项稍有不同的研究。他们列出了一份在过去的8000万年间已经进入灵长类动物谱系的转座子的清单。这些转座子很可能是通过水平转移实现换位的。完工后的清单上共有40种转座子，每一种都已经大量地自我复制过。它们现在构成了大约98 000个不同的元素，98 000条外来的DNA片段，相当于人类基因组的1%。它们仍然和我们在一起，缓慢地变化着，而它们的影响在很大程度上也是未知的。

图75.1　因发现可转位元素而获得诺贝尔奖的玉米遗传学家芭芭拉·麦克林托克。可转位元素是可以从一个染色体位点跳跃到另一个染色体位点的基因，有时也会在物种之间跳跃

76

研究生涯结束后，卡尔·乌斯开始扮演新角色：一位备受尊敬但脾气古怪、固执己见的长者。他获得了许多荣誉，并且继续写作。继获得麦克阿瑟奖、美国国家科学院奖（此外他还当选为美国国家科学院院士）、荷兰皇家艺术与科学学院颁发的列文虎克奖章（这是微生物学界的最高荣誉）之后，他在2000年成为美国国家科学奖章得主。该奖项由美国总统在科学顾问的建议下授予。乌斯拒绝去华盛顿出席颁奖仪式，因为他不想和比尔·克林顿握手。

2003年，瑞典皇家科学院为他颁发了克拉福德奖。克拉福德奖与诺贝尔奖互补，由瑞典国王颁发。乌斯讨厌旅行，但他还是去斯德哥尔摩参加了那次颁奖活动，并且邀请哈里斯·卢因和加里·奥尔森（他在厄巴纳的忠实合作者）与他同行。他倒是不反感跟国王卡尔十六世·古斯塔夫握手。克拉福德奖有时会同时颁发给几位获奖者（爱德华·O. 威尔逊和生物学家保罗·埃利希在1990年就平分过奖金），但乌斯得到了50万美元的全额奖金和荣誉。"对卡尔来说，独自赢得克拉福德奖等于平反昭雪，"卢因后来写道，"他开玩笑说，独享克拉福德奖（尤其是不用跟J. 克雷格·文特尔一起得奖）比跟其他人分享诺贝尔奖更好。"乌斯不过是嘴上逞强而已，连卢因都不相信他这句话。"实际上，我确信卡尔渴望获得诺贝尔奖。"诺贝尔奖不设专门的生物学奖项，乌斯可以用这样的理由来安慰自己。可是，芭芭拉·麦克林托克就因为生物学荣获过诺贝尔生理学或医学奖，沃森和克里克亦是如此。乌斯曾经得到过诺贝尔奖提名，但或许是因为他的古菌发现有点晦涩难懂，或许只是因为他不够长寿，总而言之，他与诺贝尔奖失之交臂。

在获得克拉福德奖一年后，即2004年，乌斯又发表了一篇雄心勃勃的大论文。该文没有刊登在《自然》或《科学》周刊上，而是投稿给一本受众较窄的期刊——《微生物学与分子生物学评论》。该期刊的编辑允许乌斯用15页的篇幅来发泄，这一点颇合他的心意。他不但可以洋洋洒洒挥笔书写，还可以把他的想法向分子生物学领域广而告之。他有意向热粥里洒老鼠屎。

乌斯把这篇文章的标题定为《新世纪的新生物学》。他的中心观点是分子生物学未能实现其早期的承诺，反而沦为"一门工程学科"。他的意思是分子生物学关注起了实际应用的部分——例如用于农业或环境修复的生物基因改造，还关注起了人类健康。就乌斯而言，他对人类健康的兴趣远不如对进化的兴趣大。在分子时代刚拉开序幕的那段光辉岁月里，奥斯瓦尔德·埃弗里发现了转化，沃森和克里克弄清了DNA的结构，克里克建议用"蛋白质分类学"作为辨别生命之树的方法，扎克坎德和鲍林建议用分子作为进化时钟。在那段时期，分子生物学似乎是一个有望阐明"生物界的总规划"的科学分支。但后来，分子生物学分裂了：分子学走了一条路，进化学走了另一条路。在全美国和世界大部分地区的大学里，生物学的教学与科研也分家了：两种不同的课程，两栋不同的建筑。

乌斯认为，更糟糕的是分子生物学简化了被它视作"机械论问题"的命题，比如基因和细胞的运作。它忽视了进化的"整体性问题"，忽视了生命的终极起源，忽视了"生命形式如何组织起来"这一最深邃的奥秘。

它对40亿年来展开的大故事失去了兴趣，或者说从来没有感兴趣过。"否则，我们该如何合理解释一些世界顶尖的分子生物学家（以及其他人）的奇怪说法，"乌斯写道，"即关于人类基因组（一个起源于医学的问题）的研究是生物学领域的'圣杯'？这是一个多么惊悚的例子，它向我们说明目前的生物学从工程角度运作，没有真正的愿景指引！"

从来没有人指责乌斯在攻击他人时不用全力。随着年龄的增长，他越来越好斗，对查尔斯·达尔文的蔑视也与日俱增。这种蔑视与他对分子生物学的蔑视并存，但两者截然不同。根据其他人的说法，对达尔文的敌意已经在乌斯的内心燃烧了很久，但这并不是因为两人之间有仇，而且他的态度前后矛盾，对这位大名鼎鼎的前辈的怨恨断断续续。根据乌斯的朋友奈杰尔·戈登费尔德的说法，乌斯直到2000年左右才读了《物种起源》，因为此前他认为这本书与他感兴趣的进化问题无关。他所了解的达尔文理论来自二手资料（大多数人，甚至是大多数生物学家也是一样）。后来乌斯真的读了《物种起源》和达尔文的一小部分著作，起初他的反响还不错。2005年，有人在采访中向他提问，想知道哪些科学家激励了他。乌斯提了克里克、弗雷德里克·桑格和另外几个人的名字，也提到了达尔文。"达尔文的著作我是在研究生涯的后期才看的，但随着我深入研究进化论，我越来越多地参考这些著作。他怎么会对这么多事情都判断得如此正确？真是太让我震惊了！"那次采访被刊登在一本名为《当代生物学》的严肃学刊上，乌斯的这番话有案可查。

然而，后来发生的事情从根本上改变了乌斯对达尔文的看法，也可能他只是在表达时更直率了。他重新研读达尔文的《物种起源》——事实上，他进行了精读，把《物种起源》第一版与达尔文修改过的其他五版进行了比较。这是同他一起进行比较阅读的奈杰尔·戈登费尔德说的。乌斯还读了达尔文和阿尔弗雷德·拉塞尔·华莱士之间现存的通信。1858年，达尔文与华莱士共同提出自然选择这个概念。信件中的一些内容与几个学者一直在争论的问题有关，即达尔文是否攫取了不当的功劳。这些学者最极端的指控是达尔文从华莱士那里窃取了部分理论，还隐瞒了这一卑鄙行径。这是一个挑衅性的指控，像所有看似有料的诽谤一样引人注目，但只要你彻底研读过达尔文与华莱士的通信，该指控的可信度（在我看来）立马荡然无存。可是乌斯的感受不一样。

他还获悉查尔斯·达尔文的前辈们——例如拉马克、在印度工作的英国动物学家爱德华·布莱思和达尔文的祖父伊拉斯谟·达尔文——提出了尚不成熟的进化概念，或者说部分学说，而达尔文只不过是将它们有效地结合起来。乌斯开始觉得这一切看起来就像某种高智商盗窃行为。一本名为《达尔文的阴谋：科学犯罪的起源》的书肯定了（或者说触发了）乌斯的黑暗观点。这本有倾向性的小书指控达尔文欺骗公众、剽窃他人成果，其作者是曾经的BBC制片人罗伊·戴维斯。

乌斯发现了戴维斯写的这本书，认为该书很有启示意义。他同戴维斯结交，订购了好多本《达尔文的阴谋：科学犯罪的起源》送给别人。在达尔文剽窃华莱士的这种说法中，有一些核心的事实和情境足以说服那些容易轻信的人。此外，该书的文笔很辛辣。至于乌斯，像他这样一个在别的问题上想得很深的人在这个问题上竟然如此浅薄，真是令人惊讶。在他生命的最后阶段，这种辛辣的文笔似乎像薄荷糖一样帮助他舒缓了自己的挫败感。

他往往在私下里向朋友和同事们表达他对达尔文的不满。比如，2009年2月12日，正逢达尔文的200岁诞辰，乌斯给一些特定的朋友发送了一条简讯，提醒他们注意这个日子，"让这一天成为愤怒的一天"。他开始与扬·萨普合写一本书，书名定为《超越上帝与达尔文》。萨普将此书设想为他那本精湛但难懂的巨著《进化论的新基础》的普及版本。他们将在这本书中简述分子系统发生学的革命，表明乌斯和他的一些同事的发现超越了达尔文理论，与此同时不给神创论的意识形态留下任何可乘之机。这就是萨普定下这个书名的原因。内共生、水平基因转移和深度扭曲的生命之树等发现超越了上帝，超越了达尔文的二分法，超越了神创论与《物种起源》之争。它们超越了达尔文理论，却没有动摇进化的现实。

萨普写了一篇导言，把它发给乌斯征求意见。乌斯用大写字母在这篇稿子上做了批注，像是一个严厉的编辑。"再尖锐些，"乌斯在一段话后这么写道，"冲击力还不够。"多数情况下，他只是在吹毛求疵，提出一些措辞方面的建议。然而在稿件的最后，乌斯写道："扬，你对达尔文的评价比那个混蛋应得的高太多。"

此次交流后不久，萨普就放弃了这个项目，《超越上帝与达尔文》这本书一直没被写出来。萨普后来告诉我，他只是对写这本书失去了兴趣，对这个主题仍然保持关注。越来越唯我独尊的乌斯也让他感到心灰意冷。"晚年的卡尔认为自己比生命本身还重要。"

"也比达尔文重要。"我说道。

我们在蒙特利尔的一家嘈杂的餐厅吃午饭时讨论了这个问题。萨普吞下一口食物，没有反驳我说的话。他说："我不喜欢乌斯的那一面。"虽然乌斯对《超越上帝与达尔文》没能成书很失望，但他们一直保持来往，直到乌斯去世。萨普后来告诉我，他认为乌斯其实并不在意这本书能否写完，但乌斯可能很乐意一直写下去。这样一来，他们就可以多打电话、多发邮件，还能当面进行讨论。"他与我合写这本书是为了和我聊天。"萨普说。乌斯是一个孤独的人，虽然他有妻子和两个孩子，家就安在校园外不远的地方。他很珍惜他的朋友们。

这篇附有乌斯的批评的导言被存放在伊利诺伊大学档案馆的卡尔·乌斯文件中。另一个保存在那里的奇特物品（就在档案管理员约翰·弗兰奇给我看乌斯最早的印有RNA分子指纹的X射线胶片的那一天，他提醒我注意这件物品）是一个廉价的活页笔记本。它的黄色封面已经褪成了乳白色，是乌斯在2006年后的某个时间点从CVS药妆店买来的。里面没有标签，也没有标题，只有几页乌斯龙飞凤舞的字迹。其中一页只写了一行字："第一卷：在科学中成长"，他似乎打算写一本自传。下一页的最上方写着"序言"二字，从日期可以看出，该页内容写于查尔斯·达尔文诞辰200周年庆祝活动期间（2008年的世界金融危机刚过去不久），那时乌斯的不满情绪达到了顶峰。

上文提到过，达尔文出生于1809年2月12日。"在我提笔之时，"乌斯写道，"正值2009年。这是属于达尔文的一年。达尔文无处不在，没有人独立思考。（有人认为）今年是世界经济触底的一年，我希望今年也是生物学触底的一年，随后经济和生物学都会复苏。"接下来的数段混乱文字抱怨连连，充斥着对进化论（它是"生物学的心脏中心"）的没有定论的胡思乱想，以及对社会将进化生物学与达尔文主义混为一谈的悲叹。笔记本有字的最后一页几乎全都被之字形线条划掉了，只有一句话幸免于难："科学的成功靠的不是'保守秘密'和'外交手腕'（即阴谋），那是炼金术。"笔记本的其余部分全都是空白的。乌斯的自传和他与扬·萨普合著的书一样，停留在未完成的状态。

不过，乌斯的朋友和同事们还能回忆起许多类似的事情来。一位在基因组生物学研究所供职的化学家讲的故事（但她不愿意向我复述这个故事，好让我在书中引用）反映了乌斯晚年对进化论和他本人在进化论历史中的地位的态度。她去见华盛顿见一位重要的科学官僚——国家科学基金会的项目官员之流，注意到后者办公室的墙上高高挂着两个人的画像，分别是查尔斯·达尔文和卡尔·乌斯。回到厄巴纳后，她向乌斯提及此事，以为他会受宠若惊。可是乌斯说："为什么他要挂达尔文的画像？"

77

扬·萨普在他那本不曾写成的书的导言中写道："通过后天获得的基因的遗传，细菌突飞猛进地进化。"他很清楚这句话听起来更像是拉马克的语气，而不是达尔文的语气。当时他心里想的是水平基因转移。

这句话不仅适用于细菌。动物有时也会发生突飞猛进的进化。在昆虫和蛭态轮虫之外，就连哺乳动物有时也会飞快进化。"构成我们身体的那些细胞，并不都是通过典型的达尔文式的基因突变和自然选择逐渐产生的。"有些变化属于飞跃。在相当久远的过去，在真核生物的谱系或真核生物出现之前的其他谱系中，线粒体作为被俘获的细菌突然入伙。植物以同样的方式获得叶绿体。这些生物的基因组就像马赛克花纹。它们都是共生的复合个体，人类也不例外。

"我们要记得"，萨普写道，"人类的DNA中有很大一部分来自病毒。"最常引用的数字是8%：大约8%的人类基因组由侵入我们谱系的逆转录病毒的残余组成。它们侵入了我们祖先的DNA，而不仅是身体，并且留传至今。在人类身份的最深层内核中，至少十二分之一是病毒。好好想想吧，萨普恳求道。

　　我好好想过了。当我得知，在研究人类基因组里的病毒成分的科学家之中，很少有人比在巴黎南郊的古斯塔夫·鲁西研究所任职的蒂埃里·海德曼更细致时，我觉得自己应该去拜见他。

78

蒂埃里·海德曼也是一位物理和数学科班出身的生物学家。他在巴黎长大，并在那里的一些极为出色的机构受教育：先是巴黎高等师范学院，随后是巴黎大学，然后是巴斯德研究院。他的父亲是一位天体物理学家。他自己也考虑过投身于天体物理学，后来他决定转向神经生物学和复杂神经元网络科学，这种复杂性类似于乌斯后期同奈杰尔·戈登费尔德合作时产生兴趣的（与"突现特性"有关的）那种复杂性。拿到该领域的博士学位后，海德曼渴望做一些更贴近人类健康的事情，于是他开始思考肿瘤及其与转座子和逆转录病毒的关系。

逆转录病毒是一种把通常的DNA转录过程倒转过来的病毒。逆转录病毒没有走DNA制造RNA，RNA制造蛋白质这条将遗传信息加以应用的平常路，而是利用其RNA制造DNA，即双链分子。通过这个花招，再加上一些别的法门，它不仅可以侵入细胞，还可以进入细胞核，将逆转录的DNA补入细胞的DNA中，成为细胞基因组的永久组成部分。每当细胞或它的后代复制时，那段外来的DNA也会被复制。如果逆转录病毒碰巧感染了生殖细胞系——卵子或精子或卵巢和睾丸中产生它们的细胞，那么这段插入的病毒序列就会作为基因组的永久成分被遗传下去。此时，它不再是生物中的异物，而是变成了内源性的成分，也就是原生的、与生俱来的成分。这种病毒被称为内源逆转录病毒（ERV），因为它们成了被它们感染的生物谱系的固有成分。如果一个逆转录病毒插入人类基因组中，那么它就是一个人类内源逆转录病毒，简称HERV。这些HERV就是占人类基因组的8%的病毒。相信我，这么写下去，你迟早会仰视蒂埃里·海德曼的研究。

有些逆转录病毒会导致癌症，例如海德曼研究过的小鼠白血病病毒。当然，最臭名昭著的逆转录病毒莫过于导致艾滋病的人类免疫缺陷病毒1型，简称HIV-1。海德曼于20世纪80年代末建立了自己的实验室。在那个时代，按理来讲，像他这样对逆转录病毒感兴趣的科学家应该启动HIV-1研究项目。研究经费将会源源不断，研究意义也重大而紧迫。可他却另选了一个不太热门的课题。

肿瘤生物学领域也有迫切需要研究的课题。肿瘤与逆转录病毒之间的联系吸引着海德曼。他得知在基因组测序技术出现之前，不止一位电子显微镜学家观察到胎盘组织和一些肿瘤中存在大量的病毒样颗粒。胎盘组织？这似乎很奇特，研究它或许可以另辟蹊径。于是海德曼开始在从医院收集来的新鲜的人类胎盘中寻找逆转录病毒存在的证据。他和他的团队发现了一个嵌入胎盘DNA的全新的病毒科，并将其命名为HERV-L。进一步的研究显示，小鼠基因组和其他哺乳动物的基因组中也存在类似的序列，即ERV-L的变体。"我们的工作类似于病毒考古学。"海德曼在2009年的一次采访中这样说道。

他们发现，在大约1亿年前，动物基因组中就已经包含ERV-L，而人类基因组中也已经包含HERV-L了，那时哺乳动物的大分化尚未发生。在灵长类基因组中，ERV-L就像转座子，已经自我复制了大约200次。他们感到好奇：它有功能吗？它是否像基因一样发挥作用？答案不明。它或许只是自私的DNA，通过在不同的基因组中跳跃和复制来延续自己的存在。海德曼的研究团队并没有宣称他们找到了答案。但海德曼从此几十年如一日地探索人类基因组中的病毒成分和人类的身份。在漫长的研究岁月里，他发现有些HERV确实已经扮演起了人类基因的角色，虽然它们不一定是HERV-L。

蒂埃里·海德曼在研究领域成绩斐然，为人也很热情大方。知悉了我在巴黎的下榻之处后，他说："啊，那里离我住的地方很近。别坐地铁了，我去接你。"于是我站在巴黎17区的一家小旅馆外面等候。早上八点，一辆小小的白色大众车准时停到路边。一名男子从车里走下来，他胡子灰白，眉毛浓密，毛衣外面套着蓝西装。他请我上车。他没有像我预想的那样，转道向北驶上附近的巴黎环城大道，而是沿着一条风景如画的大路朝东南方向的市中心开去。路况还不错，他向我指出一些沿途景点。那是马德莱娜教堂，这是协和广场；过塞纳河时，卢浮宫在我们的左边；当然，巴黎圣母院就在上游；现在我们来到圣日耳曼大道了，这是索邦大学；那边是巴黎高等师范学院，他在那里上过学。这个人每天上下班走的都是世界上最优雅的通勤路线。我们一路聊着他的背景和他的工作，不到一个小时就到了古斯塔夫·鲁西研究所，然后我们在他的实验室办公室里又聊了六个小时，午餐也是匆匆而就。

他的办公室位于实验楼里一条走廊的尽头，小小的，有几个窗户，可以俯瞰古斯塔夫·鲁西研究所的所在地（巴黎郊区的犹太城）的树梢。房间里有一排排架子，架子上放满了期刊论文，有的堆在一起，有的被收纳进文件夹或者盒子里。许多论文都打印在彩色纸张上——蓝色、绿色、橙色、粉色和白色，它们给这个非常严肃的工作空间带来了一种愉悦的蒙德里安式装饰风格。我们坐在他放置苹果笔记本电脑的桌子旁边，他一边说一边给我看屏幕上的数字和图表幻灯片，解释他20年来一直在做的事情。一开始，他研究HERV-L，不久后转向他的研究团队发现的另一个人类内源逆转录病毒。在他们的这两次发现之间，人类基因组测序完成并且向大众公开，海德曼的研究方法也随之改变。他的团队筛选整个基因组，寻找未知的HERV存在的证据。他们特别注重于寻找一种特定的基因：一种熟悉的、很好辨认的基因。它们构成病毒包膜，一种包裹在病毒核壳外的黏性物质。这种基因他们找到了20个。

"这些是包膜基因，"海德曼告诉我，"其中有两个非常重要。"

其中的一个包膜基因早已被其他研究人员发现并命名为合胞素。这个基因自己表达，自行生成蛋白质，主要存在于胎盘组织中。它在那里做什么？一开始没人知道答案，但它得名于一种使细胞融合在一起的能力，实验室的细胞培养已经证明了这一点。细胞融合成具有多个细胞核的集合细胞团，而不是一个细胞核就有一个细胞壁，这是构建人类胎盘的分层结构之一的关键步骤。该层是一种有渗透性的原生质层，介导母体血液和胎儿血液之间的交换。（打起精神，学个高大上的行话：它叫合体滋养层。好吧，放松，你可以忘掉它。）于是，有人提出一个假设，认为合胞素可能有助于组装该层。海德曼的研究团队发现了另一个包膜基因，它是由一种完全不同的逆转录病毒留下的，具有类似的融合人类细胞的能力。他们将其命名为合胞素-2。（第一个被发现的包膜基因就成了合胞素-1。）他们的实验室测试显示，合胞素-2具有同样的导致细胞融合的能力，为这些基因协助构建胎盘的假设提供了额外的证据。

不久后，海德曼的团队在普通的实验室小鼠中发现了另外两个这样的基因。这些基因与人类合胞素的差异比较大，因此被另行命名为合胞素-A和合胞素-B。经过进一步的基因组筛选，他们发现大鼠、沙鼠、田鼠和仓鼠也有近似的基因。所以，这两个小鼠基因非常古老，至少在2000万年前，在上述鼠类独立出来之前，它们就已经进入了啮齿类动物的谱系。

"在这个阶段，"海德曼告诉我，"我们提出了一个问题：一个偶然捕捉到的基因怎么会如此重要？"

构建胎盘显然很重要，但研究团队需要更多的证据将合胞素同这个功能关联起来。他们在转基因小鼠身上做实验取得了证据。它们是"被敲除了基因"的小鼠，体内的合胞素–A已经通过分子操纵报废。他们繁殖这些小鼠，观察到所有胚胎都在受孕后的13天内死在了子宫里。小鼠通常的妊娠期是19—21天。这些小鼠胚胎的死亡时间离正常的分娩时间还早。解剖小鼠后，他们发现小鼠的胎盘和胚胎之间的边界存在结构性缺陷，它束缚了胚胎血管，抑制了胚胎的生长，杀死了未出生的小鼠。这个实验很有说服力，不过我们当然不能在人类身上做这种实验。

海德曼的好奇心陡增。他和他的团队拓展了研究对象的范围，结果在穴兔的基因组中发现了一种合胞素。他们在狗和猫的基因组中发现了一种食肉动物合胞素，他们在牛和羊的基因组中发现了一种合胞素，他们在地松鼠的基因组中也发现了一种合胞素。"我们和很多大学、实验室以及动物园合作。"他们与法国的一个动物园合作得特别密切，"我们研究了很多动物，只要能拿到胎盘，我们来者不拒。"他们甚至在有袋类动物的基因组里也发现了一个合胞素。

有袋类动物也有胎盘？

"存在时间非常短暂的胎盘。像负鼠、袋鼠、小袋鼠这些有袋类动物，它们的胎盘寿命很短。"海德曼告诉我，有些人认为有袋类动物没有胎盘，"因为胚胎在母体外的袋子里发育"。有袋类雌性动物的胎盘是临时性的，它们的妊娠发生在体外的小袋中，但就连它们也有一个帮助构建胎盘的病毒基因。海德曼团队将这个基因命名为合胞素–Opo1。Opo是opossum（负鼠）的简写。他们在灰色短尾负鼠的基因组里首次发现了这个基因。

这些基因有四个共同点：每个基因都是插入了哺乳动物基因组并且来自逆转录病毒的包膜基因；每个基因都以蛋白质的形式表达自己，浸润胎盘；每个基因都会导致细胞与细胞之间的融合（至少在实验室的培养过程中是这样），这说明它可以创造出那种特殊的、能够融合细胞的原生质层，介导胎盘和胚胎之间的关系，让营养物质和气体从母体渗入，让废物渗出；每个基因都很古老，在自然选择的作用下持续拥有其功能（而不是在混乱中经历随机突变），并且存续了几百万年。如此持久的存续证明这些基因是有用的，它们不是垃圾DNA。它们是工具，不是废品。它们帮助最适应环境的哺乳动物生存下来。

海德曼的团队发表论文，认为这四点是合胞素的基本要素。但同样值得注意的是他的团队意识到这些基因也有相异之处：它们的来源全都不一样。它们是完全不同的逆转录病毒的基因，分别被俘获，分别被驯化。海德曼怀疑这种独立性解释了胎盘的高度多样性，而哺乳动物的胎盘结构是非常多变的。海德曼给我长篇大论地介绍了胎盘的结构和类别，其内容奇妙而晦涩，我就不再让你经历同样的痛苦了。

"它们俘获了不同的合胞素。"他说。这里的"它们"指的是整个进化史上的不同哺乳动物谱系。"它们俘获不同的包膜基因，因为包膜基因来自不同的病毒。而被俘基因的差异造成了胎盘结构的差异。"此外，这些俘获事件发生的时间也大不相同。灵长类动物的合胞素-2可以上溯到至少4000万年前。至于啮齿类动物的合胞素，我之前提到过，它们已经有2000万年的历史了。牛和羊的合胞素至少有3000万年的历史，有袋类动物的合胞素可能在8000多万年前就进入了这一谱系。海德曼说，这反映出逆转录病毒对动物及其基因组的持续轰炸。这些感染中的大多数并没有导致病毒插入基因组中，但有一小部分做到了，而这一小部分感染生成了内源逆转录病毒。这些内源逆转录病毒中又有一小部分生成了包膜基因，包膜基因再转变成合胞素。

但是，等等，不同的合胞素在不同的时间出现在不同的哺乳动物谱系中，这整个模式让人意识到另一个问题，一个逻辑上的两难窘境。我在登上去巴黎的飞机之前通读过海德曼的论文，并且在当时就想到了这个问题。这些合胞素看来至关重要，但如果它们有的拥有2000万年的历史，有的拥有3000万年的历史，有的拥有4000万年的历史，那么在相关基因被俘获之前，哺乳动物的谱系是怎么产生的？第一个胎盘是怎么进化的？在哺乳动物的进化过程中，它们是断断续续地、偶然间被俘获的，但它们向来都是必要条件。没有胎盘，就不可能有胎盘哺乳动物。哪个先来，偶然还是必然？

"是啊。没错，"海德曼说，"这就是个悖论。"

图78.1　在巴黎南郊的古斯塔夫·鲁西研究所，蒂埃里·海德曼负责的研究揭示了哺乳动物基因组中的一个被俘病毒基因在构建胎盘过程中起到的重要作用

79

海德曼和他的年轻同事们用一个假说来回答这个悖论。他们的假说涉及合胞素的另一种奇妙能力，该能力或许也来自病毒的包膜基因，而这些基因在很久远的时代就已经被修改过。这种能力就是免疫抑制。

逆转录病毒的包膜是复杂而多功能的结构，为其编码的基因同样如此。它们除了能促成细胞之间的融合，还能抑制宿主的抗病毒免疫反应。这对入侵的病毒有明显的价值。对哺乳动物来说，它还有其他价值，但不太明显，可用于其胎盘。哺乳动物的胚胎和胎盘都携带着不同于母体的基因组，它们的DNA有一半来自父体。如果母体的免疫系统处于全警戒状态，她的白细胞可能会攻击胚胎并产生排异反应。胎盘是胎盘哺乳动物体内的一个独特的适应性器官，其作用之一是通过抑制排异反应，维护母体免疫系统和胚胎之间的和平。这样一来，哺乳动物就可以在体内妊娠和分娩，这在早期哺乳动物从爬行动物谱系分化出来的时候属于创新，显然比产卵有优势。海德曼提醒我，鸟类仍然存在，因此这些优势并不是绝对的。鸟类没有胎盘，它们很早就把胚胎排出体外。胚胎被包在椭圆形的硬壳里，自给自足，有营养丰富的蛋黄，幸运的话壳还能保暖。鸟类下蛋，鳄鱼同样如此。但在某些情况下，胎盘会让一些脊椎动物的谱系获得优势。有一个谱系的哺乳动物利用了这一优势，而另一个谱系，也就是我们现在所说的单孔类动物（即产卵哺乳动物，包括鸭嘴兽和针鼹）的祖先却没有这样做。怀孕和活产有什么优势呢？嗯，首先，母亲可以四处走动，把胚胎保护在体内，带到安全的地方，而不是像孵蛋的鸭子那样趴着。

根据海德曼的假说，这些现象表明最早的合胞素在哺乳动物尚未发育出胎盘时就被俘获，可能起到了对胚胎的免疫抑制作用，然后它逐渐发展出额外的功能，为进化中的胎盘提供介导层。后来的合胞素可能是在第一种合胞素的基础上改良后进入哺乳动物谱系的。

海德曼和我去附近吃午饭，然后回来进行最后一轮长谈。我问他，这一切对进化论有什么启示？对生命之树呢？

他叹了一口气。我的问题太宽泛、太拙劣了。"我们的基因不仅包括我们的基因。"他说，然后笑了。我也笑了，但我笑得很不自在，因为我不确定自己是否听错了。我请他再说一遍。

"我们的基因不仅包括我们的基因，"他说，"我们的基因也包括逆转录基因。"

80

人类的基因中有相当大的一部分来自非人类，来自非灵长类动物，海德曼的这一席话令人深思。在他的认识上更进一步，我们就能抵达CRISPR这个美丽新世界。你可能知道，这个短小精悍的首字母缩略词指的是一种非常复杂的东西：一个轰动一时的高效基因组编辑系统，在报纸上声名远播，在杂志里青云直上，被《科学》周刊誉为2015年的年度突破，有人很可能因此获得诺贝尔奖。CRISPR不只是在海德曼的理论基础上迈出的一步，它也是人类近来向基因工程的未来踏出的一大步。这种技术开辟了在实验室和（最终）在临床上低成本地、精确地改变基因组（包括人类基因组）的前景。

CRISPR是"成簇的、间隔规律的、简短的回文序列"的简写。所谓回文序列，指的是一个无论从前到后读还是从后到前读都能拼出相同单词的字母序列。在语言领域，这就是文字游戏，借方寸之地卖弄聪明，例如，根据传闻，拿破仑被流放到厄尔巴（Able）岛时曾经感叹道："Able was I ere I saw Elba（落败孤岛孤败落）。"下面这句话也是回文：A man, a plan, a canal: Panama（一个人，一个计划，一条运河：巴拿马）。这句话描述的是负责建造巴拿马运河的费迪南德·德·雷赛布。回文读起来煞有介事，但不一定有真实含义。例如：A Santa dog lived as a devil god at NASA（一条圣诞狗作为魔鬼神住在美国国家航空和航天局）。我自己最喜欢的一句回文比较简单：As I pee, sir, I see Pisa（当我撒尿时，先生，我看到了比萨）。

在DNA中，可用于构建回文的碱基只有A、C、G、T这四种，所以一个DNA编码的回文序列大致是这样的：GTTCCTAATGTA-ATGTA-ATCCTTG。事实证明，DNA包含的回文序列可以作为重要的功能性标记。它们是致使科学家发现自然界中存在CRISPR机制的第一个证据（这一点我们稍后再谈）。短短几年后，CRISPR就发展为一种非凡的基因工程方面的新方法。除了回文，该方法还包括其他分子元素——酶和各种RNA，但CRISPR已经成为这个新方法的非正式标签。

有了CRISPR，研究人员就能瞄准由30亿个字母组成的人类基因组中的任何突变。他们可以瞄准每一个"错误"的字母，然后调派生化工具入内对其进行修正。它为父母带来了希望。我们不仅可以通过基因筛查发现先天性缺陷，即可能会让孩子夭折或饱受病痛折磨的突变，还可以在胚胎开始成长之前逆转这些缺陷。删除并替换一个会引起肌营养不良的基因？妙极了。擦除可能会导致囊性纤维化的突变？太英勇了。根据统计，此类可遗传的人类疾病总数超过1万种，每一种都是由一个坏基因造成的，其中的大部分疾病可以用CRISPR修复。此外，我们不仅可以对儿童的体细胞（身体细胞）进行修复，还可以对生殖细胞系进行修复，生殖细胞系就是神圣的生殖细胞，它们把DNA传给后代。这是怎么做到的呢？在体外受精的早期进行编辑——把一个人类卵子和一个人类精子放在一个培养皿里，再加上一剂CRISPR魔法。这样的生殖细胞系工程特别强大，也特别有争议，因为它影响的是生物种群，而不仅是个体。一个生殖细胞系的调整很可能造成一个生物谱系的永久性改变。它不仅会改变当下的生命，还可能会改变未来的生命。它或许会改变一个物种的进化轨迹——例如，人类这个物种的进化轨迹。

到目前为止，这种担忧还没有成真。据我们所知，还没有哪个试管婴儿在出生时就被CRISPR修饰过。该领域的一些著名研究人员呼吁大家保持谨慎克制的态度，甚至在全球暂停使用和CRISPR有关的人类生殖细胞系工程。也有人指出，CRISPR具有修复突变的潜力，还有插入新的DNA片段的终极潜力，只怕会助长高科技优生学。给你未出生的孩子添加一个基因，让孩子智商更高，运动天赋超群，或者坐上音乐营的第一大提琴手这把交椅？啊，好恐怖！在这之后呢？我们将生活在一个像美国公共广播电台的广播小说《乌比冈湖新闻》里的乌比冈湖小镇一样的世界里，"女人都很强，男人都长得不错，小孩都在平均水平之上"？这种空想的基因改造有时被称为"自愿式"基因改造，有别于由迫切的医疗需求驱动的治疗性基因修饰。它类似于父母推搡着后代攀爬人生阶梯的其他"自愿式"手段，比如聘请家教来辅导孩子备考大学入学考试。这些手段或许好处多多，让人怦然心动，而且从竞争的角度来看属于必要，不过，对富人和特权阶层来说很有必要的事情，对其他人来说往往是不可想象的。它将加剧贫富差距，加剧被优化过的基因与平庸的基因之间的差距，加剧遗传性状被精心修改过的孩子与那些以传统方式随机孕育的孩子之间的差距。基因修饰不像SAT辅导、隆鼻或者从5岁开始上跆拳道课，它这种推搡助力的效果无论好坏都会传给后代。

目前，人类生殖细胞系工程还只是一种若隐若现的可能性，其势头还没有猛烈到失控的程度。不过，在我写这本书的时候，最新消息传来：一个由俄勒冈州和其他地方的科研人员组成的国际科学家团队在《自然》周刊上报告称，他们使用CRISPR为单细胞人类胚胎纠正了一个突变。

此案例涉及的突变会导致一种被称为肥厚型心肌病的心脏病，它的表现之一是突发性心力衰竭，有时看似健康的年轻运动员也会发病。有人因它而离世，也有许多人的生活因为它而蒙上了阴影。对导致肥厚型心肌病的突变的纠正是一项实验室实验，不是临床医学应用。实验对象为54个人类胚胎，每个胚胎都用CRISPR这味修复灵药进行了纠正，大部分成功了，有些没成功，但之后没有一个胚胎被植入人类子宫，也没有一个胚胎注定要发育成被CRISPR修复过基因的婴儿。不过，跨过这道门槛只是时间问题，按照目前的研究速度，可以说是指日可待。CRISPR很热门、很大众化，它价格低廉，操作起来相对容易。事实上，现在有一家公司正在网上销售"自己动手操作"的CRISPR试剂盒（用于细菌的基因工程，而非人类的基因工程），其价格不到200美元。全球各地训练有素的研究人员，或许还有一些野心大于判断力的平庸科学家，现在已经拥有了这项工具。

详细介绍CRISPR的原理非我本意，我也无意探讨其伦理的影响范围。在未来的几年里，你会从其他地方获悉很多这方面的内容。让我们暂且放下人类改换CRISPR的用途一事。CRISPR的起源才是将它与卡尔·乌斯和新的生命之树联系在一起的原因。在媒体对CRISPR的奇葩应用的报道中，CRISPR的起源很少被提及，但它非常吸引人，对本书来说也很有意义。

20世纪80年代末90年代初，几个科学家团队在某些微生物的基因组（其中包括我们耳熟能详的肠道细菌的基因组，即大肠杆菌的基因组）中发现了奇怪的回文序列。这些序列一般长约30个字母，像挡书板一样分列于一个无法回文的字母短序列两端，每一端的长度都差不多。你可以大致认为这些序列跟之前读到过的回文序列是相似的：Able was I ere gesundheit ere I saw Elba。请记住，回文中的每一个单词都是用A、C、T、G写成的。没有人知道这种奇怪的DNA片段是做什么用的——或者说它们是否真的有用。但在2002年，它们得到了专有名称和缩写——CRISPR，而研究者们继续猜测它们的功能。三年后，这个谜团被一位名叫弗朗西斯科·莫伊察的西班牙科学家破解了。

莫伊察在地中海港口圣波拉附近长大，熟悉海岸线，博士学位论文写的是一种微生物的基因组。这种微生物嗜盐，是乌斯珍爱的古菌之一，生活在圣波拉地区的咸水沼泽中。审视它的基因组时，莫伊察注意到一个奇怪的模式：在一个近乎完美的回文序列的许多份拷贝中，该序列的中间往往插入了若干其他字母，以至于整个序列的左右两半互为镜像。他对此深感好奇，在接下来的10年里花了很多时间在别处寻找相同的模式。他在古菌和已公开的细菌基因组中均发现了这一模式——别的版本，别的回文序列。早在1987年，一个日本团队就报告说他们在大肠杆菌中发现了这种回文序列，对其意义感到困惑。到了2000年，莫伊察通过搜索已发表的基因组，发现了19种微生物中的CRISPR。这些微生物有的是细菌，有的是古菌。他怀疑这些相似的序列有一个共同的功能。他特别感兴趣的是被填充在回文序列当中的那一段遗传密码——就像我在上文中举的回文例子里的gesundheit，但比它稍长一些，每段有几十个字母长。这段遗传密码被称为"间区序列"。它的意义是什么？它起到了什么作用？为什么这个回文序列当中插入的是gundesheit，那个回文序列中插入的是abracadabra，而不是damnyankees或rumplestiltskin？在2003年那个炎热的8月，莫伊察窝在圣波拉北部的阿利坎特大学那间有空调的办公室里，试图搞懂这一切。

他往文字处理程序里输入各种CRISPR里的间区序列，然后用它们检索一个庞大的已知基因组数据库，希望能找到相似的检索结果。他发现了一些近似的匹配项——某些病毒中的DNA片段。同样令人注目甚至令人震惊的事实是他在细菌质粒中也发现了匹配项。质粒就是那些会传染的、能水平转移的DNA小颗粒。因此，CRISPR似乎代表了过往受侵染的记录。细菌和古菌俘获了外来DNA的片段，并将这些片段纳入自己的基因组。但这种行为是出于什么目的呢？

好吧，被病毒感染可能会杀死细菌或古菌，而被质粒感染（DNA的水平转移）可能会改变细菌或古菌的基因组，这种改变是好还是坏就难说了。微生物可能会获得阻止这种入侵的手段。莫伊察认为这些CRISPR可能是某种免疫机制，防止该微生物再次被间区序列所代表的病毒或质粒所感染。用过去被感染的经历来防御以后被感染的风险？我们人类有一个词来形容它：疫苗接种。

莫伊察与三位合著者一起把他的分析写成一篇论文，投稿给《自然》周刊，被拒。他又接连向另外几家主要期刊投稿，再次被拒。编辑们认为该论文没有什么新颖之处或重大意义。几个月过去了，莫伊察担心论文会砸在自己手里。最后，他把稿子寄给了《分子进化杂志》。卡尔·乌斯和四位同事曾经在这本生气勃勃的刊物上发文，首次提出他们认为还有第三种独立的生命形式。2005年，该期刊发表了莫伊察关于"CRISPR可能参与了免疫防御"的论文。

2002年，另一条线索出现了。荷兰的一个团队报告说，他们在不同的基因组中发现了四个与CRISPR相邻的基因。这些CRISPR相关基因（简称cas基因）在没有CRISPR的微生物基因组中明晃晃地缺席。它们似乎与CRISPR有某种功能上的关系，而不仅是偶然处于邻近位置。起初，这个来自荷兰的团队和其他人都不知道这种功能到底是什么，过了没多久，对CRISPR和cas基因的进一步见解在多个渠道涌现。这下真相大白了：在CRISPR里面的间区序列的引导下，cas基因执行攻击和分解入侵的这部分DNA的功能。莫伊察的假说得到了毋庸置疑的证明。微生物中的CRISPR-cas基因是一种自然进化出来的防御机制，用于防止感染和感染性遗传。这便是微生物的适应性免疫系统。人类有抗体和白细胞，微生物有CRISPR。它可以保护细菌和古菌免受病毒的侵害，还可以作为阻止水平基因转移的屏障（有时起效，有时力不从心）。它帮助微生物保持健康和身份的连续性。水平基因转移在细菌和古菌中仍然泛滥，但它们的CRISPR-cas基因至少可以保护它们免受一部分转移的影响。

这就是CRISPR的背景故事。这个故事中更辉煌、更为人熟知的部分要到后来才能展开。2012年，其他科学家学会了改变CRISPR和cas基因的用途，将它们用于编辑哺乳动物的基因组——实验室小鼠、濒危物种、入侵性害虫和人类的基因组。这项事业将CRISPR呈现在世人面前，未来之路既远且长。CRISPR会有各种奇妙非凡但又令人忧心忡忡的应用，其中包括对人类生殖细胞系工程的应用。当有朝一日诺贝尔奖被颁给CRISPR的研究人员时，获奖者名单里或许不会有弗朗西斯科·莫伊察，也不会包括那个荷兰团队的成员，或者那些仅仅把CRISPR作为细菌和古菌中的一种进化现象来研究的科学家。更有可能的是，你会听到那些将CRISPR作用于人类的科学家的名字：珍妮弗·杜德纳、埃玛纽埃勒·沙尔庞捷、张锋等。人们会对该奖项所赞誉的令人难以想象的新前景或喜或忧。但是，如果卡尔·乌斯还活着，鉴于他对"从工科视角研究生物学"的强烈反感，他似乎不会为此欢呼雀跃。

在发表于2004年的那篇语气暴躁的《新世纪的新生物学》中，乌斯写道：

> 现代社会知道，它迫切需要学会如何与生物圈和谐相处。今天，我们比以往的任何时候都更需要一门生物科学，需要它帮助我们做到这一点，为我们指明道路。工科化的生物学或许能告诉我们如何到达那里，只是它不知道"那里"在哪里。

他补充说，生物学的正确目的不是为了改变世界，而是为了理解世界。不过话说回来，这个大胆的新世纪确实不是他的世纪，他对此心知肚明。

81

卡尔·乌斯的一生给许多人留下了鲜明的记忆。他去世后，其中一些人撰文怀念他，另一些人则将他们的故事和观点埋在心里。我的工作内容之一就是收集这些记忆的片段，然后把它们拼凑起来。这四年来，我觉得自己有点像电影《公民凯恩》里的新闻记者，受制片人的指派，追踪作为主人公的报业大亨查尔斯·福斯特·凯恩的老朋友和熟人，试图解开他的性格之谜。是什么驱使凯恩为了成功不择手段，为什么这个混蛋如此需要他人的肯定？他临终前说的那句"玫瑰花蕾"是什么意思？这句话或者这件事（也可能是这个人，如果玫瑰花蕾指的是一个人的话）是他生命和性格的关键吗？还是说，这只是一个假线索？有没有这么一把钥匙，一旦插进锁眼，就能解开这个人的生命和性格之谜？导演奥森·韦尔斯把"玫瑰花蕾"这一招发挥得淋漓尽致。你可能还记得他的凯恩（如果你看过这部电影，你会记得；如果你没看过，你应该去看一看）是一个令人生畏的神秘人物，但你可能不记得那个新闻记者，至少叫不出他的名字（冷知识来了，答案是杰里·汤普森），因为他只不过是个逐一拜访新闻信源，向这些人发问的家伙。汤普森总是背对着镜头，他要么站在阴影里，要么站在幕后，我们永远看不到他的脸。他是观众的代理人，而证人们对他说话。

这就是他的工作。

拉尔夫·沃尔夫给我讲过，而我也对你转述过，早在乌斯还没什么名气的时候，在巴黎的一次大型会议上，他曾在那些大牌生物学家面前受过辱。他在会上宣读了论文，结果没有人点评，也没有人提问，大家都拍拍屁股吃午饭去了。"这几乎是一道致命伤。"沃尔夫说。乌斯决心再也不让别人小觑自己的研究，于是，他没有简单地发表期刊论文，宣布自己发现了古菌，而是在发表论文的同时发布新闻稿。这种做法适得其反。他登上了《纽约时报》的头版，却遭到其他科学家的批评，他的生命第三域的现实性受到了怀疑，理由是他让科学出版屈居于新闻宣传之后。

那是乌斯的"玫瑰花蕾"时刻吗？我不这么认为。我听人提到过他的其他挫折，那些让他感到尴尬和受轻视的时刻，有些来自他的个人生活，有些来自他的职业生涯，包括没有获得诺贝尔奖这件事。我同意杰里·汤普森的结论：仅用一个单词、一道伤痕、一句怨言或者童年贫困来解释一个人的一生，这是不可能的事。人生中有太多的互动因素。与这种机械且僵化的解谜相比，复杂性理论为人类的行为提供了更好的隐喻。

乌斯没有留下任何个人记事录或日记。他存放在厄巴纳的档案中有厚厚的科学论文、草稿和专业通信，但揭示他私人一面的资料很少。他在职业生涯早期只出版过一本书，即《遗传密码》。这本书既没有重大的科学价值，也没有透露他的性格。在一些评论文章和为集体编书项目贡献的章节中，例如在他为一本有关古菌的大部头著作撰写的一章里，他加入了逸事和一点回顾，但那些体现出人性的细节都发生在实验室里。

例如，他在凝视X射线胶片的过程中如同醍醐灌顶，意识到古菌代表着一种独特的生命形式："我急忙与乔治分享我的顿悟，乔治·福克斯狐疑不已。乔治总是持怀疑态度，所以他才是一名优秀的科学家。"在他们的第一篇古生物论文发表后，诺贝尔奖得主萨尔瓦多·卢里亚打电话告诉拉尔夫·沃尔夫，他应该同乌斯和乌斯的疯狂科学一刀两断。"这个叫卢里亚的家伙怎么胆敢责难他的朋友、我的同事呢？他站在什么神坛上？"

乌斯没有写过自传。他闭口不谈家庭生活。他在1995年发给诺曼·R.佩斯一封长达五页、以第三人称写就的电子邮件，对自己的工作及其重要性做了一个正式客观的评价，堪称最接近乌斯自画像的文字。当时他对达尔文的观感还没有转恶，而这封邮件可能是佩斯为了向诺贝尔委员会提名乌斯而特意请他写的。这封邮件是乌斯的自我评价，他为自己在科学史上的地位据理力争，就像我们在求职申请中为自己说好话那样。我看过这封邮件，但未能获得引用许可。其中的要点是，乌斯认为自己与列文虎克和达尔文这两人比肩。

拉里·戈尔德是一位杰出的分子生物学家兼生物技术企业家，他在科罗拉多州生活和工作。早年在斯克内克塔迪市的通用电气研究实验室工作时，他与乌斯结识，此后两人一直保持着密切的联系。当年，32岁的乌斯作为生物物理学家受聘来到通用电气研究实验室，他和他的上司们都不清楚上面的领导聘用他的意图。戈尔德是一名19岁的耶鲁学生，暑期在那里打工。戈尔德被指派从事一个冷酷的研究项目：他必须给老鼠注射致癌的化学物质，然后想办法不让它们得癌症。他在这些病得奄奄一息的老鼠当中迷失了方向，却无人指点，乌斯帮助了他。他们一起研究这些可怜的啮齿类动物，并且弄死了其中的一大部分。乌斯对这个实验感兴趣吗？

"不，我不这么觉得，"54年后，我和戈尔德一起坐在厄巴纳的长椅上，他这样告诉我，"我觉得他根本不在乎。我想他真正感兴趣的是这段让他快乐的时光。"乌斯对年轻的拉里·戈尔德很有好感。"很明显，他与那些让他精神振奋的人相处，并且从中得到了快乐。"他喜欢笑。"他的笑声太难听了，就好像一只老母鸡在咯咯叫。"他们也有认真交谈的时候——或者说乌斯负责讲，戈尔德专心听的时候。乌斯特别爱讲遗传密码及其进化，而戈尔德就像一个听拉比解释律法段落的孩子。

有人认为乌斯性格阴郁，但戈尔德认识的乌斯不一样：他很孤独，渴望有志趣相投的伙伴，他有时很聒噪，对新想法总是很感兴趣，而且慷慨大方。戈尔德在斯克内克塔迪市结交了一位当地女友，但找不到地方同她共度二人世界。乌斯让他们把车停在他家的车道上幽会。他会从家里走出来，温柔地跟拉里和他的女友道晚安。"我太幸运了，"戈尔德说，"他一直把我当朋友。"

戈尔德认为，乌斯的大脑似乎分成两部分，其中的一半是他深厚的学识——主要源于自学而非科班训练——外加无情的质疑。戈尔德提醒我，乌斯是一位生物物理学家，而不是生物学家。"他根本不通晓生物学，他去世前懂的生物学知识比我知道的还少，"戈尔德随后自嘲道，"我这番话说得好无情，不过他确实没有真正思考过生物学。他想的是35亿年前发生的事情，那不是生物学。"戈尔德的意思是，那更像物理学、分子进化学和地质学的大杂烩，一个自学成才臻于化境的人所思考的RNA世界。

"他的另一面，"戈尔德指的是乌斯貌似一分为二的大脑的另一半，"是他想和那些尽情享受生活的人待在一起。"比如，戈尔德提到跟乌斯交往最久、情谊最深厚的三位朋友：摩托车发烧友诺曼·R.佩斯和他身为空中飞人艺术家的妻子，还有爵士乐爱好者哈里·诺勒。

于是我去拜见哈里·诺勒。他是加州大学圣克鲁斯分校的荣休教授，也是世界顶级的核糖体专家之一。我驱车沿着蒙特雷湾上方的林间峭壁山路蜿蜒而上，来到加州大学圣克鲁斯分校。那里的建筑悬空架在小峡谷上，掩映在红杉和桉树之间。我在诺勒明快的小办公室里找到了他。他穿着黑色运动衫、牛仔裤和运动鞋，椭圆形的脸庞被白发和胡须环绕，神态安静平和，如同牧师或神谕者。但事实证明他和蔼可亲，说话直来直去，并不像神谕者那样玄妙高深。书架上放着两本《核糖体》（他是这本权威之作的共同编辑）和一个没剩多少酒的拉弗格威士忌瓶。

诺勒于20世纪70年代初结识乌斯。当时他还是加州大学圣克鲁斯分校的年轻的助理教授，刚刚开始自己的核糖体研究工作。诺勒感兴趣的是核糖体的结构和功能，不是深层次的系统发生，但他采用与乌斯类似的方法，对rRNA的短小片段进行测序，因为他想了解这些分子如何帮助rRNA发挥其作用。彼时，他一半时间待在实验室里，另一半时间与各种乐队合作，专业演奏爵士萨克斯管，表演水平高到曾经为"艾灵顿公爵大乐团"的演出开场。他与铁琴演奏家鲍比·哈切森同台演出，他与伟大的小号手切特·贝克并排而坐。排练或演出结束后，他飞奔回实验室，查看最新的电泳测试结果。诺勒对他的rRNA序列和斯特拉斯堡某实验室发表的一些序列之间的差异感到困扰。乌斯来加州大学圣克鲁斯分校短暂访问过，两人因此相识。于是诺勒打电话给乌斯。乌斯让他放心，他的数据是正确的，法国版本的数据是错误的。乌斯在电话里说："这些序列是神圣的卷轴。它们只应托付给那些真正懂得它们含义的人。"他听起来甚至很生气。

随着诺勒研究的深入，乌斯越来越欣赏他，多次邀请他到厄巴纳举办研讨会，有时还请他过来一起消磨时间，谈谈科学。他们合作发表过一些论文。他们会坐在乌斯家的小书房里，边喝苏格兰威士忌边听爵士乐。偶尔他们还会合奏一曲，乌斯弹家里的钢琴。

"他的爵士钢琴乐弹得算好吗？"我问。

"呃……并不惊艳，"诺勒来了一段外交辞令，"他就是拨弄拨弄琴，知道一些曲调和……"他小心谨慎地停顿了很久，"他不是一个娴熟的钢琴家，但和他一起演奏很有趣。"如果乌斯算不上天才演奏家，那么他至少是一位较真的爵士乐听众。他喜欢阿特·塔特姆、埃拉·菲茨杰拉德和格里·马利根。他有一只黑色的家猫，名叫迈尔斯。在他写给诺勒的一封信中，有一个随手键入的附言："米尔特·杰克逊让莱昂内尔·汉普顿看起来像夸西莫托的父亲。"值得赞扬的是，乌斯认识到了自己在这方面的造诣有限——他不是诺勒那个级别的音乐家。有一次诺勒来访时，乌斯为他的朋友准备了一个惊喜。他请来一个专业乐队的节奏乐器组，共三人，分别演奏钢琴、贝斯和鼓，让他们配合诺勒。他们在客厅里摆好架势，乌斯还邀请了其他朋友过来一起玩。"我的意思是，"诺勒告诉我，"如果这还算不上热情好客，我无话可说。"

图81.1　乌斯从几位密友那里得到极大的慰藉和乐趣。在著名的核糖体专家暨曾经的专业爵士音乐家哈里·诺勒的家里，乌斯有时会弹钢琴放松一下

除了慷慨大方，乌斯也很忠诚。诺勒有一次在厄巴纳举办客座研讨会，其间另一个系的一位教授在问答环节推门而入，声称他预订了那个时间段的会议室——乌斯认为这种入侵"任性、小气、无礼"。事后，乌斯给该教授写了一封严词厉色的短篇信件，告知他，他欠诺勒教授一个道歉。然后，他给诺勒寄去了这封正式的骂人信的复印件。他用自己最喜欢的橡皮图章在这封信上十字交叉地一顿猛压："愿一帮游牧理发师帮你妹妹涂肥皂泡。"

他们经常通电话，几乎每天都通话，即使是在没有电子邮件或传真，长途话费格外昂贵的年代也是如此。在后来的岁月里，诺勒说："我经常在半夜接到他的电话。他已经几杯威士忌下肚，讲起话来没完没了。"他们不会只聊rRNA，而是漫谈进化和宇宙，有时穿插几句德尔斐箴言似的宣言："时间是存在的残余""核糖体教诲于无声处"。乌斯觉得有一个故事特别逗趣，它讲的是某个不出名的音乐家听过阿特·塔特姆演奏后的反应："我听到了，但我不信我听到了。"

"他是个复杂的人，"诺勒告诉我，"他自始至终以大师自居。他总觉得自己怀才不遇——或者说，他总觉得别人对他的赏识不够、认可太少。"不过，他从来都不是一个老古板。"捶胸顿足发表完沉重的宣言之后，"诺勒回忆说，"他就会说点大不敬的东西。"一个下流的笑话，或者是对他所憎恨的人的粗暴咒骂，比如分子生物学领域的那些伟大创始人，或者查尔斯·达尔文。

在他公开发表的回忆乌斯的文章的最后，诺勒写道："卡尔是一位科学家和思想家，他极具创造力，不愿妥协，有别于同时代的其他科学家。"哈里·诺勒是个含蓄的人，他这段话既直白又表达出了对乌斯的忠诚。我们不难看出，这里的"有别于"有两层含义。一方面，乌斯很出众。另一方面，在很多人看来，他为人严厉、不好接近。

正因为如此，我才觉得查理·沃斯布林克的证言非常有趣。我是偶然听说沃斯布林克这个人的。他没有参加卡尔·乌斯纪念研讨会，没有同戈尔德、诺勒、诺曼·R.佩斯、奈杰尔·戈登费尔德和乔治·福克斯等人共聚一堂。他也没有在《科学》《自然》和其他刊物上发表歌功颂德的回忆文章。《RNA生物学》杂志曾经用整整一期杂志的篇幅介绍乌斯，沃斯布林克不在撰稿人之列。但他认识乌斯，两人早在20世纪80年代就已经交好。那时候沃斯布林克是昆虫学专业的博士生，而伊利诺伊大学的昆虫学系和乌斯实验室在同一条走廊上。莫勒尔楼的三楼再次见证了友谊火花的碰撞。我去纽黑文的康涅狄格农业实验站拜访查理·沃斯布林克，他的办公室还是在三楼，很小一间，墙上贴着昆虫和蜘蛛海报，办公桌上摆满了装在小塑料杯里的舞毒蛾毛毛虫。舞毒蛾是一种具有重要经济意义的害

虫，有时会让整片橡树林的树叶掉光，一些生长其他树种的森林也深受其害，而这些装在杯子里的毛毛虫是人工饲养出来供研究用的。

沃斯布林克是个大块头，虎背熊腰，不知客气为何物。他说话带长岛口音，头发稀疏，下巴上满是灰白的胡茬。他坦言自己已经63岁了，不应该还在亲自培养研究所需的毛毛虫，但他的上司们看不到他的研究的重要性，也不肯提拔他。算了，不说了。如果摆脱不了毛毛虫，至少可以暂时忘掉烦恼，用一个小时的时间来深情回忆他的朋友卡尔。

他们之所以相识，是因为沃斯布林克听说了乌斯的分子系统发生学研究，也就是RNA目录，想知道这种技术是否可以应用于昆虫或它们携带的寄生虫。另外，他也需要找活干，他是个不名一文的研究生，原有的助教工作已经告终。"所以我跑过去找卡尔，发现他有种猥琐的幽默感。我不知道你是否知道这一点。"当时沃斯布林克讲了一个下流的笑话，在此我就不复述了，你只要知道乌斯被逗乐了即可。"所以我们一拍即合。"乌斯雇他做一个项目，他们成了朋友。

周五下午，他们会穿过古德温大道，去一家叫特利诺之家的地方喝啤酒，或者去旁边那家叫蒂姆波尼之家的意大利餐厅，后者是乌斯最喜欢的消遣放松之地。喝到半醉后，他们可能会去看电影：《随烟而飞》，或者一些标新立异的科幻电影。乌斯还有一句格言，听起来不太像箴言："啤酒能启智。"他们也会严肃认真地谈论一些问题，包括进化论。沃斯布林克看得出乌斯对寻找"终极答案"的深切渴望，他也看得出乌斯的自负。沃斯布林克担任"某种类似于乌斯独白会主持人的角色"，他不会让乌斯沉郁太久。

"有一次我们都在他家后院——因为他邀请学生过来吃烧烤什么的，我们喝得酩酊大醉。然后他站起来，长篇大论，你懂的，"沃斯布林克告诉我，"他那天第一回那么干的时候，我伸手抓住他，把他扔进矮树丛里。"

"你把卡尔扔进他家的矮树丛里？"

"是啊。他的太太和孩子们叫了起来：'哇，他把卡尔扔进矮树丛里了。'然后乌斯也叫起来：'不，别把我扔进我家的矮树丛！往邻居那边扔！'"

灌了一肚子啤酒，只想寻欢作乐的乌斯似乎更关心自家院子的围篱，而不是自己的安全和尊严。他的妻子盖伊显然是一个无可奈何到无话可说的女人。在流传出去的关于乌斯的故事里，她很少得到发言机会，甚至连跑龙套都捞不到，但这一次，她竟然有了高声大叫的台词。"总之，我把他扔到了矮树丛里。"沃斯布林克说。这段友谊没有因此结束，反而越来越深厚。

他们偶尔会自己动手发酵香槟酒。他们从当地农场买来苹果酒，乌斯向微生物学系的同事要些香槟酵母菌，然后他俩静等苹果酒冒泡。"两周后，它就会变成尿黄色，你懂的，然后到了周五下午，我和卡尔就开始喝。"他们喝得越多，家酿的味道似乎就越好。乌斯会发表高论，大意是"那些人，那些葡萄酒鉴赏家，他们会对这种酒嗤之以鼻，但这真的是好东西"。他们为这种快乐的醉酒状态发明了一个专用术语：变傻。"卡尔，咱们变傻去。"沃斯布林克会这么建议，然后他们就去这么做。

乌斯很慷慨，在他的朋友查理缺钱时借给他一些现金。他对别人也关照有加。当时他的实验室里有一个中国来的博士研究生，一个穿中山装、态度谦卑的年轻人。他就是杨德成，1985年那篇关于线粒体起源的论文的第一作者。乌斯觉察到杨德成几乎没有钱，于是额外付钱请他教大家打太极拳。这个安排的奇怪之处在于，杨德成其实不会打太极拳，所以他得现学现卖。他们就在莫勒尔楼外面的小庭院里煞有介事地你教我学起来：一位小个子的白头发教授，一个温柔的壮汉，再加上乌斯实验室的其他人。在这些人之中，有一个中国学生在努力争取比其他人打得好一点。

沃斯布林克也看到了乌斯雄心勃勃、好胜心强的一面。每年美国国家科学院公布新当选的院士时，只要卡尔·乌斯的名字没上榜，乌斯都会说："我的朋友们让我失望了。"有一年，他觉得受够了。沃斯布林克记得他说，如果他们总算想到他，"我会回绝"。第二年，沃斯布林克听说他入选了。"你回绝他们了，对吧，卡尔？"他取笑道。

乌斯难为情地一笑："你很了解我，对吧。"他很高兴能当选，当选对他来说很重要。

是的，他觉得自己不被重视。他做了如此重要的科学研究，发现了生命第三域，引发了争议。沃斯布林克在厄巴纳度过的那段岁月里，乌斯"还在一个汗珠子落地砸一个坑"。在科学界出人头地需要策略和手段——沃斯布林克称之为"跳踢踏舞"，乌斯没有这种能力，所以付出了沉重的代价。被毛毛虫包围的沃斯布林克对这种代价也有所了解。乌斯对达尔文的爱恨情仇也很重要。"卡尔对达尔文有种仇恨。"沃斯布林克主动说。这种仇恨不太好解释——抽象的仇恨、理念上的不合，抑或是乌斯自负的一种表现？"时不时地，他就会来一句：'我比达尔文重要。'"

我说，我也从别人那里听说过这件事。

"我会告诉他，我要把他扔进矮树丛里。"

回想当年，有一天，沃斯布林克买了一台精美的、4英寸×5英寸画幅的老式林哈夫相机，为乌斯拍了一组肖像照。照片的背景就是乌斯家中的各处和院子。沃斯布林克给我看了他存在电脑上的一组照片。穿着法兰绒衬衫的乌斯坐在门厅边桌旁边，台灯看起来比他更自在；窗前的乌斯，明暗对比的摄影，一切都梦幻如戏；乌斯在室外，坐在铝制的草地椅上，眯着眼睛；双手握拳撑头的乌斯，姿势像个孩子。他似乎不懂怎么摆拍更合适。但后来我看到一张照片：乌斯身体前倾，头发乱蓬蓬，胡子拉碴，深陷的眼睛恶狠狠地瞪着镜头，他身后那著名的矮树丛模糊得恰到好处。（如图81.2）天啊，我想，这是我见过的最好的乌斯形象，原来他是这样的人。但这是谁呢？

图81.2　乌斯信任他的朋友、昆虫学家查理·沃斯布林克，后者用一台老式林哈夫相机为他拍摄了一组肖像照。其中一张照片令人难忘

82

真核细胞的起源是乌斯去世时最大的未解谜团之一，至今仍是如此。也就是说，我们还不知道包括人类在内的生物的最深邃的起源。如果乌斯在1977年宣布的生命三域没错，而三域之一是真核生物，囊括所有的动物、植物、真菌和细胞里有细胞核的微生物，那么这个最终发展出人类和我们所能看到的其他生物的谱系是怎么萌生的？是什么让真核生物如此不同？是什么让它们走上了南辕北辙的岔路，远离微小且相对简单的细菌和古菌，走向巨大和复杂，走向红木、蓝鲸和白犀牛，更不用说人类和我们人类对这个星球的所有独特贡献，包括美国职业棒球大联盟、抑扬格五音步和格列高利圣咏？第一个真核细胞的成分有哪些？它们怎样组合，怎样成形？

虽然我们不知内情，但这件大事可能发生在21亿年前到16亿年前。这个范围——上下5亿年——反映了当前科学的不确定程度。科学界的几个阵营各执一词。在岩石中发现的早期微生物化石并没有多大的启迪作用。更好的线索，更精确、更多样化的线索，是从基因组序列的数据中挖掘出来的。16S rRNA对此仍有贡献，这要归功于卡尔·乌斯的洞察力和他开创先河的40年研究工作。然而，不同的人对这些数据的解读不一样。如今所有的专家都认为内共生起到了至关重要的作用：出于某种原因，一个细菌被另一个细胞俘获，在宿主体内被驯化，变成了一个线粒体。早期的真核细胞中一旦出现众多线粒体，就能提供远超从前的大量能量，使得这些新细胞和由它们进化而来的多细胞生物的体形和复杂性不断增加。复杂性增加的一个显著表现是封装——特别是遗传物质的封装。更具体地说，这意味着将每个细胞的大部分DNA封装在一个内部的细胞器内：一个由薄膜束缚的细胞核。所以，真核生物的起源之谜包括三大问题。第一个问题：最初的宿主细胞是什么？第二个问题：线粒体的获得是否引发了最关键的变化？或者说，线粒体是不是这些变化的产物？第三个问题：细胞核从何而来？这三个问题可以简单概括为：一个东西怎么进到另一个东西里面，形成一个复杂的玩意，而这些东西又是什么？

关于前两个问题的最新证据来自一个让人意想不到的地方：大西洋底部。它藏在人们从格陵兰岛和挪威之间的一片海床上挖出来的海洋沉积物里。该片海床深达8000英尺，靠近一个被称为洛基城堡的海底热泉。洛基是北欧神话中一位会变形的邪神，由挪威人领导的研究团队之所以给海底热泉起了这个名字，是因为矿化的热泉喷口看起来像一座城堡，而且这个地方非常难找。该团队同其他科学家分享挖取出来的海洋沉积物。经过分析，他们发现该沉积物含有DNA，代表着一个全新的古菌谱系，其基因组有别于任何已知的生物门的基因组。（"门"是一个大类；例如，所有脊索动物都属于同一个门。）领导这个基因组研究的生物学家是一位年轻的荷兰人，他名叫蒂斯·埃特玛，供职于瑞典的一所大学。他沿袭洛基城堡的命名方式，称这个新类别为洛基古菌门。

埃特玛的团队在2015年发表了这一结果，一时间被新闻界广为报道，因为洛基古菌基因组似乎与我们人类所在的谱系起源时的宿主细胞基因组非常接近。《华盛顿邮报》起了这样的一个标题：《新发现的"缺失的环节"显示人类如何从单细胞生物进化而来》。这些从海洋深层的泥浆中提取出来的古菌是20亿年前从所在谱系中毅然决然地分化出来，随后进化成真核生物的那个生物的现代表亲吗？它们是和我们亲缘关系最近的微生物亲戚吗？也许吧。这个新发现引起了公众的关注。

　　然而，出于另外的两个原因，早期的进化专家们对埃特玛的研究争执不下。第一，埃特玛的研究团队报告称，有证据表明洛基古菌等细胞在获得线粒体之前就已经很复杂，已经获得了重要的蛋白质和内部结构，或许还有弯曲并吞噬细菌的能力。如果真是这样，那么线粒体大俘获是生命史上最大转变的结果，而不是原因，线粒体大俘获在一连串变化中都属于后发事件。一些人，如威廉·F.马丁，对这个观点表示强烈反对。

　　第二，埃特玛的团队将真核生物的起源放在古菌内，而不是让它俩并列。如果这一做法正确，那就意味着我们又回到了双巨枝生命之树，而这两个巨枝都不是我们长期以来珍视的人类栖息地。这意味着我们是古菌的后裔，一种人类在1977年之前还无法想象的独立的生命形式。（这个场景还伴随着错综复杂的并发情况，在人类所在的谱系还没出现之前，细菌基因就通过水平基因转移进入了我们的古菌祖先，这样一来，是的，细菌也混入了我们的体内——但关键仍然在于：哎呀，我们就是它们！）一些人，比如诺曼·R.佩斯，对这个观点表示强烈反对。卡尔·乌斯也会不同意，但他已经去世了，没办法被埃特玛于2015年发表在《自然》周刊上的论文激怒。

　　6月的一个上午，在多伦多的一间会议室里，蒂斯·埃特玛向一屋子听得津津有味的人讲述这项研究。听众包括福特·杜利特尔和其他几十名研究人员，加上我。我后来见到杜利特尔的时候，他用一贯的揶揄自嘲的口吻说："我已经被洗过脑了。"

　　再后来，我跟埃特玛坐下来好好谈。我们谈到了他当时还没有发表的最新研究成果，他在其中对上述的并发情况进行了更深入的阐述：线粒体继发于大转变，而人类的祖先植根于古菌内部，古菌是一棵双巨枝生命之树上的一枝。他很清楚反方意见，也很清楚反方获悉这些观点后会吵得沸反盈天。他说："我真心准备抗击大风。"

83

2012年春末，乌斯的健康状况开始出问题。他83岁了，依然每天去基因组生物学研究所的办公室，依然孜孜不倦地求索生命的重大问题，对退休不感兴趣。5月的一个上午，他与身在加州大学戴维斯分校的朋友哈里斯·卢因通电话，祝贺卢因当选为国家科学院院士。他警告卢因，要提防他入选的科学院第61学部的"踢屎人"。第61学部是动物学、营养学和应用微生物学学部，符合卢因的农业生物学背景。很难说乌斯所言的"踢屎人"是对在牛粪中实地奋战的科学家的爱称，还是对应用生物学毫不容情的贬低。卢因在他的乌斯回忆录中提到过这通电话交谈，然后写道："令人神伤的是，在接下来的几个月里，卡尔的活力似乎在衰退，他的精神状态也在恶化。"虽然相隔两地，但卢因尽可能同乌斯保持联系。

初夏，乌斯和家人在马萨葡萄园岛上度假，其间他的健康状况恶化，肠道出现堵塞现象。家人把他送到波士顿的麻省总医院，影像诊断显示症结为胰腺癌。情况很严重，一个肿瘤像绞杀植物[1]一样跟他的一条动脉纠缠

---

1 该种植物以附生来开始它的生长，然后通过根茎的成长成为独立生活的植物，并采用挤压、攀抱、缠绕等方式盘剥寄生树的营养，剥夺寄生树的生存空间，从而杀死寄生树。

在一起。他接受了紧急手术以缓解肠道堵塞，但手术无法切除肿瘤，与动脉壁如此盘根错节的肿瘤让医生无法下刀。接下来，在他人生最后的六个月里，德布拉·派珀给予他最大的帮助。自从乌斯去基因组生物学研究所上班后，这位行政助理就成为他的总管和朋友。她协助乌斯按照自己的意愿赴死。乌斯不需要医生的"英勇救治"，也不想在马萨诸塞州辞世。

德布拉·派珀与乌斯的友情就像空地上偶然探出来的一株野花。她既不是他来基因组生物研究所上班后雇用的员工，也不是他从原来的实验室带过来的下属。2007年研究所成立时，她从另一个地方转岗过来，被分配到奈杰尔·戈登费尔德负责的生物复杂性项目组。"有一天，我坐在办公桌前，这个白头发的小个子提着一袋书走过来，"派珀告诉我，"我说：'需要帮忙吗？'他说：'需要。'"他们一拍即合，变得亲密无间。"我想他信任我，因为我不要他回报。"

派珀同我见面的地方是厄巴纳的一家咖啡店，就在蒂姆波尼之家餐厅附近。她50多岁，灰白的头发盘在脑后，声音轻柔，态度坚定。"他曾经对我说过，他说：'你知道吗，黛比[1]，我们就像一家人。'"但他补充说，她几乎比家人还要好，因为"我们之间没有那些乱七八糟的东西"。

她谈到20世纪70年代末，乌斯接受《纽约时报》和其他媒体采访后对自己15分钟的安迪·沃霍尔式名声的反应，也谈到了其后乌斯因为自认遭到同行们的排挤和抵制而感到痛苦。"我没有身临其境，但我们经常谈论这个问题。"30年过去了，乌斯还是觉得委屈。"他做出那么惊人的发现，"这是她从他那里听来的，"但别人要么认为它不重要，要么认为它不真实。"

但在德布拉·派珀的印象中，乌斯不是在为他自己，而是在为他的研究抱屈。他憎恨（或者声称憎恨）他所说的科学界的"名人崇拜"现象。

---

1 德布拉的昵称。

达尔文已经被封圣了。乌斯不想要这样的崇拜——至少，对他知之甚深的派珀相信他不想要。别的认识他更久的同行不相信这种说法，但她一心一意支持乌斯、包容乌斯，伴随他走到生命尽头。"他不希望他的研究因为他才出名，"她告诉我，"他认为他的研究足以自成一家。"在后来的岁月里，在她担当乌斯的保护人的那段岁月里，到访大学校园的学者们，无论他们的研究领域如何，无论他们是否理解乌斯的工作，都想拜见一下著名的卡尔·乌斯。有时他对她说："我不是会跳舞的熊。"他不想见人，不想沐浴在崇拜中。他不愿出门。"他只想一个人静静地思考。"在戈登费尔德的充分支持下，派珀在基因组生物研究所的工作职责朝着乌斯的私人助理的方向发展。无论他想要什么，派珀都会放在首位。她认为这很奇怪，因为她一开始根本不知道他是谁、他做什么、他的名声有多大。

"他就是一个白头发的普通人。"我说。

"他就是一个白头发的孤狼教授，对，"她同意我的说法，"他的办公室就在我的办公室对面。"两人熟了之后，她发现他很搞笑、很善良、很内向。他是她见过的最聪明的人，虽然在琐碎事情上可能一副傻样。他思维散漫，神游八方。他是德布拉·派珀这一生中极为亲密的朋友，她仍然非常想念他。他是不是朴实无华？我问。是的，朴实无华。然后她给我描述了一番。

"他一点都不自命不凡，他真的很谦虚。但他又会说：'我有很多需要谦虚的地方。'"她笑了起来。

几分钟后，我们的话题转向最痛苦的部分。她回忆说，乌斯于2012年7月初得知自己患有癌症，7月3日做了紧急手术。"他打电话给我，问我能不能去那里。"7月4日，她飞到波士顿。

84

在卡尔·乌斯帮助发起的这场颠覆中，在我这本试图勾勒出这场颠覆的书里，有三个反直觉的见解，三个对地球生命的范畴的挑战。这些范畴是物种、个体和树。

物种：它既是一个集合，又是一个离散的实体，就像一个有固定会员名单的俱乐部。物种之间的界限并不模糊。

个体：个体也是离散的，具有单一的身份。有一只棕色的狗叫鲁弗斯，有一头大象的獠牙很特别，有一个人的名字叫作查尔斯·罗伯特·达尔文。

树：生命的传承模式是从祖先向后代垂直流动，生命一直在分支和分化，从不合并。所以，生命史的形状就像一棵树。

现在我们知道，这三个范畴都是错的。

早在分子系统发生学让问题变得更复杂之前，生物学家们已经就如何定义物种争论了很久。这个概念至少可以追溯到林奈，如果不那么严谨的话，则可以上溯到亚里士多德。又是他！不过，请别介意深奥的哲学和词源学历史。如林奈分类系统所示，在18世纪，物种是一种具有恒定性和实质性的实体（它是多个生物的集合，但仍然是一种实体）。在19世纪，达尔文在华莱士等人的帮助下驳斥了这种理念。他劝说人们物种是会变化的，它会诞生和消失，由彼此不同的个体组成。这些个体具有一定程度的相似性，但没有不可消除的共同实质。在20世纪，恩斯特·迈尔澄清了物种的定义。我在前文中提到过，他是现代达尔文主义的创始人之一。迈尔的观点很有分量，因为他不但是一位著名的进化论者，还撰写了若干生物学历史书，经常用恭敬的第三人称单数把自己写进传奇里。迈尔著名的发表于1942年的物种定义如下："物种是由实际或潜在相互杂交的自然种群组成的群体，它们在生殖上与其他类似的群体隔离。"读到这里的你已经有足够的知识，能看出这个定义存在两个问题。

第一个问题：该定义不适用于细菌和古菌，因为它们不会像迈尔声称的那样"杂交"。第二个问题：如果基因不断地水平转移（通过病毒感染和其他机制），如果一个物种的成员有时会与另一个物种的成员交配，产生新的杂交后代谱系，那么"生殖隔离"怎么可能是一个绝对的标准？（这种杂交在植物之间经常发生，在动物之间有时也会发生。）答案是这样的：生殖隔离是一个有用的、直观的标准，但它不是绝对的标准。

以智人为例吧，这是我们最关心的物种。在DNA测序时代，科学家们已经认识到人类基因组中含有杂交事件的证据。1856年被发现，1864年得名的尼安德特人在几十年里被认为是一个独立的物种，与我们人类同属人科动物，亲缘关系密切但又有明显区别。一些专家现在认为尼安德特人是智人的一个亚种，更正确的称呼应当是智人尼安德特人，但其他专家认为尼安德特人仍然是正确的标签，因为它是一个完整的物种。不管怎样，大约在60万年前到30万年前的某个时候，我们的谱系从他们的谱系中分化出来。或许时间还要更早，当我们的先驱们离开非洲去欧亚大陆殖民时，我们的谱系就已经分化出来了。这些先驱繁衍出几个不属于非洲物种的物种，包括尼安德特人。我们所在的谱系，也就是所谓"现代人类"，又有一批离开非洲，再次殖民欧洲。不过，这件事发生在很久以后，大约在距今5万年前。然后，由于这样或那样的原因，尼安德特人消失了。

长期以来，古人类学家们一直在猜测，我们的祖先要么通过直接侵略消灭了尼安德特人，要么通过竞争迫使他们灭绝，要么通过杂交在一定程度上吸收了他们。但古人类学家们没有确凿的证据。现如今，自从瑞典生物学家斯万特·帕博所在的团队对尼安德特人的DNA进行恢复和测序后，各种分析表明尼安德特人和现代人类之间确实发生过杂交。人类基因组，特别是那些身为杂交后代、并非来自非洲的人类的基因组，目前含有大约1%至3%的尼安德特人的DNA。

我们的基因组中不止含有尼安德特人的DNA。人类谱系从黑猩猩谱系中分化出来的时间是700万年前、1000万年前或者1300万年前——谁都说不准。但最近的基因组分析表明，在大分化之后的某个时期，人科动物的祖先和黑猩猩的祖先再次相遇，进行杂交，而这些杂交在我们的部分基因组中留下了货真价实的黑猩猩基因（而不仅是近似人类基因的基因）。事实上，完全分化的年代测定之所以不精确，可能是因为分化并非一蹴而就，而是分分合合。因此，我们基因组的某些部分甚至在今天看起来都更像黑猩猩而不是人类。这种认知会打击我们的自傲和对范畴学的信心，根据范畴学的观点，智人是一个离散的实体，产生于渐变进化，如今在空间和时间上独立存在。我们并没有那么独立，并没有那么鹤立鸡群。斯万特·帕博称我们的基因组为马赛克。他并不是基因组学领域使用这个比喻的第一人，我此前提到过使用这个比喻的其他科学家。但当这个比喻应用到我们身上时，它对人类自我身份的挑战特别强烈。

当然，黑猩猩基因和尼安德特人的基因充其量还没把故事的一半讲完。在此之外还有来源于病毒的基因——其中包括我们从逆转录病毒中邀请入伙，承担促进人类受孕这一新职责的合胞素-2。内源逆转录病毒的基因占人类基因组的8%，这一事实无疑让我们百感交集，我们原先可是认定智人为灵长目动物的。

这样一来，我们对人类个体性的认知风云变幻。此外，出于健康、消化和人体生理机能的其他需求，每个人的体内都有大约100万亿个细胞，它们分属成千上万个不同的细菌"物种"。这一事实同样挑战了我们对人类个体性的认知。另外，每个人体细胞内都居住着被俘获的细菌，它们早已转变成线粒体。没有线粒体，我们就不可能存在。这个认知给我们的震撼也极大。

长期以来，生物学家和科学哲学家们一直在苦苦思索，试图界定和澄清生物学意义上的"个体"概念。直到今天，他们还在思索。有些人认为这个定义至关重要，因为自然选择导致进化的逻辑——达尔文的核心原则——取决于个体的差异化生存和繁衍。如果真是这样，那么个体究竟是什么？一个细菌是一个个体吗？卡尔·乌斯和奈杰尔·戈登费尔德在2007年发表的论文《生物学的下一场革命》中梳理过这个问题。来自罗马尼亚的索林·索内亚认为地球上所有的细菌构成了单一的"超级生物"，也即单一的互联基因实体。他会说，不对，单个细菌不是个体。一只无法自我繁殖的工蚁活着就是为了最大限度地提高蚁后的繁殖产出，它是一个个体吗？还是说，蚁群本身应该被算作一个个体？蚁群是另一种"超级生物"吗？

那么，僧帽水母呢？这是水母的怪亲戚，像一个带着刺人触手的鱼鳔一样浮在海面上。它算是一个个体吗？看起来是，但研究这些东西的生物学家告诉我们，不，僧帽水母不是个体。和蚁山或白蚁群落一样，僧帽水母是由单个生物（这些小小的多细胞生物被称为游动孢子）组成的群落。游动孢子们为了一个共同的目的而聚集在一起，各自行使不同的功能。有种被称为细胞黏菌的东西也非常奇特。在生命的一个阶段，它的外观和行为就像庭园蛞蝓，但到了另一个阶段，你会发现它其实是由多个变形虫组成的步调一致的团队。当食物匮乏时，变形虫们聚集成蛞蝓，团结一致地向更好的栖息地爬去，同时顶起一根茎秆状物，茎秆顶部是一个果实状的形体。这个形体一旦打开，就会散播孢子。如果孢子落在有食物颗粒（细菌）的地方，它们就会觉醒，成为新的变形虫。

山杨树林也是如此。每棵树看上去都是独立的，但事实上它们是从地下根茎中无性繁殖出来的。林子里的所有树，有时候一大片区域内的几百棵山杨树，都相互连接，拥有相同的基因组。树林就是个体。根据一项统计，地球上最大的生物可能是由数千棵树组成的单一山杨无性繁殖体，分布在犹他州鱼湖国家森林内100多英亩的土地上。整个山杨树个体重约1300万磅，已经有大约8万年的历史。

这些案例和其他案例有助于说明科学哲学家们在其旁征博引的论文中所面对的问题："个体"的含义很难界定，只能具体情况具体分析。但即便就事论事，难度还是很大。珊瑚算不算个体？答案模棱两可。地衣算不算个体？答案模棱两可。每只小狗是个体，每只猫头鹰是个体，每个人是个体，这三项陈述每个人都同意，然而一旦想到分子事实，你就不那么确定了。正如帕博所言，正如威廉·F.马丁所言，我们是马赛克，不是个体。

还有第三个受到挑战的范畴——生命之树。你在本书中已经读到了为什么它看起来既不像一棵橡树，也不像一棵钻天杨。即使把它比作山杨林也算不上恰当，因为山杨们虽然在地下相互连接，但在地上并没有再次连接。它们的根部形成了一个网络，但它们的巨枝和大枝不断分权，彼此远离，寻找开阔的空间，便于叶子采光。它们的枝条不会合并，也不会吻合，至少在自然界不会——约翰·克鲁萨克的嫁接桦叶槭或者阿克塞尔·厄兰森的嫁接梧桐就是另一回事了。生命之树不是一个真正的范畴，因为生命史本身就不像一棵树。

卡尔·乌斯知道这一点，虽然将其诉之于口并不是他最先考虑的事情。他对生命之树上的巨枝而非小枝感兴趣。在他看来，过去40亿年里一共有三大巨枝：细菌、真核生物、古菌。它们从我们已知的所有生命的最

后一个共同祖先分化出去。这里的所有生命，指的是地球上的生命，共用遗传密码的生命，开始于RNA世界，然后产生细胞，跨越达尔文门槛，变得非常复杂的生命。在我看来，在卡尔·乌斯的职业生涯中，有一个现象颇具讽刺意味：尽管他对复杂性及其产生的方式非常感兴趣——在人生的最后一段时期与奈杰尔·戈登费尔德合作时，他醉心于复杂性理论和突现特性——但他也对简单性入迷。生命三大域，一切的起因：这就是简单性，他的神圣的三位一体。它几乎上升到了宗教的高度。

许多科学家不信神，但乌斯是有神论者。"他说他相信有神灵。"德布拉·派珀告诉我。她本人就是无神论者，没有理由把他的信仰浪漫化，不会像某些虔诚人士那样编造出查尔斯·达尔文临终前复归圣公会的谎言。乌斯在去世前没有突然向有组织的宗教靠拢，他的信念模糊但稳定，他相信有一个神灵存在。有时，他会在电子邮件里对派珀说："愿你不相信的上帝保佑你。"她说着笑了起来，好像这是他们之间的一个甜蜜玩笑。

她于2012年7月4日到达波士顿，发现乌斯无论是治疗情况还是精神状态都很糟糕。他觉得自己被困在麻省总医院，家人也只能滞留在这里。他对治疗方案很不满意，他想出院。"他们给他服用好度锭，他气坏了。"派珀告诉我。好度锭是一种叫作氟哌啶醇的药物的商品名。这种精神病抑制药物用于治疗精神分裂症、谵妄和其他形式的激越。乌斯患上精神病了吗？没有。他是否情绪激动？是的。他扯掉了手臂上的输液管，他的妻子和两个孩子很担心，但也很谨慎，不愿意质疑医学权威。派珀没有这种顾虑。"你为什么要给他用好度锭？"她问那个貌似主治医师的人。

"嗯，因为他心烦不安。"

"他心烦不安是因为你们给他开了好度锭。他希望脑子清醒。"

她告诉我，乌斯憎恨意识模糊，他必须有能力思考。对他来说，没有什么比剥夺他的思考能力更糟糕，即使出于治疗目的也不行，即使痛感一波接一波袭来也不行。思考就是他的命门。于是，医生停了他的好度锭。此后，乌斯连泰诺都不肯服用了，尽管一两天前他刚刚做过消除肠道堵塞的开腹大手术。他对思路清晰的需要超过对舒适的需要。

"解决了这件事情之后，"派珀告诉我，"他问我能不能帮助他有尊严地死去。"她顿了顿，"我做到了。"

医生建议他在麻省总医院住三周，但乌斯不想这样。他婉拒了化疗。派珀帮他弄了一架医疗包机回厄巴纳，花了1.6万美元。"他们把他推进屋里。"她说。他回家了。

回家并非万事大吉。人们想见到他，想听到他的声音。派珀出面劝阻了大多数这样的好心人、校园要人和其余没有正当理由占用他的最后一点精力和独处时间的人。虽然他与妻子和儿女的关系已经淡漠，但彼时他希望他们在身边。至于旁人，寥寥几个足矣。派珀给他带食物来，有时他能吃一点。拉里·戈尔德来访，奈杰尔·戈登费尔德来帮忙。8月，乌斯同意接受一系列视频采访，作为记录保存。扬·萨普为此来到镇上，诺曼·R.佩斯也来了。他俩负责大部分的提问工作，问得小心翼翼。乌斯尽力回答，反思了他的研究、他的发现和他那个时代的科学。

采访视频被存放在基因组生物学研究所（基因组生物学研究所后来改名为卡尔·R.乌斯基因组生物学研究所）。采访分两天进行。乌斯脸色苍白，明显不舒服，坐在几个书架和一盆常春藤前面，对着摄像机一共讲了超过六个小时。他努力回忆事实和名字，表达想法，想不起来或者词不达意时非常沮丧，经常因为没法集中精神回答提问而说"停"或者"等等"。摄像师其实并没有停拍。乌斯似乎不清楚这一点，也可能他并不在意。停顿片刻之后，他会从头来过。他还有那么多话要说，但时间不够了。他会停顿很久。他竭力忍住眼泪，不去想自己即将消逝的生命。他说："我的记忆力很差、很差、很差。"摄像机拍下了这一切。几个月后，在他的追悼会上，有人提出应该播放一些视频，重现他的声音和形象。

　　我采访德布拉·派珀时，她回忆起自己听到这个建议的反应："哦，千万别放。因为从声音和样貌来判断，他完全就是一位病重的老人。"

　　然而，这位病重的老人象征着多种现实的交织。它们有的直直上升，有的斜地里杀出。

致 谢

　　我因为阅读了福特·杜利特尔的作品，特别是我在2013年才发现的、他于1999年发表在《科学》周刊上的论文，决定写这本书。杜利特尔的著作给我指出了几个调研线索——其中最重要的是已于2012年12月30日去世的卡尔·乌斯的研究成果。在追踪这些线索的过程中，我推开了通向分子系统发生学这个更大的课题和对生命之树理念的彻底反思的大门，就像走进一个巨大的石灰岩洞，举起手电筒，发现里面满满当当，全是惊人的新石器时代岩画。我采取的第一个行动是与杜利特尔取得联系。从一开始，他就给予这个写作项目极大的帮助。他为人有雅量，从不试图影响作品的内容或方向。他多次在哈利法克斯等地接受我的采访，每次采访都用时好几天。他通读了整本书的草稿，对其进行修改，提高它的准确度。与此同时，他没有试图劝说我改变自己的主观判断或结论。谢谢你，杜利特尔。

　　历史学家扬·萨普也以多种方式帮助了我：他的已出版作品给了我很多启发，特别是他的杰作《进化论的新基础》；他坐下来接受我的长时间采访；他不仅向我回忆卡尔·乌斯和林恩·马古利斯（这两人他都很熟悉）的生平，还跟我分享了一些私人的电子邮件通信。虽然我们的读者群体大不相同，写作方式也大相径庭，但当我找他答疑解惑时，萨普总是热心回应，坦率回答。

有两位科学家，他们都不从事分子系统发生学研究，但对生物学界非常熟悉，跟我私交也很好。他们阅读了全书的草稿并提出了建议。他们是迈克·吉尔平（他从我动笔写《渡渡鸟之歌》时就开始充当我忠实的生物学顾问）和戴夫·桑兹。

另一群人帮了我双倍的忙：他们坐下来接受我的长时间采访，或者在几年间答复我的电子邮件和电话询问，之后又分别审读了部分书稿，给我提意见，纠正我的重大失误：琳达·博能、吉姆·布朗、朱莉·邓宁-霍托普、泰斯·艾特玛、塞德里克·费绍特、乔治·福克斯、拉里·戈尔德、彼得·戈加滕、奈杰尔·戈登费尔德、迈克尔·W.格雷、乔纳森·格雷塞尔、蒂埃里·海德曼、詹姆斯·莱克、杰弗里·劳伦斯、斯图尔特·B.利维、哈里斯·卢因、肯·卢尔森、威廉·F.马丁、哈里·诺勒、诺曼·R.佩斯、德布拉·派珀、朱莉·拉塞尔、多里昂·萨根、米切尔·索金、杰克·特恩布尔、查理·沃斯布林克、布莱克·维登赫夫特、拉尔夫·沃尔夫。乔治·福克斯还给我看了他同乌斯等人合著的、发表于1980年的《大树》论文的一系列底稿。

在众多纵容我为了满足自己的好奇心而闯入他们的世界的科学家中，我要特别感谢其中的四位，他们慷慨地付出了时间、思考和耐心，然而出于本书结构和重点的考虑，他们的研究在本书中很少被提及或者根本没有被提及。他们是：约翰·麦卡钦、加里·奥尔森、乔纳森·艾森、尤金·库宁。我在智利与约翰·麦卡钦和他的同事们一起度过了十天的时间，参与他的博士后彼得·卢卡西克所领导的田野工作（也就是用蝴蝶网追捕蝉）。他们打算研究这些智利蝉体内的细菌内共生体基因组。这项工作服务于麦卡钦实验室的整体工作重点——某些昆虫内共生体的嵌套基因组和基因转移，以及这种嵌套和基因组的减少对一般内共生的影响。这些现象甚至可能对线粒体的内共生起源有启迪作用。虽然麦卡钦的研究非常迷人也非常重要，但我发现这项研究与我的主题的关系实在是太复杂了。我光是弄懂他的意思都很费力，所以没法要求读者弄懂我的转述。真是太可惜了：智利风景如画，跟麦卡钦相处和交谈很开心，智利的牛排和啤酒也很美味。

我还在加州大学戴维斯分校待了一周的时间，坐在一间大教室里的几百名学生当中，旁听乔纳森·艾森讲授的生物学概论课，课程名称是"生物多样性与生命之树"。每天下课后，艾森会和我聊系统发生学和进化论，聊棒球和书本。我在戴维斯的最后一天，他带我去附近他最喜欢的保护湿地观鸟。看，他猛然说，有一只白脸朱鹭！于是我放心了，这位在实验室网站上打出"我们研究从古至今的所有微生物"口号的生物学家也关心大型生物。加里·奥尔森是卡尔·乌斯在厄巴纳极为亲密的工作伙伴。他耐心地向我介绍乌斯的思想，向我回忆乌斯的点滴，但这些都没有被写进书里。尤金·库宁对微生物基因组和进化的想法很多，它们深深地吸引了我，以至于在贝塞斯达他的办公室进行了第一次采访后，我说我想读读他写的《机会的逻辑》一书，然后再回来采访他。几个月后，我确实这样做了。虽然我没有在这本书里描写这两次访问，但与库宁的谈话真的是创作本书的一大附带特权。

对我的研究提供帮助，欢迎我访问他们的实验室和办公室，不厌其烦地回应我的提问的人还有很多。我最好按地域罗列名单。此处会有几个名字同上文重复。在美国和加拿大：埃里克·J. 阿尔姆、约翰·阿奇博尔德、吉莉安·班菲尔德、琳达·博能、奥斯汀·布思、塞思·波登斯坦、吉姆·布朗、泰勒·布鲁内特、福特·杜利特尔、劳拉·埃姆、马克·伊瑞谢夫斯基、塞德里克·费绍特、格雷格·福涅尔、乔治·福克斯、鲍勃·加洛、彼得·戈加滕、拉里·戈尔德、奈杰尔·戈登费尔德、迈克尔·W. 格雷、雅各布·P. 约翰逊、帕特里克·基林、詹姆斯·莱克、杰弗里·劳伦斯、哈里斯·卢因、斯图尔特·B. 利维、琳达·麦格鲁姆、乔安妮·马纳斯特、卡洛斯·马里斯卡尔、哈里·诺勒、莫琳·欧麦利、诺曼·R.佩斯、德布拉·派珀、大卫·雷尔曼、安德鲁·罗杰、米切尔·索金、雷·廷波内、查理·沃斯布林克、布莱克·维登赫夫特、拉尔夫·沃尔夫。在英国：汤姆·卡瓦利耶-史密斯、马修·科布、马丁·恩布利、詹姆斯·麦金纳尼，以及许多英国国家生物制品检定所和英国典型培养物保藏中心的工作人员，包括伊索韦尔·阿特金、迈尔斯·卡罗尔、安娜·德伊尔-格雷厄姆、史蒂夫·格里格斯比、阿原·卢阿、汉娜·麦格雷戈、乔迪·罗伯茨、简·沙尔克罗斯。再次感谢朱莉·拉塞尔和杰克·特恩布尔。在德国：克丽斯塔·斯莱普，当然还有威廉·F.马丁。在法国：蒂埃里·海德曼。在以色列：乔纳森·格雷塞尔。在瑞典：泰斯·艾特玛。在智利：彼得·卢卡西克、克劳迪奥·维洛佐和约翰·麦卡钦。

在伊利诺伊大学厄巴纳分校：大学档案馆的克里斯托弗·普罗姆和他的同事，特别是约翰·弗兰奇，他们对我表示欢迎，给予我帮助。卡尔·R.乌斯基因组生物学研究所的所长吉恩·鲁滨逊和他的助手金·约翰逊安排我参加活动，帮我联系相关人士，协助我查找资料。我在研究所组织的一个活动——纪念座谈会——上结识了卡尔·乌斯的妹妹唐娜·丹尼尔斯，她后来通过电子邮件回答了我的一系列问题，并和蔼地向我回忆了她深爱的哥哥和他们的家族历史。卡尔·乌斯的遗孀加布里埃拉[1]·乌斯和他们的儿子罗伯特·乌斯慷慨地允许我引用他未发表的著作。

同行们对我来说也很重要。在此我只提四位，他们的作品、知识和友谊对这本书的帮助特别大：卡尔·齐默、埃德·扬、多里昂·萨根和巴里·洛佩斯。

西蒙-舒斯特公司的鲍勃·本德对本书进行了非常敏锐而有价值的编

1　盖伊的全称。

辑——老式的那种，对作者加以引导，使作者的意思更明确，节奏更稳定，与读者的关系更友好。我非常感谢鲍勃和他的同事们，从乔纳森·卡普到约翰娜·李，感谢他们至关重要、亲切友好的合作。菲利普·巴什对本书做了仔细的文字编辑。

我在ICM的代理人阿曼达·乌尔班再次为我大力宣传，她给我提供建议，帮助我选择合适的项目，找到合适的出版商。

埃米莉·克里格又一次充当了我的首席保护人，她以孜孜不倦的严谨态度核查这本书的事实，防止我犯错。格洛里亚·蒂德又一次——我们已经合作30年了——把长长的、晦涩难懂的、喃喃自语的录音对话听写下来，转为作家可以任意切割使用的文稿页面，还冒着斜视的危险输入了本书的参考书目。这两位女士共同拯救了我，让我不至于速度更慢，傻气冒得更多。

在蒙大拿州的家中，我的妻子贝茜仍然是我的第一顾问，我最信任的传声筒，我心中坚强和爱的典范。她也是我们收养的一窝哺乳动物的女族长。我们的狗狗哈利、尼克和斯黛拉目击了这个项目的开始，但年高的它们未能见证它的结束。年轻一代的狗狗史蒂夫和曼尼现在会啃鞋了。猫咪奥斯卡忍气吞声。

图片来源

~~~~~~~~~~~

P8　　Illustration by Patricia J. Wynne.

P14　Courtesy of the Biodiversity Heritage Library.

P21　Jean-Baptiste Lamarck.

P23　Drawn for Edward Hitchcock by Orra White Hitchcock.

P27　The Edward and Orra White Hitchcock Papers, box 24, folder 21, Amherst College Archives & Special Co.

P36　Charles Darwin.

P48　Courtesy of Ava Helen and Linus Pauling Papers, Oregon State University Libraries.

P56　Illustration by Patricia J. Wynne.

P71　Illustration by Patricia J. Wynne.

P74　Courtesy of Ken Luehrsen.

P100　Courtesy of Ken Luehrsen.

P102　Illustration by Patricia J. Wynne.

P113　Illustration by Patricia J. Wynne.

P118　Photo by G. Kandler.

P150   By permission of the Lynn Margulis Estate.

P151   Courtesy of Linda Bonen.

P171   Courtesy of George Keremedjiev, Bozeman, MT.

P191   Ernst Haeckel.

P192   Photos.com.

P194   Ernst Haeckel.

P199   From Whittaker (1969), "New Concepts of Kingdoms of Organisms,"
       Science 163, no. 3863, fig. 3.

       Courtesy of the American Association for the Advancement of
       Science, used by permission.

P215   From Fox et al. (1980), "The Phylogeny of Prokaryotes," *Science*
       209, no. 4455, fig. 1.

       Courtesy of the American Association for the Advancement of
       Science, used by permission.

P221   Illustration by Patricia Wynne.

P227   From Woese, Kandler, and Wheelis (1990), "Towards a Natural
       System of Organisms: Proposal for the Domains Archaea, Bacteria,
       and Eucarya," *Proceedings of the National Academy of Sciences*, 87,
       no. 12, fig. 1.

       Courtesy of Mark L. Wheelis.

P234   Photograph by Alvin F. Coburn.

       Courtesy of the National Library of Medicine.

P242   Courtesy of the Tennessee State Library and Archives.

P248   Image S10965, University of Wisconsin-Madison Archives.

P261   Courtesy of NCTC, Public Health England.

P273   Photographer/source unknown.

P306   From Doolittle (1999), "Phylogenetic Classification and the Universal Tree," *Science* 284, no. 5423, fig. 3.
Courtesy of the American Association for the Advancement of Science, used by permission.

P320   From Martin (1999), "Mosaic Bacterial Chromosomes: A Challenge En Route to a Tree of Genomes," *BioEssays* 21, no. 2, fig. 2.
Courtesy of William Martin.

P367   Smithsonian Institution Archives. Image # SIA2008-5609.

P382   Courtesy of Thierry Heidmann.

P397   Courtesy of Harry Noller.

P402   Courtesy of Charlie Vossbrinck.